编写人员名单

主　编：付子堂

副主编：石经海　周尚君

撰稿人：（按姓氏笔画为序）

石经海　付子堂　朱福勇　张　震　张建文

陈步雷　周尚君　郑善光　徐以祥　唐　尧

黄茂钦　廖秀健

XINSHIDAI LINGDAO GANBU
FAZHI GAILUN

新时代领导干部
法治概论

付子堂◎主编

人民出版社

编写说明

2018年3月10日,习近平总书记参加十三届全国人大一次会议重庆代表团审议时强调:“我们的党政领导干部都应该成为复合型干部,不管在什么岗位工作都要具备基本的知识体系,法律就是其中基本组成部分,对各方面基础性知识,大家都得掌握、不可偏废,在此基础上做到术业有专攻。”总书记的指示精神高屋建瓴、意义深远,既是新时代各级领导干部干事创业的行为准则,也为我们做好新时代领导干部法治教育工作指明了方向,提供了遵循。

全面依法治国是坚持和发展中国特色社会主义的本质要求和重要保障,是关系我们党执政兴国、关系人民幸福安康、关系党和国家长治久安的重大战略布局,具有基础性、保障性作用。随着中国特色社会主义建设进入新时代,面对新使命、新挑战和新要求,党政领导干部只有不断提高自身法治素养,才能在各项建设事业中更好地发挥“头雁”作用。鉴于此,重庆市司法局、重庆市普法办按照《中共重庆市委关于加强法治和德治工作的实施意见》中“修订领导干部法治读本”的要求,牵头组织编写了《新时代领导干部法治概论》一书,作为党政领导干部法治理论学习的参阅书目。

在本书编写中,我们着重把握好三个原则。**一是体现鲜明的政治导向。**编写中,我们以习近平新时代中国特色社会主义思想为指导,深入贯彻十八大以来党中央全面依法治国的一系列方针政策,坚持将习近平总书记关于加强中国特色社会主义法治体系建设、关于加强法治和德治工作的重要指示精神作为贯穿全书的主线和灵魂。**二是注重内容的实用价值。**编写中,我们坚持问题导向和需求导向,增大了以案释法的内容比重,具有较强的针对性、实用性。同时，注重理论的深入浅出，语言的通俗易懂，增强了可读性。**三是荟萃法治的实践成果**。编写中，我们充分凝练近年来宪法法律和党内法规的新内容，全面体现国家法治建设的新成果，力求使领导干部在阅读中增强获得感和使命感。

全书分为总论和分论两大部分。总论部分共三章，分别介绍法治、德治和党内法规的基本知识；分论部分共九章，主要阐释中国特色社会主义法律体系七大法律部门的主要内容，以及关于国家安全和生态法治的基本知识，力图构建领导干部法治知识基本体系。每章内容既在篇首有"内容导读"，又在篇尾设计了"拓展阅读"和"思考题"，并在基础理论以外的全部章节按"相关基本知识""重点立法解读"和"典型案例透视"的体系展开，以满足领导干部对法治基本知识的学习和使用需要。

本书编写工作得到了中共重庆市委及重庆市相关部门的大力帮助。西南政法大学科研处将编写工作列为校级重大科研项目予以实施。这些都为本书的顺利完成创造了良好条件，谨向关心和支持本书编写工作的领导和同志们表示衷心感谢！

由于时间紧迫、任务繁重，本书的疏漏和不足在所难免，真诚希望读者提出宝贵意见，以便不断改进和完善。

编写组

2018年8月

目　录

总　论

分　论

总　论

第一章　法治基本知识

【内容导读】　本章主要介绍领导干部应当熟悉的关于法治、依法治国和新时代法治体系建设等基本知识。本章的重点是，掌握法律、法制、法治等基本概念，认识法治与人治、法治与德治等基本关系，正确理解从法制到法治的发展历程、社会主义法制（治）新旧“十六字方针”的基本内涵，深刻把握新时代全面推进依法治国的新要求、中国特色社会主义法治体系建设以及人权法治保障的新任务，从而在日常工作中自觉运用法治思维和法治方式处理各种新问题。

第一节　法　治

一、法律与法治

（一）法律释义

所谓法律，就是归根结底由社会物质生活条件所决定的，主要反映掌握国家政权的社会阶级的共同意志和根本利益，由国家制定或认可并由国家强制力保证实施的，通过规定权利和义务以维护社会秩序的一种特殊的社会行为规范体系。

1. 汉语中“法”与“律”的词源

在汉语中，“法”字的古体是“灋”。东汉许慎撰著的《说文解字》认为：“灋，刑也，平之如水，从水；廌，所以触不直者去之，从去。”①

① （东汉）许慎：《说文解字·名例》，中华书局1963年版，第202页。

(1)“灋”和“刑”通用。古代的“刑”字,既有刑戮、刑罚的含义,也有规范、制度之意。

(2)“平之如水,从水。”从象征性角度解释,说明“灋”意味着公正、公平;而从功能性角度解释,则意味着一种严厉的刑罚,即置有罪者于水面上,顺水漂去,行驱逐之刑,或没入水中。

(3)“廌,所以触不直者去之,从去”。廌,是传说中的一种神兽,似牛、似羊、似鹿,头有独角,喜直恶曲,古有决讼,则令其触不直者。《论衡》中说:“一角之羊也,性知有罪。皋陶治狱,其罪疑者,令羊触之,有罪则触,无罪则不触。故皋陶敬羊。”这表明“灋”有“神明裁判”的含义。

关于“律”,战国李悝“集诸国刑典,造《法经》六篇……商鞅传授,改法为律”。①

《唐律疏议》说:“法亦律也,故谓之为律。”许慎解释:“律,均布也。”清代段玉裁在其《说文解字注》中指出:“律者,所以范天下之不一而归于一,故曰均布。”可见,“律”和“法”同样具有规范、制度之义。

《说文解字》说:“法,刑也。”《尔雅》说:“刑,法也。”这表明,古代汉语中的“法”“刑”“律”等词语彼此之间存在互释甚至互通的情况。中国古代的“法”与“律”的主要内容是“刑”,法律塑造社会生活秩序主要通过强制性手段实现。

2. 西方“法”与“法律”的词源

从西方语言文字来看,情形更加复杂一些。如拉丁文的 Jus 和 Lex、德文的 Recht 和 Gesetz、法文的 Droit 和 Loi 等、意大利文的 Diritto 和 Legge、西班牙文的 Derecho 和 Ley,均可译为“法”(Right)和“法律”(Law)。前者除有“法”的含义外,还兼有“权利”“公平”“正义”或“正当”“规律”“法则”之意,因此它常被人们理解为“客观法”,或“理想法”“应然法”;后者则主要被理解为人们依主观意志和认识而制定的法律,即“主观法”,或“现实法”“实然法”。自然法是一个与人定法相对应的概念,在西方法文化传统中,人们凭借自然法理论将“法”(自然法)与“法律”(人定法)明确地区分开来。

① (唐)长孙无忌等:《唐律疏议》,中华书局 1983 年版,第 2 页。

相比之下，中西文的“法”尽管都讲正义性，但中文的“法”更强调惩罚性，西文的“法”则更着重规律性和权利性。从中我们可以粗略看出中西传统法文化的差异所在。

尽管在法哲学的意义上存在“法”的广义和狭义之分，但一般所讲的“法律”，主要是狭义的“法”，即人定法，或国家法。

3. 法律体系

所谓法律体系，是指一个国家现行所有的法律规范，依照一定的原则和要求，根据调整对象和调整方法的不同，划分为若干法律门类，并由这些法律门类及其所包括的不同法律规范形成的相互联系、有机统一的整体。简言之，法律体系就是部门法体系。

所谓法律部门，又称部门法，是根据一定标准、原则所制定的同类法律规范的总称。

1997 年 9 月 12 日，中国共产党第十五次全国代表大会强调：“加强立法工作，提高立法质量，到 2010 年形成有中国特色社会主义法律体系”。

2011 年 3 月 10 日，时任全国人大常委会委员长吴邦国在第十一届全国人大四次会议上正式宣布：“一个立足中国国情和实际、适应改革开放和社会主义现代化建设需要、集中体现党和人民意志的，以宪法为统率，以宪法相关法、民法商法等多个法律部门的法律为主干，由法律、行政法规、地方性法规等多个层次的法律规范构成的中国特色社会主义法律体系已经形成。”

2012 年 11 月 8 日，中国共产党第十八次全国代表大会报告论述“过去五年的工作”时，成就之一即：“民主法制建设迈出新步伐。政治体制改革继续推进。……中国特色社会主义法律体系形成，社会主义法治国家建设成绩显著。”

2017 年 10 月 18 日，习近平总书记在中国共产党第十九次全国代表大会上的报告中，强调“坚持全面依法治国”是新时代中国特色社会主义基本方略的重要内容，强调：“必须把党的领导贯彻落实到依法治国全过程和各方面，坚定不移走中国特色社会主义法治道路，完善以宪法为核心的中国特色社会主义法律体系”。

中国特色社会主义法律体系主要由三个不同层级和七个法律部门的法律

规范构成。三个不同层级的法律规范是：法律，行政法规，地方性法规、自治条例和单行条例；七个法律部门是：宪法及宪法相关法、民法商法、行政法、经济法、社会法、刑法、诉讼与非诉讼程序法。其中，宪法居于核心和统率地位。

（二）法治释义

“法治”一词，在中国古代很早就出现过。例如，春秋战国时期的法家就有“任法而治”“以法治国”“唯以法治”的思想。后来在《淮南子》一书中，又有“知法治所由生，则应时而变；不知法治之源，虽循古终乱”的说法。到了近代，梁启超在《先秦政治思想史》一书中，曾以“人治主义”与“法治主义”来区分和概括儒家和法家的政治学说。梁启超还认为：“法治主义是今日救时之唯一主义。”①

在法治学说史上，真正对法治的基本内涵初步做出确切而又较为系统界定的，是亚里士多德（Aristotle，前 384—前 322）。他认为，“法治应当优于一人之治”，并给出了明晰、缜密、经典的解释：“法治应包含两重含义：已成立的法律获得普遍的服从，而大家所服从的法律又应该是良好的法律。”②

所谓法治（rule of law），就是指依照法律治理国家的治国思想、治国方式和社会秩序、社会状态。具体包括以下五层含义：

1. 法治是一种宏观的治国方略

中国古时的“垂法而治”③“以法治国”④以及“治民无常，唯以法治”⑤等说法，也是从治国方略的角度提出“法治”概念的。但是，梁启超在使用“法治”一词时，指出了现代法治作为一种治国方略，是一种与中国古代的“以礼治国”“以德治国”“以人治国”背景下的“法治”完全不同的方略。在现代法律思想体系中，法治也是首先被作为一种治国方略而提出的，即法的治理或法的统治。法治作为一种治国方略，是指一个国家在多种手段面前，选择以法律为主的社会控制手段。

---

① 梁启超：《中国法理学发达史论》，载《饮冰室合集》（二），文集（十五），中华书局 1989 年版，第 93 页。

② ［古希腊］亚里士多德：《政治学》，吴寿彭译，商务印书馆 1983 年版，第 167—168、199 页。

③ 《商君书·壹言》。

④ 《管子·明法》。

⑤ 《韩非子·心度》。

2. 法治是一种理性的办事原则

“法治”一词经常又被理解为“依法办事”，不过应当指出的是，“依法办事”只是“法治”的一种内在要求，绝不能等同于“法治”。从“依法办事”的角度来理解，“法治”则有这样一层含义：在制定法律之后，任何人和组织的社会性活动均受既定法律规则的约束。所谓“既定法律规则”，强调的是法律已经制定、人们“在法律面前”该怎么做的问题。只要法律已经规定，任何人和任何组织不得以任何正当或不正当的理由去违背法律规则，而只能遵照执行。在既定的法律面前，严格遵循才是正当的。据此，法治也是一个动态概念，包括法律制定、法律实施和法律监督的整个过程，是立法、守法、执法、司法和护法等环节的有机统一，核心是依法办事。

3. 法治是一种民主的法制模式

法治常常被理解为“以民主为基础和前提的法制”。法制历来具有多样性，通常可以划分为专制和民主两大模式。法治就是民主的法制模式，它必须以民主为社会条件和正当基础。法制并不必然是民主的，法制可以与专制结合，成为专制的工具，如中国历代法家所主张的“法治”。这种意义上的“法治”与以民主为社会基础和制度基础的法制模式是根本不同的。近代资产阶级在追求经济自由、渴望政治民主和反抗封建专制的过程中逐步建立了法治这种民主的法制模式。法治要求政治的民主化，是治国的方针，是使法律最大限度地发挥作用的原则。法治是与民主制度相伴而生的。有国家、有法律、有法制，如果没有民主政治，或者法律根本是反民主甚至反人类的，当权者特别是国王、皇帝、元首等政要可以不遵守，即事实上不存在普遍守法原则，也就没有法治。

4. 法治是一种文明的精神追求

法治与理念、原则、观念等词连用，如“法治理念”“法治原则”“法治观念”等。离开了法治精神的法律就像一种失去控制的工具，这种精神导源于文明的社会条件和制度基础，是文明在法律上的转化形式，与人类的精神文明一脉相承。法治的这些精神表现为一整套关于法律、权利和权力问题的原则、观念、价值体系，它体现了人们对法律的价值需要，成为人们设计制度的价值标准和执行法律的指导思想。考察和分析近代以来的法治思想与实践，我们可以对法治所蕴含的法律精神归纳为:法律至上、平等适用、制约权力、权利本位、正当程序等。

5. 法治是一种理性的社会状态

正是在这种意义上,我们常常使用“法治社会”“法治秩序”“法治国家”这样的提法。其社会关系和社会秩序是这样安排的:法律与国家、政府之间,运用法律约束国家与政府权力;法律与人民之间,运用法律合理地分配利益;法律与社会之间,运用法律确保社会公共利益不受权力和权利的侵犯。因此,可以认为“法治”就是一种在法律管束国家权力以后,而使权利得到保障,使政府权力和公民权利得到合理配置的社会状态。既然法治所追求的目标就是一种社会理想状态,那么,它必然不是一个一成不变的确定状态,而是一个不断探索和不断实践的运动过程,具有由低到高发展的阶段性。

由上可见,如果说古代有“法治”,那也与今天我们所讲的现代意义上的法治大相径庭。古代的“法治”建立在专制主义的政治基础上,现代的法治建立在民主的基础上;古代的“法治”其国家的权力都集中在君主及其统治集团之手,现代的法治则重在限制政府权力,实行分权与制衡;古代的“法治”无法保障人权,特别是中国古代所谓的“法治”其实仅仅是“刑治”而已,现代的法治则以保障人权为依归。

二、法制与法治

“法制”一词,我国古代也有记载。例如,《礼记 · 月令》中就有“命有司,修法制,缮囹圄,具桎梏”的说法。战国时的商鞅也曾说过:“民众而奸邪生,故立法制,为度量,以禁止……法制不明,而求民之行令也,不可得也。”①然而,直到现代,人们对于法制概念的理解和使用还是各有不同。

1. 静态的理解,法制即法律制度

1957 年 3 月 18 日,董必武发表《在军事检察院检察长、军事法院院长会议上的讲话》,对法制问题进行了理论上的探讨:“有人问,究竟什么叫作法制?现在世界上对法制的定义,还没有统一的确切的解释。我们望文思义,国

① 《商君书 · 君臣》。

家的法律和制度，就是法制。什么叫制度，制度就是在一个国家里面，不仅国家而且社会的组织，大家都要遵守的一定的秩序。”①

国家的法律和制度就是法制，这是一种广义的法制观。在这种法制观看来，法制就是掌握政权的社会集团按照自己的意志，通过国家权力建立起来的法律和制度。法制是随着国家的产生而产生的，有国家即有法制，历史上各种不同类型的国家都有自己的法制。

2. 动态的理解，法制是指一切社会关系的参加者严格地、平等地执行和遵守法律，以及法律制定、法律实施和法律监督等一系列活动的过程，包括立法、守法、执法、司法和护法各环节的有机统一

法制属于工具操作范畴，没有民主也可以有法制。法制仅仅表明特定社会中存在一种独立于其他各种制度的法律制度，有时也表现为一整套较为系统的法律制度。但是，在法律的这种存在状态即法制中，法律还只是某个权威所运用的一种工具，一个控制国家和社会的手段，它并不以公共利益为指向。

法治则属于政治理想的范畴，没有民主就不可能有法治。法治是在市场经济基础上、民主政治体制中的治国方略。法治关注的焦点是法律的至上权威，公民、团体和政府必须依从公认的法律规则行事，法律是对公共权力运用的有效制约。因此，法治表明法律在社会生活中享有最高权威。

法制强调秩序，而不一定建立在正当性价值之上。历史上，法律长期被少数人用作镇压人民、维护自己统治地位的工具；法律制度也曾经被德国纳粹政权作为推行种族暴行的工具。而法治则蕴含了法律调整社会生活的正当性。法治符合社会生活理性化的要求，使人们的社会行为和交往活动具有了可预测性和确定性，也使人们的正当要求有了程序化、制度化的保障，增强了社会成员的安全感。

法制是相对于政治制度、经济制度而存在的一种制度，而法治则显示了法律介入社会的广泛性，即法律必须更加全面、深入地介入社会生活的方方面面。法治要求在全部社会活动中都必须依法办事，要求法律不仅在经济、文化、社会生活中具有重大作用，而且特别强调在国家的政治生活中也同样具有

① 《董必武政治法律文集》，法律出版社 1986 年版，第 519 页。

重要作用。法治要求社会的法律化,可以从根本上维护公民的权利与自由。

法制与法治又是紧密相连的。从法制向法治的过渡,需要依法治国方略的落实。一方面,只有在法治理念、法治精神的指导下,才有可能建立和健全法制;如果没有法治理念的指引,就不可能有完备的法制。另一方面,只有建立了完备的法制,才能做到有法可依,才能使依法治国方略得以实现;如果没有法制的保障,法治只能是一个空洞的思想主张。法制状态虽然不能直接导致法治,但法治状态必须以完备的法制作为基础。最终,通过法律制定、法律实施和法律监督,即立法、守法、执法、司法、护法的整个环节,在以依法办事为核心的动态过程中,法治理想状态得以实现。

三、法治与人治

法治作为一种治国方略、办事原则、民主模式、法律精神和理想追求,与人治相对立。人治作为一个古老的概念,历来说法不一;作为一个历史范畴,不同国家、不同时代的思想家有其特定的认识。

在我国历史上,儒家虽没有提出过"人治"的概念,但他们所倡导的实际上就是"人治"。他们主张"贤人政治",即依靠执政者个人的贤明治理国家,其核心内容就是孔子所谓的"为政在人","其人存,则政举;其人亡,则政息"①。这种主张将国家的兴衰系于有无贤明的君主。孟子则力主"君仁莫不仁,君义莫不义,君正莫不正,一正君而国定矣"②。荀子的论述更加全面。其《君道篇》开宗明义地提出:"有治人、无治法",即治理好国家的关键是人而不是法。他认为,"法者,治之端也","君子也,法之源也"。儒家从这个观念出发,在治理国家的政治措施上,着眼于人的道德修养,实质上就是"德治"型的人治,其内容包括:(1)力主君主施德行仁;(2)在任用官吏上主张"举贤使能",使贤者在位,能者在职;(3)对于一般民众,主张进行德化教育,辅之以刑罚。儒家的人治思想在中国长达两千多年的专制社会中始终居于统治地位,影响深远。

---

① 《礼记·中庸》。
② 《孟子·离娄上》。

在西方，对“人治”的论述较有代表性的是古希腊的柏拉图。他在《理想国》中倡导“哲人王”，主张由一个智慧的哲学家当国王治理国家，实质上就是“智治”型的人治。他认为，除非哲学家成为国王，否则国家就不会解脱灾难，得到安宁。

人治作为治国的方法和原则，具有以下含义：(1)人治不等于没有法律，而是借助法律实现专制；(2)人治通过法律建立和稳定统治秩序，但法律不是社会和权力的基础，而是国家最高权力的工具，终究权大于法；(3)大于法的权力不是一般的职权而是极权，在古代社会通常为皇权或王权以及贵族特权。

从社会学的视角来看，人治社会的特点就是人际关系对于利益分配具有绝对决定性意义；从政治学的角度而言，人治是一种与经济上的自给自足、政治上的专制独裁相适应的治国方式。

人治与法治的主要区别在于：人治强调依靠统治者个人的作用，要求把权力给予统治者个人；而法治则强调通过法律治理国家，要求一切国家机关和各级领导者都要依法办事，坚持法律面前人人平等，严格依照法定权限、规则、程序行使权力，履行职责，不允许有凌驾于法律之上的个人特权。简言之，人治所强调的是个人的作用，而法治所强调的则是法律的权威。

四、法治与德治

国家和社会治理需要法律和道德共同发挥作用，法治和德治是国家治理体系中一个问题的两个方面。所谓德治，即以德治国，主张用伦理道德来治理国家、调整社会关系。在传统意义上，中国作为举世闻名的“礼仪之邦”，被界定为是一个以德治国的国家。德治最早是儒家的一种政治理想。孔子就明确指出：“导之以政，齐之以刑，民免而无耻；道之以德，齐之以礼，有耻且格。”以后的不少思想家都继承了孔子的这个观点，形成了“德主刑辅”的封建统治思想。应当看到，德治主张“为政以德”“平政爱民”，施政要讲仁义道理，为庶民多做好事，有其历史进步性。今天，“以德治国”方略的提出，重新确定了道德建设在社会主义现代化进程中的重要地位和价值，充分说明了在当今社会，德治对于个人、社会、国家的不可或缺性。

法律是成文的道德，道德是内心的法律。法律和道德都有规范社会、维护社会秩序的作用。法治和德治有各自的功能优势和局限，且互为优势和局限。法治的功能优势是德治的功能局限，法治的功能局限是德治的功能优势，法治和德治因此得以成为不可或缺、不可偏废的治国路径。发挥法治与德治各自的功能优势，有赖于在它们之间形成良性关系。

一方面，在强调法治之时，不能否定德治。以道德滋养法治精神、强化道德对法治文化的支撑作用。要重视发挥道德的教化作用，大力弘扬社会主义核心价值观，弘扬中华传统美德，培育社会公德、职业道德、家庭美德、个人品德。当前，尤其要大力提高领导干部的政德建设水平，明大德、守公德、严私德。另一方面，在强调德治之时，不能否定法治。要重视发挥法律的规范作用，大力弘扬法治精神，以法治体现道德理念、强化法律对道德建设的促进作用。

第二节　依法治国

一、依法治国释义

所谓依法治国，就是依照体现人民意志和社会发展规律的法律治理国家，而不是依照个人意志、主张治理国家；要求国家的政治、经济运作以及社会各方面的活动统统依照法律进行，而不受任何个人意志的干预、阻碍或破坏。简言之，依法治国就是依照法律来治理国家。

1956 年 9 月 19 日，董必武在中国共产党第八次全国代表大会上系统而全面地总结了新中国成立后头七年的法制建设工作，针对我国法制建设工作中存在的严重问题，第一次提出："依法办事，是我们进一步加强人民民主法制的中心环节。"[①]并且，第一次把法制基本要求简洁地概括为"有法可依"和"有法必依"两个方面。

1978 年 12 月 13 日，邓小平在中央工作会议上发表题为《解放思想，实事求是，团结一致向前看》的重要讲话，这实际上是随后召开的中共十一届三中全会的主题报告。邓小平总结新中国建设的经验教训，并针对当时中国的实

① 《董必武政治法律文集》，法律出版社 1986 年版，第 487 页。

际，在董必武思想的基础上，进一步论证了民主和法制的关系。他说："为了保障人民民主，必须加强法制。必须使民主制度化、法律化，使这种制度和法律不因领导人的改变而改变，不因领导人的看法和注意力的改变而改变……做到有法可依，有法必依，执法必严，违法必究。"①

1978 年 12 月 18 日至 22 日，中共十一届三中全会举行。会议公报正式肯定了邓小平的民主与法制思想："为了保障人民民主，必须加强社会主义法制，使民主制度化、法律化，使这种制度和法律具有稳定性、连续性和极大的权威，做到有法可依，有法必依，执法必严，违法必究。"这无疑是中国法律史上的一个重要里程碑。

1979 年 9 月 9 日，中共中央以"中发[1979]64 号"文件发出了《关于坚决保证刑法、刑事诉讼法切实实施的指示》，强调"它们能否严格执行，是衡量我国是否实行社会主义法治的主要标志"。这一历史性重要文件第一次在党内明确使用了"社会主义法治"的概念。

1996 年 3 月 17 日，第八届全国人民代表大会第四次会议正式批准的《国民经济和社会发展"九五"计划和 2010 年远景目标纲要》第一次以国家意志形式将"依法治国，建设社会主义法制国家"作为国家的战略目标加以规定。这意味着我国治国方略的转变，但当时的用词是"法制国家"，而非"法治国家"。

1997 年 9 月 12 日，党的十五大强调："我国经济体制改革的深入和社会主义现代化建设的跨越世纪的发展，要求我们继续推进政治体制改革，进一步扩大社会主义民主，健全社会主义法制，依法治国，建设社会主义法治国家。……依法治国，是党领导人民治理国家的基本方略，是发展社会主义市场经济的客观需要，是社会文明进步的重要标志，是国家长治久安的重要保障。"

1999 年 3 月 15 日，九届全国人大二次会议通过《宪法修正案》（第 12—17 条），规定："中华人民共和国实行依法治国，建设社会主义法治国家。"这样，依法治国基本方略在国家的根本法——宪法中正式获得了确认。"法治入宪"具有划时代的意义，标志着中国彻底摒弃人治，坚定不移地沿着依法治

① 《邓小平文选》第 2 卷，人民出版社 1994 年版，第 146—147 页。

国之路前进，也为中国在21世纪的治国基本方略提供了强有力的宪法保障。

2012年11月8日召开的中共十八大，把法治建设摆在了更加突出的位置，强调“全面推进依法治国”，明确提出：“法治是治国理政的基本方式。要推进科学立法、严格执法、公正司法、全民守法，坚持法律面前人人平等，保证有法必依、执法必严、违法必究。”

2013年11月12日，中共十八届三中全会通过《中共中央关于全面深化改革若干重大问题的决定》，设专章论述“推进法治中国建设”。

2014年10月23日，中共十八届四中全会通过《中共中央关于全面推进依法治国若干重大问题的决定》指出，全面推进依法治国的总目标是建设中国特色社会主义法治体系，建设社会主义法治国家。

2015年10月26日至29日召开的中共十八届五中全会明确提出“创新、协调、绿色、开放、共享”的新发展理念，强调法治是发展的可靠保障，必须加快建设法治经济和法治社会，把经济社会发展纳入法治轨道，明确了未来五年“法治中国”建设的阶段性目标。

2017年10月18日，习近平总书记在党的十九大报告中，作出“经过长期努力，中国特色社会主义进入了新时代”这个重大政治判断，把坚持全面依法治国进一步上升为新时代坚持和发展中国特色社会主义的基本方略，明确“从二〇二〇年到二〇三五年，在全面建成小康社会的基础上，再奋斗十五年，基本实现社会主义现代化……法治国家、法治政府、法治社会基本建成，各方面制度更加完善，国家治理体系和治理能力现代化基本实现”。

尤其是，党的十九大就“深化依法治国实践”问题进行了专门部署，强调：“全面依法治国是国家治理的一场深刻革命，必须坚持厉行法治，推进科学立法、严格执法、公正司法、全民守法。成立中央全面依法治国领导小组，加强对法治中国建设的统一领导。……各级党组织和全体党员要带头尊法学法守法用法，任何组织和个人都不得有超越宪法法律的特权，绝不允许以言代法、以权压法、逐利违法、徇私枉法。”

2018年3月11日，十三届全国人大一次会议通过《宪法修正案》（第32—52条）。修正案把宪法序言第七自然段中“健全社会主义法制”修改为“健全社会主义法治”，有利于加快推进全面依法治国，加快建设中国特色社会主义法治体系，加快实现国家治理体系和治理能力现代化，为党和国家事业发展提供根本性、全局性、稳定性、长期性的制度保障。

2018 年 8 月 24 日，中央全面依法治国委员会第一次会议召开，习近平总书记强调："全面依法治国具有基础性、保障性作用，在统筹推进伟大斗争、伟大工程、伟大事业、伟大梦想，全面建设社会主义现代化国家的新征程上，要加强党对全面依法治国的集中统一领导，坚持以全面依法治国新理念新思想新战略为指导，坚定不移走中国特色社会主义法治道路，更好发挥法治固根本、稳预期、利长远的保障作用。"

二、社会主义法治"十六字方针"

"有法可依，有法必依，执法必严，违法必究"即社会主义法治"十六字方针"，是依法治国的最低要求或基本要求。

（一）有法可依

有法可依，是指国家应当高度重视和加强立法工作，逐步建立起完备的法律体系。这是依法治国的前提。亚里士多德所说的法治应当具备两个要素，其前提都是要有法可依。管仲曾言："法者，天下之程式，万事之仪表也。"①沈家本也曾指出："必视乎民以为法，而后可以保民。"②

之所以把有法可依放在依法治国的首要地位，作为建立法治国家的前提条件，原因在于，只有经过国家机关将人民的意志制定成法律，才能借助于法律手段对整个社会进行管理，使国家的各项事业有章可循。正所谓"不以规矩，不能成方圆。"③任何一个集体，都必须以一定的规范为共同的行为准则，否则，就不可能长久地存在下去。一个国家更是如此，国家的"规矩"就是法律。卢梭指出："凡是实行法治的国家——无论它的形式如何——我就称之为共和国；因为唯有在这里才是公共利益在统治着，公共事物本身才是作数的。"④世界各国的历史已反复证明了这样一个真理：有法则治，无法则乱。

① 《管子·明法解》。
② 《寄簃文存·卷六》。
③ 《孟子·离娄上》。
④ ［法］卢梭：《社会契约论》，何兆武译，商务印书馆 1980 年版，第 51 页。

（二）有法必依

有法必依，即普遍守法原则，指的是法律制定以后的整个实施过程，要求一切国家机关、政党、社团和公民在自己的活动中，必须严格遵守和执行国家法律，依法办事。这是依法治国的中心环节。

有法可依的目的是有法必依。法律制定出来以后，仍旧是静态的东西，关键还在于如何使静态的法律作用于人们的行为，使法律得到普遍遵守。如果有了法律，而把它束之高阁，就不会发生实际作用。英国资产阶级启蒙思想家洛克认为，不执行法律的政府是专横的政府。社会主义法律体现了人民的意志，反映了客观规律，具有人民性和科学性，遵守法律，就是按人民的意志办事。能否做到有法必依是衡量一个国家是不是依法治国的标志。

（三）执法必严

执法必严是指国家机关在执行法律的过程中，必须切实依照法律规定的内容、精神和程序办事，维护法律的尊严和权威。这是依法治国的重要支撑。商鞅曾提出："法之不行，自上犯之。"①"民信其赏，则事功成；信其刑，则奸无端。"②沈家本认为："法之善者，仍在有用法之人。""有其法者尤贵有其人。""大抵用法者得其人，法即严厉，也能施其仁于法之中；用法者失其人，法即宽平，也能呈其暴于法之外。"③这些思想对于我们建设法治国家也是可资借鉴的。法治的关键在于治吏，所以，必须对国家机关工作人员严格要求，他们不仅要具备应有的法律知识，还必须具有良好的政治素质、崇高的和刚直不阿的职业道德，从而做到严格依法办事，严肃执行法律。

当然，执法必严的"严"，并非不问案件的性质和情节，一律从严，实行严刑峻法。这里主要是指，执法人员应当严格地按照实体法和程序法的规定办事，以严肃的态度严明地执行国家法律，以严谨的作风处理各种案件。

（四）违法必究

违法必究，是指对一切违反宪法和法律的行为都必须依法平等地予以追究和制裁，任何组织和个人都不能例外。违法必究的"违法"，不仅指一般地

---

① 《史记·商君列传》。

② 《商君书·修权》。

③ 沈家本：《历代刑法考·刑制总考·唐》。

违反法律,而且还包括对于违反宪法的行为也要加以追究;同时,还指一般的违法和犯罪。这里的关键是要坚持公民在法律面前一律平等,反对各种特权现象,必须有一个完善的法律监督体系,特别是要加强对执法机关和人员的监督。

上述四个方面的要求,是相互联系、相互制约的有机整体。其中,有法可依是前提,有法必依是关键或中心环节,执法必严和违法必究是对有法必依的进一步强调,都是依法治国的基本要求。这四个方面是依法治国的基本内涵。片面强调某一方面而忽视其他任何一个方面,都不能做到严格依法办事,最终难以建立社会主义法治国家。

三、全面依法治国"新十六字方针"

全面依法治国,要求坚持党的领导、人民当家作主与依法治国有机统一,推进科学立法、严格执法、公正司法、全民守法,切实尊重和保障人权,坚持法律面前人人平等,做到有法必依、执法必严、违法必究。

"科学立法、严格执法、公正司法、全民守法"成为依法治国、建设社会主义法治国家、实现法治中国伟大目标的"新十六字方针"。

(一)科学立法

实行法治,必须立法先行;提高立法质量,必须坚持科学立法、民主立法、依法立法。立善法于天下,则天下治;立善法于一域,则一域治。科学立法,要求法律准确反映和体现所调整社会关系的客观规律,同时遵循法律体系的内在规律。实现科学立法,必须坚持以科学的理论为指导,从国情和实际出发,科学合理地规范公民、法人和其他组织的权利与义务,科学合理地规范国家机关的权力与责任,立符合法治精神的法、立人民群众拥护的法、立改革发展急需的法,使法律符合经济社会发展要求,真正经得起实践和历史的检验。

(二)严格执法

法律的生命力在于实施,法律的权威也在于实施。严格执法是建设法治政府的重要内容,是实现法治社会的必要保障。没有执法的规范化和程序化,法治政府建设就会有重大缺陷和严重不足。没有严格依法执法和规范文明执法,社会就难以有序运转,公民、法人的合法权益也就难以得到维护,法治社会建设也就无从谈起。习近平总书记指出，推进严格执法，重点是解决执法不规范、不严格、不透明、不文明以及不作为、乱作为等突出问题。优化执法程序、消除执法乱象、加强执法监督，是严格执法的重点。要严格落实行政执法责任制，坚持“法定职权必须为、法无授权不可为”的原则，健全行政执法和刑事司法衔接机制，坚决防止和纠正选择性执法、恶意执法、暴力执法、情绪执法、执法谋私等问题。

（三）公正司法

公正是司法的生命线。习近平总书记反复强调，要努力让人民群众在每一个司法案件中都能感受到公平正义。公正司法是维护社会公平正义的最后一道防线，一次不公正的裁判，其恶果甚至超过十次犯罪。随着社会主义法治建设的不断推进，中国特色社会主义司法制度不断完善。然而，由于各种原因，司法不公的现象仍时有发生，人民群众对此反映强烈。司法不公的深层次原因，主要在于司法体制不完善、司法职权配置和权力运行机制不科学、人权司法保障制度不健全。要消除各种司法不公、司法腐败，必须深化改革，推进司法体制综合配套改革，推进以审判为中心的诉讼制度改革，从而不断提高司法公信力和群众满意度。

（四）全民守法

全民守法是全面依法治国、建设社会主义法治国家的基础，是实现法治中国伟大理想的必由之路。首先，要进行全民普法。全民普法是培养全民守法意识的必经途径，国家机关不仅要执法、守法，还要肩负起全民普法的重任。其次，领导干部要带头守法。全面依法治国必须抓住领导干部这个“关键少数”。各级领导干部对法治建设既可以起到关键推动作用，也可能起到致命破坏作用，因此，必须带头在宪法法律范围内活动，带头自觉尊法学法守法用法，知责明责、履职尽责，善于用制度说话、按规矩办事，不断提高运用法治思维和法治方式深化改革、推动发展、化解矛盾、维护稳定的能力。再次，人民群众要遇事找法。公民不仅是法治中国前行的受益者，更应该是社会主义法治的忠实崇尚者、自觉遵守者、坚定捍卫者。要通过全民普法、带头守法引导广大人民办事依法、遇事找法、解决问题靠法，提高全民法治意识和道德自觉，使尊法守法成为全体人民的共同追求和自觉行动，让法治成为全体人民的最大公约数和核心价值观。

现在，法治中国的建设任务已经提上日程。建设法治中国，必须坚持依法治国、依法执政、依法行政共同推进，必须坚持法治国家、法治政府、法治社会一体建设，从而形成中国特色社会主义法治体系。

第三节　新时代法治体系建设

一、新时代社会主要矛盾的新变化

党的十九大报告提出："中国特色社会主义进入新时代，我国社会主要矛盾已经转化为人民日益增长的美好生活需要和不平衡不充分的发展之间的矛盾。"我国当前的社会主要矛盾，一方面表现为人民美好生活需要日益广泛，不仅对物质文化生活提出了更高要求，而且在民主、法治、公平、正义、安全、环境等方面的要求日益增长；另一方面表现为我国社会生产力水平总体上显著提高，社会生产能力在很多方面进入世界前列，更加突出的问题是发展不平衡不充分，这已经成为满足人民日益增长的美好生活需要的主要制约因素。

我们党高度重视法治建设。长期以来，特别是党的十一届三中全会以来，我们党深刻总结我国社会主义法治建设的成功经验和深刻教训，提出为了保障人民民主，必须加强法治，必须使民主制度化、法律化，把依法治国确定为党领导人民治理国家的基本方略，把依法执政确定为党治国理政的基本方式，积极建设社会主义法治，取得历史性成就。目前，中国特色社会主义法律体系已经形成，法治政府建设稳步推进，司法体制不断完善，全社会法治观念明显增强。

尤其是党的十八大以来，民主法治建设迈出重大步伐。积极发展社会主义民主政治，推进全面依法治国，党的领导、人民当家作主、依法治国有机统一的制度建设全面加强，党的领导体制机制不断完善，社会主义民主不断发展，党内民主更加广泛，社会主义协商民主全面展开，爱国统一战线巩固发展，民族宗教工作创新推进。科学立法、严格执法、公正司法、全民守法深入推进，法治国家、法治政府、法治社会建设相互促进，中国特色社会主义法治体系日益完善，全社会法治观念明显增强。国家监察体制改革试点取得实效，行政体制改革、司法体制改革、权力运行制约和监督体系建设有效实施。

同时,必须认识到,我国社会主要矛盾的变化是关系全局的历史性变化,对党和国家工作提出了许多新要求。正如党的十九大报告所指出的:社会矛盾和问题交织叠加,全面依法治国任务依然繁重,国家治理体系和治理能力有待加强。必须清醒看到,同党和国家事业发展要求相比,同人民群众期待相比,同推进国家治理体系和治理能力现代化目标相比,法治建设还存在许多不适应、不符合的问题,主要表现为:有的法律法规未能全面反映客观规律和人民意愿,针对性、可操作性不强,立法工作中部门化倾向、争权诿责现象较为突出;有法不依、执法不严、违法不究现象比较严重,执法体制权责脱节、多头执法、选择性执法现象仍然存在,执法司法不规范、不严格、不透明、不文明现象较为突出,群众对执法司法不公和腐败问题反映强烈;部分社会成员尊法信法守法用法、依法维权意识不强,一些国家工作人员特别是领导干部依法办事观念不强、能力不足,知法犯法、以言代法、以权压法、徇私枉法现象依然存在。这些问题,违背社会主义法治原则,损害人民群众利益,妨碍党和国家事业发展,必须下大气力加以解决。

二、新时代推进全面依法治国的基本要求

(一)全面依法治国的指导思想

全面依法治国,必须贯彻落实党的十九大精神,高举中国特色社会主义伟大旗帜,以马克思列宁主义、毛泽东思想、邓小平理论、"三个代表"重要思想、科学发展观、习近平新时代中国特色社会主义思想为指导,坚持党的领导、人民当家作主、依法治国有机统一,坚定不移走中国特色社会主义法治道路,坚决维护宪法法律权威,依法维护人民权益、维护社会公平正义、维护国家安全稳定,为实现"两个一百年"奋斗目标、实现中华民族伟大复兴的中国梦提供有力法治保障。

(二)全面依法治国的总目标

党的十九大报告指出,新时代中国特色社会主义思想"明确全面推进依法治国总目标是建设中国特色社会主义法治体系,建设社会主义法治国家"。具体就是,在中国共产党领导下,坚持中国特色社会主义制度,贯彻中国特色

社会主义法治理论，形成完备的法律规范体系、高效的法治实施体系、严密的法治监督体系、有力的法治保障体系，形成完善的党内法规体系，坚持依法治国、依法执政、依法行政共同推进，坚持法治国家、法治政府、法治社会一体建设，促进国家治理体系和治理能力现代化。

（三）全面依法治国的基本原则

1. 坚持中国共产党的领导；

2. 坚持人民主体地位；

3. 坚持法律面前人人平等；

4. 坚持依法治国和以德治国相结合；

5. 坚持从中国实际出发。

（四）新时代中国特色社会主义法治体系建设的新任务

1. 法治贯穿于新时代中国特色社会主义十四项基本方略

（1）坚持党对一切工作的领导，也就是要落实依法执政的基本要求；

（2）坚持以人民为中心，要求民主的法律化、制度化，要求加强民主法治建设；

（3）坚持全面深化改革，必须以法治推进国家治理体系和治理能力现代化；

（4）坚持新发展理念，蕴含着用法治思维和法治方式推动各项事业的发展；

（5）坚持人民当家作主必然要求党的领导、人民当家作主、依法治国有机统一；

（6）坚持全面依法治国要求完善法律体系、建成法治体系；

（7）坚持社会主义核心价值体系本身就包含着法治价值；

（8）坚持在发展中保障和改善民生，蕴含着促进公平正义这一法治精神，要求建设民生法治；

（9）坚持人与自然和谐共生，需要用法治方式形成对生态环境最严格的保护，建设生态法治；

（10）坚持总体国家安全观，要求完善国家安全制度体系；

（11）坚持党对人民军队的绝对领导，要求依法治军，提高国防和军队建设法治化水平；

（12）坚持“一国两制”和推进祖国统一，要求严格贯彻两个基本法，把维护中央对香港、澳门特别行政区全面管治权和保障特别行政区高度自治权有机结合起来，要求用《反分裂国家法》推动两岸关系和平发展；

（13）坚持推动构建人类命运共同体，需要努力构建稳定的国际法治秩序，需要加强国际法治建设；

（14）坚持全面从严治党，需要依规治党与依法治国同步协调推进，等等。

综上所述，基于法治的战略价值以及在中国特色社会主义建设体系中的重要意义，中国特色社会主义法治建设必然体现在国家的经济建设、政治建设、文化建设、社会建设、生态文明建设即“五位一体”中。到2050年，法治强国也必将成为富强民主文明和谐美丽的社会主义现代化强国的重要内容和重要标志。

2. 法治体系建设在新时代面临新任务

十八届四中全会通过的《中共中央关于全面推进依法治国若干重大问题的决定》提出，全面推进依法治国要形成五大子体系。党的十九大提出习近平新时代中国特色社会主义思想，明确新时代中国共产党的历史使命。在新时代，中国特色社会主义法治体系的五大子体系都面临着建设新任务。

一是完备的法律规范体系。在具体表述上，十八届四中全会提出要推进“科学立法、民主立法”。在此基础上，十九大报告又新增了“依法立法”这一新的要求。2017年11月20日，十九届中央全面深化改革领导小组第一次全体会议召开，强调要根据立法法的有关规定，紧紧围绕提高立法质量这个关键，更好发挥立法在表达、平衡、调整社会利益方面的重要作用，努力使每一项立法都符合宪法精神，反映人民意志，得到人民拥护。依法立法是立法必须坚持的基本原则。首先，要依宪立法；其次，要贯彻党的方针政策，使党的主张和人民意志通过法定程序统一起来；再次，要规范立法，促进立法内在协调。

二是高效的法治实施体系。包括加强宪法实施，推进合宪性审查工作，维护宪法权威，推进依法行政，严格规范公正文明执法，加大普法力度，建设社会主义法治文化，树立宪法法律至上、法律面前人人平等的法治理念。关于这个问题，前几年提的社会主义法治理念的五句话，已经改造发展为“宪法法律至上”和“法律面前人人平等”两句话。尤其要注意,深化司法体制改革,是建设高效的法治实施体系的核心和重要依托。十八大以来,司法体制改革一直就是法治中国建设的重点,甚至被认为是依法治国的突破点和总抓手。司法改革一直是国家最高层面关注的改革重点。据统计,党的十九大召开前,习近平总书记主持召开了38次中央全面深化改革领导小组会议,其中28次涉及司法体制改革议题,至少审议通过了50个司法体制改革文件。司法体制改革已全面展开,各方面都取得了巨大成就,但司法制度本身乃是一个整体,司法体制改革最终的效果要取决于各项改革之间的“综合配套”。基于此,十九大报告特别强调深化司法体制“综合配套改革”。

三是严密的法治监督体系。法治监督体系的重心是加强对公权力的监督。行政权力具有管理事务领域宽、自由裁量权大等特点,法治监督的重点之一就是规范和约束行政权力。十八届四中全会的决定对于行政权力监督只是列举了监督种类,即“加强党内监督、人大监督、民主监督、行政监督、司法监督、审计监督、社会监督、舆论监督制度建设,努力形成科学有效的权力运行制约和监督体系,增强监督合力和实效”。十九大报告则明确了监督的实质内涵,形成了有效监督网络,对权力监督的制度笼子基本形成,即“强化自上而下的组织监督,改进自下而上的民主监督,发挥同级相互监督作用,加强对党员领导干部的日常管理监督。深化政治巡视,坚持发现问题、形成震慑不动摇,建立巡视巡察上下联动的监督网”。这样,进一步疏通了监督的制度渠道,强化了监督的实效。为了确保国家监察全覆盖落到实处,十九大报告要求深化监察体制改革,成立监察委员会,制定国家监察法,实现对所有行使公权力的公职人员监察全覆盖。国家监察委员会就是中国特色的国家反腐败机构,国家监察法就是反腐败国家立法。

四是有力的法治保障体系。十九大报告特别强调:“党政军民学,东西南北中,党是领导一切的。”“坚持党的领导是当代中国的最高政治原则,是实现中华民族伟大复兴的关键所在,没有中国共产党坚强有力的领导,中华民族将是一盘散沙。”党的领导是中国特色社会主义最本质的特征,是社会主义法治最根本的保证。尤其是,党的十九大提出成立中央全面依法治国领导小组,以此来加强党对法治建设的统一领导。这是十九大报告的一大亮点,也是党中央深化依法治国实践最关键的举措。中央全面依法治国领导小组是对未来全面依法治国最大的组织保障。新时代在法治建设的各个方面、各个环节，都要以中央全面依法治国领导小组的顶层设计为指引。

五是完善的党内法规制度体系。党的十八届四中全会将“形成完善的党内法规体系”确定为全面推进依法治国总目标的重要内容，强调“党内法规既是管党治党的重要依据，也是建设社会主义法治国家的有力保障”，并从制定、备案、解释和执行等方面对加强党内法规制度建设作出部署。党的十九大报告指出：“增强依法执政本领，加快形成覆盖党的领导和党的建设各方面的党内法规制度体系，加强和改善对国家政权机关的领导。”十九大再一次对《中国共产党章程》进行了部分修改；加上十八大以来制定或修订一系列党内重要法规，诸如《关于新形势下党内政治生活的若干准则》《中国共产党党内监督条例》《中国共产党问责条例》《中国共产党廉洁自律准则》《中国共产党纪律处分条例》等，使党的政治建设、组织建设和廉政建设在制度层面得以进一步落实。依规治党、用法治思维推进全面从严治党所取得的伟大成就，让我们进一步坚信：“办好中国的事情，关键在党，关键在党要管党、从严治党。”新时代要求从党内法规的制定、备案、解释、执行等方面，进一步加强党内法规制度建设；要求从理论和实践层面理顺党内法规和国家法律的关系；同时，对党内法规在从严治党、管党方面的效用进行评估，为修改完善党内法规提供依据。

综上，全面依法治国，建设中国特色社会主义法治体系，是习近平新时代中国特色社会主义思想的基本方略之一，也是决胜全面建成小康社会、实现中华民族伟大复兴的中国梦、建设社会主义现代化强国的有力保证。

（五）全面加强人权法治保障

改革开放以来，我们党一直致力于不断发展人权理论，注重通过法治建设保障人权，促进中国人权事业发展。“尊重和保障人权”的原则，1997 年首次写入党的全国代表大会主题报告，2004 年首次写入宪法，2007 年首次写入党章。2012 年，党的十八大把“人权得到切实尊重和保障”作为全面建成小康社会的重要目标；2013 年，党的十八届三中全会提出“完善人权司法保障制度”；2014 年，十八届四中全会提出“加强人权司法保障”的要求。从党的报告到党的章程，从宪法确认到司法保障，再到法治保障，指明了法治是实现尊重和保障人权的根本途径，而且认识更加务实、更加全面。

作为习近平新时代中国特色社会主义思想的集中呈现，党的十九大报告进一步深化人权内涵，不仅在话语上多处表达权利、权益，而且特别强调“加强人权法治保障”，确立了新的人权发展方向，更加坚定了我国的人权自信。

一是突出了人权的本原。人权的核心并不仅仅在于承认权利、表述权利，而在于实现人的全面发展。十九大报告强调坚持以人为本、坚持以人民为中心、坚持人民主体地位、坚持在发展中保障和改善民生、坚持人民当家作主、坚持推动构建人类命运共同体等。这些思想都以“人”作为出发点和落脚点，为实现人权提供了基本遵循。

二是强调了人权的整体性。人权是人在经济、政治、文化、社会、环境等各方面合理需要的话语主张。这些方面是紧密联系、相互贯通、相互作用的，任何一方面的偏废都可能伤及其他方面。十九大报告提出的“八个明确”“十四条方略”，抓重点、补短板、强弱项，充分保障人民平等参与、平等发展权利。这些严密的顶层设计和科学谋划，为全方位提升人权水平提供了重要保障。

三是贡献了人权实现的中国方案。中国共产党用辩证唯物主义和历史唯物主义的哲学立场认识人权，从根本上深刻阐释、准确把握人类社会基本矛盾和矛盾运动的趋向。“人民有所呼，改革有所应”，才能真正切实尊重和保障人权。如果在这一点上把握不好，人权的实现就只会是海市蜃楼。美国等西方国家近年来在人权方面出现了越来越多的问题，就在于未能看清或者粉饰了社会矛盾。

总之，人权是法治的终极追求。在新时代的新征程中，中国共产党深刻认识到，单纯满足生活需要还不够，更要满足人民的“美好”生活需要，而且决不让一个人掉队。建设新时代中国特色社会主义，实现新时代人权目标，离不开法治的全面保障。实现全面的人权法治保障是未来中国的重大软实力之一。加强全面推进依法治国，使人权事业发展与经济建设、政治建设、文化建设、社会建设和生态文明建设相结合，是符合中国国情的可持续的人权发展道路。这对坚定中国人权自信、提升中国国家影响力、构建人权话语体系、掌握人权话语权，都具有至关重要的意义。

【拓展阅读】

1. 十九大报告有关法治的论述。

2.《中共中央关于全面推进依法治国若干重大问题的决定》(2014年10月23日中国共产党第十八届中央委员会第四次全体会议通过)。

3. 中共中央文献研究室编:《习近平关于全面依法治国论述摘编》,中央文献出版社2015年版。

4. 付子堂:《形成有力的法治保障体系》,《求是》2015年第8期。

5. 付子堂:《法治中国建设的历史逻辑与现实使命——从社会主义法治建设十六字方针的发展演变看全面依法治国》,《光明日报》2017年8月23日,第11版。

6. 张文显:《新时代全面依法治国的思想、方略和实践》,《中国法学》2017年第6期。

【思考题】

1. 简述"法"的词源与词义。

2. 法律、法制、法治概念辨析。

3. 中国特色社会主义法律体系的层级和部门有哪些?

4. 党的十九大就"深化依法治国实践"是如何专门部署的?

5. 论中国特色社会主义法治体系建设。

6. 为什么说法治贯穿于习近平新时代中国特色社会主义思想十四项基本方略?

7. 如何理解人权的法治保障的重要意义?

8. 结合全面推进依法治国的总目标,从立法、执法、司法三个环节谈谈法治中国建设的意义和基本要求。

第二章　德治基本知识

【内容导读】 本章主要介绍领导干部应当熟悉的道德与法律的基本概念、法治与德治的关系、中国古代的法治与德治、道德入法入规的立法、司法、执法路径;本章重点在于掌握领导干部讲政德的基本内涵,深刻领会明大德、守公德、严私德的政治和伦理含义,切实做到戒贪止欲、克己奉公,坚持敬畏权力、管好权力、慎用权力,守住自己的政治生命,保持拒腐蚀、永不沾的政治本色。

第一节　道德及其相关概念

一、道德释义

道德由“道”与“德”两个部分构成。“道”原指人们行走的道路,引申为自然规律和社会发展规律;“德”和“得”意义相近,意指由“道”而得的规律或性质,通过对“道”的认识有得于己。因此,《道德经》有“道者,人之所共由;德者,己之所独得”“道生之,德蓄之,物形之,势成之”“行事与道合,曰德”。“道德”,即“尊道而贵德”,意指人们遵循事物内在规律(道)而得(德)之,也就是基于对“道”的深刻领会和自我修悟有得于己。《论语》中说,“其为人也孝弟,而好犯上者,鲜矣;不好犯上,而好作乱者,未之有也。君子务本,本立而道生”。钱穆先生认为,“本者,仁也。道者,即人道,其本在心。”也就是说,“道”是一种关于人的关系的学问。我们今天将道德理解为一种社会意识形态,是一定社会调整人与人之间和人与社会之间关系的行为规范的总和。

在西方古代文化中,“道德”(Morality)一词源于拉丁语“Mores”,意为风俗习惯。恩格斯说:“在大多数情况下,历来的习俗就把一切调整好了”。[①] 随着社会生活的复杂化,社会关系日趋复杂,风俗习惯已不可能完全调整社会中的全部关系,一些带有全局性的、牵扯到人们生活根本利益的社会关系就由从习俗和习惯中上升出来的道德进行调整。

二、法律与道德的联系

随着生产力的发展,以风俗、习惯和道德去调整全部社会关系已不可能,社会需要更强有力、更广泛、更普遍的标准去规范人们的行为,法律也就应运而生。法律的出现,并非由此结束道德的历史使命,道德仍然有自己广阔的存在空间,道德仍然在社会生活中对人们的行为起着不可忽视的规范作用。道德规范和法律规范都在人们的社会生活中对社会重大的、带全局性的关系进行规范调整,它们在很多方面是一致的,如法律对犯罪行为的惩罚、对守法行为的奖励;道德对善的褒扬和对恶的批评。犯罪行为一般是违反道德的,守法行为一般是符合道德的。

法律和道德的一般关系表现为:

道德禁止或许可的,法律同样禁止或许可。在日常生活中,如杀人、盗窃、合同违约、欺诈等行为是违反道德的,在法律上也是禁止的;而诚实信用、尊老爱幼、见义勇为等是道德上倡导的,法律上也是倡导的。

道德不许可,法律许可。如法律规定某些民事权利的诉讼时效为 3 年,超过了诉讼时效,民事权利即不再受法律保护。因为超过诉讼时效而失去胜诉权,法律是许可的。但从道德上讲,这种权利是不可能失效的,应当得以实现。

道德许可,法律不许可。如前所述,如果超过了诉讼时效,权利方仍然要提起诉讼,在道德上是可以的,但就诉讼结果而言,法律上是不保护其利益的。再如复仇,在法律上是禁止的,而在道德意义上却是许可的。进入法治社会,道德和法律的价值取向产生了巨大的差异,道德已从风俗习惯甚至从其本身“认可”的法律中超然出来,形成一种理想化的价值。

法律和道德都从各自角度规范人类行为、调节人际关系、维护社会秩序。

---

① 《马克思恩格斯选集》第 4 卷,人民出版社 2012 年版,第 109 页。

法律以规范性、可预期性和他律性规范社会成员的行为;道德以教化性、劝导性、自律性规范社会成员的心灵。法律是成文的道德,道德是内心的法律。法律和道德都具有规范社会行为、调节社会关系、维护社会秩序的作用,在国家治理中都有其地位和功能。法安天下,德润人心。法律有效实施有赖于道德支持,道德践行也离不开法律约束。法治和德治不可分离、不可偏废,国家治理需要法律和道德协同发力。法治和德治两手抓、两手都要硬。法治与德治就如车之两轮、鸟之双翼,不可偏废。

三、法律与道德的区别

在规范层面上,道德和法律同为调整人们社会生活的行为规范,而且都调整社会重大的、带全局性的关系,但道德和法律也存在根本区别。

产生背景不同。道德是在原始规范的基础上产生的,最早表现为禁忌、风俗、礼仪。当生产力进一步发展,社会关系进一步复杂时,社会对规范的要求就不限定在原有的基础上,它将关系到社会重大的、带全局性的内容分离出来,由另一种规范予以调整,道德由此产生。法律是在道德作为一种规范已经存在的基础上产生的,是社会矛盾尖锐化,而道德已无力对现实的社会关系进行规范调整的情况下产生的结果。道德产生于社会观念中并存在于人们的信念里,是自发的。法律却是由国家制定或认可的,并以特定的形式表现出来。

表现形式不同。由于道德与禁忌、风俗、礼仪等一样,是人们在长久的社会生活中逐渐形成的,是一种自发的过程和结果,所以它往往不以文字或条文的形式表现出来,也不需要专门的机构和人员制定和颁布。它存在于人们的社会意识中,存在于社会流动的观念和人们的信念中。法律则不同,它必须有专门的形式和制定程序。虽然有些法律并不由一定的机关制定或认可,而仅仅是一种口头表示,如中国古代的皇帝常常发布的一些“口谕”或“敕令”,这种“口谕”或“敕令”仍然会采用文字形式记载下来,并由专门机构进行编纂,例如,我国宋朝的“编敕”就是一种立法活动。道德和法律的表现形式并不简单区分为是否形成文字或典章,而在于是否体系化和制度化。例如,英美法系的判例法,虽然不以条文的形式出现,却是具有严谨的内在体系、规范的制度,使得判例法形成一个严密的法律制度。无论是成文法还是不成文法,从形成之日起就走上了日益制度化、系统化的发展道路。而道德规范的产生虽然远比法律早，但至今仍是一种非制度化、非系统化的形式。不成文法尽管带有明显自发的、约定俗成的痕迹，但在制度化方面，其系统化和明确性仍然是道德所不能比拟的。

规范内容不同。道德和法律虽然在调整社会重大的、带全局性的关系方面是一致的，但所规范的内容不完全相同。在没有法律之前，社会重大的、带全局性关系的规范调整，主要由道德来完成。法律出现后，将道德的一部分内容分离出来，改由法律规范调整。违反了法律规范的，一般也违反了道德规范，而违反了道德规范并不一定违反法律规范。道德在规范人们行为时更多的是强调义务和禁令；而法律在规范人们行为时不但强调义务，同时还要强调权利。

实施方式不同。道德的实施主要是靠人们自觉遵守，其次靠舆论的强制、内心信念的约束等。而法律的实施，虽也需要人们自觉遵守，但却具有道德所不具有的外在强制实施力量——国家强制力。

违反后果不同。违反道德会引起两种后果，一是惩罚，二是自我良心的谴责和社会舆论的压力。作为道德本源的习俗、习惯的遵守，靠人们的严格自我抑制，以及历代传承的习惯势力。社会舆论是来自外界的不确定的压力，这种压力只有为个人的良心所承受，才能产生压迫感。因此，自我良心的承受能力在道德中起主要作用。每个人的良心承受能力是不一致的，如果个人不存在自我良心，蔑视甚至无视社会舆论，道德规范就会失效。法律则不同，由于法律的确定性和以国家的强制力作为后盾，当违法行为出现时，法律绝不考虑违法主体的承受能力，法律确定行为违法与否的准则就是法律本身。依法律指引行为，将获得肯定性后果，反之则承担否定性后果。

第二节　法治与德治的基本关系

国家和社会治理需要法律和道德共同发挥作用。要坚持依法治国和以德治国相结合，把法治建设和道德建设紧密结合起来，把他律和自律紧密结合起来，做到法治和德治相辅相成、相互促进。必须坚持一手抓法治、一手抓德治，大力弘扬社会主义核心价值观，弘扬中华传统美德，培育社会公德、职业道德、家庭美德、个人品德，既重视发挥法律的规范作用，又重视发挥道德的教化作用，以法治体现道德理念、强化法律对道德建设的促进作用，以道德滋养法治精神、强化道德对法治文化的支撑作用，实现法律和道德相辅相成、法治和德治相得益彰。

一、中国古代的法治与德治

德法互补、德法共治是中国古代治国理政的历史经验，也是中国传统法文化的精髓所在。在中国传统社会，德的功用在于道德教化，统治者通过德育以德化民，以期实现秩序稳定、国家善治状态。而且，以德化民不仅体现为内在的道德约束，还必须辅之以外在的法度。因此，中国古代统治者多奉行"德主刑辅"的政策。

为政以德。春秋晚期，孔子强调："礼乐不兴，则刑罚不中，刑罚不中，则民无所措手足。"①他高度肯定了礼乐对于民众行为方式的指引及社会秩序的维系作用。在此基础上，他提出"为政以德"的主张："为政以德，譬如北辰，居其所而众星拱之。"②即将"为政以德"作为治国之本。

"为政以德"的思想有如下特点：其一，"德"不仅强调对民众的教化，亦强调统治者的道德自律。孔子曾论述了统治者表率作用对民众服从治理的影响，所谓"其身正，不令而行；其身不正，虽令不从"③。其二，"德"的内容具有可塑性。"君子之德风，小人之德草。草上之风，必偃。"④君子（统治者）之"德"（品格）就像风；小人（被统治者）之"德"就像草，统治者的德行对于民众德行具有塑造作用，言语或行为的善恶好坏取决于统治者的导向。其三，立身惟正、以德修身。道德教化是"为政以德"的基本手段。孔子认为刑罚只能使人避免犯罪，不能使人自觉排斥犯罪，不足以使得社会真正安定，只有通过礼仪和道德教化才能使民众自觉遵守社会秩序。其四，德法并举。德治与法治

---

① 《论语·子路》。
② 《论语·为政》。
③ 《论语·子路》。
④ 《论语·颜渊》。

相结合，教化与法令共同发挥作用。瞿同祖曾这样阐释儒家的“德治”思想：“儒家既坚信人心的善恶是决定于教化的，同时又坚信这种教化，只是在位者一二人潜移默化之功，其人格有绝大的感召力。”①

“以法治国”。春秋时期，礼崩乐坏，礼乐之治在诸侯国不断失德的冲击下，失去了往日的风采。法家奉行的法治逐渐取代了礼乐之治。早期法家代表人物是公元前7世纪齐国的管仲。他首提“以法治国”的法治学说，提出“威不两措，政不二门。以法治国，则举措而已”②。韩非继管仲之后，再次发出“威势之可以禁暴，而德厚之不足以止乱也”③。他从国家制定、掌握法律并布之于百姓的角度提出：“法者，编著之图籍，设之于官府。而布之于百姓者也。”④

中国古代“以法治国”具有如下特点：(1)强调法律作为统治工具的作用，“夫摇镜则不得为明，摇稀则不得为正，法之谓也。故先王以道为常，以法为本……夫悬衡而知平，设规而知圆，万全之道也。”⑤(2)强调法律的同等适用，“故以法治国，举措而已矣。法不阿贵，绳不挠曲。法之所加，智者弗能辞，勇者弗敢争。刑过不辟大臣，赏善不遗匹夫。”⑥“不别亲疏，不殊贵贱，一断于法。”⑦(3)法家法治讲的“法”，主要指的是古代社会的“刑”，即刑罚，是人治下的“治人”(“治民”)手段，这与现代意义上的法治不可同日而语。(4)法家的法治不是现代意义的法治，而是皇帝旨意下的法治，是有“法制”无“法治”。

德主刑辅。对于古代中国的德治和法治关系，有学者从道德与法律在治国理政中的作用关系角度来理解“德主刑辅”，认为古代社会主要依靠德礼教化进行统治，法律在其中起次要作用。⑧ 从儒家“德治”的角度出发，认为法律不过是辅助“德治”实践的工具。⑨

---

① 瞿同祖：《瞿同祖法学论文集》，中国政法大学出版社1998年版，第321页。
② 《管子·明法》。
③ 《韩非子·显学》。
④ 《韩非子·难三》。
⑤ 《韩非子·饰邪》。
⑥ 《韩非子·有度》。
⑦ 《史记·太史公自序》。
⑧ 张晋藩：《中华法系特点探源》，《法学研究》1980年第4期。
⑨ 钱逊：《先秦儒法关于德刑关系的争论》，《清华大学学报(哲学社会科学版)》1986年第1期。

由于“德”之功在于潜移默化的“化”上，并不具备国家的强制力，而国家是一个复杂的机器，为了推动国家机器的运转，需要具有强制性的各种机构，如政府、军队、官吏、法庭、监狱等等，还需要各种制度的共同推进，才能够保证国家对外对内职能的实施和治国理政的效果。因此，仅凭德化不足以胜残去杀，打击犯罪，维持国家的统治。从中国历史上看，“唯德治”论者可谓比比皆是，但在历史实践中没有任何一个朝代仅凭德治维持其统治。以德化民与以法治国是互相连接、互补互用的，是国家治理不可忽视的“二柄”。法与德的结合减少了法律的滥用，缓和了法律严酷的形式，利于民众心理认同和接纳；以德化民使民远恶近善，遏制犯罪的动机，有利于避免狱讼繁兴、法残刑暴的讼累；德法互补互用，使道德法律化，遵守法律的义务和遵守道德规范的义务相一致，使“明刑弼教”的“教”落到实处。

二、良法奠基：道德入法入规

道德法律化，主要是指通过立法将社会中存在的道德规范上升为法律规范，并使之具备法律效力的过程。道德法律化“主要侧重于立法过程，指的是立法者将一定的道德理念和道德规范或道德规则借助于立法程序以法律的、国家意志的形式表现出来并使之规范化、制度化”①。道德法律化是“在立法环节直接把道德要求和规范演化为法律要求和规范，形成‘道德的法律强制’”②。当道德义务不足以抵制危害社会的行为时，立法应适时介入，在一定范围内用法律来吸收与接纳道德，将道德义务提升为法律义务。这有利于提升国民的道德素质，促进社会和谐。但这种由道德规范向法律规范的转变不是无限度的，它只能在一定的范围内进行，或者说只能将一定的道德规范上升为法律规范。道德法律化不可能将所有的道德上升为法律，因为道德规范的法律化在许多时候意味着公民义务的扩张，如果道德义务法律化的范围超出了民众所能承受的限度，导致道德义务泛法律化，则会出现反人性、反现代法治精神及社会无力承担的后果。

---

① 范进学：《论道德法律化与法律道德化》，《法学评论》1998 年第 2 期。

② 马长山：《法治社会中法与道德关系及其把握》，《法学研究》1999 年第 1 期。

道德是法律的价值基础之一。从制定法或成文法的角度看,道德先于法律而存在是一个不争的事实。尽管法律尚有其他的价值根据,但是,不内含道德价值甚至不尊重道德价值的法律,决不是真正的法律,而只能是专制暴政。对法律的道德价值基础的认同,是民众认知的逻辑前提。一般来说,民众并不熟知法律的具体规定。但是,对于法律的无知,却不能成为其推卸法律责任的理由。因为“任何人不因对法律的无知而受原宥”①,他们能够通过日常道德了解法律的基本精神,知悉法律可为与不可为的界限,确定对自己的行为应承担的法律责任的性质。虽然法律以道德为基础,单凭民众的道德自律,仍不足以保证所有人自觉主动地履行社会道德义务。在自身利益与社会道德要求相冲突的情况下,道德的选择并非人们唯一的选择。正因为如此,道德他律始终与自律相伴随,社会强制成为维护道德尊严、保证社会道德秩序的必要补充。

法律作为规范化、制度化、强制力保障的社会规范,可以固化道德。社会的有序发展需要减少或避免人们交往中的不确定性,即需要社会成员具有共同遵守的行为准则。法律规范的确定性,能够给予社会成员明确、具体的行为准则,即可为与不可为的界限分明。而且,道德所具有的多元性导致个体道德的选择性与社会道德的共性之间存在一定的张力。法律规范的外在强制性及法律后果的显见性所形成的稳定行为预期,对人们行为的任性具有抑制作用。

法治是由一套价值观念体系、制度规范体系和执行程序体系共同构成的,它本身就蕴含着国家治理和社会秩序的道德准则,它要求以良法奠基善治。“立善法于天下,则天下治;立善法于一国,则一国治。”良法是能更好体现国家的价值目标、社会的价值取向、公民的价值准则的法;是能充分体现权利公平、机会公平、规则公平的法;是能实现保护产权、维护契约、统一市场、平等交换、公平竞争、有效监管,促进社会诚信的法。当前,中国特色社会主义法律体系包括宪法统领下的宪法相关法、民商法、行政法、经济法、社会法、刑法、程序法等7个部分和法律、行政法规、地方性法规3个层次,必须加快形成完备的法律规范体系,坚持立法先行,坚持立改废释并举,加快完善法律、行政法规、

① [奥]凯尔森:《法与国家的一般理论》,沈宗灵译,中国大百科全书出版社1996年版,第47页。

地方性法规体系，完善包括市民公约、乡规民约、行业规章、团体章程在内的社会规范体系，为全面推进依法治国提供基本遵循。

“平出于公，公出于道。”要以保护产权、维护契约、统一市场、平等交换、公平竞争、有效监管为基本导向，完善中国特色社会主义市场经济法律制度。要加快健全以公平为核心原则的产权保护制度，加强对各种所有制经济组织和自然人财产权的保护，清理有违公平的法律法规条款，坚决维护宪法确立的“社会主义的公共财产神圣不可侵犯”“公民的合法的私有财产不受侵犯”。

社会主义市场经济本质上是法治经济，而法治经济的内核就是契约精神。必须健全民事基本法律制度，强化全社会的契约精神。加强保障和改善民生、推进社会治理体系创新方面的立法，完善教育、劳动就业、收入分配、社会保障、医疗卫生、扶贫济困、社会救助、婚姻家庭和妇女儿童、老年人、残疾人合法权益保护等方面的法律法规。必须加强公民道德建设，弘扬中华优秀传统文化，增强法治的道德底蕴，强化规则意识，倡导契约精神，弘扬公序良俗。推动文明行为、社会诚信、见义勇为、尊崇英雄、志愿服务、勤劳节俭、孝亲敬老等方面的立法工作。不断完善有效约束开发行为和推动绿色低碳循环发展的生态文明法律制度，推动人与自然和谐发展。加强规范性文件备案审查制度和能力建设，建立健全法律法规定期清理机制，对与社会主义核心价值观要求不相适应的，依照法定程序及时进行修改和废止。

社会主义核心价值观融入法治建设是国家治理体系和治理能力现代化的急迫需求。培育和弘扬社会主义核心价值观是凝魂聚气、强基固本的基础工程，是中国特色社会主义的思想道德基础。核心价值观是文化软实力的灵魂。培育和弘扬社会主义核心价值观，有效整合社会意识，是社会系统得以正常运转、社会秩序得以有效维护的重要途径，也是国家治理体系和治理能力的重要内容。习近平总书记要求，要用法律来推动核心价值观建设。各种社会管理要承担起倡导社会主义核心价值观的责任，注重在日常管理中体现价值导向，使符合核心价值观的行为得到鼓励、违背核心价值观的行为受到制约。

当然，绝大部分法律是由低级道德转化而来的。高级道德是利他的，舍己利人，法律并不强求，如法律不强求施舍；低级道德强调利己利人，平等互利，坚决反对损人利己，这通常在法律中都有所体现。法律和道德中的低级部分是重合的,法律必然反映最基本道德的要求;法律也不会禁止施舍,因为施舍是高级道德所提倡的。高级道德虽然存在于人类之中,却是奢侈品,当然也是珍品,所以为人敬仰。正如德国哲学家康德所言:“有两样东西,人们越是经常持久地对之凝神思索,他们就越是使内心充满常新而日增的惊奇和敬畏:我头上的星空和心中的道德律。”①

道德的法律化,只能是共同道德、客观道德的法律化,而不能是个人道德、主观道德的法律化。社会的客观道德是一定社会或集团在长期共同生活实践中,基于特定的社会生活条件自生自发地形成的道德共识,并最终生成客观化的社会道德。道德的法律化,不可能是个体主观道德的法律化,因为个体道德具有多元性。

道德的法律化,只能是基本的社会道德的法律化,而不能是理想的社会道德的法律化。基本的社会道德与理想的社会道德的区分有:(1)是否与人们社会生活所需要的基本社会秩序相关。(2)是否能够为多数人普遍遵守。基本道德是多数人都能够自觉遵行的道德要求,而理想性的道德则往往高于现实生活中一般人的道德水平,是多数人做不到或不可能持久坚持的道德要求,只有社会上少数具有坚强道德信念和优良道德修养的人才会对之持之以恒、矢志不渝。正如法理学家博登海默所指出的:“那些被视为是社会交往的基本而必要的道德正当原则,在所有的社会中都被赋予了具有强大力量的强制性质。这些道德原则的约束力的增强,当然是通过将它们转化为法律规则而实现的。禁止杀人、强奸、抢劫和伤害身体,调整两性关系,制止在合意契约的缔结和履行过程中欺诈与失信等,都是将道德观念转化为法律规定的事例。”②高级道德必然超过人们所能承载的平均道德力,也不可能转化为具有普遍性的法律。强制一种善德的法律也是恶法。

道德的法律化,只能是社会道德中涉及人的行为层面的法律化,而不能是涉及人的思想品质层面的法律化。道德规范与法律规范不同,它不仅规范人们的外在行为,而且试图规范人们内在的思想动机和品质。法律化所以仅能

---

① [德]康德:《实践理性批判》,邓晓芒译,人民出版社2003年版,第220页。

② [美]博登海默:《法理学:法律哲学与法律方法》,邓正来译,中国政法大学出版社2004年版,第391页。

在道德规范关涉行为的层面展开，关键就在于人们的思想品质是无法运用法律的强制手段予以规制的。强制的手段虽能规制外在行为，却无法直接约束人们的思想。

道德法律化，受司法成本和司法资源有限性的制约。任何社会法律的运行都是有成本的，且已有的司法资源也不足以承载解决所有社会问题和社会纠纷的巨大负荷。

三、司法约束：司法公正对社会公正的引领

司法公正对社会公正具有重要引领作用，司法不公对社会公正具有致命破坏作用。法律的正义价值在司法中的直接体现就是司法公正。公正是司法的灵魂、生命和永恒主题，是保障公民权利、维护社会正义的最后一道屏障和安全网，也是建设法治国家的必备条件。要全面深化司法体制改革，加快建立健全公正高效权威的社会主义司法制度，确保审判机关、检察机关依法独立公正行使审判权、检察权，提供优质高效的司法服务和保障，努力让人民群众在每一个司法案件中都感受到公平正义，推动社会主义核心价值观落地生根。要严格依照事实和法律办案，坚持以事实为根据，以法律为准绳，二者辩证统一。如果脱离了事实，或者所根据的事实是一个虚假的“事实”，那么即使适用法律准确，也仍然难以避免错案。反之，如果事实清楚，但适用法律不当，则也不可能达到应有的法律效果，就难以保证法律的准确适用。要确保办案过程符合程序公正、办案结果符合实体公正，用公正司法培育和弘扬社会主义核心价值观。

司法公正是全面推进依法治国的重要环节，是依法治国的动态表现。保证司法公正、树立法律权威是依法治国的核心和灵魂。保证司法公正是实施法律、法规的需要。司法行为既是适用法律的行为，又是纠正违法的行为，还是法律实施的最终程序，只有公正司法才能确保法律得以正确实施，依法治国才能得以全面推进和落实。保证司法公正是树立法律权威的需要。维护法律尊严、树立法律权威，是全面推进依法治国重要的内容。司法行为既代表国家强制力，又是法律权威和尊严的象征。司法活动是保障法律公正的最后防线，也是保障法律公正的最重要和最有效的手段。司法公正是提高人们良好法律

意识的有效手段。人们通过具体的司法个案能直接形成法律肯定什么、否定什么、支持什么、反对什么的行为认知,这也是法律的评判功能和导向功能的体现。

司法使法律规定的各项平等权利得到实现。要加强弱势群体合法权益的司法保护,加大涉民生案件查办工作力度,通过具体案件的办理,推动形成良好社会关系和社会氛围。遵循法律精神和原则,实行适应社会主义核心价值观要求的司法政策,增强适用法律法规的及时性、针对性、有效性,为惩治违背社会主义核心价值观、严重失德败德行为,提供具体、明确的司法政策支持。案例指导制度是实现公平正义的利器。要完善案例指导制度,及时选择对司法办案有普遍指导意义,对培育和弘扬社会主义核心价值观有示范作用的案例,作为指导性案例发布,通过个案解释法律来统一法律适用标准。

司法公正有助于培养社会公众的法律信仰。法律信仰确立的前提就是公众通过道德价值判断来认同法律并确立对法律的信仰。也就是说,公正的司法判决与公众的道德评价之间是有内在联系的。同时,司法程序公正的价值是通过对实体公正的保障作用而彰显的,司法程序本身也蕴涵了现代社会的道德正义原则。

德治为司法公正提供道德支撑。德治通过对法律创制的指导作用,为司法公正提供道德支撑。法律是道德的底线保障,德治的理念和要求,在法律运行过程中的每一个环节都有不同程度和不同方式的体现。而在整个法律运行过程中,立法的道德观、正义价值则尤为重要。立法者的愿望与目的的实现在很大程度上取决于立法者的道德、正义价值取向。因为"法律的制定者经常会受到社会道德中传统观念或新观念的影响"①。德治通过对法律实施的支撑作用,促进司法公正的实现。德治对法律实施的支撑作用是通过将德治的理念和要求内化于执法者的思想和行为上的道德自律以及公众的义务守法而实现的。现代司法强调司法者的主观能动判断,而不是简单机械地去套用法律。

---

① [美]博登海默:《法理学:法律哲学与法律方法》,邓正来译,中国政法大学出版社 1999 年版,第 376—378 页。

四、责任机制:法治与德治相互促进

法治强调依靠法制来治理国家,用强制的手段来约束人们的行为,它偏重的是确认和维护社会主体所应有的合法权益。而德治主要通过道德规范来约束和规范人们的行为。法律是成文的道德,道德是内心的法律,法律和道德都具有规范社会行为、维护社会秩序的作用。治理国家、治理社会必须一手抓法治、一手抓德治,既重视发挥法律的规范作用,又重视发挥道德的教化作用,实现法律和道德相辅相成、法治和德治相得益彰。

"法律是治国之重器,良法是善治之前提。"中国特色社会主义法治不仅是形式上的法律之治,更是实质上的良法之治。习近平总书记在不同语境下提出了两个论断,科学地揭示了形式法治与实质法治的统一,说明了良法善治的实践导向。第一个论断:"法律是什么?最形象的说法就是准绳。用法律的准绳去衡量、规范、引导社会生活,这就是法治。"①这一论断所指的是形式法治。第二个论断:"人民群众对立法的期盼,已经不是有没有,而是好不好、管用不管用、能不能解决实际问题;不是什么法都能治国,不是什么法都能治好国;越是强调法治,越是要提高立法质量。"②"要抓住提高立法质量这个关键,深入推进科学立法、民主立法,完善立法体制和程序,努力使每一项立法都符合宪法精神、反映人民意愿、得到人民拥护。"③这个论断抓住了社会主义法治的价值要义:良法善治。习近平总书记引用宋代思想家、政治家王安石的名言来说明良法善治:"立善法于天下,则天下治;立善法于一国,则一国治。"④

从法律制定来看,"实践是法律的基础,法律要随着实践发展而发展。转变经济发展方式,扩大社会主义民主,推进行政体制改革,保障和改善民生,加强和创新社会管理,保护生态环境,都会对立法提出新的要求。"⑤"形势在发

① 习近平:《在中共十八届四中全会第二次全体会议上的讲话》,《习近平关于全面依法治国论述摘编》,中央文献出版社 2015 年版,第 8—9 页。

② 习近平:《在十八届中央政治局第四次集体学习时的讲话》,《习近平关于全面依法治国论述摘编》,中央文献出版社 2015 年版,第 43 页。

③ 习近平:《在庆祝全国人民代表大会成立六十周年大会上的讲话》,《习近平关于全面依法治国论述摘编》,中央文献出版社 2015 年版,第 47 页。

④ 王安石:《临川先生文集》,中华书局 1959 年版,第 678 页。

⑤ 习近平:《在十八届中央政治局第四次集体学习时的讲话》,《习近平关于全面依法治国论述摘编》,中央文献出版社 2015 年版,第 43 页。

展,时代在前进,法律体系必须随着时代和实践发展而不断发展。”①具体而言:要立法先行,立改废释并举。习近平总书记强调:要坚持立法先行,注重新法律的制定,对“实践证明行之有效的改革措施,要及时上升为法律”;要重视对于“不适应改革要求的法律法规,要及时修改和废止”,为经济体制和社会体制改革、为转变政府职能扫除障碍;还“要加强法律解释工作,及时明确法律规定含义和适用法律依据”②。

抓住提高立法质量这个关键。习近平总书记指出:立法领域有一系列突出问题,例如:立法质量不优,有的法律法规全面反映客观规律和人民意愿不够,解决实际问题有效性不足,针对性、可操作性不强;立法效率不高,改革发展稳定安全急需的一些法律法规久拖不决、迟迟不能出台;立法目的混乱和立法价值错位,立法中的部门利益博弈、争权诿责现象较为突出、权利义务规定失衡;在这些问题当中,立法质量问题最为普遍、最为突出。立法质量直接关系到法治的质量。所以“越是强调法治,越是要提高立法质量”③,提高质量已经成为立法工作的生命线,是破解立法领域突出问题的总抓手。

推进科学立法、民主立法,是提高立法质量的根本途径。“科学立法的核心在于尊重和体现客观规律。”④即尊重和体现经济、政治、文化、社会、生态建设与发展客观规律,使法律准确适应改革发展稳定需要。“民主立法的核心在于为了人民、依靠人民。”⑤即立法要坚持人民主体原则、以人民为中心,完善立法工作机制,创新公众参与立法方式,通过座谈、听证、评估、公布法律草

① 习近平:《在庆祝全国人民代表大会成立60周年大会上的讲话》,《人民日报》2014年9月6日。

② 习近平:《在十八届中央政治局第四次集体学习时的讲话》,《习近平关于全面依法治国论述摘编》,中央文献出版社2015年版,第5页。

③ 习近平:《在十八届中央政治局第四次集体学习时的讲话》,《习近平关于全面依法治国论述摘编》,中央文献出版社2015年版,第43页。

④ 习近平:《关于〈中共中央关于全面推进依法治国若干重大问题的决定〉的说明》,《〈中共中央关于全面推进依法治国若干重大问题的决定〉辅导读本》,人民出版社2014年版,第14页。

⑤ 习近平:《关于〈中共中央关于全面推进依法治国若干重大问题的决定〉的说明》,《〈中共中央关于全面推进依法治国若干重大问题的决定〉辅导读本》,人民出版社2014年版,第14页。

案等扩大公民有序参与立法途径，通过询问、质询、特定问题调查、备案审查等广泛听取各方面意见和建议，积极回应社会关切，发挥立法凝聚共识、统一意志、引领公众、推动发展的作用。

加强重点领域立法。立法工作要坚持立法先行，突出重点，急用先立，与改革和发展相适应。习近平总书记指出："要加强重点领域立法，及时反映党和国家事业发展要求、人民群众关切期待，对涉及全面深化改革、推动经济发展、完善社会治理、保障人民生活、维护国家安全的法律抓紧制定、及时修改。"①立法和改革决策相衔接。坚持立法与改革同步。习近平总书记指出，科学立法是处理改革和法治关系的重要环节。要实现立法和改革决策相衔接，做到重大改革于法有据、立法主动适应改革发展需要。在研究改革方案和改革措施时，要同步考虑改革涉及的立法问题，及时提出立法需求和立法建议。完善立法体制。习近平总书记提出："推进科学立法，关键是完善立法体制"，"优化立法职权配置"，"明确立法权力边界"。

中共十八大以来，以习近平同志为核心的党中央高度重视依法治国与以德治国的有机结合，对以德治国在管党治党和治国理政中的重要作用给予了充分肯定。中共十八届四中全会审议通过的《中共中央关于全面推进依法治国若干重大问题的决定》把"坚持依法治国和以德治国相结合"作为全面依法治国，建设中国特色社会主义法治体系，建设社会主义法治国家必须遵循的五项原则之一。中共中央办公厅、国务院办公厅印发《关于进一步把社会主义核心价值观融入法治建设的指导意见》指出，社会主义核心价值观是社会主义法治建设的灵魂。把社会主义核心价值观融入法治建设，是以德治国的必然要求，也是加强社会主义精神文明建设的重要举措。

以德治国是中国共产党作为执政党适应新时期管党治党和治国理政的要求，根据中国特色社会主义国家治理和社会治理的实践需要提出的治国理政的崭新命题，是中国共产党作为执政党科学执政、民主执政和依法执政理念的重要表现形式。以德治国就是要以马克思列宁主义、毛泽东思想、邓小平理论、"三个代表"重要思想、科学发展观和习近平新时代中国特色社会主义思

① 习近平：《加快建设社会主义法治国家》，《求是》2015 年第 1 期。

想为指导，以为人民服务为核心，以集体主义为原则，以爱祖国、爱人民、爱劳动、爱科学、爱社会主义为基本要求，以职业道德、社会道德、家庭美德建设为落脚点，积极建立适应社会主义市场经济发展的社会主义思想道德体系，并使之成为全体人民普遍认同和自觉遵守的规范。以德治国集中体现了马克思主义伦理观和无产阶级先进道德。社会主义核心价值观是以德治国的重要内容，即富强、民主、文明、和谐；自由、平等、公正、法治；爱国、敬业、诚信、友善。以德治国要在管党治党方面发挥重要作用。相对于依法治国中的“法”所具有的稳定性、确定性和基础性而言，以德治国中的“德”的价值要求具有催人奋进、鼓舞向上的精神感染力。这种对人们行为的高标准、严要求需要依靠党员干部的先锋模范作用。以德治国要求社会公众不断追求健康向上的生活方式，努力提升自己的道德修养。

法安天下，德润人心。必须坚持一手抓法治、一手抓德治，大力弘扬社会主义核心价值观，既重视发挥法律的规范作用，又重视发挥道德的教化作用。习近平总书记指出：“发挥好法律的规范作用，必须以法治体现道德理念、强化法律对道德建设的促进作用。其一，道德是法律的基础，只有那些合乎道德、具有深厚道德基础的法律才能为更多人所自觉遵行。其二，法律是道德的保障，可以通过强制性规范人们行为、惩罚违法行为来引领道德风尚。要注意把一些基本道德规范转化为法律规范，使法律法规更多体现道德理念和人文关怀，通过法律的强制力来强化道德作用、确保道德底线，推动全社会道德素质提升。”①另一方面，“发挥好道德的教化作用，必须以道德滋养法治精神、强化道德对法治文化的支撑作用。再多再好的法律，必须转化为人们内心自觉才能真正为人们所遵行。‘不知耻者，无所不为。’没有道德滋养，法治文化就缺乏源头活水，法律实施就缺乏坚实社会基础。在推进依法治国过程中，必须大力弘扬社会主义核心价值观，弘扬中华传统美德，培育社会公德、职业道德、家庭美德、个人品德，提高全民族思想道德水平，为依法治国创造良好人文环境。”②

① 习近平：《加快建设社会主义法治国家》，《求是》2015 年第 1 期。
② 习近平：《加快建设社会主义法治国家》，《求是》2015 年第 1 期。

第三节　领导干部讲政德

政德，是整个社会道德建设的风向标，是党员干部立身处世、为政为官、干事创业的道德要求和行为规范。2018 年 3 月 10 日上午，习近平总书记在参加十三届全国人大一次会议重庆代表团审议时指出："领导干部要讲政德。政德是整个社会道德建设的风向标。立政德，就要明大德、守公德、严私德。所有党员、干部都要戒贪止欲、克己奉公，切实把人民赋予的权力用来造福于人民。"在新的起点上，习近平总书记关于政德的重要讲话，是对新时代领导干部政德思想外延和内涵的系统阐述，对新时代德治具有重大指导意义。

一、明大德：坚定理想信念

明大德，就是要铸牢理想信念、锤炼坚强党性，在大是大非面前旗帜鲜明，在风浪考验面前无所畏惧，在各种诱惑面前立场坚定，这是领导干部首先要修好的"大德"。

明大德，体现了党员干部的党性和政治性，凸显讲政治是党员干部第一位的要求。明大德，就是明忠于党、忠于国家、忠于人民、忠于民族的品格和信仰，坚定的政治定力。习近平同志高度重视党员干部理想信念的问题，他形象地说："共产党人如果没有信仰、没有理想，或信仰、理想不坚定，精神上就会'缺钙'，就会得'软骨病'，就必然导致政治上变质、经济上贪婪、道德上堕落、生活上腐化。"①党员干部要以明大德之范，尽忠诚之心，严守"四个意识"铁律，坚定"四个服从"，担当时代重任。就是要铸牢理想信念、锤炼坚强党性，在大是大非面前旗帜鲜明，在风浪考验面前无所畏惧，在各种诱惑面前立场坚定，这是领导干部首先要修好的"大德"。

明大德是对领导干部政治品德提出的更高要求。新时代领导干部的政治品德，就是"广大党员干部要老老实实、原原本本学习马克思列宁主义、毛泽东思想、邓小平理论、'三个代表'重要思想、科学发展观，学习马克思主义中

① 习近平：《在全国党校工作会议上的讲话》，《求是》2016 年第 9 期。

国化最新成果，把理想信念建立在对科学理论的理性认同上，建立在对历史规律的正确认识上，建立在对基本国情的准确把握上。通过坚持不懈学习，学会运用马克思主义立场观点方法观察和解决问题，不断筑牢理想信念，做到虔诚而执着、至信而深厚，让理想信念的明灯永远在心中闪亮”①。习近平总书记曾说：“在历史的长河中，那些帝国的崩溃、王朝的覆灭、执政党的下台，无不与其当政者不立德、不修德、不践德有关，无不与其当权者作风不正、腐败盛行、丧失人心有关。”②

理想信念是一个人持续前进的根本动力。《格言联璧》有云：“志之所趋，无远勿届，穷山距海，不能限也。志之所向，无坚不入，锐兵精甲，不能御也。”意思是说，理想信念坚定的人，再遥远的地方也能达到，再坚固的东西也能突破，强调了理想信念对一个人的重要作用，对党员领导干部尤其如此。③ 习近平总书记关于共产党人理想信念的“钙”之形象比喻，这充分生动而形象地说明了理想信念对于广大的中国共产党人的重要性，因此，对作为执政党的中国共产党来说，要时刻补充精神之“钙”，决不可得“软骨病”。

要注重舆论引导，营造大德的舆论氛围和良好的社会道德风尚。大德就是对国家和民族的情感，是“位卑未敢忘忧国，事定犹须待阖棺”，是“苟利国家生死以，岂因祸福避趋之”，是“天下兴亡，匹夫有责”，是“一寸赤心惟报国”。要弘扬主流价值，培育和践行大德，同时引导社会成员树立良好的社会心态，营造讲文明、树新风的正气，培育全体公民对国家、对民族的情感。

二、守公德：全心全意为人民服务

守公德，就是要强化宗旨意识，全心全意为人民服务，恪守立党为公、执政为民理念，自觉践行人民对美好生活的向往就是我们的奋斗目标的承诺，做到心底无私天地宽。

---

① 中共中央宣传部：《习近平总书记系列重要讲话读本》，学习出版社 2016 年版，第 108—109 页。

② 习近平：《做人与做官》，《之江新语》，浙江人民出版社 2007 年版，第 258 页。

③ 参见华靓：《领导干部要讲政德》，《中国纪检监察报》2018 年 3 月 15 日，第 6 版。

“公德”就是公众之德、公共之德、公权之德。为官都有权，用权的思想基础是公德，要做到秉公用权、廉洁奉公，必先修公德，用公德指挥用权，才能做到权为民所用、利为民所谋、情为民所系。《潜夫论·释难》记载：“大鹏之动，非一羽之轻也；骐骥之速，非一足之力也。”就是说，大鹏冲天飞翔，不是靠一片羽毛的轻盈；骏马急速奔跑，不是靠一只脚的力量。同样，中国特色社会主义事业要飞得高、跑得快，就得依靠13亿人民的力量。中国特色社会主义事业必须依靠人民，中国特色社会主义事业的改革、发展和建设成果由人民共享。只有赢得最广大人民群众的拥护和支持，我们共产党人才能凝聚起亿万人民攻坚克难的磅礴力量，推动中国特色社会主义事业不断取得胜利。①

守公德是力量的源泉，业无德不兴。公德，是在人类长期社会实践中逐渐形成的、在履行社会义务或涉及社会公众利益的活动中应当遵循的道德准则。公德是人们在社会公共生活中所必须遵行的最起码、最基本的公共生活准则。其本质上是一个国家、一个民族或一个群体，在历史长河中、在社会实践活动中积淀下来的道德准则、文化观念和思想传统，对维系人与人之间的关系具有不可替代的重要作用。在当代中国，平等、公正、法治是公民的基本价值追求，是实现国家治理体系和治理能力现代化的基础。我国正处在社会转型的关键期、改革开放的攻坚期，更加需要注重公德。

对于领导干部而言，守公德要求我们虚心向群众学习，全心全意为人民服务，自觉接受群众监督，善于从人民群众伟大实践中汲取智慧和力量，始终根植人民、造福人民。新时代领导干部守公德，要求领导干部自觉践行社会主义核心价值观、模范遵守社会公共道德、抵制各种不文明行为；真情待人、诚实守信，带头艰苦奋斗、厉行节约，反对铺张浪费、奢靡享乐，热心公益事业。新时代领导干部的职业道德，要求领导干部要树立以人民为中心的发展理念，实践党的宗旨、坚持执政为民、密切联系群众；珍惜人民公仆职位，敬业奉献、真抓实干、锐意进取，不搞劳民伤财的“形象工程”和沽名钓誉的“政绩工程”；遵守廉洁从政行为准则，秉公用权、清正廉洁、不谋私利。

① 参见华靓：《领导干部要讲政德》，《中国纪检监察报》2018年3月15日，第6版。

三、严私德:严格约束操守和行为

私德建设是领导干部从政之基,“欲事立,须是心立。”人无德不立,守私德是关键。正人先正己,私德不严,大德难明、公德难守。党员干部把私德修好了,才能做到修身慎行、怀德自重、清廉自守。唯有不断升华私德品位,涵养操守、端正品行,才能坚定理想信念的“主心骨”,筑牢信念的“压舱石”,才能对信仰虔诚而执着、至信而深厚。

严私德,就是要严格约束自己的操守和行为。要多积尺寸之功,慎独慎初慎微慎欲,培养和强化自我约束、自我控制的意识和能力,正心明德、防微杜渐,不断改造主观世界、加强党性修养,增强政治定力、纪律定力、道德定力、抵腐定力,用尺寸之功筑牢思想道德的大坝。习近平总书记指出,要牢记“堤溃蚁孔,气泄针芒”的古训,要做到“心不动于微利之诱,目不眩于五色之惑”。

为官须重官德,树官德必须去贪欲。古往今来,不少官员因贪污腐败被绳之以法。究其根源,皆在其官德沦丧、贪得无厌、欲壑难填、私欲熏心。领导干部讲政德,就要严格约束自己的操守和行为,戒贪止欲、克己奉公,做到清清白白做人、干干净净做事,切实把人民赋予的权力用来造福人民。今天人们的生活环境已经发生了很大变化,随之而来的“糖衣炮弹”让人目不暇接,这是对领导干部意志品质的严峻考验。“要把家风建设摆在重要位置”“要多积尺寸之功”“要慎独慎初慎微慎欲”“要管好自己的生活圈、交往圈、娱乐圈”。作为领导干部,要不忘初心与责任,慎始慎终、慎独慎微、洁身自好、廉洁自律、严于律己、艰苦朴素。习近平总书记指出:党员干部特别是领导干部要老老实实向人民群众学习,时时处处见贤思齐,以严格标准加强自律、接受他律,努力以道德的力量去赢得人心、赢得事业成就。

明大德是国家的根本、守公德是社会的大势、严私德是个人的操守。人无德不立,官无德不为。要重视发挥道德教化作用,把法律和道德的力量、法治和德治的功能紧密结合起来,把自律和他律紧密结合起来。在加强法规法纪保底线作用的同时,继续保证道德对社会的感召力和约束力。只有“明大德、守公德、严私德”的领导干部,才能以上率下,才能团结带领广大干部群众修德立德,争当新时代的奋斗者。

【拓展阅读】

1. 习近平:《之江新语》,浙江人民出版社 2007 年版。

2.《习近平关于全面依法治国论述摘编》,中央文献出版社 2015 年版。

3. 李永胜:《领导干部要讲政德》,《人民日报》2018 年 3 月 29 日,第 7 版。

4. 华靓:《领导干部要讲政德》,《中国纪检监察报》2018 年 3 月 15 日,第 6 版。

5. 周尚君:《厚植法治的道德根基》,《光明日报》2017 年 3 月 24 日,第 11 版。

【思考题】

1. 简述法律和道德的一般关系。

2. 简述法律和道德的区别。

3. 简述中国古代“德法共治”的基本特征。

4. 如何认识“法律是治国之重器,良法是善治之前提”?

5. 如何认识领导干部要“明大德、守公德、严私德”?

第三章　党内法规基本知识

【内容导读】 本章主要介绍领导干部应该掌握的关于全面依法治国、全面从严治党背景下党内法规体系建设的基本知识。本章的重点是，掌握党内法规的基本内涵，深刻理解在全面从严治党背景下党内法规建设的重要性，掌握十八大以来党内法规建设的主要内容及发展历程，深刻把握“1+4”党内法规体系形成的制度约束，充分认识以党章为首的党的一系列重要法规，从而在日常工作中自觉运用党纪党规约束自己，深一步将党规党纪内化于心、外化于行。

第一节　党内法规释义

一、党内法规概念

党内法规是指党的中央组织以及中央纪律检查委员会、中央各部门和省、自治区、直辖市党委制定的规范党组织的工作、活动和党员行为的党内规章制度的总称。它包含三个特征：第一，党内法规的制定主体是党的中央组织以及中央纪律检查委员会、中央各部门及省级党委。第二，党内法规的规范对象是党组织的工作、活动和党员行为，明确指向党组织和党员。第三，党内法规的表现形式是一系列党内规章制度，分别为党章、准则、条例、规则、规定、办法、细则。

按党的十八届四中全会，党内法规与国家法律一起成为中国特色社会主义法治体系的组成部分。它们既有显著区别又有密切联系。区别主要表现在：党内法规是管党治党的基本依据和党内治理法治化的制度载体，党内法规严于国家法律；国家法律是由国家强制力保证实施的具有普遍约束力的行为规则，国家法律高于党内法规。联系主要表现在：两者协调统一，都是党的主张和人民意志的统一，都是治国理政的规范依据，党内法规必须严格遵守宪法和法律的规定、原则和精神，把党内法规中一些成熟的制度规定适时经过法定程序上升为国家法律，是立法的一个重要源头。

二、党的十八大以来的党内法规建设

治国必先治党，治党务必从严，从严必依法度。这是党内法规建设的基本要求。党的十八大以来，在全面从严治党的伟大实践中，制度建设不断总结吸纳管党治党理论和实践创新成果，实现了党内法规的与时俱进、深入推进，党内法规制度体系不断完善。2013年11月，中共中央发布《中央党内法规制定工作五年规划纲要(2013—2017)》，第一次对中央党内法规制定工作进行顶层设计和战略安排，对今后五年中央党内法规制定工作进行统筹安排，提出到建党100周年全面建成内容科学、程序严密、配套完备、运行有效的党内法规制度体系，同时制定出未来五年党内法规制定工作的时间表。2014年10月，党的十八届四中全会审议通过了《中共中央关于全面推进依法治国若干重大问题的决定》，提出了“建设中国特色社会主义法治体系，建设社会主义法治国家”的总目标，第一次将党内法规体系纳入中国特色社会主义法治体系之中，将研究视野从全面从严治党扩大到全面依法治国的范畴，专门研究了“加强和改进党对全面推进依法治国的领导”任务，大大增强了党内法规的民主性、科学性和可操作性。2016年12月，中共中央印发《关于加强党内法规制度建设的意见》，明确指出，到建党100周年时，形成比较完善的党内法规制度体系、高效的党内法规制度实施体系、有力的党内法规制度建设保障体系，党依据党内法规管党治党的能力和水平显著提高。

2018年2月，中共中央印发《中央党内法规制定工作第二个五年规划(2018—2022年)》，其主要内容体现在以下方面：

一是完善党的组织法规。坚持民主集中制这一根本组织原则，全面规范党的各级各类组织的产生和职责，夯实管党治党、执政治国的组织制度基础，为坚持和加强党的全面领导、实现党在新时代的历史使命提供坚强组织保证。

重点制定中国共产党中央委员会工作条例、中国共产党纪律检查委员会工作条例、国有企业党组织工作条例、中国共产党支部工作条例等党内法规;修订中国共产党全国代表大会和地方各级代表大会代表任期制暂行条例、中国共产党地方组织选举工作条例、中国共产党基层组织选举工作暂行条例、中国共产党农村基层组织工作条例、中国共产党党和国家机关基层组织工作条例、中国共产党普通高等学校基层组织工作条例、中国共产党党组工作条例(试行)等党内法规。

二是完善党的领导法规。坚持党对一切工作的领导,完善党的领导体制机制,改进领导方式,提高执政本领,不断增强党的政治领导力、思想引领力、群众组织力、社会号召力,把党总揽全局、协调各方落到实处。重点制定中国共产党重大事项请示报告条例,党中央领导全面深化改革工作、经济工作、法治工作等方面的规定,中国共产党农村工作条例、宣传工作条例、组织工作条例、政法工作条例、机构编制工作条例、群团工作条例、外事工作条例、人才工作条例等党内法规;修订中国共产党统一战线工作条例(试行)、中国人民解放军政治工作条例等党内法规。

三是完善党的自身建设法规。坚持党要管党、全面从严治党,以党的政治建设为统领,全面推进党的政治建设、思想建设、组织建设、作风建设、纪律建设,把制度建设贯穿其中,深入推进反腐败斗争,不断提高党的建设质量,增强党的建设工作的科学性和有效性。重点制定加强党的政治建设方面的法规制度、党员教育管理工作条例、公务员职务与职级并行规定、党委(党组)落实全面从严治党主体责任规定等党内法规;修订党政领导干部选拔任用工作条例、中央企业领导人员管理暂行规定等党内法规。

四是完善党的监督保障法规。按照“规范主体、规范行为、规范监督”相统筹相协调原则,切实加强对党组织和党员干部的监督、奖惩、保障,建立健全相关法规制度,形成有权必有责、有责要担当、用权受监督、失责必追究的激励约束机制,确保行使好党和人民赋予的权力。重点制定党政领导干部考核工作条例、纪律检查机关监督执纪工作规则、党内关怀帮扶办法、组织处理办法等党内法规;修订中国共产党党员权利保障条例、中国共产党纪律处分条例、中国共产党问责条例、中国共产党党内法规制定条例等党内法规。修订完善信息、督查、机要密码工作等方面的法规制度。

同时，规划还强调认真抓好组织实施。列入本规划的制定项目，绝大多数要在 2021 年前完成。承担中央党内法规起草任务的部门和单位要高度重视，加强组织领导，制定工作方案，确保完成好党中央交给的起草任务。要深入调查研究，摸透实情、找准问题，确保每部党内法规都质量过硬，立得住、行得通、管得了。各级各类党组织要切实把执规责任扛起来，加大宣传教育、监督检查、问责追责力度，以钉钉子精神抓好党内法规贯彻落实。

三、党内法规建设内容

(一)完善党内法规制度体系

党内法规制度体系是以党章为根本，以民主集中制为核心，以准则、条例等中央党内法规为主干，由各领域各层级党内法规制度组成的有机整体。具体而言，应从以下四个方面进行完善：(1)完善党的组织法规制度，旨在为管党治党、治国理政提供组织制度基础；(2)完善党的领导法规制度，为党发挥总揽全局、协调各方领导核心作用提供制度保证；(3)完善党的自身建设法规制度，制定新形势下党内政治生活若干准则的配套法规制度，着力提高党的建设科学化水平；(4)完善党的监督保障法规制度，规范对党组织工作、活动和党员行为的监督、考核、奖惩、保障等，确保人民赋予的权力有效行使。

(二)加强党内法规制度的贯彻实施

在贯彻落实党内法规制定工作的同时，首要任务在于提升党内法规制度的执行力。首先要发挥以上率下的领导作用，确保制度执行层层落实；其次要加强学习教育工作，将制度执行落实到人，提高党内法规制度的执行力；最后要加强监督检查，定期或不定期对党内法规的实施情况进行抽查，确保党内法规制度得以具体落实，再通过一定的制度安排对党内法规的具体实施情况进行处理。

(三)形成有力的党内法规制度建设保障体系

党内法规制度保障体系是保证党内法规制度建设的重要外部因素，主要包括四方面内容：(1)落实领导责任。党内法规制度建设工作由党中央统一领导，党的各级纪律检查委员会切实履行监督执纪工作，中央各部门和地方各级党委进行统筹规划，并与党建其他工作共同部署，协同推进；(2)完善配套体制机制。各级党委要着眼于构建党委统一领导下各部门工作统筹推进的工作格局，统筹部署党内法规制度建设各项工作；(3)扩充人才队伍，为党内法规工作提供坚实的人才基础；(4)健全党内法规的考核评价机制、正向或负向激励机制等，利用好现代化各种科学技术支持和媒体平台，提升党内法规制度建设的科学化水平。

第二节 党内法规制度体系

根据党中央2016年12月印发的《中共中央关于加强党内法规制度建设的意见》，党内法规制度体系可以概括为“1+4”的基本框架，即在党章之下分为党内组织法规制度、党内领导法规制度、党内自身建设法规制度、党内监督保障法规制度四大板块，勾勒出了依规治党的“四梁八柱”①。

一、中国共产党党章

(一)党章的概念

党章，即政党的章程，是一个政党为保证全党在政治上、思想上的一致和组织上、行动上的统一而制定的章程。《中国共产党党内法规制定条例》规定，党章对党的性质和宗旨、路线和纲领、指导思想和奋斗目标、组织原则和组织机构、党员义务和权利以及党的纪律作出根本规定。② 衡量一个政党是否成熟，党章通常是关键性因素之一。

回顾党章的历史发展过程，从1921年中国共产党建党以来，到2017年党的十九大，共通过了18部党章，其中制定通过的党章7部，修订通过的党章11部，党的一大没有专门制定党章，但制定了纲领，是党章建设的雏形，党的

---

① “四梁八柱”指以党章为统领，以中央八项规定、关于新形势下党内政治生活的若干准则、中国共产党廉洁自律准则、中国共产党党内监督条例为“四梁”，以立规规范、党的组织、廉洁自律、厉行节约、纪律处分、选拔任用、教育培训、监督巡视为“八柱”。

② 中共中央办公厅法规室、中共中央纪委法规室、中共中央组织部办公厅编：《中国共产党党内法规选编》(1978—2012)第4册，法律出版社2014年版，第37页。

建设的开端。

(二)党章的功能

党章是政党的立党之本。中国共产党人历来重视党章的地位和作用,邓小平同志说过:“国要有国法,党要有党规党法。党章是最根本的党规党法。没有党规党法,国法就很难保障。”

党章的功能主要表现为以下几点:一是调整党内关系。通过规定党的各级组织职责、党员的权利与义务来调整党内关系,使党的各级组织各司其职、互相配合,保证党内的正常秩序。二是指导党的工作,规范党组织和党员的行为。只有完善了党章,才可能形成与之配套的具体党内法规,党的各项工作才能得以有序开展。三是严格党的纪律。党章对党员、领导干部、各级党组织的权利与义务均作出明确规定,一旦违反党章,就会受到相应的纪律处分,这保证了党的纯洁和行动统一。

(三)十九大党章修正案的主要内容与新发展

党的十九大通过的党章文本结构包括总纲和条文部分。总纲规定党的性质、理论、纲领、路线、方略、方针、政策、党的建设和党的领导等。条文部分内容包括:党员、党的组织制度和党的组织、党的干部、党的纪律和党的纪律检查机关、党与国家机构、政治团体和社会组织的关系、党的象征标志系统。

党的十九大党章在十八大基础上的新发展,主要体现在以下 11 个方面:

第一,将习近平新时代中国特色社会主义思想确立为党的指导思想。习近平新时代中国特色社会主义思想是对马克思列宁主义、毛泽东思想、邓小平理论、“三个代表”重要思想、科学发展观的继承和发展,是全党全国人民为实现中华民族伟大复兴而奋斗的行动指南。

第二,进一步充实改革开放以来取得的一切进步和发展的根本原因。将中国特色社会主义文化的内容充实为改革开放以来取得一切成绩和进步的根本原因。改革开放以来我们取得一切成绩和进步的根本原因是:开辟了中国特色社会主义道路,形成了中国特色社会主义理论体系,确立了中国特色社会主义制度,发展了中国特色社会主义文化。同时,在高举中国特色社会主义伟大旗帜后增写坚定道路自信、理论自信、制度自信、文化自信,贯彻党的基本理论、基本路线、基本方略的内容;在三大历史任务后增写实现“两个一百年”奋斗目标、实现中华民族伟大复兴中国梦的内容。

第三，进一步修改并充实了中国特色社会主义总体布局的内容。对中国社会主要矛盾的表述作出修改：中国社会主要矛盾已经转化为人民日益增长的美好生活需要和不平衡不充分的发展之间的矛盾。将“必须按照中国特色社会主义事业总体布局”修改为“必须按照中国特色社会主义事业‘五位一体’总体布局和‘四个全面’战略布局”。增写必须坚持以人民为中心的发展思想，坚持创新、协调、绿色、开放、共享的发展理念的内容。将新世纪新时代经济和社会发展目标修改为：“到建党一百年时，全面建成小康社会；到新中国成立一百年时，全面建成社会主义现代化强国。”

第四，进一步充实完善党的基本路线。一是将总纲原第10个自然段最后一句调整表述为：为把我国建设成为富强民主文明和谐美丽的社会主义现代化强国而奋斗。二是增写实施创新驱动发展战略、乡村振兴战略、区域协调发展战略、军民融合发展战略，充分发挥创新作为引领发展第一动力的作用等内容。同时，将“又好又快发展”修改为“更高质量、更有效率、更加公平、更可持续发展”。三是增写要全面深化改革，完善和发展中国特色社会主义制度，推进国家治理体系和治理能力现代化，更加注重改革的系统性、整体性、协同性等内容。

第五，进一步充实完善中国特色社会主义总体布局的内容。把发挥市场在资源配置中的决定性作用，更好发挥政府作用，推进供给侧结构性改革，建设中国特色社会主义法治体系，推进协商民主广泛、多层、制度化发展，培育和践行社会主义核心价值观，推动中华优秀传统文化创造性转化、创新性发展，继承革命文化，发展社会主义先进文化，提高国家文化软实力，牢牢掌握意识形态工作领导权，不断增强人民群众获得感，加强和创新社会治理，坚持总体国家安全观，增强绿水青山就是金山银山意识等内容写入党章。

第六，进一步完善对党的建设的总体要求，吸收习近平总书记全面从严治党思想和党的十八大以来党的建设实践创新成果。一是将“加强党的执政能力建设、先进性和纯洁性建设”修改为“加强党的长期执政能力建设、先进性和纯洁性建设”。二是把政治建设、纪律建设纳入党的建设总体布局，同时，增写不断增强自我净化、自我完善、自我革新、自我提高能力的内容。三是增写用习近平新时代中国特色社会主义思想统一思想、统一行动的内容；将“选拔使用在改革开放和社会主义现代化建设中政绩突出、群众信任的干部”修改为“培养选拔党和人民需要的好干部”；将“党的基本理论、基本路线、基本纲领、基本经验、基本要求”修改为“党的基本理论、基本路线、基本方略”。四是在党的建设基本要求第四项“坚持民主集中制”中，增写牢固树立政治意识、大局意识、核心意识、看齐意识等内容。五是增写坚持从严管党治党的基本要求，将党的建设的基本要求从四项扩展为五项。

第七，进一步完善党的领导方面内容，将“中国共产党是领导一切的”确立为重大政治原则。中国共产党的领导是中国特色社会主义最本质的特征，是中国特色社会主义制度的最大优势。党政军民学，东西南北中，党是领导一切的。

第八，进一步修改并完善党员队伍建设和党的干部工作内容。强调发展党员必须把政治标准放在首位，将认真学习习近平新时代中国特色社会主义思想，自觉遵守党的政治纪律和政治规矩，勇于揭露和纠正违反党的原则的言行，带头践行社会主义核心价值观，弘扬中华民族传统美德等内容增加为党员义务。

第九，进一步完善党的组织制度、党的中央组织、党的地方组织、党的基层组织四章部分条文内容。在党的组织制度一章，增写实现巡视全覆盖，开展中央单位巡视、市县巡察等内容。在党的地方组织一章，将“听取和审查中央纪律检查委员会的报告”修改为“审查中央纪律检查委员会的报告”。增写中央军事委员会实行主席负责制的内容。在党的基层组织一章，将“总支部委员会、支部委员会每届任期两年或三年”调整为“每届任期三年至五年”。在有关国有企业党的建设方面表述为：国有企业党委（党组）发挥领导作用，把方向、管大局、保落实，依照规定讨论和决定企业重大事项。增加社会组织中党的基层组织功能定位和职责任务的内容。

第十，进一步完善对党的纪律、党的纪律检查机关两章内容，吸收党的纪律建设和纪检体制改革新成果。在党的纪律一章，明确党的纪律主要包括政治纪律、组织纪律、廉洁纪律、群众纪律、工作纪律、生活纪律。还明确表述：坚持惩前毖后、治病救人，执纪必严、违纪必究，抓早抓小、防微杜渐，按照错误性质和情节轻重，给以批评教育直至纪律处分。运用监督执纪“四种形态”，让“红红脸、出出汗”成为常态，党纪处分、组织调整成为管党治党的重要手段，严重违纪、严重触犯刑律的党员必须开除党籍。在党的纪律检查机关一章，增写党的各级纪律检查委员会是党内监督专责机关，协助党的委员会推进全面从严治党，职责是监督、执纪、问责等内容。

第十一，根据党的十八大以来习近平总书记的重要思想观点，对国防和军队建设、民族工作、统一战线和外交工作的相关内容做出部分修改。

党的十九大党章修正案实现了党章建设和发展的又一次与时俱进，保持了党章的权威性、稳定性、连续性与党章的适应性、发展性的有机统一，有利于充分发挥党章的指导功能、规范功能和最高效力。①

二、党的组织法规

（一）党的组织法规概述

党的组织法规主要指党的以民主集中制为核心的组织制度，即规范党组织的活动和工作以及其象征标志的党内法规。《党内法规制度建设意见》对党的组织法规建设提出要求：明确完善党的组织法规制度，要研究制定党的中央委员会工作条例、党的纪律检查委员会工作条例，健全党的基层组织工作等方面的法规制度。

十八大以后颁布或新修订的党的组织法规主要有：《中国共产党工作机关条例（试行）》（2017 年 4 月 12 日），《中国共产党党组工作条例》（2015 年 6 月 11 日），《中国共产党发展党员工作细则》（2014 年 5 月 28 日），《党政机关国内公务接待管理规定》（2013 年 12 月 1 日）等。

（二）《中国共产党地方委员会工作条例》

为了落实全面从严治党要求，加强和改进党的地方委员会工作，提高党的执政能力和领导水平，促进党的执政目标的实现，2015 年 12 月 25 日，中共中央印发《中国共产党地方委员会工作条例》，进一步落实了地方党委全面从严治党的政治责任，确立了地方党委开展工作的新规则，完善地方党组织的权力

① 李斌雄：《扎紧制度的笼子》，武汉出版社 2017 年版，第 144—154 页。

运行机制,其直接目的在于提高地方党委工作的科学化水平。此次修订具有以下特点:

1. 创新地方党委工作制度的价值理念

新修订的地方党委工作条例增加了坚持民主集中制,增强党的地方委员会领导集体活力和党的团结统一。增加了党的地方委员会应当建立职责清单制度,明确常委会及其成员的职责,并在一定范围内公开,体现责任理念和民主公开的价值理念。此外,专门规定对地方党委的监督网络,即党的地方委员会向同级党的代表大会负责并报告工作,应当自觉接受上级党委领导和工作监督,并接受上级和同级纪律检查机关监督,接受下级党组织和党员群众的监督,接受各民主党派和无党派人士的民主监督。

2. 规范地方党委组织架构和成员配备

第一,明确规定地方党委委员、候补委员的配备要求和配备结构,并规定同级人大常委会、政协、法院、检察院主要负责人等应在此范围之内。第二,创设党委委员、候补委员递补补选制度,创设辞职、免职和自动终止制度。第三,明确了省、市、县三级常委会委员名额,并规定个别地方需要适当增减的,由中央或省委根据中央精神审批。其中,省级常委会委员配备名额为 11 人至 13 人,市、县两级为 9 至 11 人,并对个别地方需要适当增减的情况作出规定。

3. 突出地方党委全面从严治党

修订后的《地方委员会工作条例》,把地方党委全体会议简称为"全会",并对全会和常委会决策事项作了细化规定,明确规定必须通过召开全会讨论和决定的 9 项重大事项,即全会的 9 项职责,规定常委会的 6 项职责,为全会和常委会进行决策提供了依据。同时,新修订的《地方委员会工作条例》规定了地方党委必须认真履行全面从严治党主体责任,书记必须履行抓党建第一责任人职责,专职副书记职责主要是协助书记抓党建,常委会其他委员履行分管领域从严治党责任。此外,常委会应当定期研究党建工作,每年至少向全会和上一级党委专题报告一次抓党建工作情况。

4. 完善地方党委权力运行机制

建立健全地方党委权力结构和运行的监督制约机制,是建立健全地方党委工作制度的核心内容。首先,新修订的《地方委员会工作条例》强化了全会的决策和监督作用,对全会和常委会决策事项范围作了细化,特别是明确了必须通过召开全会讨论和决定的9项重大事项。其次,创设书记专题会议酝酿机制,需要提交常委会会议审议的重要事项,可以先召开书记专题会议进行酝酿,但不得代替常委会会议作出决策。最后,全面规范地方党委决策程序。新修订的《地方委员会工作条例》强调地方党委应坚持民主集中制,实行集体领导和个人分工负责制度,有效防止书记"一言堂"现象,明确议事决策基本原则,坚持集体领导、民主集中、个别酝酿、会议决定;规定重大决策一般程序,在调查研究基础上提出方案,充分听取各方意见,进行风险评估和合法合规性审查,经过全会或常委会会议讨论和决定。

三、党的领导法规

(一)党的领导法规概述

党的领导法规主要是调整党政关系和党群关系,调整党与国家政权、民主党派、群众团体之间关系的法规。《党内法规制度建设》要求党的领导法规制度建设,要加强研究制定党的宣传工作、群团工作、人才工作、政法工作、外事工作等方面的条例,同时要加强制定有关党对军队领导方面的党内法规。

十八大以后颁布或新修订的党的领导法规主要有:《党政主要负责人履行推进法治建设第一责任人职责规定》(2016年12月14日),《推进领导干部能上能下若干规定》(2015年7月28日),《中国共产党统一战线工作条例(试行)》(2015年5月18日),《健全落实社会治安综合治理领导责任制规定》(2016年3月23日),《行政执法类公务员管理规定(试行)》(2016年7月14日)等。

(二)《党政领导干部选拔任用工作条例》

随着干部工作形势和干部队伍状况的变化,中共中央于2014年1月在2002年7月印发的《党政领导干部选拔任用工作条例》基础上进行了新的修订。此次修订在以下方面有所创新:

1. 三大核心思想贯穿《干部选任条例》始终

第一,将党管干部原则放在第一位。《干部选任条例》要求将"党管干部"这一原则贯穿干部选用过程之始终,即在干部选任初始环节,党就要发挥领导作用;在考察干部人选阶段,党组织也要严格把关;在干部审批环节,更要求党委对公开选拔、任用交流、竞争上岗、破格提拔等特殊情况的选任人选严格审查、把关;等等。

第二,明确提出了"好干部"标准,力图推出好干部。要求在考察干部的内容上,应突出品德、实绩、作风和廉政等方面,把不符合"好干部"标准的人选挡在考察人选之外,并在程序设计上也把"好干部"标准贯穿到各个环节之中。

第三,突出了从严治党的要求。新《干部选任条例》在总则中即开宗明义地提出,要落实党要管党、从严管理干部的要求,并明确规定:有跑官要官、拉票行为的干部和"裸官"不得列为考察对象;不准超职数配备干部、超规格提拔干部;不准擅自设置职务名称、擅自提高干部职级待遇;不准涂改干部档案;等等。

2. 规定了严格的选人用人原则

新《干部选任条例》规定,选拔任用党政领导干部,必须坚持以下七个原则:党管干部原则;五湖四海、任人唯贤原则;德才兼备、以德为先原则;注重实绩、群众公认原则;民主、公开、竞争、择优原则;民主集中制原则;依法办事原则。

根据以上规定,新条例在规定干部选任原则时,需突出以下四方面要求:

第一,更加强调以德为先。选拔任用领导干部应坚持德才兼备、以德为先原则。习近平总书记多次强调,什么样的人该用,什么样的人重用,都要把德放在首位。

第二,更加强调基层导向。新的《干部选任条例》明确规定:提任县处级领导职务的,应当具有五年以上工龄和两年以上基层工作经历,地方党政领导班子成员应当注意从担任过县(市、区、旗)、乡(镇、街道)党政领导职务的干部和国有企事业单位领导人员中选拔,这些规定带有"人才到基层去,干部从一线来"的鲜明导向。

第三,更加强调树立正确的政绩观。政绩观一方面是自己的观念,另一方面与体制、机制有关。对于地方领导干部,要求更加重视劳动就业、居民收入、科技创新、教育文化、社会保障、卫生健康等的考核,力图改变以往的"唯 GDP

政绩观”。

第四，更加从严规范破格提拔。一是在选拔对象上规定：特别优秀或工作特别需要的干部方可破格，并附上了具体适应情形。二是在选拔标准上规定了选任的基本条件和有关法律章程规定的资格不能破，并列举了限制性情形，防止破格变“出格”。三是在审批把关上规定：在讨论决定之前，必须报上级组织人事部门同意，对于越级提拔或不经过民主推荐列为破格提拔人选的，应在考察前报告，经批复同意后方可进行。四是在过程公开上规定：讨论决定和任职前公示时应说明破格的具体情况和理由。

3. 规范了选人用人的程序和环节

新《干部选任条例》最鲜明的特点是明确规定了选人用人的程序，明确要求：选人用人要严格标准、严格程序、严格纪律，按原则办事、按规矩办事，不能有例外、不能搞变通，更不能借破格之名行谋私之实。

依据新《干部选任条例》，选人用人要经过下列程序：

第一是动议环节。即党委（党组）或者组织（人事）部门启动干部选拔任用工作。组织（人事）部门就选拔任用的职位、条件、范围、方式、程序等提出初步建议，并且以有关方面建议和了解掌握的情况，对领导班子进行分析研判；向党委（党组）主要领导成员报告后，在一定范围内进行酝酿，形成工作方案。

第二是民主推荐环节。按照规定，既可以先进行会议推荐、再进行个别谈话推荐，也可先进行个别谈话推荐，经研究初步确认名单后，再进行会议推荐。

第三是考察环节。新的《干部选任条例》规定：考察党政领导职务必须依据干部选拔任用条件和不同领导职务的职责要求，全面考察其德、能、勤、绩、廉，注重考察工作实绩。同时还需经过下列六道程序：一是组织考察组，制定考察工作方案；二是向考察对象呈报单位或者所在单位的党委（党组）主要领导成员就考察工作方案沟通情况，征求意见；三是根据考察对象的不同情况，通过适当方式在一定范围内发布干部考察预告；四是采取个别谈话、发放征求意见表、民主测评、实地考察、查阅资料、专项调查、同考察对象面谈等方法，广泛深入了解情况；五是综合分析考察情况，同考察对象呈报单位或者所在单位的党委（党组）主要领导成员交换意见；六是考察组根据考察情况，研究提出领导班子调整的初步方案,向派出考察组的组织(人事)部门汇报,经组织(人事)部门集体研究提出任用建议方案,向本级党委(党组)报告。

第四是酝酿环节。根据职位和人选的不同情况,分别在党委(党组)、人大常委会、政府、政协等有关领导成员中进行酝酿。工作部门领导成员拟任人选,应当征求上级分管领导成员的意见。非中共党员拟任人选,应当征求党委统战部门和民主党派、工商联主要领导成员、无党派代表人士的意见。部门与地方双重管理干部的任免,主管方应事先征求协管方意见。

第五是讨论决定环节。这一环节明确要求:党委(党组)讨论决定干部任免事项,必须有2/3以上成员到会。进行表决,以党委(党组)应到会成员超过半数同意形成决定。

4. 改进了公开选拔和竞争上岗的规定要求

一是新的《干部选任条例》对公开选拔和竞争上岗的适应情形做了限制性规定,要求:公开选拔县处级以下领导干部,一般不跨省(自治区、直辖市)进行。二是各个部门竞争上岗不再是唯一方式,规定:一般情况下,领导职位出现空缺且本地区本部门没有合适人选的,特别是需要补充紧缺专业人才的,可以进行公开选拔;领导职位出现空缺,本单位本系统符合资格条件人数较多且人选意见不易集中的,可以进行竞争上岗。

四、党的自身建设法规

(一)党的自身建设法规概述

依据党的十九大提出的新时代党的建设总要求,党的自身建设法规主要指党的长期执政能力建设、先进性和纯洁性建设以及党的政治建设、思想建设、组织建设、作风建设、纪律建设等方面的党内法规。《党内法规制度建设意见》要求完善党的自身建设法规,完善《关于新形势下党内政治生活的若干准则》的配套法规制度,在维护全党思想统一和密切党同人民群众血肉联系方面分别研究制定相关法规,完善作风建设、反腐倡廉建设等方面的法规制度。

十八大以后颁布或新修订的党的自身建设法规主要有:《县以上党和国家机关党员领导干部民主生活会若干规定》(2016年12月23日),《关于新形势下党内政治生活的若干准则》(2016 年 10 月 27 日),《中国共产党廉洁自律准则》(2015 年 10 月 18 日),《党政机关厉行节约反对浪费条例》(2013 年 11 月 18 日)等。

(二)《关于新形势下党内政治生活的若干准则》

党要管党必须从党内政治生活管起,从严治党必须从党内政治生活严起。开展严肃认真的党内政治生活,是党的优良传统和政治优势。在长期实践中,党坚持把开展严肃认真的党内政治生活作为党的建设重要任务来抓,形成了以实事求是、理论联系实际、密切联系群众、批评和自我批评、民主集中制、严明党的纪律等为主要内容的党内政治生活基本规范,为巩固党的团结和集中统一、保持党的先进性和纯洁性、增强党的生机活力积累了丰富经验,为保证完成党在各个历史时期中心任务发挥了重要作用。

2016 年 10 月 27 日,党的十八届六中全会通过了《关于新形势下党内政治生活的若干准则》。此次以准则的形式制定有关党内政治生活的党内法规,紧紧围绕全面从严治党这个主题,体现出中国共产党与时俱进的工作方法和全面从严治党的决心和定力。《准则》共分为 3 大板块、12 个部分,对于准则的体例结构及内容,习近平总书记作出了清晰的论述:第一板块是序言,阐述党内政治生活的重大作用和历史经验、存在的突出问题、面临的形势任务以及新形势下加强和规范党内政治生活的重要性紧迫性,提出加强和规范党内政治生活的目标要求。第二板块是主体部分,从 12 个方面对加强和规范党内政治生活提出明确要求、作出具体规定。第三板块是结束语,主要讲加强组织领导和督促检查、高级干部带头示范,确保各项任务落到实处。

《准则》主体部分所列举的 12 条分别为坚定理想信念、坚持党的基本路线、坚决维护党中央权威、严明党的政治纪律、保持党同人民群众血肉联系、坚持民主集中制原则、发扬党内民主和保障党员权利、坚持正确选人用人导向、严格党的组织生活制度、开展批评和自我批评、加强对权力运行的制约和监督以及保持清正廉洁的政治本色,这是党内政治生活的基本行为准则,涉及党的组织法规制度、党的领导法规制度、党的自身建设法规制度和党的监督保障法规制度。

此外,《准则》还突出了领导干部与普通党员的区别,强调新形势下加强和规范党内政治生活，重点是各级领导机关和领导干部，关键是高级干部特别是中央委员会、中央政治局、中央政治局常务委员会的组成人员。领导干部担任了一定级别的公职，职权与职责的对等性要求领导干部应受到更多的约束。

（三）《中国共产党廉洁自律准则》

执政党的党风关系党的生死存亡，坚决惩治和有效预防腐败，是党必须始终抓好的重大政治任务。党中央为加强党员领导干部廉洁自律工作，适应全面从严治党新的实践需要，2015 年 10 月 18 日，中共中央印发《〈中共中央关于中国共产党廉洁自律准则〉的通知》，内容紧扣廉洁自律这一主题，对党员、党员领导干部从正面对廉洁自律进行规范，既将适用对象扩大到全体党员，又抓住了党员领导干部这个"关键少数"，是中国共产党执政以来第一部坚持正面倡导、面向全体党员的规范全党廉洁自律工作的重要基础性法规。

对全体党员提出"四个坚持"：坚持公私分明，先公后私，克己奉公；坚持崇廉拒腐，清白做人，干净做事；坚持尚俭戒奢，艰苦朴素，勤俭节约；坚持吃苦在前，享受在后，甘于奉献。

对党员领导干部提出"四个自觉"：廉洁从政，自觉保持人民公仆本色；廉洁用权，自觉维护人民根本利益；廉洁修身，自觉提升思想道德境界；廉洁齐家，自觉带头树立良好家风。

对党员和党员领导干部提出"八条禁止性的行为规范"：禁止利用职权和职务上的影响谋取不正当利益；禁止私自从事营利性活动；禁止违反公共财物管理和使用的规定，假公济私、化公为私；禁止违反规定选拔任用干部；禁止利用职权和职务上的影响为亲属及身边工作人员谋取利益；禁止讲排场、比阔气、挥霍公款、铺张浪费；禁止违反规定干预和插手市场经济活动，谋取私利；禁止脱离实际，弄虚作假，损害群众利益和党群干群关系。

五、党的监督保障法规

（一）党的监督保障法规概述

党内监督保障法规主要指切实规范党组织活动、工作和党员行为的监督、考核、奖惩、保障方面的党内法规，保证党和人民赋予的权力得以正确行使。《党内法规制度建设意见》要求进一步巩固和完善党内监督、巡视、问责、党纪处分等方面法规制度的建设成果,进一步健全容错纠错机制,完善机关运行保障等方面的法规制度。

十八大以后颁布或新修订的党的监督保障法规主要有:《中国共产党党务公开条例(试行)》(2017 年 11 月 30 日),《中国共产党巡视工作条例》(2017 年 7 月 1 日),《中国共产党纪律检查机关监督执纪规则(试行)》(2017 年 1 月 8 日),《中国共产党党内监督条例》(2016 年 10 月 27 日),《中国共产党问责条例》(2016 年 7 月 8 日),《中国共产党纪律处分条例》(2018 年 10 月 1 日起施行)等。

(二)《中国共产党党内监督条例》

为健全党内监督制度,破解党长期执政条件下自我监督难题,总结提炼党内监督新实践新经验,增强党的自我净化、自我完善、自我革新、自我提高能力,巩固人民群众对党的信心、信任和信赖,厚植党执政的政治基础,确保党始终成为中国特色社会主义事业的坚强领导核心。2016 年 10 月 27 日,党的十八届六中全会审议通过了《中国共产党党内监督条例》。新修订的《条例》共分以下三大板块内容:

第一大板块为总则。主要明确立规目的和依据,阐述党内监督指导思想、基本原则、监督内容、监督对象、监督方式以及强化自我监督、构建党内监督体系等重要问题。强调信任不能代替监督,党内监督重点是解决党的领导弱化、党的建设缺失、全面从严治党不力等问题,监督重点对象是党的领导机关和领导干部特别是主要领导干部。

第二大板块是《条例》的主体部分。分别对四类监督主体的监督职责以及相应监督制度作了规定。四类监督主体分别为党的中央组织、党委(党组)、党的纪律检查委员会以及党的基层组织和党员。

第三大板块为党内监督与有关国家机关监督、民主党派监督、社会监督及舆论监督等的关系。规定了整改和保障,分别就分类处置、整改落实、责任追究、监督者和监督对象的权利保障等作出规定。

《条例》具有如下五大特点:

第一,尊崇党章,聚焦全面从严治党。党的十八大通过的党章 18 处提到"监督",对坚持民主集中制、明确党内监督的重点等提出原则要求。

第二，突出“两个围绕”，强化担当精神。“两个围绕”，即围绕理论、思想、制度构建体系，围绕权力、责任、担当设计制度。

第三，突出民主集中制，维护党的集中统一。强化党内监督必须把民主基础上的集中和集中指导下的民主有机结合起来，把上级对下级、同级之间及下级对上级的监督作用充分发挥出来。

第四，突出关键少数，重点盯住一把手。“关键少数”在推进党和国家各项事业，管好班子、带好队伍方面起着关键作用，他们率先垂范、以身作则、从我做起，将会对所在地方或部门产生良好引领带动作用。

第五，突出问题导向，注重务实管用。不贪大求全，有什么问题解决什么问题，增强现实针对性。

（三）《中国共产党问责条例》

为了推进全面从严治党，对各级党组织和各级领导干部执行党的路线方针政策不力，管党治党主体责任缺失、监督责任缺位、给党的事业造成严重损害，“四风”和腐败问题多发频发，选人用人失察、任用干部连续出现问题，巡视整改不落实等问题进行追责，以问责倒逼责任落实，推动管党治党从宽松软走向严紧硬，2016 年 7 月 8 日，中共中央印发《中国共产党问责条例》。该条例是一部规范党的问责工作的基础性法规，凝结着党的十八大以来管党治党理论和实践创新成果，为全面从严治党提供了重要的制度遵循。

《问责条例》主要规范和强化党的问责工作的目的和依据、指导思想和问责原则。还规定了问责主体和对象、责任划分、问责情形、问责方式、问责执行等。其创新性主要体现在如下四个方面：

第一，问责主体和问责对象均突出主体责任，聚焦“关键少数”。《问责条例》规定“问责主体和对象”，主体是有管理权限的党组织，追究在党的建设和党的事业中失职失责党组织和党的领导干部的政治责任，包括主体责任、监督责任和领导责任；问责对象是各级党委（党组）、党的工作部门及其领导成员，各级纪委（纪检组）及其领导成员，重点是主要负责人，突出“关键少数”。尤其是对于一把手这个“关键少数中的关键少数”，更是问责的重中之重。同时《问责条例》还规定，领导班子主要负责人和直接主管的班子成员承担主要领导责任，参与决策和工作的班子其他成员承担重要领导责任，体现“有权必有责”精神。

第二，问责情形和问责事由聚焦党的领导、党的建设和全面从严治党中失职失责的行为事实。《问责条例》规定党组织和党的领导干部违反党章和其他党内法规，不履行或者不正确履行职责，有下列情形之一的，应当予以问责：党的领导弱化；党的建设缺失；全面从严治党不力，主体责任、监督责任落实不到位，管党治党失之于宽松软；维护党的政治纪律、组织纪律、廉洁纪律、群众纪律、工作纪律、生活纪律不力；推进党风廉政建设和反腐败工作不坚决、不扎实；其他应当问责的失职失责情形。

第三，整合原有党内法规的问责方式。对原 14 种问责方式，即批评教育、作出书面检查、给予通报批评、公开道歉、诫勉谈话、组织处理、调离岗位、停职检查、引咎辞职、辞职、免职、降职、党纪军纪政纪处分、移送司法机关依法处理等问责方式进行整合规范，规定了对党组织问责采取检查、通报、改组等方式。对党的领导干部问责采取通报、诫勉、组织调整或者组织处理、纪律处分等多种方式。

第四，规定了“终身问责”。即“对失职失责性质恶劣、后果严重的，不论其责任人是否调离转岗、提拔或者退休，都应当严肃问责”。这是《条例》出于贯彻全面从严治党要求，坚持“失责必问、问责必严”原则所确立的，是落实党的十八大以来习近平总书记关于“要实行责任制，而且要终身追究”等重要讲话精神的具体举措，是党的十八届三中全会《决定》、十八届四中全会《决定》关于“建立生态环境损害责任终身追究制”“建立重大决策终身责任追究制度及责任倒查机制”等要求的具体体现，也与《关于实行党风廉政建设责任制的规定》关于“已退休但按照本规定应当追究责任的，仍须进行相应的责任追究”的精神一脉相承，是我们党作出的政治宣誓。

（四）《中国共产党纪律处分条例》

2018 年 8 月，中共中央印发新修订的《中国共产党纪律处分条例》（以下简称《条例》），这是继 2003 年 12 月首次印发《条例》以来党中央作出的第二次修订，再次释放出以铁的纪律管党治党的强烈信号。2015 年党中央对《条例》作出第一次修订，将全面从严治党的实践成果转化为正面守纪要求清单和负面纪律处分规定清单。为贯彻党的十九大精神，党中央对党的建设进行新的部署，将纪律建设摆在更突出位置，中央政治局会议再次审议通过了新修订的《条例》。新《条例》共142条，与原条例相比，新增11条，修改65条，整合了2条，其主要创新之处如下：

1. 充实管党治党理论和实践创新成果，实现制度与时俱进

新《条例》与2015年的《条例》一脉相承，实现全面贯彻习近平新时代中国特色社会主义思想和党的十九大精神，以党章为根本遵循，将党章和《关于新形势下党内政治生活的若干准则》等党内法规的要求细化，着力提高纪律建设的政治性、时代性、针对性，使全面从严治党的思路举措更加科学、更加严密、更加有效。

2. 坚决维护党中央权威，强化纪律建设政治性

新《条例》将政治建设摆在首位，把坚决维护以习近平同志为核心的党中央权威和集中统一领导作为出发点和落脚点。一是明确党的纪律建设必须坚持以马克思列宁主义、毛泽东思想、邓小平理论、"三个代表"重要思想、科学发展观、习近平新时代中国特色社会主义思想为指导，坚持和加强党的全面领导，坚决维护党中央的核心地位，坚决维护党中央权威和集中统一领导。二是在纪律建设的基本要求中，增加党组织和党员必须牢固树立"四个意识"的规定。三是贯彻党章和党内监督条例要求，强调运用监督执纪"四种形态"，将全面从严治党落到实处。四是将党的十八大以来不收敛、不收手，问题线索反映集中、群众反映强烈，政治问题和经济问题交织的腐败案件，以及违反中央八项规定精神的问题作为执纪审查的重点。五是在政治纪律中，明确规定在重大原则问题上不同党中央保持一致且有实际言论、行为或者造成不良后果的，应当给予纪律处分；同时，进一步规定党员领导干部在本人主政的地方或者分管的部门自行其是，搞山头主义，拒不执行党中央确定的大政方针，甚至背着党中央另搞一套的，落实党中央决策部署不坚决，打折扣、搞变通，在政治上造成不良影响或者严重后果的，以及对党不忠诚不老实，表里不一，阳奉阴违，欺上瞒下，搞两面派、做两面人的，干扰巡视巡察工作或者不落实巡视巡察整改要求的，应当给予纪律处分。六是规定对制造、散布、传播政治谣言，破坏党的团结统一的，政治品行恶劣，匿名诬告，有意陷害或者制造其他谣言，造成损害或者不良影响的，应当给予纪律处分。

3. 贯彻以人民为中心的发展思想，着力提高纪律建设时代性

新《条例》紧密结合新时代新使命新要求，对侵害人民群众利益的行为明确相应处分规定。一是规定贯彻新发展理念不力，对职责范围内的问题失察失责造成较大损失或者重大损失的，从重或者加重处分。二是坚决惩治群众身边腐败问题，增加对扶贫脱贫中优亲厚友、显失公平的处分规定，对在扶贫工作中有克扣群众财物、违反有关规定收取费用等侵害群众利益的，从重或者加重处分。三是把惩治"蝇贪"同扫黑除恶结合起来，增加利用宗族或者黑恶势力等欺压群众，或者纵容涉黑涉恶活动、为黑恶势力充当"保护伞"的处分规定。

4. 总结实践经验，着力提高纪律建设针对性

新《条例》坚持问题导向，针对管党治党的突出问题和监督执纪中发现的新型违纪行为，进一步将实践经验凝练为纪律规定。一是在组织纪律中，对故意规避集体决策、借集体决策名义违反民主集中制原则的行为作出规定；进一步明确违反干部选拔任用规定的情形，对任人唯亲、排斥异己、封官许愿、说情干预、跑官要官、突击提拔或者调整干部等行为作出处分规定。二是在廉洁纪律中，强化对党员干部从事营利活动的监督，增加对利用参与企业重组改制、定向增发、兼并投资、土地使用权出让等决策、审批过程中掌握的信息买卖股票，利用职权或者职务上的影响通过购买信托产品、基金等方式非正常获利行为的处分规定；规定对借用管理和服务对象的钱款、住房、车辆等，或者通过民间借贷等金融活动获取大额回报，影响公正执行公务行为的纪律处分；针对"四风"隐形变异，对以学习培训、考察调研、职工疗养等为名变相公款旅游，参加所管理企业、下属单位组织的考察活动借机旅游等违反中央八项规定精神新表现作出处分规定。三是在工作纪律中，重点针对形式主义和官僚主义积习甚深的问题，增加贯彻党中央决策部署只表态不落实，热衷于搞舆论造势、浮在表面，以及单纯以会议贯彻会议、以文件落实文件，在实际工作中不见诸行动等行为的处分规定；规定对在上级检查、视察工作或者向上级汇报、报告工作时纵容、唆使、暗示、强迫下级说假话、报假情的，从重或者加重处分。同时，针对个别领导干部存在的对配偶、子女失管失教、家风不正等问题,在生活纪律中增加不重视家风建设,对配偶、子女及其配偶失管失教等行为的处分规定,以引导广大党员干部增强自律意识,严格约束操守,加强家风建设。

5. 切实抓好《条例》的贯彻执行,保障全面从严治党有力施行

新《条例》在坚持纪严于法的同时,还落实了纪法衔接,规定党组织在纪律审查中发现党员严重违纪涉嫌违法犯罪的,原则上先作出党纪处分决定,并按照规定给予政纪处分后,再移送有关国家机关依法处理。明确党组织在纪律审查中发现党员有贪污贿赂、滥用职权、玩忽职守、权力寻租、利益输送、徇私舞弊、浪费国家资财等违反法律涉嫌犯罪行为的,应当给予撤销党内职务、留党察看或者开除党籍处分,与监察法做好有效衔接。坚持全面持续推进思想从严、管党从严、执纪从严、治吏从严、作风从严、反腐从严,保障全面从严治党有力推行。

第三节　违纪违规典型案例透视

一、扶贫领域违纪处理

【典型案例】[①]2018 年 4 月 25 日,重庆市纪检监察网站通报了关于扶贫领域失职典型案例。其中,青莲镇党委书记阮某、凤凰村党支部书记刘某等人因扶贫对象识别错误等工作失职问题均被通报。2017 年 6 月,收到群众举报该村新增贫困户李某某购房的反映后,未核实李某某购房情况将其评定为建卡贫困户。2018 年 1 月,国家第三方评估小组认定李某某被错评为贫困户,经县扶贫办核实,李某某户务农收入已超出贫困户标准,且住房安全。凤凰村驻村工作队长、青莲镇安监办主任陈某,村党支部书记刘某,村主任李某,负直接责任,分别受到党内警告处分;刘某被免去村党支部书记职务。青莲镇未认真履行审核把关责任,时任镇党委书记程某、现任镇党委书记阮某、镇长杨某、分管扶贫工作镇党委副书记刘某受到诫勉谈话处理;阮某被免去青莲镇党委

① 来源于重庆纪检监察委网站,2018 年 4 月 25 日,见 http://jjc.cq.gov.cn/html/2018-4/25/contentl_44205353.html。

书记职务。

【法规透视】《中国共产党问责条例》第6条明确规定了党组织及其领导干部违反党章和其他党内法规，不履行或未正确履行职责应予以问责的情形，此案中以阮某为首的基层领导干部的不作为，落实党的领导弱化且造成恶劣影响的即属于问责情形之一。"领"，就是率先垂范、引领示范，"导"，就是要发现问题、及时纠正。在问责条例列出的六个方面失职失责行为中，"党的领导弱化"位列问责情形第一条，传递出要坚决贯彻党的理论和路线方针政策、党中央的决策部署的强烈信号。党的十九大报告提出，要"做到脱真贫，真脱贫"，其关键就在于各级领导干部要把管党治党的政治责任担起来，通过问责，倒逼领导干部的自觉性和责任心，主动承担精准扶贫的责任，将党中央的扶贫政策贯彻落实下去。

二、贪污腐败违纪处理

【典型案例】[①]2016年1月，湘西土家族苗族自治州龙山县住建局原党组书记、局长杨某因违规经商办企业、收受贿赂等违纪违法问题被举报。2017年3月27日，经龙山县县委同意，县纪委决定对杨某的违纪问题予以立案审查，同时经州纪委批准对其实施"两规"措施，成立以州纪委牵头的近60人的"3·27"专案审查组。经过8个多月深入调查取证，以杨某为首的龙山县住建系统塌方式腐败窝案浮出水面，共69名党员干部和公职人员受到处理，是近年来湘西州内影响最深、涉及面最广的腐败窝案。2018年1月22日，对龙山县住建局原党组予以改组处理，成为湖南省首例改组的案例。

【法规透视】龙山县住建系统塌方式腐败窝案是基层单位"小官巨贪"的典型，杨某作为住建系统掌管全局的党组书记、局长，不仅多次利用自身职务之便为他人谋利益，收受贿赂，钻营牟利、为所欲为，严重破坏党内政治生活，还纵容下属在各自分管领域以权谋私、长期进行"权钱交易"，形成龙山县住

---

① 来源于湘西土家族苗族自治州人民政府网，见 http://www.xxz.gov.cn/xxgk/auto247/00668663X/ gzdt_ 435/201805/t20180518_891364.html。

建系统多年来沿袭的“潜规则”，严重败坏党风政风，造成恶劣影响。在这起事件中，住建局局长杨某、副局长张某均受到开除党籍、开除公职处分，并移交司法机关依法处理。

三、以公徇私违纪处理

【典型案例】①2013 年至 2017 年，原重庆市秀山县梅江镇劳动就业保障服务中心主任孙某利用职务之便，挪用城乡居民合作医疗保险资金共计 52. 4 万元；通过在该服务中心任职套取社区公益性岗位补贴 13. 33 万元，并将其中 12 万元予以私分，个人分得 3. 5 万元。所有违纪款项已于调查期间清退。2017 年 8 月，孙某受到开除党籍处分，并被移交司法机关处理。

【法规透视】十八届中央纪委向党的十九大工作报告显示，近五年全国纪检监察机关共处分村党支部书记、村委会主任 27. 8 万人。2017 年 12 月 7 日，中央纪委监察部网站发布月报，对各级纪检监察机关查处的 52 起侵害群众利益的不正之风和腐败问题进行通报曝光。从本次通报数据来看，52 起典型问题中，发生在农村范围内、涉及村（居）干部的就有 36 起，占比近七成。随着扶贫、惠农政策越来越多地出台，国家对农村的投入不断加大，农村可供调配的资金、资产、资源和经济社会建设项目逐渐增多，这就更容易成为那些“苍蝇”们放纵贪欲、滋生腐败的温床。必须紧盯涉农这一重点领域和村（居）干部这一重点群体，重遏制、强高压、长震慑，持续加大农村基层腐败整治力度，打通全面从严治党向基层延伸的“最后一公里”。本次通报，再次宣示了中央纪委坚决整治基层腐败，严厉查处侵害群众利益问题坚如磐石的决心。

四、中央八项规定违纪处理

【典型案例】②2016 年 7 月至 2017 年 3 月，原重庆市綦江区妇联原党组书记、主席邹某未经集体研究，个人决定单位先后租用其兄的越野车作为公务用

① 来源于中央纪委监察部网，2017 年 12 月 7 日，见 http://www.ccdi.gov.cn/special/jdbg3/cq_bgt/sffbwt_jdbg3/201710/t20171027_110381.html。

② 来源于人民网：http://cq.people.com.cn/n2/2018/0525/c365402-31624104.html。

车，期间共支付租车费4.8万元，产生的油费、路桥费、停车费等相关费用公款报销。2017年9月，邹某被免去区妇联党组书记、主席职务，2017年12月，邹某受到党内严重警告、行政降级处分，并按程序免去其区委候补委员职务。

【法规透视】中央八项规定是全面从严治党的切入口和动员令，以八项规定破题，从中央做起，率先垂范，既抓思想引导又抓行为规范，执纪问责，严肃查处和曝光典型案件，形成高压态势。邹某就是违反中央八项规定的典型案例，从此例我们应该能看到，作风问题具有顽固性和反复性，而且已经渗透到党内政治生活的方方面面，形成优良作风不可能一劳永逸，克服不良作风也不可能一蹴而就，中央八项规定既不是最高标准，更不是最终目的，只是我们改进作风的第一步，必须以锲而不舍、驰而不息的决心和毅力，把作风建设不断引向深入。

五、党内政治生活违纪处理

【典型案例】①2015年10月9日，科技日报社原副社长、机关党委书记汤某涉嫌严重违纪受到立案审查。经查，汤某未经批准获取英国永久居留权，一直未向组织报告；其配偶、子女获取英国永久居留权，未在领导干部个人有关事项报告中如实填报；未经组织批准、未履行请假手续多次因私出国，隐瞒不报；长期违规持有个人因私护照，不按照规定及时交由组织人事部门统一管理，严重违反党的政治纪律、组织纪律和工作纪律。经科技部党组研究并报中央国家机关工委批准，决定给予汤某开除党籍处分；科技部决定给予其行政撤职处分，撤销其科技日报社副社长职务，由三级职员降为六级职员。

【法规透视】新修订的《中国共产党纪律处分条例》第七章“对违反组织纪律行为的处分”中，对违反民主集中制原则、违背“四个服从”要求的违纪行为作出处分规定，其中，将非组织活动、不执行请示报告制度、不如实报告个人有关事项、不如实向组织说明问题等纳入违纪条款，汤某的这些问题看似无足轻重，但对于一个共产党员来说却是心无组织观念、目无组织纪律的思想信念问题。

① 来源于中国共产党新闻网：http://fanfu.people.com.cn/n/2015/1105/c64371-27782340.html。

十八大以来，各级党组织加大对领导干部报告个人有关事项的抽查核实力度。作为党员干部尤其是领导干部，在涉及重大问题、重要事项时按规定向组织请示报告，这是必须遵守的规矩，也是检验一名干部是否合格的试金石。以本案例中汤某为代表的这些"不拿组织当回事"的行为，本质在于党章党规党纪意识不强、组织观念淡漠，缺乏党员应有的忠诚，最终将受到党规党纪的惩罚。

【拓展阅读】

1.《中国共产党章程》

2.《中国共产党工作机关条例（试行）》

3.《中国共产党党组工作条例》

4.《中国共产党发展党员工作细则》

5.《党政机关国内公务接待管理规定》

6.《党政主要负责人履行推进法治建设第一责任人职责规定》

7.《推进领导干部能上能下若干规定》

8.《健全落实社会治安综合治理领导责任制规定》

9.《行政执法类公务员管理规定（试行）》

10.《县以上党和国家机关党员领导干部民主生活会若干规定》

11.《关于新形势下党内政治生活的若干准则》

12.《中国共产党廉洁自律准则》

13.《党政机关厉行节约反对浪费条例》

14.《中央政治局关于改进工作作风、密切联系群众的八项规定》

15.《中国共产党党务公开条例（试行）》

16.《中国共产党巡视工作条例》

17.《中国共产党纪律检查机关监督执纪规则（试行）》

18.《中国共产党党内监督条例》

19.《中国共产党问责条例》

20.《中国共产党纪律处分条例》

【思考题】

1. 简述党内法规的内涵及特征。

2. 简述加强党内法规制度贯彻实施的要求。

3. 简述党章的功能。

4. 简述贯穿《党政领导干部选拔任用工作条例》的三大核心思想。

5. 简述在《中国共产党纪律处分条例》中对党的纪律处分工作的原则。

6. 试述十九大党章修正案的新发展。

7. 试论述新修订的《中国共产党党内监督条例》的板块内容及特点。

8. 试论述《中国共产党问责条例》的创新性。

分　论

第四章　坚持依宪治国

【内容导读】　本章主要介绍领导干部应当熟悉的关于宪法基本知识、宪法实施与宪法监督、监察法基本内容等知识。本章的重点是充分认识宪法在治国理政中具有重要地位和作用。正确理解中国特色社会主义进入新时代后宪法必须随着党领导人民建设中国特色社会主义实践的发展而不断完善发展。充实宪法的重大制度规定，对完善和发展中国特色社会主义制度具有重要作用。国家监察体制改革是事关全局的重大政治体制改革，是强化党和国家自我监督的重大决策部署。

第一节　宪法概述

一、宪法的重要地位

宪法是国家的根本大法，是治国安邦的总章程，是一个国家法律体系的核心。主要体现在：(1)在内容上，宪法规定一个国家的根本任务和根本制度以及公民的基本权利义务等最根本、最核心问题。这些规定不仅反映着一个国家政治、经济、文化、社会和生态生活等各个方面的基本内容和发展方向，而且从社会制度和国家制度的根本原则上规范着整个国家的活动。(2)在法律效力上，宪法具有最高法律效力。宪法是普通法律的制定依据，普通法律是宪法的具体化。任何普通法律都不得与宪法的内容、原则和精神相违背。宪法是一切国家机关、社会团体和全体公民的最高行为准则。

2012 年 12 月 4 日，国家主席习近平在《纪念现行宪法公布施行 30 周年大会上的讲话》上强调："我国宪法以国家根本法的形式，确立了中国特色社会主义道路、中国特色社会主义理论体系、中国特色社会主义制度的发展成果，反映了我国各族人民的共同意志和根本利益，成为历史新时期党和国家的中心工作、基本原则、重大方针、重要政策在国家法制上的最高体现。我国宪法是符合国情、符合实际、符合时代发展要求的好宪法，是充分体现人民共同意志、充分保障人民民主权利、充分维护人民根本利益的好宪法，是推动国家发展进步、保证人民创造幸福生活、保障中华民族实现伟大复兴的好宪法，是我们国家和人民经受住各种困难和风险考验、始终沿着中国特色社会主义道路前进的根本法制保证。”

2014 年 10 月 23 日，中共十八届四中全会通过的《中共中央关于全面推进依法治国若干重大问题的决定》强调：“宪法是党和人民意志的集中体现，是通过科学民主程序形成的根本法。坚持依法治国首先要坚持依宪治国，坚持依法执政首先要坚持依宪执政。全国各族人民、一切国家机关和武装力量、各政党和各社会团体、各企业事业组织，都必须以宪法为根本的活动准则，并且负有维护宪法尊严、保证宪法实施的职责。”

二、宪法的基本内容

（一）宪法的指导思想和基本原则

1. 宪法的指导思想

宪法指导思想是宪法的理论基础和根本依据，是宪法的核心和灵魂。我国现行宪法序言明确规定了马克思列宁主义、毛泽东思想、邓小平理论、“三个代表”重要思想、科学发展观、习近平新时代中国特色社会主义思想在国家、社会生活中的指导地位，具有最高法律效力。

2018 年 3 月 11 日，通过修宪确立了“习近平新时代中国特色社会主义思想”宪法指导思想的地位，有利于推动物质文明、政治文明、精神文明、社会文明、生态文明协调发展，把我国建设成为富强民主文明和谐美丽的社会主义现代化强国，实现中华民族伟大复兴。这一修订充分反映了全党全国各族人民的共同意愿，体现了党的主张和人民意志的高度统一，对于巩固全党全国各族人民为实现中华民族伟大复兴而奋斗的共同思想基础，夺取新时代中国特色社会主义伟大胜利，具有重大的现实意义和深远的历史意义。

2. 宪法的基本原则

宪法基本原则是指宪法在调整社会关系时所采取的基本立场和准则。我国现行宪法的基本原则反映了我国社会主义初级阶段的基本国情，体现了新中国成立以来我国宪法实践的基本经验，是我国制定和适用宪法的基本准则。主要包括：

（1）坚持中国共产党的领导原则。坚持中国共产党的领导作为宪法的基本原则，从根本上来说，是由宪法确立的我国的国体所决定的。中国工人阶级要实现自己的领导，就要通过其先锋队即中国共产党才能达到。中国共产党执政就是党领导、支持、保证人民当家作主，最广泛地动员和组织人民群众依法管理国家和社会事务，管理经济和文化事业，维护和实现最广大人民群众的根本利益。中国共产党的领导是中国特色社会主义最本质的特征。

（2）一切权力属于人民原则。在社会主义制度下，人民是国家和社会的主人，国家的一切权力来自人民并且属于人民。这一原则既是我国国家制度的核心内容和根本准则，也是一切权力属于人民原则的根本依据。

（3）民主集中制原则。民主集中制原则是我国宪法的一项基本原则，它主要体现在国家机关的组织与活动中。强调民主基础上的集中和集中指导下的民主的有机结合和辩证统一。

（4）权力监督与制约原则。权力监督与制约原则是为确保人民的权力属于人民、避免权力滥用而设计各种制度和方法以规范和控制国家权力范围及其行使方式的原则。主要包括人民对国家权力的监督，公民对国家机关和国家工作人员的监督以及国家机关之间的监督。

（5）法治原则。依法治国是社会主义法治的核心内容，是指广大人民群众在党的领导下，依照宪法和法律规定，通过各种途径行使管理国家和社会事务、管理经济文化事业的权利，保证国家各项工作和社会政治生活都依法进行，逐步实现社会主义民主的制度化、法律化。在当代中国，无论是党的领导，还是人民当家作主、行使民主权利，都必须在宪法和法律规定的范围内进行。

（6）尊重和保障人权原则。尊重和保障人权是我国发展社会主义民主政治、建设社会主义政治文明的内在要求。该原则在我国宪法上强调人权普遍性和中国具体国情的结合，注重权利的现实保障以及权利义务的相结合。

(二)国体、政体及国家结构形式

1. 我国的国体为人民民主专政

国家性质,即国家阶级本质,又称“国体”,它集中反映了社会各阶级、阶层在社会中的不同地位。毛泽东曾经指出,国体问题其实就是“社会各阶级在国家中的地位”。① 我国的国家性质是工人阶级领导的、以工农联盟为基础的人民民主专政的社会主义国家。人民民主专政作为我国的国体,是当代中国社会发展进步的根本政治前提和制度基础。人民民主专政既具有无产阶级专政的本质特征,又具有鲜明的中国特色,是对马克思主义无产阶级专政理论的丰富和发展。主要内容包括:工人阶级领导;以工农联盟为基础;新型民主与新型专政的结合以及爱国统一战线等。

2. 我国的政体为人民代表大会制度

政权组织形式,又称“政体”,是指特定社会的统治阶级采取一定原则建立的行使国家权力、实现国家统治和管理职能的政权机关的组织与活动体制。人民代表大会制度是我国人民民主专政的政权组织形式,是人民当家作主的根本途径和最高实现形式,是我国的根本政治制度。

3. 我国的国家结构形式为单一制

国家结构形式是指特定国家的统治阶级所采取的,按照一定原则划分国家内部区域,调整国家整体与组成部分、中央与地方之间相互关系的总体形式。我国为统一的、多民族的单一制国家。确定这样的国家结构形式,主要根据的是我国的历史传统、具体国情以及多民族国家的特点和我国的社会主义性质。我国历史发展和民族关系的现实情况,为我国各族人民提供了建立单一制国家的政治和经济基础。

(三)国家基本制度

1. 经济制度

经济制度是指通过宪法和法律确认、调整的,在人类社会发展到一定历史阶段时占主要地位的生产关系以及在此基础上建立的各种经济关系的总和,又称社会经济结构。近代意义的宪法产生以来,国家经济制度就成为其重要

① 《毛泽东选集》第2卷,人民出版社1991年版,第676页。

调整对象与内容。

现行宪法确定了我国基本经济制度是公有制为主体、多种所有制经济共同发展的基本经济制度。明确了我国社会主义初级阶段的分配制度是按劳分配为主体、多种分配方式并存的分配制度。宪法还明确规定了我国实行社会主义市场经济体制;坚持改革开放;坚持社会主义生产的目的和手段;保护公共财产和公民个人合法财产等等。

2. 政治制度

政治制度是指在特定的社会中,统治阶级通过组织政权以实现其政治统治的原则和规则的总和。政治制度是历史发展的产物,是阶级社会特有的现象,是社会各阶级利益调和、妥协的结果。具体内容主要包括:

(1)人民代表大会制度

人民代表大会制度作为我国根本的政治制度的基本内容体现在:第一,国家的一切权力属于人民,这是中国政治制度的核心内容和根本准则。第二,人民与国家权力机关的关系为权力委托关系。第三,“一府一委两院”对人大是一种从属关系,不能脱离或者违背人大的意志行事。第四,中央和地方的关系主要体现为适当的职权分工。

(2)中国共产党领导的多党合作和政治协商制度

政党制度是一国宪法制度的重要组成部分,是规范政党组织、政党活动以及政党领导或参与政权的方式和途径等一系列行为的原则和规则的总和。当代政党制度主要有以下几种类型:第一,一党制,指一个国家只有一个合法政党的政党制度。第二,两党制,指两个主要政党通过竞选取得议会多数席位或赢得总统选举胜利而轮流执掌政权的一种政党制度。第三,多党制,指一个国家中两个以上的政党单独或联合执政或几个政党联盟执政的政党制度。第四,一党领导的多党合作制度,指一个国家由一个处于领导地位的政党作为执政党,其他合法存在的政党作为参政党参与国家政权的新型政党制度。中国共产党领导的多党合作和政治协商制度就是这一种政党制度。

在中国大陆范围内,中国共产党是宪法确认的执政党,还有八个参政党,即中国国民党革命委员会、中国民主同盟、中国民主建国会、中国民主促进会、中国农工民主党、中国致公党、九三学社、台湾民主自治同盟。

(3)民族区域自治制度

民族区域自治制度是指在国家的统一领导下,以少数民族聚居区为基础,建立相应的民族自治地方,设立民族自治机关,行使宪法和法律规定的自治权的制度。我国民族区域自治是在国家统一领导下的自治,各民族自治地方都是中国不可分离的组成部分,各民族自治地方的自治机关都是中央政府领导下的一级地方政权,都必须服从中央的领导,维护国家的统一。

(4)基层群众自治制度

基层群众自治制度是指依照宪法和有关法律规定,由居民(村民)选举的成员组成居民(村民)委员会,实行自我管理、自我教育、自我服务、自我监督的制度,是我国一项基本政治制度。

3. 文化制度

文化制度是指一国通过宪法和法律规范社会生活,调整以社会意识形态为核心的各种文化生活的基本原则和规则的总和。现行宪法对社会主义精神文明建设、社会主义文化制度的重要原则和内容都作了具体规定,主要包括:坚持马克思主义在意识形态领域的指导地位、加强思想道德建设、加强科学文化体育建设等。

4. 社会制度

社会制度是指宪法和法律在调整社会关系中形成的规范人们社会行为的规则和原则的总和。目前我国现行宪法主要规定了教育制度、劳动就业制度、医疗卫生制度、社会保障制度、社会管理制度等方面,为推进社会建设、实现构建社会主义和谐社会总体目标提供了制度保障和宪法依据。

5. 生态制度

生态制度,是指宪法确认和调整的,保护和改善生态环境,提升国家的环境竞争力以及人民的环境指数的一系列制度的总和。2018 年宪法作出修改,使得生态文明与物质文明、政治文明、精神文明、社会文明一起作为国家文明体系中的重要组成部分,是社会主义现代化强国的主要标志。作为国家文明体系中的生态文明,也是宪法文明的重要组成部分,将指向具有生态意义的宪法理念、制度安排与行为模式的变革。

(四)公民的基本权利和义务

根据我国现行宪法的规定和学理的分类,公民的基本权利包括:(1)平等权;(2)参与社会活动和政治活动的权利,包括:选举与被选举权,言论、出版、集会、结社、游行、示威的自由;(3)人身不受非法拘禁、逮捕、搜查及侵害,人格尊严、住宅及通信自由和通信秘密不受侵犯;(4)宗教信仰自由;(5)向国家机关及其工作人员提出批评、建议、申诉、控告或检举的权利;(6)社会经济权,包括劳动权、休息权和在年老、疾病或者丧失劳动能力的情况下,有从国家和社会获得物质帮助的权利;(7)文化教育权;(8)妇女平等权利及婚姻、家庭、儿童受国家保护的权利;(9)国家保护华侨的正当权益,保护归侨和侨眷的合法权益。

公民的基本义务包括:(1)维护祖国的统一和民族的团结;(2)遵守宪法和法律,保守国家机密,爱护公共财产,遵守劳动纪律,遵守公共秩序,尊重社会公德;(3)维护祖国的安全、荣誉和利益;(4)保卫祖国,依法服兵役和参加民兵组织;(5)依法纳税;(6)劳动和受教育;(7)计划生育。

(五)国家机构

1. 全国人民代表大会及其常务委员会

根据现行宪法规定,全国人民代表大会是最高国家权力机关。主要职权包括:(1)修改宪法和监督宪法实施的权力;(2)制定和修改基本法律的权力;(3)对中央国家机关组成人员选举、决定人选和罢免的权力;(4)决定重大国家事项的权力;(5)监督其他国家机关的权力;(6)应当由最高国家权力机关行使的其他职权。

全国人民代表大会常务委员会是全国人民代表大会的常设机关,对全国人民代表大会负责并报告工作。主要职权包括:(1)解释宪法,监督宪法的实施;(2)立法权;(3)法律解释权;(4)对“一府一委两院”工作的监督权;(5)重大国家事项决定权;(6)人事任免权;(7)全国人民代表大会授予的其他职权。

2. 国家主席

根据现行宪法的规定,中华人民共和国主席、副主席由全国人民代表大会选举。有选举权和被选举权的年满45周岁的中华人民共和国公民可以被选为中华人民共和国主席、副主席。国家主席享有以下职权:(1)公布法律、发布命令；(2)任免权；(3)外事权；(4)授予荣誉权。中华人民共和国主席、副主席每届任期同全国人民代表大会每届任期相同。

3. 国务院

根据现行宪法规定，中华人民共和国国务院，即中央人民政府，是最高国家权力机关的执行机关，是最高国家行政机关。国务院对全国人民代表大会负责并报告工作；在全国人民代表大会闭会期间，对全国人民代表大会常务委员会负责并报告工作。这些规定明确了国务院的性质和国务院在国家机构体系中的地位，即国务院是中央人民政府，是最高国家权力机关的执行机关，是最高国家行政机关。

4. 中央军事委员会

中央军事委员会是国家最高军事指挥机关，领导全国武装力量。中央军事委员会每届任期同全国人民代表大会每届任期相同。中央军事委员会实行主席负责制。

5. 地方各级人民代表大会和地方各级人民政府

地方国家机构是我国国家机构体系的组成部分。省、自治区、直辖市、自治州、县、自治县、市、市辖区、乡、民族乡、镇设立人民代表大会。地方各级人民代表大会都是地方国家权力机关。本级的地方国家行政机关、监察机关、审判机关和检察机关都由人民代表大会产生，在本行政区域内对它负责，受它监督。

6. 民族自治地方的自治机关

民族自治地方的自治机关是指在民族自治地方设立的，依法行使同级地方国家机关职权并同时行使自治权的一级地方政权机关。根据现行宪法第三十条的规定，民族自治地方分为自治区、自治州、自治县三级。民族自治地方的自治机关是自治区、自治州和自治县的人民代表大会和人民政府。

7. 监察委员会

中华人民共和国各级监察委员会是国家的监察机关。中华人民共和国设立国家监察委员会和地方各级监察委员会。国家监察委员会对全国人民代表大会和全国人民代表大会常务委员会负责。地方各级监察委员会对产生它的国家权力机关和上一级监察委员会负责。监察委员会依照法律规定独立行使监察权,不受行政机关、社会团体和个人的干涉。监察机关办理职务违法和职务犯罪案件,应当与审判机关、检察机关、执法部门互相配合,互相制约。

8. 人民法院和人民检察院

人民法院是我国国家机构的重要组成部分,是国家的审判机关,行使国家审判权。人民法院依照法律对刑事案件、民事案件、行政案件和其他案件进行审理和判决。人民检察院是我国国家机构的重要组成部分,是国家的法律监督机关。依据现行宪法规定,人民法院、人民检察院和公安机关办理刑事案件,应当分工负责,互相配合,互相制约,以保证准确有效地执行法律。这是规范办理刑事案件过程中法、检、公三机关之间相互关系的一项基本原则。

第二节　宪法实施与监督制度

一、宪法实施与监督制度的重要地位

宪法是社会主义法律体系的核心。从根本上讲,宪法之外无权力。我国应该依照宪法理论和规范合理安排权力体系,科学构建权力制度。依宪治国要求全面保障公民权利。从权利实现上看,无救济即无权利,权利的宪法救济是权利救济的最终途径,因此应该建立通过宪法保障的权利救济制度。

实现依宪治国必须使违宪行为受到约束,这更显示了健全宪法实施和监督制度的现实迫切需要。通过健全宪法实施和监督制度,可以对国家机关及其工作人员的行为进行合宪性审查,也可以进一步约束甚至制裁违宪行为。

二、宪法实施中党的领导

宪法本质上是政治法。宪法是政权更迭的产物,政治力量的对比直接对宪法的实质内容产生影响。政治属性是宪法规范的首要属性。党的十九大报告多次强调政治意识、政治发展道路、政治制度模式、政治建设等,要求把党的政治建设摆在首位,在政治立场、政治方向、政治原则、政治道路上同党中央保持高度一致。从党是国家的领导力量的宪法体制的意义上讲,宪法实施要突出政治属性。宪法的实施首先或主要是政治实施。宪法实施的内容更多属于政治体制方面的问题,完善我国的宪法实施与监督制度属于政治体制创新的

重要内容，应立足于中国实际，坚持党的领导，坚持人民代表大会制度。

三、合宪性审查与宪法解释

党的十九大报告指出，加强宪法实施和监督，推进合宪性审查工作，维护宪法权威。合宪性审查首次出现在党的正式文件中，意味着宪法实施与监督将拥有制度性保障，意味着在十八届四中全会的基础上，宪法实施和监督制度的完善又被大大推进一步。

所谓合宪性审查，就是对宪法以下的所有规范性文件以及国家机关履行宪法职责的行为是否符合宪法进行审查。通过推进合宪性审查，从而完善我国宪法实施与监督制度，可以达到两个效果。其一，政治效果。以党的领导、人民当家作主、依法治国有机统一为基本标准，以实现党和国家的治理现代化为政治愿景。其二，法律效果。包括提升立法质量；确保以宪法为核心的法律体系从内容到实施的统一，维护宪法权威；最终切实推进我国依法治国的战略。

法律的实施需要解释。宪法解释是启动宪法实施与监督制度的钥匙。其一，现行宪法在制定之时，以"宜粗不宜细"为指导思想，这使得宪法规范的原则性非常突出，而现行宪法颁布30余年来，我国的经济社会事业取得了突飞猛进的发展，宪法规范所依赖的社会及时代条件均发生了重大变化，因此需要通过有效的宪法解释来使得宪法规范与社会现实保持合理的一致性。其二，与宪法修改相比，宪法解释对于保持宪法权威性与宪法科学性的平衡是一种相对有效的手段，所以要改变重修改轻解释的观念。当然，我们需要合理界定宪法解释与宪法修改的界限。如果超出文义的射程，宪法解释则无法进行，就必须启动宪法修改。其三，宪法解释程序是启动宪法解释、发挥宪法解释功能的前提及关键。我国现行的宪法监督制度中关于宪法解释的部分，只是规定由全国人民代表大会常务委员会享有宪法解释权，至于如何启动宪法解释、宪法解释的事由、解释范围以及解释效力等均无规定，这是影响我国宪法解释制度发挥应有功能的直接原因，因此应制定宪法解释程序的相关法律。

四、宪法宣誓制度

党的十八届四中全会决定建立宪法宣誓制度。我国现行宪法于 2018 年修改增加了规定，即“国家工作人员就职时应当依照法律规定公开进行宪法宣誓”（第 27 条）。

从世界范围来看，1919 年德国《魏玛宪法》首次确认国家公职人员就职时必须宣誓效忠宪法的制度，之后这一制度被现代许多国家的宪法规定下来。目前生效的联合国 193 个会员国的宪法中，规定了宣誓制度的国家有 178 个，未规定该制度的国家只有 15 个。宣誓的内容，主要涉及四个方面：一是效忠国家，捍卫民族的尊严、独立和安全，维护国家主权和利益；二是遵守和维护国家宪法与法律；三是尊重和维护公民的权利与自由，忠实地为人民服务；四是竭尽全力，恪尽职守，忠诚履行职责。

在我国，凡经人大及其常委会选举或者决定任命的国家工作人员正式就职时均应公开向宪法宣誓。这对树立宪法权威、推动宪法实施具有重大意义。宣誓的内容，即誓词，根据 2018 年 2 月 24 日全国人大常委会的确定，为：“我宣誓：忠于中华人民共和国宪法，维护宪法权威，履行法定职责，忠于祖国、忠于人民，恪尽职守、廉洁奉公，接受人民监督，为建设富强民主文明和谐美丽的社会主义现代化强国努力奋斗！”

宪法宣誓的程序，主要包括时间和地点两部分。宣誓时间为就职之时。地点为庄重、正规的地方。我国中央一级的官员宣誓一般在人民大会堂进行。

宪法宣誓不仅仅产生政治效力，更主要的是产生宪法效力，如有违反，承担宪法责任，接受宪法制裁。从实践来看，世界各国通过宪法宣誓制度的实施，对国家机关以及公民的宪法信仰的养成产生了直接的效果。

五、国家宪法日

党的十八届四中全会决定将每年 12 月 4 日定为国家宪法日。第十二届全国人民代表大会常务委员会第十一次会议也于 2014 年 11 月 1 日通过了《关于设立国家宪法日的决定》，这样，每年 12 月 4 日就正式成为我国的法定国家宪法日。

12 月 4 日是我国现行宪法颁布实施的时间，将该天确定为我国的宪法日，符合国际通行做法，有利于宣传和贯彻实施宪法，也能无缝对接2001年以来的全国法制宣传日（12月4日）。

设立国家宪法日，旨在推行宪法教育，普及宪法知识，增强宪法意识，加强宪法实施，维护宪法权威。推行宪法教育首先就要重视公务员的宪法教育。依宪治国、依宪执政要求全面实施宪法，应从全面推进依法治国的战略高度完善公务员的宪法教育体制。对公务员进行系统的宪法教育是推进宪法实施的基础措施，也是有效预防公权力滥用的重要环节。① 习近平总书记多次强调，全面依法治国，必须抓住领导干部这个“关键少数”，要引导各级干部深刻认识到，维护宪法法律权威就是维护党和人民共同意志的权威，捍卫宪法法律尊严就是捍卫党和人民共同意志的尊严，保证宪法法律实施就是保证党和人民共同意志的实现。十八届四中全会决定明确要求，把宪法法律列入党委（党组）中心组学习内容，列为党校、行政学院、干部学院、社会主义学院必修课。

第三节 宪法修改

宪法修改是指在宪法实施过程中，随着社会现实的变化发展，出现宪法的内容与社会现实不相适应的时候，由有权机关依照宪法规定的程序删除、增加或变更宪法内容的行为。其修改方式，通常有全面修改与部分修改之分。

全面修改是对宪法全文进行修改，实际上是以新宪法取代旧宪法。如我国1975年宪法、1978年宪法和1982年宪法，都是对我国的第一部社会主义宪法即1954年宪法的全面修改。

部分修改是对宪法原有的部分条款加以改变，或者新增若干条款，而不牵动其他条款和整个宪法的修改方式。我国现行宪法即1982年宪法施行期间，以“宪法修正案”方式分别于1988年、1993年、1999年、2004年和2018年共五次部分修改。

一、现行宪法的前四次修改

我国现行宪法即1982年宪法自施行以来，在2018年之前先后做过4次

① 韩大元：《论公务员的宪法教育》，《当代法学》2015年第1期。

修改和补充。其修改的时间和主要内容分别为：

1988 年 4 月 12 日，第七届全国人大第一次会议通过了宪法修正案，共 2 条：第 1 条是对宪法第 11 条作了增写，允许私营经济在法律规定的范围内存在和发展；第 2 条是对宪法第 10 条第 4 款作了修改，容许土地的使用权可以依照法律的规定转让。

1993 年 3 月 29 日，第八届全国人民代表大会第一次会议通过第 3 条到第 11 条宪法修正案，共 9 条，主要内容为：(1)序言第七段增加“我国正处于社会主义初级阶段”，“根据建设有中国特色社会主义的理论”和“坚持改革开放”，并将原来的“高度民主、高度文明”改为“富强、民主、文明”；(2)序言第十段增加“中国共产党领导的多党合作和政治协商制度将长期存在和发展”；(3)将宪法第 7 条“国营经济”改为“国有经济”；(4)删去宪法第 8 条原有的“农村人民公社、农业街道生产合作社”，改为“农村中的家庭联产承包为主的责任制”；(5)把宪法第 15 条原来规定的计划经济改为“市场经济”；(6)宪法第 98 条：县、不设区的市、市辖区的人民代表大会每届任期由原来的三年改为五年。

1999 年 3 月 15 日，第九届全国人大第二次会议通过了第 12 条到第 17 条宪法修正案，共 6 条，主要内容为：(1)以党的十五大为依据，将“邓小平理论”写进宪法序言，与马克思列宁主义、毛泽东思想一起，成为指引我国社会主义现代化建设的旗帜：序言第 7 段增加“在邓小平理论指引下”，增加“发展社会主义市场经济”；(2)宪法第 5 条增加 1 款，规定：“中华人民共和国实行依法治国，建设社会主义法治国家”；(3)宪法第 6 条，增加“国家在社会主义初级阶段，坚持公有制为主体、多种所有制经济共同发展的基本经济制度，坚持按劳分配为主体、多种分配方式并存的分配制度”；(4)宪法第 8 条第 1 款修改为：“农村集体经济组织实行家庭承包经营为基础、统分结合的双层经营体制”；(5)宪法第 11 条，将个体经济、私营经济等非公有制经济由“社会主义公有制经济的重要补充”修改为“社会主义市场经济的重要组织部分”；(6)宪法第 28 条，将“反革命”改为“危害国家安全的犯罪”。

2004 年 3 月 14 日，十届全国人大二次会议通过第 18 条至第 31 条宪法修正案，共 14 条，主要内容为：(1)序言第七自然段，增加规定“三个代表”重要思想在国家政治和社会生活中的指导地位，以及推动物质文明、政治文明和精神文明协调发展的内容；(2)序言第十自然段，在统一战线的表述中增加社会主义事业的建设者；(3)完善土地征用制度，进一步明确国家对发展非公有制经济的方针，完善对私有财产保护的规定；(4)第 33 条增加第 3 款："国家尊重和保障人权。"(5)规定国家主席进行国事活动的职权，修改乡镇政权任期的规定；(6)修改第 4 章章名，第 136 条增加第 2 款："中华人民共和国国歌是《义勇军进行曲》。"

二、2018 年的宪法修改

2018 年的宪法修改即现行宪法的第五次修改（以下简称"2018 年宪法修改"），体现了新时代的新发展，体现了党的领导、人民当家作主和依法治国的有机统一，是党领导人民推进法治的重大举措，为全面依宪治国提供了重要基础。根据 2018 年 3 月 11 日第十三届全国人大一次会议通过的《宪法修正案》，本次共修改 21 条，即第 32 条至第 52 条。

（一）2018 年宪法修改的原则

1. 坚持党对宪法修改的领导，把坚持党中央集中统一领导贯穿于宪法修改全过程，确保宪法修改的正确政治方向。

2. 严格依法按程序推进宪法修改，先形成《中共中央关于修改宪法部分内容的建议（草案）》，经党中央全会审议和通过；再依法形成《中华人民共和国宪法修正案（草案）》，由全国人大常委会提请全国人民代表大会审议和通过。

3. 充分发扬民主、广泛凝聚共识。贯彻科学立法、民主立法、依法立法的要求，注重从政治上、大局上、战略上分析问题，注重从宪法发展的客观规律和内在要求上思考问题。

4. 坚持对宪法作部分修改、不作大改。我国现行 1982 年宪法是一部好宪法。非改不可的，进行必要的、适当的修改；对不成熟、有争议、有待进一步研究的，不作修改；对可改可不改、可以通过有关法律或者宪法解释予以明确的，原则上不作修改，保持宪法连续性、稳定性、权威性。

此次修宪是基于实践经验、结合国情对宪法作出的重要完善，包括加强党的领导、监察委设置等等，都非常具有中国特色，对于促进国家的政治建设、法治建设以及经济、社会、文化等建设都将发挥重要作用，尤其有助于提升宪法权威性和可实施性。

（二）2018年宪法修改的主要内容

现行宪法的第五次修改，根据新时代坚持和发展中国特色社会主义的新形势新任务，把党的十九大确定的重大理论观点和重大方针政策载入国家根本法，把党和人民在实践中取得的重大理论创新、实践创新、制度创新成果上升为宪法规定，体现了党和国家事业发展的新成就新经验新要求。

综合2018年宪法修正案的21条修正，根据条文顺序，主要修正内容如下：

1. 科学发展观、习近平新时代中国特色社会主义思想入宪。我国宪法的一大特点，就是明确规定国家的指导思想。修正案增加“科学发展观”与“习近平新时代中国特色社会主义思想”，丰富了宪法指导思想，以根本法的形式将十九大报告中形成的党的主张上升为国家意志，为宪法实施提供了新的思想基础。新的指导思想通过宪法修正案载入国家根本法，实现了国家指导思想的与时俱进，具有重要的政治意义、理论意义、实践意义。需要特别注意的是，习近平新时代中国特色社会主义思想在宪法修正案中体现在很多方面，不局限于宪法序言的第七自然段。

2. “健全社会主义法制”修改为“健全社会主义法治”。从健全社会主义法制到健全社会主义法治，是我们党依法治国理念和方式的新飞跃。作这样的修改，有利于推进全面依法治国，建设中国特色社会主义法治体系，加快实现国家治理体系和治理能力现代化，为党和国家事业发展提供根本性、全局性、稳定性、长期性的制度保障。

3. 新发展理念入宪。创新、协调、绿色、开放、共享的新发展理念是党的十八大以来以习近平同志为核心的党中央推动我国经济发展实践的理论结晶，是习近平新时代中国特色社会主义经济思想的主要内容，必须长期坚持、不断丰富发展。把“新发展理念”写入宪法，有利于从宪法上确认这一重要理论成果，更好发挥其在决胜全面建成小康社会，开启全面建设社会主义现代化国家新征程中对我国经济发展的重要指导作用。

4. 社会文明、生态文明入宪。从物质文明、政治文明和精神文明协调发展到物质文明、政治文明、精神文明、社会文明、生态文明协调发展，是我们党对社会主义建设规律认识的深化，是对中国特色社会主义事业总体布局的丰富和完善。

5. 明确指出，把我国建设成为富强民主文明和谐美丽的社会主义现代化强国，实现中华民族伟大复兴。这是党的十九大确立的奋斗目标在宪法中的明确确认，实现了国家目标与党的目标的统一。

6. “改革”入宪。作出这一修改，党和人民团结奋斗的光辉历程就更加完整，也表明了国家进一步改革开放的决心与立场。

7. “爱国统一战线”扩大为包括“致力于中华民族伟大复兴的爱国者”。实现中华民族伟大复兴的中国梦已经成为团结海内外中华儿女的最大公约数。实现中国梦，需要凝聚各方面的力量共同奋斗。只有把全体社会主义劳动者、社会主义事业的建设者、拥护社会主义的爱国者、拥护祖国统一和致力于中华民族伟大复兴的爱国者都团结起来、凝聚起来，实现中国梦才能获得强大持久广泛的力量支持。

8. 将“和谐”纳入民族关系之中。巩固和发展平等团结互助和谐的社会主义民族关系，是党的十八大以来以习近平同志为核心的党中央反复强调的一个重要思想。作这样的修改，有利于铸牢中华民族共同体意识，加强各民族交往交流交融，促进各民族和睦相处、和衷共济、和谐发展。

9. “人类命运共同体”入宪。这一修改以载入根本大法的形式反映了十八大以来在习近平新时代中国特色社会主义思想指导下外交理论和实践创新的主要成果，成为我国外交政策理念在国家法治上的最高宣示。将坚持和平发展道路写入宪法，体现了中国致力于走出一条与传统大国不同的发展道路的坚定决心；体现了以习近平同志为核心的党中央对新时代中国特色大国外交的高度重视；有利于正确把握国际形势的深刻变化，顺应和平、发展、合作、共赢的时代潮流，统筹国内国际两个大局、统筹发展安全两件大事，为我国发展拓展广阔的空间、营造良好的外部环境。这次宪法修正案包含的外交理念和内涵，弘扬了《联合国宪章》的宗旨和原则，同时也是中国倡导的“和平共处五项原则”在新时代的延续和创造性发展；反映了中国在世界大变局中的国际治理观和国际秩序观，为国际法的发展提出新的价值追求，也将为国际法的发展带来新的动力，促进国际法向更加公正合理的方向发展。

10.“中国共产党领导是中国特色社会主义最本质的特征”入宪。在宪法序言确定党的领导地位的基础上，在《宪法》第1条第2款“社会主义制度是中华人民共和国的根本制度”后增写：“中国共产党领导是中国特色社会主义最本质的特征。”这是在原有规定基础上新的强化、深化和拓展，把党的领导由序言变正文，由非显性变显性，由确认变规范，由原则变制度，由柔性变刚性，使我国国体的表述更加科学、更加全面，为实现党对一切工作的领导提供了宪法依据。体现了党的领导的根本性、全面性和时代性。

11.“监察机关”入宪。宪法修正案在《国家机构》一章中，增写“监察委员会”一节，确立了这一新国家机构的宪法地位及其权力正当性，是对国家监督制度的重大顶层设计。既表明了我们党坚持依法治国首先要依宪治国、依法执政首先要依宪执政的鲜明立场，也为进一步深化国家监察体制改革，推进全面从严治党、全面依法治国，推动反腐败斗争向纵深发展提供了权威的宪法依据。监察委员会作为党统一领导下行使国家监察职能的专责机关，势必为夺取反腐败斗争压倒性胜利提供最强有力组织保障。此次修宪专门规定国家监察委员会，将国家监察体制改革宪法化、法治化，体现了党和国家对于宪法的重视与全面落实依法治国方略的决心。设立国家监察委员会，一方面是党和国家对于腐败零容忍、“将权力关进笼子”的重大举措；另一方面，也是中国传统法律文化成果与现代法治精神的结合与发展，是落实中国特色社会主义法治的重要探索。

12.“核心价值观”入宪。社会主义核心价值观是当代中国精神的集中体现，凝结着全体人民共同的价值追求。作这样的修改，贯彻了党的十九大精神，有利于在全社会树立和践行社会主义核心价值观，巩固全党全国各族人民团结奋斗的共同思想道德基础。2018年4月9日至10日召开的中共重庆市委五届四次全会审议通过《中共重庆市委关于营造良好政治生态的意见》《中共重庆市委关于加强法治和德治工作的实施意见》《中共重庆市委关于坚决肃清孙政才恶劣影响和薄熙来王立军流毒的意见》。全会强调，营造良好政治生态，必须充分发挥法治和德治的重要作用。要把法律和道德的力量、法治和德治的功能结合起来,把自律和他律结合起来,推动法治和德治相互补充、相互促进、相得益彰。

13.“宪法宣誓”入宪。将全国人大常委会通过的关于实行宪法宣誓制度的决定,上升到宪法层面,充分体现了以习近平同志为核心的党中央坚持依法治国,维护宪法权威的决心。通过公开进行宪法宣誓有利于塑造公众的宪法信仰、法治信仰,在全社会烘托尊重宪法、宪法至上的氛围。

14.全国人民代表大会的“法律委员会”更设为“宪法和法律委员会”。成立宪法和法律委员会,开展合宪性审查工作,对建立立法与宪法监督职能综合协调、整体推进机制将产生积极影响。

15.删除国家主席连续任职不得超过两届的规定。宪法修正案(草案)将宪法第三章《国家机构》第79条第3款“中华人民共和国主席、副主席每届任期同全国人民代表大会每届任期相同,连续任职不得超过两届”中“连续任职不得超过两届”删去。主要考虑是:这次征求意见和在基层调研过程中,许多地区、部门和广大党员干部群众一致呼吁修改宪法中国家主席任职期限的有关规定。党的十八届七中全会和党的十九大召开期间,与会委员代表在这方面的呼声也很强烈。大家一致认为,目前,党章对党的中央委员会总书记、党的中央军事委员会主席,宪法对中华人民共和国中央军事委员会主席,都没有作出“连续任职不得超过两届”的规定。宪法对国家主席的相关规定也采取上述做法,有利于维护以习近平同志为核心的党中央权威和集中统一领导,有利于加强和完善国家领导体制。

16.明确规定设区的市的地方立法权。增加这一规定,有利于设区的市在宪法法律的范围内制定体现本行政区域实际的地方性法规,更为有效地加强社会治理、促进经济社会发展,也有利于规范设区的市制定地方性法规的行为。

第四节 《监察法》的制定

2018年2月28日,中国共产党第十九届中央委员会第三次全体会议通过了《中共中央关于深化党和国家机构改革的决定》,《决定》要求:“深化党的纪律检查体制改革，推进纪检工作双重领导体制具体化、程序化、制度化，强化上级纪委对下级纪委的领导。健全党和国家监督体系，完善权力运行制约和监督机制，组建国家、省、市、县监察委员会，同党的纪律检查机关合署办公，实现党内监督和国家机关监督、党的纪律检查和国家监察有机统一，实现对所有行使公权力的公职人员监察全覆盖。完善巡视巡察工作，增强以党内监督为主、其他监督相贯通的监察合力。”在此背景下，为实现深化国家监察体制改革、加强对所有行使公权力的公职人员的监督，实现国家监察全覆盖、深入开展反腐败工作、推进国家治理体系和治理能力现代化，以《宪法》为依据制定《监察法》。

一、制定《监察法》的重要意义

宪法的生命在于实施，宪法是国家的根本法，是治国安邦的总章程，是党和人民意志的集中体现。在总体保持我国宪法连续性、稳定性、权威性的基础上，十三届全国人大一次会议对宪法作出部分修改，把党和人民在实践中取得的重大理论创新、实践创新、制度创新成果上升为宪法规定，实现了宪法的与时俱进。这次宪法修改的重要内容之一，是增加有关监察委员会的各项规定，对国家机构作出了重要调整和完善。通过完备的法律保证宪法确立的制度得到落实，是宪法实施的重要途径。在本次全国人民代表大会上，先通过宪法修正案，然后再审议《监察法（草案）》，及时将宪法修改所确立的监察制度进一步具体化，是我们党依宪执政、依宪治国的生动实践和鲜明写照。《监察法（草案）》根据宪法修正案将行使国家监察职能的专责机关纳入国家机构体系，明确监察委员会由同级人大产生，对它负责，受它监督，拓宽了人民监督权力的途径，提高了社会主义民主政治制度化、规范化、法治化水平，丰富和发展了人民代表大会制度的内涵，推动了人民代表大会制度与时俱进，对推进国家治理体系和治理能力现代化具有深远意义。

二、《监察法》的基本内容

1. 监察机关性质

监察委员会作为行使国家监察职能的专职机关，与党的纪律检查机关合署办公，从而实现党对国家监察工作的领导，是实现党和国家自我监督的政治机关，不是行政机关，也不是审判机关、检察机关，是宪法确认的履行国家监察职能的政治机关，属于新的机关类型。政治机关是监察机关的本质属性。监察体制改革的目的在于加强党对反腐败工作的统一领导。实行党委统一领导下纪委、监委合署办公，履行纪检、监察两项职能的体制，从组织形式和职能定位上实现党对监察工作的集中统一领导。

2. 监察机关与人大关系

宪法规定，监察机关由人民代表大会产生，对它负责，受它监督。监察委员会需要对相应的各级国家权力机关负责，受其监督，但宪法和监察法并无明确规定向人大进行工作汇报。监察体制改革，将行政权中的监察权、检察权中的侦查权分离出来，提升整合为统一的监督权，从而逐步形成"一委两院"的监督模式，这是集中反腐权力的需求，也是整合国家机构、推进机构改革的趋势。

3. 正确理解依法全面监察

对全面监察的理解，应当从以下四个方面进行：第一，监察权的行使严格依照宪法和法律，以法律为准绳，党规不是监察机关在监察法律关系中适用的直接依据，但党规与国法有内在联系并可以转换。第二，监察权的行使对象包括所有行使国家与公共权力的从事国家与公共事务的人员，《监察法》第 15 条规定了六类监察对象均在此范围之内。第三，监察区域全覆盖，与派驻派出监察官不同的是，监察区域全覆盖不仅仅要求空间上的全覆盖，还要求对象上的全覆盖，要做到监察无死角、无缝隙。第四，处置结果存在着与行政法和刑法对接适用的情形。监察权限的适用在一定层次上与行政法、刑法产生对接，这是法律体系的整体性的要求，也是各部门协同打击腐败、合作分工的客观要求。

4. 与公安机关、检察机关的工作衔接

监察机关办理职务违法和职务犯罪案件，应当与审判机关、检察机关、执法部门互相配合，互相制约。人民法院、人民检察院、公安机关、审计机关等国家机关在工作中发现公职人员涉嫌贪污贿赂、失职渎职等职务违法或者职务犯罪的问题线索，应当移送监察机关，由监察机关依法调查处置。监察机关对涉嫌职务犯罪的，将调查结果移送人民检察院依法审查、提起公诉。

5. 对监察机关和监察人员的监督

对监察机关和监察人员的监督主要通过人大监督、外部监督、内部监督等方面完善。着力加强监察人员守法义务和业务能力、规范办理监察事项报告备案、完善回避制度、设置监察人员脱密期管理和从业限制规定，建立申诉及"一案双查"制度，从而打造完备的监督体系。下一步应将《国家赔偿法》的修订与监察制度的改革衔接起来，从体系上加强对监察机关及监察人员的约束。

6. 依法监察与尊重人权

《监察法》第4条规定："监察委员会依照法律规定独立行使监察权，不受行政机关、社会团体和个人的干涉。"监察委员会依照法律规定独立行使监察权，其行为和权限在法律的规定范围之内。我国宪法明确规定，国家尊重和保障人权，《监察法》是国家法律体系的组成部分，尊重和保护人权贯穿于整个监察法之中。《监察法》对人权的保障和尊重主要有以下体现：监察机关应当依法保障当事人的合法权益；监察机关依法向有关单位和个人了解情况，收集、调取证据时程序法定；需要搜查女性身体，应当由女性工作人员进行等等。

【拓展阅读】

1. 十八大以来党的文件中有关依宪治国的论述。

2. 十八大以来习近平总书记有关依宪治国的论述。

3. 李树忠：《宪法修改的重大意义、总体要求和原则》，《求是》2018年第5期。

4. 付子堂、张震：《新时代我国宪法实施监督制度的新思考》，《法学杂志》2018年第4期。

5. 郑淑娜：《以宪法修改为契机全面贯彻实施宪法》，《求是》2018年第12期。

【思考题】

1. 简述我国宪法的指导思想和基本原则。

2. 简述宪法规定"国家工作人员就职时应当依照法律规定公开进行宪法

宣誓”的意义。

3. 简述深化党和国家机构改革与监察制度改革的关系。

4. 简述监察机关与行政机关、审判机关、检察机关的关系。

5. 如何理解坚持依法治国首先要坚持依宪治国？

6. 如何理解习近平新时代中国特色社会主义思想写入我国宪法的重大作用？

7. 新时代如何完善我国的宪法实施与监督制度？

8. 如何正确理解宪法修改中有关生态文明的规定？

第五章　落实总体国家安全观

【内容导读】　本章主要介绍领导干部应当掌握的关于国家安全、总体国家安全观、国家安全法、反间谍法、国家情报法、反恐怖主义法、境外非政府组织境内活动管理法、网络安全法等基本知识。本章的重点是，了解总体国家安全观由来及其内涵、法治与国家安全的关系、国家安全法制体系，准确把握国家安全法、反间谍法、国家情报法所确定的包括反间谍工作和国家情报工作在内的国家安全工作领导体制、国家安全工作原则、任务、职责以及公民、组织的义务和权利，准确把握反恐怖主义法、境外非政府组织境内活动管理法、网络安全法等有关工作体制机制、职责任务、防范措施等知识，熟悉国家安全领域常见违法犯罪案例，吸取教训、时刻警醒，提升维护国家安全能力，落实维护国家安全主体责任。

第一节　总体国家安全观概述

一、国家安全观

国家安全观是国家执政者、参政者对国家安全以及国家安全相关问题的历史、现状、发展、规律、本质等的认知、评估和预期①。它既包括国家执政者、参政者对国家所处的国际、国内环境的认识，也包括对未来国家发展方向所作的决策。

新中国成立以来，我国领导人始终把国家安全放在首位，并根据不断变化

① 刘跃进主编：《国家安全学》，中国政法大学出版社 2004 年版，第 294 页。

的国内外形势提出了不同的策略,形成了不同时期的国家安全观。

20世纪五六十年代,人民民主专政政权面临极大考验。对内,反动阶级、反动势力不甘失败,企图卷土重来;对外,以美国为首的西方大国采取政治上孤立、经济上封锁、军事上包围的战略,拒绝承认我国的国际地位。期间,中苏关系恶化、台海局势紧张,毛泽东同志作出了"战争与革命"是时代主题的基本判断,并认为国家安全威胁主要集中在政治安全、军事安全与意识形态安全等方面,捍卫主权和领土完整从而实现政权稳固和生存安全是国家安全的首要目标。这一时期的国家安全观以传统国家安全观为主,政治安全和军事安全是国家安全观最核心的内容,也是建国初期国家安全观的最显著特点。

20世纪七八十年代,虽然霸权主义和强权政治依然存在,局部冲突与战争持续不断,但世界局势发生了深刻变化,美苏的霸权地位受到冲击,各国的竞争由军事竞争逐渐转移到以经济实力为主的综合国力竞争。邓小平同志指出:"世界战争的危险还是存在的,但是世界和平力量的增长超过战争力量的增长。在较长时间内不发生大规模的世界战争是有可能的,维护世界和平是有希望的……各国的竞争主要是以经济实力为主的综合国力竞争。"①因此,邓小平同志要求把全党和全国人民的力量转移到经济建设上来,要牢牢把握发展经济这个中心。在"和平与发展"时代背景下,我国在坚持关注传统的政治、军事领域安全的同时,开始重视国家利益和经济安全,国家安全策略随之进行了较大修正。重视经济发展,关注经济安全成为这一时期国家安全观的重要内容。

20世纪90年代后期,随着我国综合国力的显著提升,国际地位有了明显改善,与其他国家的交往更加密切。江泽民同志继承、发展了毛泽东、邓小平国家安全思想,积极探索维护国家安全、促进国际安全的新思路。他指出:"国际社会应树立以互信、互利、平等、协作为核心的新安全观,努力营造长期稳定、安全可靠的国际和平环境。"②新安全观意味着既要维护本国安全,也要尊重别国安全,通过国际协作方式最终实现全球的共同安全。

---

① 《邓小平文选》第3卷,人民出版社1993年版,第126—128页。

② 江泽民:《在庆祝中国共产党成立八十周年大会上的讲话》,人民出版社2001年版,第48页。

进入21世纪，伴随着信息技术的快速发展和中国成功“入世”，全球化加速，世界各国和地区的联系愈加紧密，中国在经济、政治、文化方面都取得了不错的成绩，世界格局朝多元化发展的趋势愈加明显。胡锦涛同志继承了“和平与发展”时代主题，对外提出了构建“持久和平、共同繁荣的和谐世界”，对内提出以发展经济为重点，政治、军事、经济、文化等综合发展的国家安全观。

党的十八大以来，以习近平同志为核心的党中央从改革发展稳定大局出发，准确判断国家安全形势变化的新特点新趋势，加强顶层设计、战略谋划和制度建设，全方位提升维护国家安全能力。2014年4月15日，习近平同志指出：“当前我国国家安全内涵和外延比历史上任何时候都要丰富，时空领域比历史上任何时候都要宽广，内外因素比历史上任何时候都要复杂”①，进而提出总体国家安全观，并系统阐述了总体国家安全观的基本内涵、指导思想和原则，强调总体国家安全观是新形势下党中央对我国面临的各种安全问题和安全挑战的系统回应，是马克思主义时代化、中国化在安全领域的最新体现。

二、总体国家安全观

所谓总体国家安全观，是指集政治安全、国土安全、军事安全、经济安全、文化安全、社会安全、科技安全、信息安全、生态安全、资源安全、核安全等于一体的国家安全体系。我国的总体国家安全观是习近平同志在马克思主义国家利益观指导下，对当前我国国家安全工作面临的形势、任务、规律、特点、趋势、对策等所作出的科学判断和一系列战略思想的总和，是习近平新时代中国特色社会主义思想的重要组成部分。

国家安全工作必须坚持总体国家安全观，以人民安全为宗旨，以政治安全为根本，以经济安全为基础，以军事、文化、社会安全为保障，以促进国际安全为依托，走出一条中国特色国家安全道路。

以人民安全为宗旨，就是要坚持以人为本、以民为本，坚持国家安全一切为了人民、一切依靠人民，真正夯实国家安全的人民基础。人民是历史的主体和创造者，是推动社会进步的根本力量，也是维护国家安全的力量源泉。坚持

① 习近平：《在中央国家安全委员会第一次会议上的讲话》，《人民日报》2014年4月16日。

以人民安全为宗旨，不仅是立党宗旨在国家安全领域的直接体现，也是维护人民民主专政政权安全的必然要求。要切实把增强人民的幸福感、安全感作为国家安全工作的出发点和落脚点，着力解决人民群众最关心最直接最现实的安全问题，充分保障人民群众的各项合法权利，为人民群众创造良好的生存发展条件和工作环境。

以政治安全为根本，就是要坚持中国共产党的领导，坚持马克思主义的指导地位，把保证政权安全和制度安全作为首要任务，为国家安全提供根本政治保障。政治安全是国家生存和发展的基础条件，涉及国家主权、政权、制度和意识形态的稳固，是国家安全的根本。它决定和影响着经济安全、社会安全、文化安全等其他各领域的安全，直接关系国家和民族的兴衰存亡。要充分理解维护政治安全的根本性、正当性和紧迫性，围绕核心要害单位、涉密岗位等重点目标，围绕防范抵御“颜色革命”政治风险，加强协作配合，做好情报预警，严密防范境外各种势力对我实施渗透颠覆破坏活动，维护我国政治安全。

以经济安全为基础，就是要确保国家经济发展不受侵害，促进经济持续健康稳定发展，逐渐提高国家经济实力，为国家安全提供坚实的物质基础。经济安全是国家安全体系的重要组成部分，是维护国家安全的基础。改革开放以来，我国经济水平在一段时间内保持了较高的增长速度，在国际上获得了更多的话语权，但也要看到进入新常态后我国经济下行压力加大，结构性产能过剩比较严重，金融发展面临的外部冲击增大，维护经济安全的任务繁重艰巨。要坚持社会主义基本经济制度不动摇，加快完善社会主义市场经济体制，提高我国经济整体实力、竞争力和抵御各种冲击与威胁的能力，重点防控各种重大风险挑战。

以军事、文化、社会安全为保障，就是要注意军事、文化、社会领域面临的大量新情况新问题，遵循不同领域的特点规律，采取措施强基固本、化险为夷，为国家安全提供硬实力和软实力保障。军事、文化、社会安全是国家安全体系的重要领域，也是维护国家安全的重要手段。要围绕强军目标，实施军民融合发展战略，全面推进国防和军队现代化建设；要培育和弘扬社会主义核心价值观，保护和弘扬中华优秀传统文化，大力推动文化事业、产业的繁荣发展；要积极构建坚实可靠的社会安全体系，针对重点行业、人群健全完善高效的社会安全防控机制，切实从源头上解决各种不稳定因素。

以促进国际安全为依托，就是要始终不渝走和平发展道路，在注重维护本国安全的同时，注重维护共同安全，推动建设持久和平、共同繁荣的人类命运共同体。当今世界各国互动关系加快，相互依赖关系加强，国际安全必然会影响到各国的国家安全。要坚持对外开放政策，积极促进"一带一路"国际合作，打造国际合作新平台；要在和平共处五项原则基础上发展同各国的友好合作，推动建设相互尊重、公平正义、合作共赢的新型国家关系。

三、法治与国家安全

法治是人类政治文明的重要成果。在中国先秦时期，法治被作为一种治国之术而提出，但并未对法治这一概念进行明确解释。直到近代，我国思想家才根据西方的解释对法治这一概念进行了阐述，即认为法治就是法的统治。当前，随着全面推进依法治国实践深入，以及"法治中国"目标的确定，我国对法治的理解已达成基本共识：一是"法治"是与"人治"相对的概念，人治强调个人的作用，个人权力凌驾于法律之上，法治则强调法律的权威，要求一切公权力都应当服从法律；二是对法治与法制进行了明确的辨析。法制即法律制度，属于制度范畴，法治是一种治国思想和方法。一方面法制是法治的基础和前提，只有建立了完备的法制，才可能做到有法可依，另一方面法治是法制的归宿。

国家安全是一个国家存在、发展的必要条件，也是国家法治建设的重要领域。法治作为治国理政的基本方式，也是维护国家安全的行为方式、重要手段。"皮之不存，毛将焉附"，一旦国家安全受到严重威胁，得不到基本保障，那么一国之内的公民、组织、社会团体的权益都将不复存在。只有国家安全的状态持续稳定、保障国家安全状态的能力不断提升，法治才得以建立和维系；反之，没有法治的引领和保障，维护国家安全和利益必将失去遵循、陷入无序。依法维护国家安全，是推进依法治国、依法执政、依法行政的重要抓手，是法治国家、法治政府、法治社会建设的重要内容，是新时代实现党和国家长治久安的重要保障。因此，要正确理解国家安全与法治的关系，善于将党对国家安全工作的方针政策适时转化为国家法律，要善于运用法治思维和法治方式开展国家安全工作，全力推进中国特色国家安全法律制度体系建设，全面提升国家安全工作的法治化水平。

四、我国国家安全法律体系

国家安全法律体系作为法律体系的重要内容，是以国家安全关系为调整对象的所有法律规范所形成的有机系统。为适应国家安全工作需要，党的十八届三中全会决定成立国家安全委员会，全力推动国家安全法治建设，国家安全法律制度体系加速形成。截至目前，我国陆续颁布了 190 多部维护国家安全的法律法规，它们具体可以分为以下四类：

（一）专门法律法规

国家安全领域的专门法律法规主要包括《国家安全法》《反间谍法》《国家情报法》《反恐怖主义法》等直接规定国家安全工作的法律法规。《国家安全法》是一部具有综合性、全局性、基础性的重要法律，确立了总体国家安全观的指导地位和国家安全领导体制，为构建完善国家安全法律制度体系奠定了基础。《反间谍法》是在 1993 年国家安全法的基础上，认真总结近年来反间谍工作的实践经验，规定了国家安全机关反间谍工作的职权，为反间谍工作提供了法律依据。《国家情报法》对国家情报工作任务、体制、原则、国家情报工作机构职权及保障等方面作出了具体规定。《反恐怖主义法》为应对恐怖主义形势，坚持以问题为导向，从实际出发，在借鉴国外先进做法基础上，为规范政府和社会开展反恐怖主义工作提供了依据。此外，《网络安全法》《境外非政府组织境内活动管理法》《国防法》《人民防空法》《保守国家秘密法》《反间谍法实施细则》等法律法规也在国家安全不同领域发挥了规范保障作用。

（二）相关法律法规、司法解释

除专门立法外，一些法律法规的部分条款涉及维护国家安全的内容，也应当纳入国家安全法律体系。例如，《刑法》分则第一章规定了背叛国家罪、分裂国家罪、颠覆国家政权罪、间谍罪等 12 种危害国家安全罪名。《对外贸易法》第 16、17 条规定了因国家安全需要可以限制或者禁止有关货物、技术的进出口，同时对裂变、聚变物质或者衍生此类物质的物质、技术进出口，以及与武器、弹药或其他军用物资有关的进出口可以采取任何必要的措施。《邮政法》规定邮政管理部门在审查快递业务经营许可证申请时，应当考虑国家安全等因素，并征求有关部门的意见。此外，有权机关为统一法律适用，提高办案水平，颁布了一系列涉及国家安全的司法解释，比如，为依法惩治境外窃密犯罪行为，维护国家安全和利益，最高人民法院出台了《关于审理为境外窃取、刺探、收买、非法提供国家秘密、情报案件具体应用法律若干问题的解释》，对刑法相关法律条文的适用标准进行了补充完善。

(三)地方性法规和政府规章

为细化、补充上位法，确保国家安全有关政策、国家法律在地方落地落实，各地方依照法定权限和程序制定了一批地方性法规、政府规章。例如，四川、辽宁省人大制定了《涉外建设项目国家安全事项审查规定》、山东、河南省制定了《国内技术安全保卫条例》等。2012 年 4 月，重庆市根据国家安全相关法律法规，结合当地实际，颁布了《重庆市实施国家安全法规定》。该政府规章规定了维护国家安全的职责、国家安全机关履行职责的保障措施、涉及国家安全事项建设项目行政管理等内容，提高了相关法律法规的操作性。

(四)我国签订的国际条约

我国在防止核扩散，打击分裂主义、极端主义、恐怖主义等领域缔结或加入了部分国际公约、国际条约。这些公约、条约中涉及国家安全的部分也属于我国国家安全法律体系的内容，例如《世界人权宣言》《经济、社会和文化权利国际公约》《公民权利和政治权利国际公约》《不扩散核武器条约》《维也纳领事关系公约》《打击分裂主义、极端主义、恐怖主义上海公约》等。

第二节　国家安全领域重要法律解读

一、国家安全基本法律制度

国家安全是定国安邦的重要基石，是人民群众最基本、最普遍的愿望，而实现中华民族伟大复兴的中国梦，保证人民安居乐业，国家安全是头等大事。为适应我国国家安全面临的新形势新任务，进一步规范保障国家安全工作，2015 年 7 月 1 日，我国颁布了《中华人民共和国国家安全法》。这是一部在国家安全法律体系中起统领作用的基本法律。它吸收了中国特色社会主义理论创新的最新成果，确立了总体国家安全观的指导地位，明确维护国家安全的各项任务和职责，建立健全维护国家安全的各项制度，为全面加强国家安全工作提供了坚实的法律保障。

（一）国家安全的含义

国家安全是指国家政权、主权、统一和领土完整、人民福祉、经济社会可持续发展和国家其他重大利益相对处于没有危险和不受内外威胁的状态，以及保障持续安全状态的能力。该定义的国家安全既包括没有危险和不受内外威胁的相对安全状态，也包括保障持续安全状态的能力。影响国家安全因素永远不可能根除，维护国家安全永无止境，只有切实加强国家安全能力建设，方能控制和防范各种不安全因素，使国家政权、主权、统一和领土完整、人民福祉、经济社会可持续发展和国家其他重大利益相对处于没有危险和不受内外威胁的状态。

（二）维护国家安全的领导体制

1. 坚持党的绝对领导。习近平总书记指出："办好中国的事情，关键在党。中国特色社会主义最本质的特征是中国共产党领导，中国特色社会主义制度的最大优势是中国共产党领导。"①党要巩固执政地位，要团结带领全国人民坚持和发展中国特色社会主义，保证国家安全是头等大事。为应对风云突变的国际形势，以及我国改革进入攻坚期、深水区随之而来的社会矛盾多发，各种可以预见和难以预见的安全风险挑战，全面维护各领域国家安全，坚决维护国家核心利益和重大利益，必须走中国特色国家安全道路，必须毫不动摇坚持党对国家安全工作的绝对领导。

2. 建立集中统一、高效权威的国家安全领导体制。随着国家安全领域从传统安全领域向非传统安全领域的不断拓展，维护国家安全的任务仅靠国家安全机关是远远不够的，需要军事、外交、经济等部门联合作战、协同应对。因此，必须建立专业、高效的国家安全领导体制机制。2013 年 11 月，党的十八届三中全会决定成立国家安全委员会，完善国家安全体制和国家安全战略，确保国家安全。2014 年 1 月，中央政治局研究决定国家安全委员会作为中共中

---

① 习近平：《在庆祝中国共产党成立 95 周年大会上的讲话》，人民出版社 2016 年版，第 22 页。

央关于国家安全工作的决策和议事协调机构，向中央政治局、中央政治局常务委员会负责。国家安全法规定，中央国家安全委员会负责国家安全工作的决策和议事协调，研究制定、指导实施国家安全战略和有关重大方针政策，统筹协调国家安全重大事项和重要工作，推动国家安全法治建设。

（三）维护国家安全的基本原则

1. 法治、人权保障。维护国家安全，关键是要遵守宪法和法律，坚持社会主义法治原则，尊重和保障人权，依法保护公民的权利和自由。该原则要求国家安全工作必须依法开展，负有维护国家安全职责的相关部门、人员要遵守宪法法律，依照法定程序行使职权。2004年“人权入宪”后，人权作为现代文明社会对人的尊严、地位、自由最低限度的确认的观念深入人心。尊重和保障人权是现代文明社会的标志，也是运用法治思维开展国家安全工作的应有之义。坚持法治、人权保障原则，有利于提升国家安全工作法治化水平，在维护国家安全工作中实现和保障人民的合法权益。

2. 统筹兼顾。习近平强调，国家安全工作必须既重视外部安全，又重视内部安全；既重视国土安全，又重视国民安全；既重视传统安全，又重视非传统安全；既重视发展问题，又重视安全问题；既重视自身安全，又重视共同安全。统筹兼顾原则要求在开展国家安全工作中要统筹处理好这五对关系，一方面紧抓我国主权安全、领土安全和政治安全，为改革开放和社会主义现代化建设营造良好环境；另一方面，统筹兼顾、有效应对来自经济、文化、社会、科技、生态、网络等领域中的各种挑战。

3. 预防为主、标本兼治。国家安全工作既要立足基础，及时发现影响国家安全的苗头和隐患，又要着眼长远，深挖危害国家安全行为现象中的背景、动机，从根源上消除危害国家安全的根本隐患。

4. 共同安全。习近平在莫斯科国际关系学院演讲时指出：“面对错综复杂的国际安全威胁，单打独斗不行，迷信武力更不行，合作安全、集体安全、共同安全才是解决问题的正确选择。”①在经济全球化的背景下，我国追求共同安全，坚持倡导互信、互利、平等、协作的新安全观，积极促进国际安全交流合

① 《习近平谈治国理政》，外文出版社2014年版，第273—274页。

作，履行国际安全义务，参与全球性问题治理，维护世界和平。

（四）维护国家安全的主要任务

据《中华人民共和国国家安全法》，国家安全主要有如下15项任务：

1. 维护政治安全。政治安全是国家安全的根本，维护政治安全的任务主要包括：坚持中国共产党的领导，维护中国特色社会主义制度，发展社会主义民主政治，健全社会主义法治，强化权力运行制约和监督机制，保障人民当家作主，依法防范、制止和惩治危害政治安全的行为。

2. 维护人民安全。人民安全是国家安全最根本的目的，维护国家安全就是确保人民福祉，让人民安居乐业、幸福安康。因此，要维护和发展广大人民的根本利益、保卫人民安全、创造良好生存发展条件和安定工作生活环境，保障公民的生命财产安全，保护海外公民（包括组织机构）的安全和正当权益不受威胁和侵害等。

3. 维护国土安全。国土安全是立国之基，是传统安全中的重要内容。没有国土安全，那么国家的主权、统一、领土完整就不能得到切实的保障，人民安全也就缺乏根基。因此，要加强边防、海防和空防建设，保卫领陆、内水、领海和领空安全，维护国家领土主权和海洋权益等。

4. 维护军事安全。军事安全是国家安全体系中的重要领域，也是国家其他安全的重要保障。维护军事安全的任务主要包括：加强武装力量的革命化、现代化、正规化建设，建设与保卫国家安全和发展利益需要相适应的武装力量，防备和抵御侵略，制止武装颠覆和分裂，实施联合国维和、国际救援、海上护航和维护国家海外利益的军事行动等。

5. 维护经济安全。经济安全是国家安全的重要基础，维护经济安全的任务主要包括：维护国家基本经济制度，健全预防和化解经济安全风险的制度机制，保障国家重大经济利益安全等。

6. 维护金融安全。金融安全是经济安全的重要内容，维护金融安全要防范化解各种金融风险，守住不发生系统性金融风险的底线。维护金融安全的任务主要包括：健全金融宏观审慎管理和金融风险防范、处置机制，加强金融基础设施和基础能力建设，防范和化解系统性、区域性金融风险，防范和抵御外部金融风险的冲击等。

7. 维护资源能源安全。资源能源安全是国家安全的重要支撑,是整个国家生存和发展的物质基础。维护资源能源安全的任务主要包括:有效管控战略资源能源的开发,加强战略资源能源储备,完善资源能源运输战略通道建设和安全保护措施,加强国际资源能源合作,全面提升应急保障能力等。

8. 维护粮食安全。粮食安全是国家安全的重要基础,是广大人民赖以生存的物质基础。维护粮食安全的任务主要包括:健全国家粮食安全保障体系,保护和提高粮食综合生产能力,建立健全和落实粮食储备制度,完善粮食流通体系和市场调控机制,建立健全和落实粮食安全预警制度,保障粮食质量安全等。

9. 维护文化安全。文化是民族的血脉,是人民的精神家园。改革开放以来,我国文化产业整体实力不断提升,但受国内外文化的影响,国家文化安全仍面临严峻且复杂的形势。为进一步推动我国文化事业的蓬勃发展,推进社会主义文化强国建设,要坚持社会主义先进文化前进方向,继承和弘扬中华民族优秀传统文化,培育和践行社会主义核心价值观,防范和抵制不良文化侵蚀,掌握意识形态领域主导权,增强文化整体实力、竞争力。

10. 维护科技安全。科技安全是支撑国家安全的重要力量。维护科技安全既要确保科技自身安全,更要发挥科技支撑引领作用,确保相关领域安全。因此,我们要加强自主创新能力建设,实现战略高新技术和核心关键技术自主可控,加强科技保密能力建设等。

11. 维护网络信息安全。没有网络安全就没有国家安全,网络安全事关我国国家安全和社会稳定,事关人民群众切身利益。维护网络信息安全任务主要包括:建设网络与信息安全保障体系,加强网络和信息技术的创新研究和开发应用,实现安全可控,加强网络管理,打击网络犯罪,维护国家网络空间主权。

12. 维护社会安全。社会安全是国家安全的重要内容,涉及民族、宗教各领域,工作、生活各环节,与人民群众切身利益息息相关。习近平指出,平安是人民幸福安康的基本要求,是改革发展的基本前提。① 维护社会安全任务主

① 参见习近平:《在深化“平安中国”建设工作会议上的指示》,《人民日报》2013 年 6 月 1 日。

要包括：完善民族区域自治制度，加强民族交往、交流、交融，防范和惩治民族分裂活动，维护国家统一；坚持宗教独立自主自办原则，防范和惩治利用宗教名义进行危害国家安全的违法犯罪活动，反对境外势力干涉境内宗教事务，防范惩治邪教违法犯罪活动；加强反恐怖主义能力建设，取缔恐怖组织和惩治暴力恐怖活动；健全有效预防和化解社会矛盾的体制机制，健全公共安全体系，妥善处置公共卫生、社会安全等影响国家安全和社会稳定的突发事件。

13. 维护生态安全。生态环境良好是人和社会持续发展的根基。随着我国经济快速发展，生物资源衰退程度加剧，大气、水、土壤污染日益严重，生态问题逐渐成为经济、社会发展中的焦点问题。因此，国家要完善生态环境保护制度体系，加大生态建设和环境保护力度，划定生态保护红线，强化生态风险的预警和防控，妥善处置环境事件，保障自然环境和条件不受威胁和破坏，促进人与自然和谐发展。

14. 维护核安全。我国历来十分重视核安全，不仅加入了《核安全公约》《不扩散核武器条约》等多个国际条约，也将维护核安全的任务写入《国家安全法》。维护核安全任务主要包括：坚持和平利用核能和核技术，加强核事故应急体系和应急能力建设，不断增强有效应对和防范核威胁、核攻击的能力等。

15. 维护新型领域安全。新型领域安全已经成为当前世界各国维护国家安全新的关注点。立足国家安全未来的需要，国家安全法对外层空间、国际海底区域和极地的国家安全任务作出规定，要求坚持和平探索和利用外层空间、国际海底区域和极地，维护我国在外层空间、国际海底区域和极地的活动、资产和其他利益的安全等。

（五）维护国家安全的职责

据《中华人民共和国国家安全法》，不同责任主体的国家安全职责有所不同。

1. 全国人大及其常委会：决定战争和和平的问题等宪法规定的涉及国家安全的职权；全国人民代表大会常务委员会决定战争状态的宣布，决定全国总动员或者局部动员，决定全国或者个别省、自治区、直辖市进入紧急状态等宪法规定或全国人大授予的涉及国家安全的其他职权。

2. 国家主席：根据全国人民代表大会的决定和全国人民代表大会常务委员会的决定，宣布进入紧急状态或战争状态，发布动员令。

3. 国务院：制定涉及国家安全的行政法规，规定有关行政措施，发布有关决定和命令；实施国家安全法律法规和政策；决定省、自治区、直辖市的范围内部分地区进入紧急状态等宪法法律规定或全国人民代表大会及其常务委员会授予的涉及国家安全的其他职权。

4. 中央军事委员会：负责领导全国武装力量，肩负着巩固国防、抵抗侵略、保卫祖国、保卫人民和为人民服务的神圣使命。

5. 中央国家机关各部门和地方：中央国家机关各部门按照职责分工，贯彻执行国家安全方针政策和法律法规，管理指导本系统、本领域的国家安全工作；地方各级代表大会和县级以上地方各级代表大会常务委员会在本行政区域内，依照法律管理本区域内的国家安全工作，保证国家安全法律法规的遵守和执行。

6. 专门机关（含司法机关）：国家安全机关和公安机关依法搜集情报信息，行使侦查、拘留、预审和执行逮捕以及法律规定的其他职权；法院、检察院依法行使审判权、检察权，依法惩治危害国家安全的犯罪。军事机关依法履行国家安全工作中的职权。

（六）公民、组织的国家安全义务权利

中华人民共和国公民、一切国家机关和武装力量、各政党和各人民团体、企业事业组织和其他社会组织，都有维护国家安全的义务和权利。

1. 公民、组织的国家安全义务。主要包括两个方面：一是一般义务，即遵守宪法、法律法规关于国家安全的有关规定；及时报告危害国家安全活动的线索；如实提供所知悉的涉及危害国家安全活动的证据；为国家安全工作提供便利条件或者其他协助；向国家安全机关、公安机关和有关军事机关提供必要的支持和协助；保守所知悉的国家秘密。二是机关、人民团体、企事业组织和其他社会组织负有教育动员义务和配合有关部门采取相关安全措施的义务。

2. 公民、组织的国家安全权利。一是因支持、协助国家安全工作，本人或者其近亲属的人身安全面临危险的，可以向公安机关、国家安全机关请求予以保护。二是因支持、协助国家安全工作导致财产损失，或者造成人身伤害或者

死亡的，按照国家有关规定给予补偿，或者抚恤优待。三是公民、组织对国家安全工作有向国家机关提出批评建议的权利，对国家机关及其工作人员在国家安全工作中的违法失职行为有提出申诉、控告和检举的权利。

二、反间谍法律制度

1993年，我国公布实施了第一部《国家安全法》，在一定时期内对维护国家安全，防范、制止和打击间谍行为发挥了重要作用。近年来，随着经济社会的发展以及我国的国家安全外延的逐步拓展，反间谍工作也面临着新情况、新任务。为适应国家安全面临的新形势、新任务，2014年11月1日，我国将原《国家安全法》修订为《反间谍法》。

（一）反间谍工作的主管机关与主要职权

国家安全机关是反间谍工作的主管机关，也是预防、制止和惩治危害国家安全和利益，保卫人民民主专政政权的专门机关。依法享有以下职权：

1. 依法行使刑事侦查权。这里的“依法”主要是指依照《刑事诉讼法》第3条“对刑事案件的侦查、拘留、预审、执行逮捕，由公安机关执行”和第4条“国家安全机关依照法律规定，办理危害国家安全的刑事案件，行使与公安机关相同的职权”。国家安全机关的刑事侦查权，包括依法侦查、拘留、预审和执行逮捕。

2. 查验、检查、调查权。国家安全机关在执行任务时，可以查看、验证他人的身份证明，如居民身份证、驾照、护照等，有权向有关组织、人员调查、询问有关情况，对发现身份不明、有危害国家安全行为嫌疑的人员，可以检查其随带物品。

3. 查阅、调阅权。国家安全机关的工作人员在依法执行任务时，经出示相应证件表明身份后，可以进入有关场所、单位；经过批准后，出示相应证件，可以进入限制进入的有关地区、场所、单位，并可以查阅或者调阅有关的档案、资料和物品。

4. 优先通行，征用权（优先使用）。执行紧急任务的情况下，国家安全机关工作人员经出示证件，可以优先乘坐公共交通工具，如飞机、船舶、火车、公共汽车等，遇到交通障碍，优先通行。因反间谍工作需要，按照国家有关规定，可以优先使用或者依法征用机关、团体、企事业组织和个人的交通工具、通信工具、场地和建筑物,必要时,可以设置相关工作场所和设备、设施。

5. 技术侦察权。国家安全机关经过严格的审批手续,可以采取技术侦察措施。

6. 电子查验权。国家安全机关可以查验有关组织和个人的电子通信工具、器材等设备、设施,对发现存在危害国家安全情形的,责令整改,对拒绝整改或者整改后仍不符合要求的,可以予以查封、扣押。

7. 免检权。国家安全机关可以根据工作需要,按照国家有关规定,提请海关、出入境边防检查等机关提供免检等便利,有关机关应当予以协助配合。

8. 查封、扣押、冻结。国家安全机关对用于间谍行为的工具和其他财物,以及用于资助间谍行为的资金、场所、物资,经设区的市级以上国家安全机关负责人批准,可以依法查封、扣押、冻结。

9. 反间谍技术防范检查和检测。国家安全机关根据反间谍工作需要,可以制定反间谍技术防范标准,指导有关部门落实反间谍技术方法措施,对存在隐患的部门,可以进行反间谍技术防范检查和检测。

(二)反间谍工作的基本原则

1. 中央统一领导。该原则明确了反间谍工作是中央事权,体现党的绝对领导这一政治属性。反间谍工作作为隐蔽战线的重要组成部分,从权力层级上看属于“中央事权”(本质是中国共产党的领导),其政治属性必然与隐蔽战线“对党绝对忠诚”的根本宗旨一致。坚持党的领导,是深入开展反间谍斗争最根本的原则。

2. 公秘结合。这是国家安全机关开展隐蔽斗争的重要方法。境外间谍情报机关、敌对势力对我国的各种破坏活动方式多样化,其公开掩护秘密、合法掩护非法的活动手法具有较大欺骗性和隐蔽性。因此,国家安全机关开展反间谍工作,需要针对性地采取公开和秘密“两手”,既需要以国家安全机关为执法主体直接行使相关职权,又需要由公民和组织提供相关便利条件或者其他协助,包括依托有关组织、有关人员协助开展相关工作等;既需要公开执法手段,又需要秘密侦察手段,从而更有效地防范、制止和打击间谍活动。

3. 专群结合。这是国家安全工作的政治优势和制胜法宝。间谍活动是有组织、有计划的活动，反间谍工作必须针锋相对，强化专门工作与群众路线相结合，专门机关与有关部门相结合，在充分发挥国家安全机关主导作用和职能优势前提下，依靠其他有关机关和人民群众的协调配合、有效参与，形成反间谍工作整体合力，才能做好反间谍工作，打好维护国家安全的人民战争。

4. 积极防御。积极防御不仅包括防范、制止境外间谍机构和敌对势力对我国的渗透、颠覆、分裂等活动，还包括维护国家安全、发展利益。要不断提高反间谍斗争技术，提升获取、分析情报能力，将渗透、策反、窃密隐患扼杀在摇篮。

（三）反间谍法规定的主要违法行为

1. 拒绝提供相关情况、证据。有关组织和个人负有提供有关间谍行为情况、证据的义务。行为人主观上明知他人有间谍犯罪行为，当国家安全机关向其调查有关间谍犯罪情况、收集有关证据时，拒绝提供的，由其所在单位或者上级主管部门予以处分，或者由国家安全机关处 15 日以下的行政拘留，构成犯罪的，依法追究刑事责任。

2. 阻碍国家安全机关依法执行任务。维护国家安全是全社会的共同义务，在国家安全机关依法执行反间谍工作任务时，有关组织和个人都应当予以配合。以暴力、威胁方法阻碍国家安全机关依法执行任务的，依法追究刑事责任；故意阻碍国家安全机关依法执行任务，未使用暴力、威胁方法，造成严重结果的，依法追究刑事责任；情节较轻的，由国家安全机关处 15 日以下行政拘留。

3. 泄露反间谍工作国家秘密。任何公民和组织都负有保守所知悉的有关反间谍工作的国家秘密的义务。保密义务人违反保密义务，造成反间谍工作的国家秘密泄露的，由国家安全机关处 15 日以下的行政拘留，构成犯罪的，依法追究刑事责任。

4. 非法持有国家秘密。对非法持有属于国家秘密的文件、资料和其他物品的，国家安全机关可以依法对其人身、物品、住处和其他有关的地方进行搜查，对其非法持有的属于国家秘密的文件、资料和其他物品予以没收。非法持有属于国家秘密的文件、资料和其他物品，构成犯罪的，依法追究刑事责任，尚不构成犯罪的，由国家安全机关予以警告或者处 15 日以下行政拘留。

5. 非法持有、使用专用间谍器材。专用间谍器材是指暗藏式窃听、窃照器材，突发式收发报机、一次性密码本、密写工具，或者用于获取情报的电子监听、截听器材等用于间谍活动特殊需要的设备设施。专用间谍器材由国家安全部按照规定程序进行确认。从维护国家安全、利益出发，我国对专用间谍器材进行严格控制，对非法持有、使用专用间谍器材的，国家安全机关可以对其人身、物品、住处和其他有关地方进行搜查，对非法持有、使用的专用间谍器材予以没收。

三、国家情报法律制度

为规范获取情报的途径、方式和程序，充分保障情报工作，世界各国十分重视情报立法工作。如美国颁布了《情报组织法》《情报法》《反情报和安全促进法》《情报授权法》；俄罗斯以情报体制、情报组织机构和职能、情报信息保密为主要内容，形成了以宪法为依据，以安全法为基础，以若干纲领性文件为内容的情报立法体系；英国《情报法》赋予情报机构监视包括外国外交官在内的个人的权力；法国《情报法》授予情报机构对相关恐怖分子嫌疑人进行电话监听和电子监控的权力。我国总结情报工作经验，立足当前和长远情报工作需要，于 2017 年 6 月 28 日颁布了《国家情报法》。

（一）国家情报工作的任务和原则

我国国家情报工作有如下三大任务：为国家重大决策提供情报参考；为防范和化解危害国家安全的风险提供情报支持；维护国家安全和利益。这三方面既是国家情报工作的任务，也体现了国家情报工作的内涵。

国家情报工作有如下三大原则：坚持公开工作与秘密工作相结合、专门工作与群众路线相结合、分工负责与协作配合相结合的原则。

（二）国家情报工作的体制机制、机构及其职责

我国采取集中统一、分工协作、科学高效的国家情报工作体制。中央国家安全领导机构对国家情报工作实行统一领导，制定国家情报工作方针政策，规划国家情报工作整体发展，建立健全国家情报工作协调机制，统筹协调各领域国家情报工作，研究决定国家情报工作中的重大事项。

我国国家情报工作机构包括国家安全机关、公安机关情报机构和军队情

报机构,各自按照职责分工,相互配合,做好情报工作、开展情报行动。各有关国家机关应当根据各自职能和任务分工,与国家情报工作机构密切配合。

(三)国家情报工作机构的主要职权

1. 情报搜集。国家情报工作机构应当搜集和处理境外机构、组织、个人实施或者指使、资助他人实施的,或者境内外机构、组织、个人相勾结实施的危害中华人民共和国国家安全和利益行为的相关情报,为防范、制止和惩治上述行为提供情报依据或者参考。

2. 合作与交流。国家情报工作机构可以与有关个人、组织建立合作关系,委托开展相关工作,也可以开展对外交流与合作,有权要求有关机关、组织和公民提供必要的支持、协助和配合。

3. 执法保障性职权。国家情报工作机构根据工作需要,经过审批,可以采取技术侦察措施和身份保护措施,可以进入限制进入的有关区域、场所,了解、询问有关情况,可以享受通行便利,优先使用或者依法征用交通工具、通信工具、场地和建筑物,可提请海关、出入境边防检查等机关提供免检等便利。

(四)国家情报工作的主要保障

1. 机构队伍保障。国家情报工作机构在设置、人员、编制、经费、资产方面实行特殊管理、特殊保障,建立适应情报工作需要的人员录用、选调、考核、培训、待遇、退出等管理制度。

2. 科技保障。国家情报工作机构应当适应情报工作需要,提高开展情报工作的能力,要运用科学技术手段,提高对情报信息的鉴别、筛选、综合和研判分析水平。

3. 人身保障。国家对情报工作机构人员、有合作关系的人员及其近亲属的人身安全予以保护;对为国家情报工作作出贡献并需安置的人员给予妥善安置,有关部门及国有企事业单位应予以协助;对因开展国家情报工作或支持、协助和配合国家情报工作而导致伤残或牺牲、死亡的人员给予相应的抚恤优待;对因支持、协助和配合国家情报工作的开展导致财产损失的给予补偿。

4. 任何组织和公民应当依法支持、协助和配合国家情报工作,保守所知悉的国家情报工作秘密。对于阻碍情报工作机构或工作人员依法开展情报工作的或者泄露国家情报工作秘密的,国家情报工作机构可以建议相关单位给予处分或由国家安全机关、公安机关处警告或者15日以下行政拘留;构成犯罪的,依法追究刑事责任。

四、其他重要国家安全法律制度

(一)反恐怖主义法律制度

为防范和打击恐怖主义,世界主要大国都开展反恐怖主义专门立法,如美国1996年《反恐怖主义和有效死刑法》、俄罗斯1998年《反恐怖主义法》、英国2000年《反恐怖主义法》等。当前,我国受国内外复杂因素影响,暴力恐怖势力、宗教极端势力、民族分裂势力以民族、宗教的名义,大肆宣扬、传播恐怖主义、极端主义思想,煽动民族仇恨,鼓吹暴力,反恐怖主义斗争形势十分严峻。2015年12月,我国颁布了《反恐怖主义法》。

1. 相关定义

恐怖主义是指通过暴力、破坏、恐吓等手段,制造社会恐慌、危害公共安全、侵犯人身财产,或者胁迫国家机关、国际组织,以实现其政治、意识形态等目的的主张和行为。

恐怖活动包括但不限于:组织、策划、准备实施、实施造成或者意图造成人员伤亡、重大财产损失、公共设施损坏、社会秩序混乱等严重危害社会的活动;宣扬恐怖主义,煽动实施恐怖活动,或者非法持有宣扬恐怖主义的物品,强制他人在公共场所穿戴宣扬恐怖主义的服饰、标志;组织、领导、参加恐怖活动组织;为恐怖活动组织、恐怖活动人员、实施恐怖活动或者恐怖活动培训提供信息、资金、物资、劳务、技术、场所等支持、协助、便利。

恐怖活动组织和人员的认定方式有:一是由国家反恐怖主义工作领导机构进行行政认定;二是由有管辖权的中级以上人民法院在审判刑事案件过程中对恐怖活动组织和人员进行司法认定。经认定的恐怖组织、人员需要公告的,统一由国家反恐怖主义工作领导机构的办事机构予以公告。

2. 安全防范

第一,基础防范措施。通常包括如下五个方面:

(1)反恐宣传教育。人民群众既是恐怖主义袭击的主要目标,也是反恐的依靠力量。加强反恐宣传教育有利于提高人民群众对恐怖主义的警惕性和应对能力,筑牢反恐的第一道防线。各级政府和有关部门应当组织开展反恐宣传,有关单位应当将预防和应急知识纳入教育培训内容,提高实效性。

(2)高危行业防范。电信业、互联网、物流运营等单位已成为恐怖分子利用进行恐怖活动的高危行业,为此应积极履行:一是协助与管控义务。电信业务经营者、网络服务提供者应当向公安机关、国家安全机关提供技术接口和接密等技术支持与协助,防止含有恐怖主义、极端主义信息的传播,对所发现的涉恐信息及时采取相关措施,并向公安机关或有关部门报告。二是实行安全检验制度。物流运营单位要对客户身份进行查验与登记,对运输、寄递物品进行检查或开封验视。三是电信、互联网、金融等在办理业务或提供服务时,应当对客户身份进行查验,拒绝查验的,不得提供服务。

(3)高危物品防范。反恐工作必须加强对危险物品的安全防范,从源头上切断其实施恐怖活动的物质基础:一是对武器、弹药、管制器具、危险化学品、民用爆炸物品、传染病原体等物品在生产、销售、存储、使用、报废等环节实行严格监控与监督,禁止非法制作、生产、储存、运输、经营、使用以及处置;二是发生丢失或流失的,案发单位应当立即采取控制措施,并向公安机关报告。

(4)融资防范。国务院反洗钱行政主管部门、国务院有关部门、机构依法对反恐融资义务进行监督;审计、财政、税务等部门在对有关单位实施监督检查的过程中,发现资金流入流出涉嫌恐怖主义融资的,应当及时通报公安机关;海关在对进出境人员携带现金和无记名有价证券实施监管的过程中,发现涉嫌恐怖主义融资的,应当立即通报国务院反洗钱行政主管部门和公安机关。

(5)城乡规划防范。地方各级政府在制定、组织实施城乡规划时,应充分考虑反恐工作需要,组织、督促有关建设单位在主要道路、交通枢纽、城市公共区域的重点部位,配备、安装公共安全视频图像信息系统等防范恐怖袭击的技防、物防设备设施。

第二,禁止极端主义。极端主义是恐怖主义的思想基础,必须应对处置极端主义活动:一是公安机关、国家安全机关、网信、电信、金融、教育、宗教等对极端主义具有防范、制止职责的部门对宣扬极端主义,利用极端主义危害公共安全等行为应当及时予以制止,依法追究法律责任。二是对参与恐怖活动、极端主义活动尚不构成犯罪的人员,由公安机关根据不同对象的情况和特点,组织相关部门进行帮扶。三是对恐怖活动罪犯和极端主义罪犯在刑满释放前进行危险性评估,经评估具有社会危险性的,应当向中级法院提出安置教育建议。

第三,重点目标保护。恐怖分子为追求影响扩大化,往往会选择一些能够造成重大人身伤亡、财产损失的目标作为袭击对象。因此,有必要预先有针对性对部分目标制定保护计划,强化有关管理单位的责任,采取有效防范措施。《反恐怖主义法》规定了重点目标管理单位的防范责任,确立了重要岗位人员安全背景审查机制,同时,还对事项单独予以规定,如对大型活动以及大型活动场所、机场、火车站等进行安全检查;对空域、航空器和飞行活动管理的严密防范;在重点国(边)境地段和口岸设置拦阻隔离网、视频图像采集和防越境报警设施。

3. 应对处置

(1)事前:一是在国家层面上针对恐怖事件的规律、特点和危害,分级分类建立健全恐怖事件应对处置预案体系,地方层面上制定相应的应对处置预案。二是成立处置恐怖事件的指挥机构,确定指挥长,实行指挥长负责制。针对跨地区发生的或者特别重大恐怖事件,由国家反恐怖主义工作领导机构负责。

(2)事中:恐怖事件发生后,要立即启动应对处置预案,优先保护直接受到恐怖活动危害、威胁人员的人身安全。根据应对处置的特点和需要,明确应对处置措施,包括组织营救、救治受害人员的救助性措施,封锁现场、查验身份证件等限制性措施,恢复性措施以及组织支援人员参加救援的保障性措施。

同时要严格管控涉恐信息及报道。恐怖事件相关信息统一由省级反恐怖主义工作领导机构统一发布,并禁止任何单位、个人编造、传播、发布恐怖事件信息,新闻媒体未经领导机构批准,不得报道、传播现场应对处置的相关情况。

(3)事后:恐怖事件必然对人民群众的身体、心理健康等造成严重伤害。应对处置结束后,相关部门应当积极开展秩序恢复与重建工作:帮助恢复生活、生产,稳定社会秩序和公众情绪;给予受害人员及其近亲属适当的救助,提供心理、理疗等方面的援助;及时查明原因、经过和结果,依法追究刑事责任;全面分析与评估,提出改进措施。

（二）境外非政府组织境内活动管理法律制度

在全球化的背景下，境外非政府组织在我国的活动越来越频繁，活动领域也越来越广泛。但长期以来，我国并未就境外非政府组织活动管理进行专门立法。部分具有特定政治背景的境外非政府组织利用我国立法的缺失在华从事非法活动，对我国社会稳定和国家安全造成了损害。为将境外非政府组织的活动纳入法治轨道，2016 年 4 月，我国颁布了《境外非政府组织境内活动管理法》。

1. 相关定义

境外非政府组织是指在境外合法成立的基金会、社会团体、智库机构等非营利、非政府的社会组织。该规定明确了境外非政府组织的三个特性，即非营利性、非政治性和非宗教性。境外非政府组织在境内活动应当遵守中国法律，不得从事或者资助营利性活动、政治活动，不得非法从事或者资助宗教活动。

2. 管理体制

我国对境外非政府组织实施双重管理体制，即境外非政府组织开展活动时同时受到登记管理机关和业务主管部门的监督管理。国务院公安部门和省级人民政府公安部门为登记机关，国务院有关部门和单位、省级人民政府有关部门和单位为相应业务主管部门。

3. 监督管理

（1）监督主体。境外非政府组织在境内开展活动，要接受公安机关、有关部门和业务主管单位的监督管理。有关部门包括国家安全、外交外事、财政金融、海关、税务、外国专家等部门和国务院反洗钱行政主管部门。

（2）行政强制措施。具体包括约谈境外非政府组织代表机构的首席代表以及其他负责人；现场检查；询问当事人；查询、复制与封存有关资料；查封和扣押；冻结银行账户；等等。

4. 法律责任

本法规定了公安机关享有对境外非政府组织代表机构、开展临时活动的境外非政府组织或者中方合作单位的违法行为的处罚权，包括警告、责令限期停止活动、没收非法财物和违法所得、吊销登记证书、拘留。同时，对煽动抗拒法律法规实施、非法获取国家秘密等违法行为的境外非政府组织，公安部可以将其列入不受欢迎的名单,不得在中国境内再设立代表机构或开展临时活动。

(三)网络安全法律制度

当前,网络与信息技术迅猛发展,不仅对我国政治、经济、文化、社会、军事等领域发展产生了深刻影响,也在一定程度上改变了人们的社会活动和生活方式。与此同时,网络安全问题日益凸显。长期以来,网络安全管理部门权责不清,监管主体不明,无法解决网络发展带来的问题。2016 年 11 月,我国颁布了《网络安全法》。

1. 网络空间主权制度

网络空间主权是指各国对内享有自主开展网络空间活动、处理网络空间事务,不受他国干涉的权力;对外要尊重他国主权,不得在网络空间从事、纵容、支持危害他国国家安全的活动。互联网是国家重要基础设施,网络安全不仅关乎个人信息安全,也是国家安全的重要组成部门。《网络安全法》在立法目的中明确提出"维护网络空间安全",标志着我国网络空间主权法律制度的正式形成。

2. 网络运营者的安全义务

网络运营者是维护网络安全的关键主体,必须严格落实运营者的责任:一是社会责任,如遵守法律、行政法规,尊重社会公德、商业道德。二是安全保护义务,即运营者要按照网络安全等级保护制度采取立规、技术、加密等措施。三是其他义务,包括要求用户提供真实身份信息,对拒绝提供者不得提供相关服务;制定网络安全事件应急预案,及时处置安全风险;为公安机关、国家安全机关依法维护国家安全和侦察犯罪的活动提供技术支持和协助;等等。

3. 个人信息保护制度

主要包括四个方面的内容:一是确立了网络运营者收集、使用个人信息必须符合合法、正当、必要原则,要求网络运营商收集、使用公民个人信息必须经被收集人同意。不仅包括被收集人知道信息被收集,还包括明知收集、使用信息的目的、方式和范围。二是确立了泄露、损坏、丢失个人信息的告知和报告制度,即网络运营者在发生或者可能发生个人信息泄露、毁损、丢失的情况时应及时告知用户,并向有关主管部门报告。三是公民个人信息的删除权和更正权制度。个人发现网络运营者违反法律、行政法规的规定或者约定收集、使用其个人信息的,有权要求网络运营者删除其个人信息;发现网络运营者收集、存储其个人信息有错误的,有权要求网络运营者予以更正。四是规定了网络安全监督管理机构及其工作人员对公民个人信息、隐私和商业秘密的保密制度等。

4. 关键信息基础设施安全保护制度

(1)范围。关键信息基础设施范围是动态调整的,包括但不限于以下两类:一是公共通信和信息服务、能源、交通、水利、金融、公共服务、电子政务等重要行业和领域;二是其他一旦遭到破坏、丧失功能或者数据泄露,可能严重危害国家安全、国计民生、公共利益的关键信息基础设施。具体范围和安全保护办法由国务院制定。

(2)安全保护。国家以及运营者负有对关键信息基础设施运行安全的保护义务:一是按照国务院规定的职责分工,负责关键信息基础设施安全保护工作的部门分别编制并组织实施本行业、本领域的关键信息基础设施安全规划,指导和监督关键信息基础设施运行的保护工作;国家网信部门统筹协调有关部门对关键信息基础设施的安全保护采取抽查检测评估、应急演练、信息共享、技术支持等措施。二是规定了运营者的 4 项义务,即设置专门安全管理机构和负责人;定期进行网络安全教育、培训及考核;对重要系统和数据进行备份;制定应急预案并演练等安全保护义务。

(3)关键信息数据跨境流通机制。为规范数据跨境流动,我国对关键信息基础设施的运营者在境内运营中收集和产生的个人信息和重要数据的储存地点提出了限制性要求,针对确需向境外提供的,应当按照国家网信部门会同国务院有关部门制定的办法进行安全评估。

第三节　危害国家安全问题典型案例透视

一、间谍的认定及其处理

【典型案例】①黄某,1974 年 7 月出生,四川省自贡人,计算机专业,曾在

① 来源于中央电视台 2016 年 4 月 18 日《焦点访谈》。

某涉密科研单位工作。1997 年 7 月,黄某进入某涉密科研单位工作。其所在的单位承担我国相关高度保密技术的研发工作。黄某罔顾保密规定,经常把经手的“东西”留一份。黄某能力平平,加上工作态度不端正,五年内换了三个部门,但业绩始终靠后。按照单位末位淘汰制规定,他将被解职。

黄某的报复手段竟是将私自存留的国家机密出卖给境外间谍机关。2002 年的一天,他在网上向某境外间谍机关发出这样一段话:军用 XX 机,相关技术参数及工作原理……很快,他便收到了境外间谍机关的答复:收到你给我们的留言,请于 2002 年 6 月某日出境到某国某酒店大堂,到时候就会有人与你接头。按照约定,黄某准时来到东南亚某国某酒店大堂,将 3 份保存在 U 盘里的涉密电子文档拷贝给了对方。再见面时,对方表示黄某提供的资料非常有价值,希望进一步合作,每月工资 5000 美元,还当场支付给了黄某一大笔奖金。

3 个月后,黄某与境外间谍机关人员第二次会面,带去了更多更新的涉密资料;第三次会面,对方来了 5 个人,并对黄某进行了全方位的间谍培训……据统计,黄某前后共和对方见面 21 次,获取间谍经费约 70 万美元。

眼看离职时的“囤货”已经用尽,迫切需要新密源的黄某将黑手伸向了自己的妻子唐某(唐某是另一家涉密单位的资料管理员,经常接触涉密材料)。黄某假装出于对她的关心,提醒她经常备份保密资料以防丢失。唐某听后便将涉密资料刻盘备份,并带回家里保管。黄某趁妻子不在家,将光盘复制。

同时,黄某很快又将姐夫谭某视为猎物。谭某与黄某在同一单位供职,担任总工程师,他习惯将单位的资料拷贝到笔记本电脑上带回家做备份,这让黄某觊觎已久。终于有一天,谭某家中的电脑坏了,叫黄某前来帮他修理,黄某趁其不备,用间谍 U 盘偷偷拷贝了电脑里的保密文档。

离职后,黄某继续利用在原单位关系,窃取同事电脑上的资料,向好友郑某等人打探科研所消息,并利用其窃取科研所内部刊物。而这些材料最后都被黄某卖给了境外间谍机关。十年间,他累计向境外间谍机关提供 15 万余份资料,其中,绝密级国家秘密 90 项,机密级国家秘密 292 项,秘密级国家秘密 1674 项。

2011 年,国家安全机关在掌握黄某的犯罪证据后,对其实施拘留。黄某对犯罪事实供认不讳。最终，黄某因间谍罪被判处死刑；其妻子及姐夫因过失泄露国家机密罪，被分别判处 5 年、3 年有期徒刑。此案告破后，黄某原来就职的单位共有 29 人受到不同程度的处分。

【法律透视】间谍罪是指参加间谍组织或者接受间谍组织及其代理人的任务，或者为敌人指示轰击目标，危害国家安全的行为。黄某不仅参加间谍组织，而且接受并完成了大量的间谍组织任务，危害特别严重、情节特别恶劣，依法被判处死刑。本案不仅让人们看到黄某步入深渊的轨迹，也暴露我国一些涉密单位在保密制度、措施、思想建设等许多方面的漏洞。因此，黄某就职的单位有 29 人受到不同程度的处分。黄某的妻子唐某、姐夫谭某也因“过失泄露国家机密罪”被分别判处 5 年、3 年有期徒刑。

黄某为了泄私愤和满足物质上的欲望，主动向外国间谍机构出卖国家机密，最终被判处死刑。其愚蠢而疯狂的行为，不仅葬送了自己年轻的生命，也毁掉了一个家庭，他的妻子、姐夫也成为罪犯，可谓人间悲剧。更令人无法原谅的是，他对国家多个重要部门造成难以衡量的巨大损失，对国家安全构成严重威胁。本案再次向各个涉密单位敲响警钟，间谍情报机关渗透、策反无处不在，必须严格遵守保密纪律，强化保密措施，堵塞漏洞，防微杜渐，履行反奸防谍主体责任。

二、为境外非法提供国家秘密的认定及其处理

【典型案例】①吴某某，男，31 岁，浙江省镇海县人，原新华通讯社国内新闻编辑部编辑。马某，女，29 岁，四川省武胜县人，原中国健康教育研究所《中国健康教育通讯》杂志社编辑，吴某某之妻。

1992 年 3 月，被告人吴某某与前来北京采访七届人大五次会议新闻的香港《快报》记者梁某某相识。梁某某为了获取党的十四大“报告”稿，唆使吴某某进行搜集。同年 10 月 4 日上午，吴某某利用工作之便，将本单位有关人员内部传阅的江泽民《在中国共产党第十四次全国代表大会上的报告》送审稿（绝密级）私自复印一份，携带回家。当日下午，吴某某指使被告人马某按事

---

① 来源于国家信息中心“国信法律网”。

先约定的地点将该“报告”非法提供给梁某某。尔后，梁某某使用私自安装的传真机将此“报告”全文传回香港《快报》报社。10月5日，香港《快报》全文刊登了这个“报告”。10月21日，梁某某与吴某某、马某在约定地点见面，梁某某付给吴某某人民币外汇兑换券5000元。案发后，吴某某、马某的认罪态度较好，所得的赃款已被查获。

经法院审理判决，吴某某构成为境外非法提供国家秘密罪，判处无期徒刑，剥夺政治权利终身。其共犯马某被判处有期徒刑6年，剥夺政治权利1年。查获的赃款予以没收。

【法律透视】国家秘密是关系国家安全和利益，依照法定程序确定，在一定时间内只限一定范围的人员知悉的事项。国家在履行正常的公共事务管理过程中，必然会产生大量国家秘密或不宜公开的事项，而保守所知悉的国家秘密安全是每个公民应尽的义务，各级领导干部在履行职责过程中或多或少都会接触一些国家秘密，不得非法持有国家秘密，不得非法获取国家秘密，不得泄露国家秘密，更不得为境外非法获取、提供国家秘密，轻者给予党纪政纪处分、行政处罚，重者追究刑事责任。保守国家秘密安全应当成为每一名干部的自觉习惯。本案吴某某、马某均为事业单位工作人员，不仅没有自觉履行保密义务，在境外人员金钱蛊惑下，利令智昏，主动接受任务，利用自身接密条件，非法获取国家秘密，并向境外传递国家秘密资料。其自身沉沦堕落也就罢了，还将亲人拖下水，可见其不顾人伦，不择手段，不仅偏离了国家单位工作人员对国家应有的忠诚，更将妻子作为其“犯罪工具”使用，置亲人于危难，突破了道德底线。

三、颠覆国家政权的认定及其处理

【典型案例】①2012年5月，彭某某在湖南省长沙市创建“两岸牵手”QQ群，宣扬颠覆国家政权思想，发展成员。同年9月，李某某加入，并逐渐成为骨干成员。同年11月，彭某某将“两岸牵手”更名为“围观中国”。在与李某某等人沟通后，彭某某制订了近两万字的“梅花计划”，确立了建立政党、推翻国

① 来源于中国新华社2017年9月11日报道。

家现行政治制度的终极目标，提出以网络为载体，建立覆盖全国的五级架构、2017年达到100万成员的阶段目标。2012年11月23日至25日，彭某某召集史某、叶某（均另案处理）等人在湖北省武汉市开会，确定成员分工，由彭某某任执行经理，李某某任执行副经理。2012年12月初，“围观华南”QQ群成立，李某某先后担任该群的管理员、群主。2013年以后，李某某等相继筹建多个QQ群组，成员最多时达2000余人。彭某某、李某某通过QQ群等撰写并转发诋毁、攻击国家基本政治制度的文章、书籍、视频等，煽动推翻国家现行政治制度。两名被告人利用创建的QQ群，有针对性设定“围观”主题，组织群成员对社会热点事件进行炒作。李某某还多次前往内地城市，参与当地群成员聚会，散布抨击国家政权和社会主义制度的言论，并通过QQ空间、“脸书”、微信等社交网络平台，煽动他人颠覆国家政权，并明确表示不排斥“暴力革命”。

2017年11月28日上午，湖南省岳阳市中级人民法院依法对被告人彭某某、李某某颠覆国家政权案一审公开宣判，认定彭某某、李某某均犯颠覆国家政权罪，判处彭某某有期徒刑7年，剥夺政治权利2年；判处李某某有期徒刑5年，剥夺政治权利2年。彭某某、李某某当庭表示服从判决不上诉。

【法律透视】维护政治安全，首要的是维护政权安全和制度安全，本案首要分子彭某某、积极参加者李某某以颠覆国家政权、推翻社会主义制度为目的，成立非法组织，策划颠覆国家政权的计划、方法、步骤，攻击宪法所确立的制度，严重危害国家政治安全，其行为均已构成颠覆国家政权罪。颠覆国家政权罪属于行为犯，不以国家政权被颠覆的实际危害出现为条件，只要行为人以推翻我国人民民主专政政权和社会主义制度为目的，具体采取了组织、策划、实施等行动，对国家政权和社会主义制度构成了实际危害，即如果按照行为人的计划、行动，正常进行下去，国家政权和社会主义制度被颠覆的结果不可避免。根据彭某某、李某某在颠覆国家政权犯罪中的地位、作用，彭某某系首要分子，李某某系积极参加者。二人到案后，均能如实供述自己的罪行，并当庭认罪、悔罪，依法可以从轻处罚，另外，考虑到彭某某中止犯罪行为，依法应当减轻处罚，遂在10年以下量刑，判处7年有期徒刑。对于危害国家安全的犯罪分子应当附加剥夺政治权利，遂分别剥夺彭某某、李某某政治权利2年。

四、妨碍国家安全机关执行公务的认定及其处理

【典型案例】2015年8月25日晚，某国家安全机关工作人员在侦办一起案件过程中，为获取证据，正在跟踪犯罪嫌疑人进入某市江北区一高档住宅小区开展侦查活动。在小区入口处，国家安全机关工作人员依法向保安人员李某出示了警官证，并按程序告知了工作意图和保密事项，要求对方予以配合。李某当面表示支持，却在工作人员进入小区后，完全无视工作人员告知事项，通过对讲机与另一位保安人员进行通报，要求再次核查工作人员证件。由于对讲机通话音量较大，引起了犯罪嫌疑人的注意，为避免暴露，国家安全机关工作人员随即停止了工作，撤出现场。

为继续完成侦查任务，国家安全机关工作人员与该小区保安部经理张某取得联系，要求其协助我回溯监控视频，掌握嫌疑人具体落脚地点。张某先是以各种理由进行推诿搪塞，拒不协助。后在国家安全机关工作人员告知其法律后果的情况下，又以集团公司有内部文件规定为依据进行对抗、狡辩，整个过程僵持3个多小时，致使办案人员贻误最佳工作时机，使侦查工作陷入被动，给后续工作造成了严重影响。

鉴于张某、李某已构成故意妨碍执行公务行为，该国家安全机关依法对两人实施传唤，进行了国家安全法制教育，并分别处以拘留10日的行政处罚。

【法律透视】本案中，保安部经理张某、保安部人员李某在国家安全机关工作人员明确告知法律后果的情况下，在有义务、有条件、有能力为国家安全工作提供便利和协助的情况下，故意拒绝提供便利条件或者其他协助，采取推诿、延迟等方式加以阻碍，使国家安全机关工作人员被迫停止执行公务，造成严重后果，其行为已构成故意阻碍国家安全机关人员执行公务，依据刑法和反间谍法之规定，可能构成妨害公务罪，判处3年以下有期徒刑。但考虑张某、李某系初犯，主观上因偏执、片面执行单位规章制度，以为执行规章制度也是在执行法律，存在法律认识错误，加之犯错后能积极想办法弥补错误、挽回损失，主观上对抗公权力执法恶性不深，再犯可能性较小，为挽救因幼稚、偏执而误入歧途的张某、李某，综合全案，国家安全机关认定其属情节较轻，依据反间谍法第30条之规定，决定予以行政拘留处罚。

有关媒体统计，仅2015年上半年，某市就有150余人因妨碍执行公务被

各级行政机关处以刑罚或行政处罚。在此,需要提醒所有公民,包括各级领导干部,国家安全机关工作人员在履职的时候,是代表国家运用其合法职权从事公务活动,如果自身、部门利益与执法行为发生冲突,应当积极履行维护国家安全的义务,通过合法合理的方式寻求解决,故意妨碍执行公务,用内部规章作为妨碍执行公务的“挡箭牌”,不仅不利于解决问题,还会为自己招惹麻烦。

【拓展阅读】

1.《中华人民共和国国家安全法》

2.《中华人民共和国反间谍法》

3.《中华人民共和国国家情报法》

4.《中华人民共和国反恐怖主义法》

5.《中华人民共和国境外非政府组织境内活动管理法》

6.《中华人民共和国网络安全法》

7.《习近平关于总体国家安全观论述摘编》

8.《总体国家安全观干部读本》

【思考题】

1. 简述我国法律规定的国家安全概念?

2. 简述法治与国家安全的关系?

3. 简述反间谍工作、国家情报工作坚持的专群结合工作原则?

4. 简述我国法律规定的境外非政府组织概念?

5. 简述我国法律规定的恐怖主义概念?

6. 简述我国个人信息保护制度包括哪些内容?

7. 试论总体国家安全观的内涵是什么?

8. 如何贯彻落实总体国家安全观?

第六章　严格依法行政

【内容导读】 本章主要介绍领导干部应当熟悉的关于行政法、依法行政、法治政府、行政组织法、行政立法法、行政许可法、行政处罚法、行政强制法、国家赔偿法和行政补偿法等的基本知识。本章的重点是，认识行政权、行政法、依法行政和法治政府等概念的基本含义，掌握依法行政的基本要求、行政执法的基本要求、法治政府建设的目标和法治政府建设的举措等，深刻领会推进依法行政，严格规范公正文明执法，建设法治政府的重大意义，从而做到全面提升政府工作人员法治思维和依法行政能力，保障和监督行政权依法有效行使，保护行政相对人的合法权益，维护公共利益和社会秩序。

第一节　依法行政基本知识

一、行政法与规范行政权

（一）什么是行政法

行政法是有关行政的主体及职权、行为及程序、违法及责任和救济关系等法律规范的总称。[①] 行政法一般包括行政主体、行政职权、行政行为、行政程序、行政监督、行政责任和行政救济等内容。行政法虽然没有一部统一的法典，但有众多单行的法律、法规和规章，如行政组织法、公务员法、行政处罚法、行政许可法、行政强制法、行政复议法、行政诉讼法、国家赔偿法、治安管理处罚法、道路交通安全法、政府信息公开条例等，约占我国法律、法规和规章总数

① 参见应松午主编：《行政法与行政诉讼法》，高等教育出版社 2017 年版，第 10 页。

的 80%。因此,行政法是我国法律体系中十分重要的组成部分。

(二)如何规范行政权

行政权是国家权力中最为广泛、直接、经常、主动行使并与行政相对人合法权益时刻相关的公权力。一方面,行政法要发挥行政权的积极作用,保障行政权依法有效行使,以保护行政相对人的合法权益、维护公共利益和社会秩序;另一方面,行政法要克服行政权的消极作用,防止其不作为和乱作为,损害行政相对人的合法权益。因此,作为规范行政权的行政法,其直接目的就是要保障和监督行政权的依法行使,建设法治政府,其最终目的是保护行政相对人的合法权益。如我国行政处罚法、行政许可法、行政强制法、行政诉讼法等第一条立法宗旨都是这一价值的体现。①

二、依法行政与法治政府

(一)依法行政

依法行政,是指行政机关根据法律的规定设立,并依法取得和行使行政权力,并对其行政行为后果承担相应的法律责任。依法行政既是市场经济体制条件下对行政活动的必然要求,也是国家政治、经济、文化、社会及法治建设发展到一定阶段的必然产物。

改革开放以来,"依法行政"这一概念最早出现在 1993 年 3 月 15 日八届全国人大一次会议通过的《政府工作报告》中:"各级政府都要依法行政,严格依法办事。一切公职人员都要带头学法、懂法,做执法守法的模范。"这是政府文件第一次提出"依法行政"。1993 年 11 月 14 日党的十四届三中全会通过的《中共中央关于建立社会主义市场经济体制若干问题的决定》明确提出:"各级政府机关都要依法行政、依法办事。"这是党的文件第一次提出"依法行政"。

之后,这一概念频频地出现于党和政府的文件及法律之中。比如,1997 年,党的十五大确立了"依法治国、建设社会主义法治国家"的基本方略,要求

---

① 如《中华人民共和国行政处罚法》第一条:"为了规范行政处罚的设定和实施,保障和监督行政机关有效实施行政管理,维护公共利益和社会秩序,保护公民、法人或者其他组织的合法权益,根据宪法,制定本法。"

“一切政府机关都必须依法行政”。1999 年 11 月,国务院召开首次全国依法行政工作会议,会后首次发布了以“依法行政”为题的文件,即《国务院关于全面推进依法行政的决定》(国发〔1999〕23 号)。该决定要求:“全面推进依法行政,从严治政,建设廉洁、勤政、务实、高效政府。”

2002 年,党的十六大把“发展社会主义民主政治,建设社会主义政治文明”作为全面建设小康社会的重要目标之一,要求“全面推进依法行政,建设法治政府”。2004 年,国务院发布了《关于全面推进依法行政实施纲要》(国发〔2004〕10 号)。2008 年,鉴于市县政府依法行政是建设法治政府的重要基础,国务院发布了《关于加强市县政府依法行政的决定》(国发〔2008〕17 号)。2010 年,国务院发布了《关于加强法治政府建设的意见》(国发〔2010〕33 号)。为深入贯彻落实依法治国基本方略,全面推进依法行政,进一步加强法治政府建设,从提高行政机关工作人员特别是领导干部依法行政的意识和能力、加强和改进制度建设、坚持依法科学民主决策、严格规范公正文明执法、全面推进政务公开、强化行政监督和问责、依法化解社会矛盾纠纷、加强组织领导和督促检查等八个方面提出了加强法治政府建设的举措。

党的十八大以来,“依法行政”这一语词几乎出现在党和政府的每一个重要文件之中。比如,2012 年党的十八大报告提出,要“推进依法行政,切实做到严格规范公正文明执法”。2013 年,党的十八届三中全会决定首次提出要建设“法治中国”,并指出:“建设法治中国,必须坚持依法治国、依法执政、依法行政共同推进,坚持法治国家、法治政府、法治社会一体建设。”2014 年,党的十八届四中全会决定提出:“深入推进依法行政,加快建设法治政府。”

2015 年,中共中央、国务院印发《法治政府建设实施纲要(2015—2020年)》指出:“党的十八大把法治政府基本建成确立为到 2020 年全面建成小康社会的重要目标之一,意义重大、影响深远、任务艰巨。为深入推进依法行政,加快建设法治政府,如期实现法治政府基本建成的奋斗目标,针对当前法治政府建设实际,制定本纲要。”2017 年,党的十九大报告提出,要“建设法治政府,推进依法行政,严格规范公正文明执法”。

(二)法治政府

法治政府,就是按照法治的原则和规定运行的政府,政府的一切权力来源、权力运行和政府的行为都受法律规范和监督。建设“法治国家”的关键是建设“法治政府”,建设“法治政府”的关键是“依法行政”,这已成为人们的共识。因此,依法行政的目的就是要建设法治政府,进而建设法治国家、法治社会、法治中国。

2004 年,国务院发布的《关于全面推进依法行政实施纲要》首次提出“法治政府”一词,并提出经过十年左右坚持不懈的努力,基本实现建设法治政府的目标。2007 年,党的十七大报告提出“法治政府建设取得新成效”的要求。2010 年 10 月,国务院发布了《关于加强法治政府建设的意见》(国发〔2010〕33 号)。2012 年,党的十八大报告提出:“到 2020 年,依法治国基本方略全面落实,法治政府基本建成,司法公信力不断提高,人权得到切实尊重和保障。深入推进政企分开、政资分开、政事分开、政社分开,建设职能科学、结构优化、廉洁高效、人民满意的服务型政府。”2013 年,党的十八届三中全会决定提出:“必须切实转变政府职能,深化行政体制改革,创新行政管理方式,增强政府公信力和执行力,建设法治政府和服务型政府。”2014 年,党的十八届四中全会决定提出:“加快建设职能科学、权责法定、执法严明、公开公正、廉洁高效、守法诚信的法治政府。”

2015 年,中共中央、国务院印发《法治政府建设实施纲要(2015—2020 年)》,这是我国第一个法治政府建设五年计划,也是第一份中共中央和国务院联合发布的有关法治政府建设的中央文件,标志着我国法治政府建设事业进入了一个新阶段。提出法治政府建设的总体目标就是经过坚持不懈的努力,到 2020 年基本建成职能科学、权责法定、执法严明、公开公正、廉洁高效、守法诚信的法治政府。进而提出了法治政府建设的七项标准和七大举措。

2017 年,党的十九大报告提出,到 2035 年,法治国家、法治政府、法治社会基本建成,各方面制度更加完善,国家治理体系和治理能力现代化基本实现。

三、依法行政的基本要求

根据《国务院关于全面推进依法行政实施纲要》的规定,依法行政的基本要求是:合法行政、合理行政、程序正当、高效便民、诚实守信、权责统一。《法治政府建设实施纲要（2015—2020年）》指出："政府工作人员特别是领导干部牢固树立宪法法律至上、法律面前人人平等、权由法定、权依法使等基本法治理念，恪守合法行政、合理行政、程序正当、高效便民、诚实守信、权责统一等依法行政基本要求，做尊法学法守法用法的模范，法治思维和依法行政能力明显提高，在法治轨道上全面推进政府各项工作。"

（一）合法行政

合法行政，是指一切行政行为都必须以法律、法规和规章为依据，履行法定职责，越权行为无效，违法行政应承担相应的法律责任。

合法行政的要求是：（1）行政行为应当依照法律、法规、规章的规定进行。即管制行政或者负担行政必须坚持法定职责必须为、法无授权不可为，既不能不作为，又不能乱作为。做到职权法定、依法行使、法律优先、法律保留，严格、规范、公正、文明执法。如行政处罚、行政强制、行政征收等。（2）没有法律、法规、规章的规定，行政机关不得作出影响公民、法人和其他组织合法权益或者增加公民、法人和其他组织义务的行为。即服务行政或者授益行政如果没有法律、法规、规章的规定，行政机关可以作出不影响公民、法人和其他组织合法权益或者不增加公民、法人和其他组织义务的行为。如行政指导、行政调解、行政救助等。

（二）合理行政

合理行政，是指行政行为应当公平公正、符合情理。它是约束和评价行政裁量权行使的实质法治的基本原则，其目的是防止行政裁量权滥用，并弥补法律宽泛授权所带来的法律漏洞。合法行政是合理行政的前提和基础；合理行政是合法行政的补充和深化，是实质法治的要求。违反合法性原则将导致行政违法，违反合理性原则会导致行政不当。

合理行政的要求是：（1）相同情况同等对待，即公平、公正行政；平等对待行政相对人，不偏私、不歧视。（2）考虑相关因素，正当行使行政裁量权。行政裁量权，是指行政机关根据法律规范设定的范围、限度、标准或者原则，综合考虑当事人违法行为的事实、性质、情节以及社会危害程度等因素，针对一定事项作出处理决定的权力。（3）行政行为应建立在正当考虑的基础上，要有正当的动机。行政行为不得违背社会公平正义观念或法律精神价值，不得存在法律动机以外的目的或追求。(4)符合行政比例,即"比例性原则"。是指行政所采取的措施和手段应当必要、适当;如果可以采用多种方式实现行政目的,就应当避免采用损害当事人权益的方式或者尽量将损失降低到最小程度。

(三)程序正当

程序正当或者正当程序,是指公权力对人们采取的任何有不良影响的措施,必须根据最低限度的公正要求,按照已经确立的程序上的方式、步骤、顺序、时限和惯例行使,不得擅断枉处。正当程序是现代法治的一条重要原则,通过正当程序达到法律的至信、至尊、至上,从而实现法律权威和权益保障。

正当程序的要求是:(1)行政公开。行政机关实施行政行为,除涉及国家秘密和依法受到保护的商业秘密、个人隐私外,应当公开。(2)平等参与。依法保障行政相对人的陈述权、申辩权、听证权、知情权、参与权和救济权。(3)遵循法定程序。如回避、说明理由、告知、听证、送达、催告、时限等法定程序。

(四)高效便民

高效便民,是指行政行为应当遵守法定时限,积极履行法定职责,提高办事效率,提供优质服务,方便行政相对人。其要求是:(1)遵守法定时限;(2)积极履行法定职责;(3)提高行政效率;(4)提供优质服务;(5)方便行政相对人。

(五)诚实守信

诚实守信,是指行政机关要信守承诺、信赖利益保护。其要求是:(1)法律不溯及既往。即不能用当前制定的法律去规范人们过去的行为,更不能由于人们过去从事了某些当时合法但现在看来却违法的行为而依照当前的法律处理他们。"法律不溯及既往"这一原则限制了行政权力的扩张与滥用,维护了社会秩序的稳定,保护着人们期待的信赖利益。(2)执法真实准确。行政机关公布的信息应当全面、准确、真实;执法应当动机正当、意思真实诚信。(3)政务信守承诺。行政机关必须诚实守信,率先垂范。(4)信赖利益保护。非因法定事由并经法定程序,行政机关不得撤销、变更已经生效的行政行为;因国家利益、公共利益或者其他法定事由需要撤回或者变更行政行为的,应当依照法定权限和程序进行,并对行政相对人因此而受到的财产损失依法予以补偿。违法的则依法予以赔偿。

（六）权责统一

权责统一，是指行政机关既有职权也有职责，职权和职责具有一致性。其要求是：（1）依法履行行政职责。行政机关依法履行经济、社会和文化等事务的行政职责，要有法律、法规赋予其相应的执法手段。（2）违法或者不当行使职权，应当依法承担法律责任，实现权力和责任的统一。（3）依法做到执法有保障、有权必有责、用权受监督、违法受追究、侵权须赔偿。

四、法治政府建设的目标

对于法治政府建设的目标，党和政府的很多文件都有所论述。比如，党的十八大报告提出："深入推进政企分开、政资分开、政事分开、政社分开，建设职能科学、结构优化、廉洁高效、人民满意的服务型政府。"党的十八届三中全会决定提出："科学的宏观调控，有效的政府治理，是发挥社会主义市场经济体制优势的内在要求。必须切实转变政府职能，深化行政体制改革，创新行政管理方式，增强政府公信力和执行力，建设法治政府和服务型政府。"党的十八届四中全会决定提出："加快建设职能科学、权责法定、执法严明、公开公正、廉洁高效、守法诚信的法治政府。"

《法治政府建设实施纲要（2015—2020年）》以上述文件为基础，提出法治政府建设的总体目标就是经过坚持不懈的努力，到2020年基本建成职能科学、权责法定、执法严明、公开公正、廉洁高效、守法诚信的法治政府。

党的十九大报告提出："从2020年到2035年，在全面建成小康社会的基础上，再奋斗15年，基本实现社会主义现代化。"到那时，"法治国家、法治政府、法治社会基本建成，各方面制度更加完善，国家治理体系和治理能力现代化基本实现。"

五、法治政府建设的举措

法治政府建设是否基本建成的衡量标准是：政府职能依法全面履行，依法行政制度体系完备，行政决策科学民主合法，宪法法律严格公正实施，行政权力规范透明运行，人民权益切实有效保障，依法行政能力普遍提高。为此，法治政府建设的具体举措是：

（一）依法全面履行政府职能

1. 依法全面履行政府职能的目标。牢固树立创新、协调、绿色、开放、共享的发展理念，坚持政企分开、政资分开、政事分开、政社分开，简政放权、放管结合、优化服务，政府与市场、政府与社会的关系基本理顺，政府职能切实转变，宏观调控、市场监管、社会管理、公共服务、环境保护等职责依法全面履行。

2.依法全面履行政府职能的措施。（1）深化行政审批制度改革。（2）大力推行权力清单、责任清单、负面清单制度并实行动态管理。（3）优化政府组织结构。（4）完善宏观调控。（5）加强市场监管。（6）创新社会治理。（7）优化公共服务。（8）强化生态环境保护。

（二）完善依法行政制度体系

1. 完善依法行政制度体系的目标。提高政府立法质量，构建系统完备、科学规范、运行有效的依法行政制度体系，使政府管理各方面制度更加成熟更加定型，为建设社会主义市场经济、民主政治、先进文化、和谐社会、生态文明，促进人的全面发展，提供有力制度保障。

2.完善依法行政制度体系的措施。（1）完善政府立法体制机制。（2）加强重点领域政府立法。（3）提高政府立法公众参与度。（4）加强规范性文件监督管理。（5）建立行政法规、规章和规范性文件清理长效机制。

（三）推进行政决策科学化、民主化、法治化

1. 推进行政决策科学化、民主化、法治化的目标。行政决策制度科学、程序正当、过程公开、责任明确，决策法定程序严格落实，决策质量显著提高，决策效率切实保证，违法决策、不当决策、拖延决策明显减少并得到及时纠正，行政决策公信力和执行力大幅提升。

2. 推进行政决策科学化、民主化、法治化的措施。（1）健全依法决策机制。（2）增强公众参与实效。（3）提高专家论证和风险评估质量。（4）加强合法性审查。（5）坚持集体讨论决定。（6）严格决策责任追究。

（四）坚持严格规范公正文明执法

1. 坚持严格规范公正文明执法的目标。权责统一、权威高效的行政执法体制建立健全，法律法规规章得到严格实施，各类违法行为得到及时查处和制裁，公民、法人和其他组织的合法权益得到切实保障，经济社会秩序得到有效

维护，行政违法或不当行为明显减少，对行政执法的社会满意度显著提高。

2. 坚持严格规范公正文明执法的措施。(1)改革行政执法体制。(2)完善行政执法程序。(3)创新行政执法方式。(4)全面落实行政执法责任制。(5)健全行政执法人员管理制度。(6)加强行政执法保障。

(五)强化对行政权力的制约和监督

1. 强化对行政权力的制约和监督目标。科学有效的行政权力运行制约和监督体系基本形成，惩治和预防腐败体系进一步健全，各方面监督形成合力，人民群众的知情权、参与权、表达权、监督权得到切实保障，损害公民、法人和其他组织合法权益的违法行政行为得到及时纠正，违法行政责任人依法依纪受到严肃追究。

2. 强化对行政权力的制约和监督的措施。(1)健全行政权力运行制约和监督体系。(2)自觉接受党内监督、人大监督、民主监督、司法监督。(3)加强行政监督和审计监督。(4)完善社会监督和舆论监督机制。(5)全面推进政务公开。(6)完善纠错问责机制。

(六)依法有效化解社会矛盾纠纷

1. 依法有效化解社会矛盾纠纷的目标。公民、法人和其他组织的合法权益得到切实维护，公正、高效、便捷、成本低廉的多元化矛盾纠纷解决机制全面形成，行政机关在预防、解决行政争议和民事纠纷中的作用充分发挥，通过法定渠道解决矛盾纠纷的比率大幅提升。

2. 依法有效化解社会矛盾纠纷的措施。(1)健全依法化解纠纷机制。(2)加强行政复议工作。(3)完善行政调解、行政裁决、仲裁制度。(4)加强人民调解工作。(5)改革信访工作制度。

(七)全面提高政府工作人员法治思维和依法行政能力

1. 全面提高政府工作人员法治思维和依法行政能力目标。政府工作人员特别是领导干部牢固树立宪法法律至上、法律面前人人平等、权由法定、权依法使等基本法治理念，恪守合法行政、合理行政、程序正当、高效便民、诚实守信、权责统一等依法行政基本要求，做尊法学法守法用法的模范，法治思维和依法行政能力明显提高，在法治轨道上全面推进政府各项工作。

2. 全面提高政府工作人员法治思维和依法行政能力的措施。(1)树立重视法治素养和法治能力的用人导向。(2)加强对政府工作人员的法治教育培训。(3)完善政府工作人员法治能力考查测试制度。(4)注重通过法治实践提高政府工作人员法治思维和依法行政能力。

第二节 依法行政主要规范解读

一、行政组织法律制度

(一)行政组织法

行政组织法是指调整和规范公共行政组织的法律。公共行政组织是指承担公共行政事务、行使行政权力或者履行公共职能的组织。由行政机关和其他社会组织构成。[①] 广义的行政组织法包括行政机关组织法、行政编制法、公务员法和其他社会组织法。

我国现行行政组织法的渊源主要有《宪法》中关于国务院的法律地位、国务院的组成、国务院的任期和国务院的职权,地方各级人民政府的组织和职权等;《国务院组织法》《地方各级人民代表大会和地方各级人民政府组织法》《民族区域自治法》《居民委员会组织法》《村民委员会组织法》《公务员法》《国务院行政机构设置和编制管理条例》《地方各级政府机构设置和编制管理条例》《社会团体登记管理条例》《民办非企业单位登记管理暂行条例》《基金会管理条例》《公安机关组织管理条例》等等。

(二)完善行政组织法

党的十八届三中全会决定指出:"优化政府机构设置、职能配置、工作流程,完善决策权、执行权、监督权既相互制约又相互协调的行政运行机制。""统筹党政群机构改革,理顺部门职责关系。积极稳妥实施大部门制。优化行政区划设置,有条件的地方探索推进省直接管理县(市)体制改革。严格控制机构编制,严格按规定职数配备领导干部,减少机构数量和领导职数,严格控制财政供养人员总量。推进机构编制管理科学化、规范化、法制化。""规范各级党政主要领导干部职责权限,科学配置党政部门及内设机构权力和职能,

① 应松年主编:《行政法与行政诉讼法》,高等教育出版社2017年版,第53页。

明确职责定位和工作任务。”

党的十八届四中全会决定指出：“完善行政组织和行政程序法律制度，推进机构、职能、权限、程序、责任法定化。”“推进各级政府事权规范化、法律化，完善不同层级政府特别是中央和地方政府事权法律制度，强化中央政府宏观管理、制度设定职责和必要的执法权，强化省级政府统筹推进区域内基本公共服务均等化职责，强化市县政府执行职责。”

党的十九大报告指出：“统筹考虑各类机构设置，科学配置党政部门及内设机构权力、明确职责。统筹使用各类编制资源，形成科学合理的管理体制，完善国家机构组织法。转变政府职能，深化简政放权，创新监管方式，增强政府公信力和执行力，建设人民满意的服务型政府。赋予省级及以下政府更多自主权。在省市县对职能相近的党政机关探索合并设立或合署办公。深化事业单位改革，强化公益属性，推进政事分开、事企分开、管办分离。”

2018 年 2 月，党的十九届三中全会通过的《中共中央关于深化党和国家机构改革的决定》指出：“要依法管理各类组织机构，加快推进机构、职能、权限、程序、责任法定化。”“研究制定机构编制法。增强‘三定’规定严肃性和权威性，完善党政部门机构设置、职能配置、人员编制规定。”“严格执行机构编制管理法律法规和党内法规，坚决查处各类违纪违法行为，严肃追责问责。”

同时，党的十九届三中全会还通过了《深化党和国家机构改革方案》。2018 年 3 月，第十三届全国人民代表大会第一次会议通过了《国务院机构改革方案》。以构建系统完备、科学规范、运行高效的党和国家机构职能体系，形成总揽全局、协调各方的党的领导体系，职责明确、依法行政的政府治理体系，全面提高国家治理能力和治理水平。

完善行政组织法和制定行政编制法，既使国家机构改革有法可依，规范化、法律化，又使国家机构改革成果固定化、法定化。

二、行政立法法律制度

（一）行政法规和规章

行政立法是指行政机关制定行政法规和规章的行为。在我国，国务院有权根据宪法和法律，制定行政法规；国务院各部、委员会、中国人民银行、审计署和具有行政管理职能的直属机构,可以根据法律和国务院的行政法规、决定、命令,在本部门的权限范围内,制定规章;省、自治区、直辖市和设区的市、自治州的人民政府,可以根据法律、行政法规和本省、自治区、直辖市的地方性法规,制定规章。行政法规和规章制定的依据是《立法法》《行政法规制定程序条例》和《规章制定程序条例》等。

行政法规和规章属于法的范畴,是行政执法的依据。行政审判要依据行政法规,适用合法有效的规章,不合法的规章则不予适用。

(二)行政规范性文件

行政规范性文件是指行政机关和法律、法规、规章授权的组织依照法定权限和程序制定的,涉及公民、法人或者其他组织权利义务,具有普遍约束力,可以反复适用的除政府规章外的公文。

行政规范性文件不属于法的范畴,不得与上位法和上位文件相抵触,因此,行政机关要依法制定和适用行政规范性文件。否则,行政相对人认为规范性文件不合法,在对行政行为提起行政诉讼时,可以一并请求人民法院对该规范性文件进行审查。人民法院经审查认为行政行为所依据的规范性文件合法的,应当作为认定行政行为合法的依据;经审查认为规范性文件不合法的,不作为人民法院认定行政行为合法的依据,并在裁判理由中予以阐明。作出生效裁判的人民法院应当向规范性文件的制定机关提出处理建议,并可以抄送制定机关的同级人民政府、上一级行政机关、监察机关以及规范性文件的备案机关。规范性文件不合法的,人民法院可以在裁判生效之日起 3 个月内,向规范性文件制定机关提出修改或者废止该规范性文件的司法建议。规范性文件由多个部门联合制定的,人民法院可以向该规范性文件的主办机关或者共同上一级行政机关发送司法建议。接收司法建议的行政机关应当在收到司法建议之日起 60 日内予以书面答复。情况紧急的,人民法院可以建议制定机关或者其上一级行政机关立即停止执行该规范性文件。

2018 年 5 月 16 日,国务院办公厅发布《关于加强行政规范性文件制定和监督管理工作的通知》(国办发〔2018〕37 号),指出行政机关乱发文、出台“奇葩”文件的现象还不同程度地存在,侵犯了公民、法人和其他组织的合法权益,损害了政府公信力。因此,要求严禁越权发文,严控发文数量,严格制发程序，认真评估论证，广泛征求意见，严格审核把关，坚持集体审议，及时公开发布，健全责任机制，强化备案监督，加强督查考核等。

三、行政处罚法律制度

（一）行政处罚法的成就

《行政处罚法》于1996年3月17日由全国人大常委会通过，自1996年10月1日起施行。该法针对当时存在的“乱处罚”作了许多制度上的创新，规范了行政处罚行为，极大地推进了我国依法行政、法治政府建设的进程。

该法实施以来，对规范“乱处罚”成效显著。其首创的处罚设定制度、处罚法定制度、相对集中行政处罚权制度、处罚告知制度、处罚听证制度、处罚时效制度、处罚简易程序和一般程序制度、重大行政处罚案件集体讨论制度、证据先行登记保存制度、罚缴分离制度、罚没财物管理制度、行政案件涉及犯罪案件移送制度等，以及实践中创新的行政处罚裁量基准制度、行政处罚决定法制审核制度、重大行政处罚报备制度、处罚过程全程记录制度、行政处罚权力网上公开透明运行制度、行政指导与行政处罚相结合制度、说理式处罚决定书制度等，都得到了较好的执行，实施效果较好。

（二）行政处罚法的问题

1.滥施处罚时有存在。主要表现为：（1）处罚理念和处罚目的仍然存在偏差，对处罚权没有正确的认识，将公权力私有化，搞权钱交易。（2）将罚款变成行政执法目的，对不应罚款、没有规定罚款或者不具有罚款条件的案件予以罚款。（3）下达罚款指标，并将指标完成情况作为工作考核的重要依据。（4）仍习惯于用传统行政管理手段处理问题，重罚没款，忽视综合运用其他行政处罚种类查纠违法行为。（5）对同一类别的案件，不遵守裁量基准，随意性大，同案不同罚，行政处罚显失公正。（6）在实施行政处罚过程中选择性执法，行政处罚显失公平。（7）既存在作为违法，也存在不作为违法。

2.处罚力度仍有不足。部分执法部门行政处罚不作为，办理的行政处罚案件数量极少，与其处罚职能不相适应；法定的处罚力度没有落到实处，有“牙齿”的法律成为一纸空文，违法成本太低，处罚震慑力太弱。

3.执法能力有待提升。部分执法人员乃至负责人的行政处罚理论功底、法律知识和实务操作能力偏低，与岗位的要求不相适应；执法人员编制偏少，年龄结构不合理，难以完全履行法律授予的行政处罚职能，以致监管不到位。

4.处罚程序仍不规范。(1)现场检查、调查取证时没有出示执法证件、表明身份的记录；未注明证据来源和日期，无提取人和被提取人签名或盖章。(2)对当事人身份证件、营业执照等一些应当提取的材料没有提取；拍照取证的材料中没有拍摄时间、地点、拍摄人、拍摄内容等信息。(3)询问、告知笔录没有行政执法人员签字确认，询问笔录中改动部分未经当事人签字或者捺手印；证据材料中有留白。(4)作出重大行政处罚决定时，未经集体讨论或参加讨论人员未签名，讨论记录过于简单且无具体适用法条的意见，甚至以文件会签代替集体讨论记录。(5)未履行行政处罚事先告知程序，或行政处罚事先告知书与行政处罚决定书同一天作出。(6)对违法行为的构成要件、因果关系等陈述不清楚，特别是对有裁量幅度的行政处罚，未说明理由和依据。(7)没有对当事人是否放弃陈述申辩或听证予以说明，对当事人陈述申辩或听证的过程、结论和行政处罚机关是否采纳未详细阐述。(8)行政处罚决定中引用法律依据内容不完整。(9)代收罚款后未见上缴国库凭证，对当事人的违法行为未采取责令改正措施，对改正违法情况未进行复查和记载。(10)案卷材料中承办人、领导人签署意见栏仅有打印姓名，没有签字。(11)未按档案管理要求进行装订和归档，案卷封皮制作、目录填写、文书顺序、页码编写、案卷装订存在不规范。

(三)行政处罚法的适用

1.坚持行政处罚的基本原则。坚持处罚法定、公正、公平、公开，处罚与教育相结合，保障行政相对人合法权益(如陈述权、申辩权、复议权、诉讼权、赔偿权)等原则。

2.行政指导与行政处罚融合。改进行政执法(处罚)方式，将行政指导融入具体的行政处罚工作，将行政指导细化，做到处罚与教育相结合，实现行政处罚行为的法律效果、社会效果，为社会提供良好的法治环境。推广运用说服教育、劝导示范、行政指导、行政奖励等非强制性执法手段。健全公民和组织守法信用记录，完善守法诚信褒奖机制和违法失信行为惩戒机制。

3.行政处罚与刑事处罚无缝衔接。健全行政执法和刑事司法衔接机制，完善案件移送标准和程序，建立行政执法机关、公安机关、监察机关、检察机关、审判机关信息共享、案情通报、案件移送制度，坚决克服有案不移、有案难移、以罚代刑现象，实现行政处罚和刑事处罚无缝对接。

4.制作说理式行政处罚决定书。在行政处罚文书中，对事实进行详细叙述，并运用证据加以证明，正确引用法律条文并阐明适用法律的理由。变简单粗略的格式法律文书为叙事、说法、论理相统一的说理式法律文书，使文书内容客观、翔实、准确、完整地反映处罚决定形成的全过程。通过说理释法、说理论证，全面反映执法的程序和内容，实现效能执法、和谐执法。

四、行政许可法律制度

（一）行政许可与行政审批

《行政许可法》于 2003 年 8 月 27 日全国人大常委会通过，自 2004 年 7 月 1 日起施行。行政许可是指行政机关根据公民、法人或者其他组织的申请，经依法审查，准予其从事特定活动的行为。是各级行政机关在依法管理经济社会事务过程中对公民、法人或其他组织的活动实行事前控制的一种手段。行政许可是一个依申请的外部行政行为。

广义的行政审批包括外部的行政许可和内部的行政审批。狭义的行政审批是指政府内部管理事务事项的审批。但是，目前非行政许可审批事项太多，其中既有属于政府内部管理事务的审批事项，还有以非行政许可审批名义变相设定的面向公民、法人或其他组织的行政许可的外部审批事项。有的行政机关往往以非行政许可审批之名，规避适用行政许可法。

（二）行政审批存在的问题

目前，我国的行政审批领域还不同程度地存在下列问题：(1)审批设定不严，对非行政许可审批项目，管理不规范，随意性大。一些部门和地区利用“红头文件”、规章等，以登记、备案、年检、监制、认定、认证、审定以及准销证、准运证等形式，变相设置审批事项。(2)许可程序不规范。一些审批事项的程序仍然烦琐、冗长、办事效率低下。行政许可法规定的程序执行不到位。(3)重审批轻监管。

（三）行政审批制度改革

1. 严格行政许可设定标准。严格行政许可设定，是深化行政审批制度改革、推进政府职能转变的必然要求。由于设定行政许可对人民群众生产、生活影响很大，因此，必须从严控制。起草法律草案、行政法规草案一般不应新设行政许可，确需新设的，必须严格遵守行政许可法的规定，严格设定标准。《国务院关于严格控制新设行政许可的通知》（国发〔2013〕39 号）对此作了详细规定。

2. 取消、减少或者下放行政审批事项。全面清理行政审批事项，全部取消非行政许可审批事项。最大程度减少对生产经营活动的许可，最大限度缩小投资项目审批、核准的范围，最大幅度减少对各类机构及其活动的认定。取消不符合行政许可法规定的资质资格准入许可，建立国家职业资格目录清单管理制度。直接面向基层、量大面广、由地方实施更方便有效的行政审批事项，一律下放地方和基层管理。加大取消和下放束缚企业生产经营、影响群众就业创业行政许可事项的力度，做好已取消和下放行政审批事项的落实和衔接。严格控制新设行政许可，加强合法性、必要性、合理性审查论证。对增加企业和公民负担的证照进行清理规范。对保留的行政审批事项，探索目录化、编码化管理，全面推行一个窗口办理、并联办理、限时办理、规范办理、透明办理、网上办理，提高行政效能，激发社会活力。

五、行政强制法律制度

（一）依法实施行政强制

《行政强制法》于 2011 年 6 月 30 日全国人大常委会通过，自 2012 年 1 月 1 日起施行。实践中，行政强制存在“乱”和“滥”的问题，也存在“软”的问题。《行政强制法》的立法目的就是：(1) 规范行政强制的设定和实施。(2) 保障和监督行政机关依法履行职责，维护公共利益和社会秩序。(3) 保护公民、法人和其他组织的合法权益。规范行政强制的“乱”“滥”“软”等问题，其根本目的是保护公民、法人和其他组织的合法权益。

（二）行政强制的基本原则

1. 合法强制原则。行政强制的设定和实施，应当依照法定的权限、范围、条件和程序。

2. 适当强制原则。行政强制的设定和实施，应当适当。采用非强制手段可以达到行政管理目的的，不得设定和实施行政强制。违法行为情节显著轻微或者没有明显社会危害的，可以不采取行政强制措施。

3. 教育与强制相结合原则。实施行政强制，应当坚持教育与强制相结合。只要能通过教育促使行政相对人自觉履行了义务，行政机关就不应实施行政强制。

4. 禁止谋利原则。行政机关及其工作人员不得利用行政强制权为单位或者个人谋取利益。

5. 权利救济原则。公民、法人或者其他组织对行政机关实施行政强制，享有陈述权、申辩权；有权依法申请行政复议或者提起行政诉讼；因行政机关违法实施行政强制受到损害的，有权依法要求赔偿。因人民法院在强制执行中有违法行为或者扩大强制执行范围受到损害的，有权依法要求赔偿。

（三）行政强制措施程序

行政强制措施，是指行政机关在行政管理过程中，为制止违法行为、防止证据损毁、避免危害发生、控制危险扩大等情形，依法对公民的人身自由实施暂时性限制，或者对公民、法人或者其他组织的财物实施暂时性控制的行为。

1. 实施行政强制措施的一般程序

包括：(1)实施前须向行政机关负责人报告并经批准；(2)由两名以上行政执法人员实施；(3)出示执法身份证件；(4)通知当事人到场；(5)当场告知当事人采取行政强制措施的理由、依据以及当事人依法享有的权利、救济途径；(6)听取当事人的陈述和申辩；(7)制作现场笔录；(8)现场笔录由当事人和行政执法人员签名或者盖章，当事人拒绝的，在笔录中予以注明；(9)当事人不到场的，邀请见证人到场，由见证人和行政执法人员在现场笔录上签名或者盖章；(10)法律、法规规定的其他程序。情况紧急，需要当场实施行政强制措施的，行政执法人员应当在二十四小时内向行政机关负责人报告，并补办批准手续。行政机关负责人认为不应当采取行政强制措施的，应当立即解除。

2. 查封、扣押的程序

包括:(1)查封、扣押应当由法律、法规规定的行政机关实施,其他任何行政机关或者组织不得实施。(2)查封、扣押限于涉案的场所、设施或者财物,不得查封、扣押与违法行为无关的场所、设施或者财物;不得查封、扣押公民个人及其所扶养家属的生活必需品。当事人的场所、设施或者财物已被其他国家机关依法查封的,不得重复查封。(3)行政机关决定实施查封、扣押的,应当履行行政强制措施的一般程序,制作并当场交付查封、扣押决定书和清单。(4)查封、扣押的期限不得超过30日;情况复杂的,经行政机关负责人批准,可以延长,但是延长期限不得超过30日。法律、行政法规另有规定的除外。延长查封、扣押的决定应当及时书面告知当事人,并说明理由。(5)对查封、扣押的场所、设施或者财物,行政机关应当妥善保管,不得使用或者损毁;造成损失的,应当承担赔偿责任。对查封的场所、设施或者财物,行政机关可以委托第三人保管,第三人不得损毁或者擅自转移、处置。因第三人的原因造成的损失,行政机关先行赔付后,有权向第三人追偿。因查封、扣押发生的保管费用由行政机关承担。(6)行政机关采取查封、扣押措施后,应当及时查清事实,在法律规定的期限内作出处理决定。对违法事实清楚,依法应当没收的非法财物予以没收;法律、行政法规规定应当销毁的,依法销毁;应当解除查封、扣押的,作出解除查封、扣押的决定。

(四)行政机关强制执行程序

行政强制执行,是指公民、法人或其他组织拒不履行行政法上的义务,行政机关或人民法院依法采取强制措施,迫使其履行义务的具体行政行为。它有两类:一类是由行政机关依照法律、法规的授权对行政相对人直接采取强制执行措施;另一类是由行政机关向人民法院提出强制执行申请,由人民法院裁定执行。

1. 行政机关强制执行的一般程序

包括:(1)行政机关依法作出行政决定后,当事人在行政机关决定的期限内不履行义务的,具有行政强制执行权的行政机关依法强制执行。(2)行政机关作出强制执行决定前,应当事先书面催告当事人履行义务。(3)当事人收到催告书后有权进行陈述和申辩。行政机关应当充分听取当事人的意见,对当事人提出的事实、理由和证据，应当进行记录、复核。当事人提出的事实、理由或者证据成立的，行政机关应当采纳。(4)经催告，当事人逾期仍不履行行政决定，且无正当理由的，行政机关可以作出强制执行决定。在催告期间，对有证据证明有转移或者隐匿财物迹象的，行政机关可以作出立即强制执行决定。(5)实施行政强制执行，行政机关可以在不损害公共利益和他人合法权益的情况下，与当事人达成执行协议。执行协议可以约定分阶段履行；当事人采取补救措施的，可以减免加处的罚款或者滞纳金。执行协议应当履行。当事人不履行执行协议的，行政机关应当恢复强制执行。(6)行政机关不得在夜间或者法定节假日实施行政强制执行。但情况紧急的除外。行政机关不得对居民生活采取停止供水、供电、供热、供燃气等方式迫使当事人履行相关行政决定。

2. 对违法的建筑物、构筑物、设施等的强制拆除程序

据《行政强制法》第 44 条规定，对违法的建筑物、构筑物、设施等需要强制拆除的，应当由行政机关予以公告，限期当事人自行拆除。当事人在法定期限内不申请行政复议或者提起行政诉讼，又不拆除的，行政机关可以依法强制拆除。

3. 代履行的程序

包括：(1)行政机关依法作出要求当事人履行排除妨碍、恢复原状等义务的行政决定，当事人逾期不履行，经催告仍不履行，其后果已经或者将危害交通安全、造成环境污染或者破坏自然资源的，行政机关可以代履行，或者委托没有利害关系的第三人代履行。(2)代履行应当遵守下列规定：代履行前送达代履行决定书；代履行 3 日前，催告当事人履行，当事人履行的，停止代履行；代履行时，作出决定的行政机关应当派员到场监督；代履行的费用按照成本合理确定，由当事人承担。但是，法律另有规定的除外。代履行不得采用暴力、胁迫以及其他非法方式。(3)需要立即清除道路、河道、航道或者公共场所的遗洒物、障碍物或者污染物，当事人不能清除的，行政机关可以决定立即实施代履行；当事人不在场的，行政机关应当在事后立即通知当事人，并依法作出处理。

（五）申请人民法院强制执行程序

当事人在法定期限内不申请行政复议或者提起行政诉讼，又不履行行政决定的，没有行政强制执行权的行政机关可以自期限届满之日起3个月内，依法申请人民法院强制执行。

1. 申请前的催告程序

行政机关申请人民法院强制执行前，应当催告当事人履行义务。催告书送达10日后当事人仍未履行义务的，行政机关可以向所在地有管辖权的人民法院申请强制执行；执行对象是不动产的，向不动产所在地有管辖权的人民法院申请强制执行。

2. 申请应提交的材料

行政机关向人民法院申请强制执行，应当提供符合规定的材料。

3. 人民法院受理

人民法院接到行政机关强制执行的申请，应当在5日内受理。行政机关对人民法院不予受理的裁定有异议的，可以在15日内向上一级人民法院申请复议，上一级人民法院应当自收到复议申请之日起15日内作出是否受理的裁定。

4. 人民法院审查

包括：（1）人民法院对行政机关强制执行的申请进行书面审查，对符合法律规定，且行政决定具备法定执行效力的，除法律规定的情形外，人民法院应当自受理之日起7日内作出执行裁定。（2）人民法院发现有下列情形之一的，在作出裁定前可以听取被执行人和行政机关的意见：明显缺乏事实根据的；明显缺乏法律、法规依据的；其他明显违法并损害被执行人合法权益的。人民法院应当自受理之日起30日内作出是否执行的裁定。裁定不予执行的，应当说明理由，并在5日内将不予执行的裁定送达行政机关。行政机关对人民法院不予执行的裁定有异议的，可以自收到裁定之日起15日内向上一级人民法院申请复议，上一级人民法院应当自收到复议申请之日起30日内作出是否执行的裁定。

5. 即时执行

因情况紧急，为保障公共安全，行政机关可以申请人民法院立即执行。经人民法院院长批准，人民法院应当自作出执行裁定之日起5日内执行。

六、国家赔偿法律制度

（一）国家赔偿法

《国家赔偿法》于1994年5月12日全国人大常委会通过，自1995年1月1日起施行。2010年4月29日和2012年10月26日两次修正。《国家赔偿法》的立法目的是为保障公民、法人和其他组织享有依法取得国家赔偿的权利，促进国家机关依法行使职权。国家赔偿是指国家机关和国家机关工作人员行使职权，侵犯公民、法人和其他组织合法权益并造成损害，国家依法给予受害人赔偿的制度。包括行政赔偿、刑事赔偿、民事行政诉讼司法赔偿。《监察法》第67条规定："监察机关及其工作人员行使职权，侵犯公民、法人和其他组织的合法权益造成损害的，依法给予国家赔偿。"因此，国家赔偿还应包括监察赔偿。

（二）行政赔偿

1. 行政赔偿的范围

包括：（1）行政机关及其工作人员在行使行政职权时有下列侵犯人身权情形之一的，受害人有取得赔偿的权利：违法拘留或者违法采取限制公民人身自由的行政强制措施的；非法拘禁或者以其他方法非法剥夺公民人身自由的；以殴打、虐待等行为或者唆使、放纵他人以殴打、虐待等行为造成公民身体伤害或者死亡的；违法使用武器、警械造成公民身体伤害或者死亡的；造成公民身体伤害或者死亡的其他违法行为。（2）行政机关及其工作人员在行使行政职权时有下列侵犯财产权情形之一的，受害人有取得赔偿的权利：违法实施罚款、吊销许可证和执照、责令停产停业、没收财物等行政处罚的；违法对财产采取查封、扣押、冻结等行政强制措施的；违法征收、征用财产的；造成财产损害的其他违法行为。（3）属于下列情形之一的，国家不承担赔偿责任：行政机关工作人员与行使职权无关的个人行为；因公民、法人和其他组织自己的行为致使损害发生的；法律规定的其他情形。

2. 行政赔偿的程序

包括：（1）赔偿义务机关有法定赔偿情形之一的，应当给予赔偿。赔偿请求人要求赔偿,应当先向赔偿义务机关提出,也可以在申请行政复议或者提起行政诉讼时一并提出。赔偿请求人可以向共同赔偿义务机关中的任何一个赔偿义务机关要求赔偿,该赔偿义务机关应当先予赔偿。(2)赔偿义务机关应当自收到申请之日起2个月内,作出是否赔偿的决定。赔偿义务机关作出赔偿决定,应当充分听取赔偿请求人的意见,并可以与赔偿请求人就赔偿方式、赔偿项目和赔偿数额依法进行协商。赔偿义务机关决定赔偿的,应当制作赔偿决定书,并自作出决定之日起10日内送达赔偿请求人。赔偿义务机关决定不予赔偿的,应当自作出决定之日起10日内书面通知赔偿请求人,并说明不予赔偿的理由。(3)赔偿义务机关在规定期限内未作出是否赔偿的决定,赔偿请求人可以自期限届满之日起3个月内,向人民法院提起诉讼。赔偿请求人对赔偿的方式、项目、数额有异议的,或者赔偿义务机关作出不予赔偿决定的,赔偿请求人可以自赔偿义务机关作出赔偿或者不予赔偿决定之日起3个月内,向人民法院提起诉讼。(4)赔偿义务机关赔偿损失后,应当责令有故意或者重大过失的工作人员或者受委托的组织或者个人承担部分或者全部赔偿费用。对有故意或者重大过失的责任人员,有关机关应当依法给予处分;构成犯罪的,应当依法追究刑事责任。

(三)刑事赔偿

1. 刑事赔偿的范围

包括:(1)行使侦查、检察、审判职权的机关以及看守所、监狱管理机关及其工作人员在行使职权时有下列侵犯人身权情形之一的,受害人有取得赔偿的权利:违反刑事诉讼法的规定对公民采取拘留措施的,或者依照刑事诉讼法规定的条件和程序对公民采取拘留措施,但是拘留时间超过刑事诉讼法规定的时限,其后决定撤销案件、不起诉或者判决宣告无罪终止追究刑事责任的;对公民采取逮捕措施后,决定撤销案件、不起诉或者判决宣告无罪终止追究刑事责任的;依照审判监督程序再审改判无罪,原判刑罚已经执行的;刑讯逼供或者以殴打、虐待等行为或者唆使、放纵他人以殴打、虐待等行为造成公民身体伤害或者死亡的;违法使用武器、警械造成公民身体伤害或者死亡的。(2)行使侦查、检察、审判职权的机关以及看守所、监狱管理机关及其工作人员在行使职权时有下列侵犯财产权情形之一的,受害人有取得赔偿的权利:违法对财产采取查封、扣押、冻结、追缴等措施的；依照审判监督程序再审改判无罪，原判罚金、没收财产已经执行的。（3）属于下列情形之一的，国家不承担赔偿责任：因公民自己故意作虚伪供述，或者伪造其他有罪证据被羁押或者被判处刑罚的；依照刑法第 17 条规定不负刑事责任的人被羁押的；依照刑事诉讼法第 15 条、第 173 条第 2 款、第 273 条第 2 款、第 279 条规定不追究刑事责任的人被羁押的；行使侦查、检察、审判职权的机关以及看守所、监狱管理机关的工作人员与行使职权无关的个人行为；因公民自伤、自残等故意行为致使损害发生的；法律规定的其他情形。

2. 刑事赔偿程序

包括：（1）赔偿义务机关有法定赔偿情形之一的，应当给予赔偿。赔偿请求人要求赔偿，应当先向赔偿义务机关提出。（2）赔偿义务机关应当自收到申请之日起 2 个月内，作出是否赔偿的决定。赔偿义务机关作出赔偿决定，应当充分听取赔偿请求人的意见，并可以与赔偿请求人就赔偿方式、赔偿项目和赔偿数额依法进行协商。赔偿义务机关决定赔偿的，应当制作赔偿决定书，并自作出决定之日起 10 日内送达赔偿请求人。赔偿义务机关决定不予赔偿的，应当自作出决定之日起 10 日内书面通知赔偿请求人，并说明不予赔偿的理由。（3）赔偿义务机关在规定期限内未作出是否赔偿的决定，赔偿请求人可以自期限届满之日起 30 日内向赔偿义务机关的上一级机关申请复议。赔偿请求人对赔偿的方式、项目、数额有异议的，或者赔偿义务机关作出不予赔偿决定的，赔偿请求人可以自赔偿义务机关作出赔偿或者不予赔偿决定之日起 30 日内，向赔偿义务机关的上一级机关申请复议。赔偿义务机关是人民法院的，赔偿请求人可以依照规定向其上一级人民法院赔偿委员会申请作出赔偿决定。（4）复议机关应当自收到申请之日起 2 个月内作出决定。赔偿请求人不服复议决定的，可以在收到复议决定之日起 30 日内向复议机关所在地的同级人民法院赔偿委员会申请作出赔偿决定；复议机关逾期不作决定的，赔偿请求人可以自期限届满之日起 30 日内向复议机关所在地的同级人民法院赔偿委员会申请作出赔偿决定。（5）人民法院赔偿委员会应当自收到赔偿申请之日起 3 个月内作出决定；属于疑难、复杂、重大案件的，经本院院长批准，可以延长 3 个月。（6）赔偿委员会作出的赔偿决定，是发生法律效力的决定，必须执行。赔偿请求人或者赔偿义务机关对赔偿委员会作出的决定，认为确有错误的，可以向上一级人民法院赔偿委员会提出申诉。赔偿委员会作出的赔偿决定生效后，如发现赔偿决定违反本法规定的，经本院院长决定或者上级人民法院指令，赔偿委员会应当在两个月内重新审查并依法作出决定，上一级人民法院赔偿委员会也可以直接审查并作出决定。(7)最高人民检察院对各级人民法院赔偿委员会作出的决定，上级人民检察院对下级人民法院赔偿委员会作出的决定，发现违反本法规定的，应当向同级人民法院赔偿委员会提出意见，同级人民法院赔偿委员会应当在 2 个月内重新审查并依法作出决定。(8)赔偿义务机关赔偿后，应当向有下列情形之一的工作人员追偿部分或者全部赔偿费用：有刑讯逼供或者以殴打、虐待等行为或者唆使、放纵他人以殴打、虐待等行为造成公民身体伤害或者死亡的；违法使用武器、警械造成公民身体伤害或者死亡的；在处理案件中有贪污受贿、徇私舞弊、枉法裁判行为的。对上述规定情形的责任人员，有关机关应当依法给予处分；构成犯罪的，应当依法追究刑事责任。

(四)民事行政诉讼司法赔偿

《国家赔偿法》第 38 条规定："人民法院在民事诉讼、行政诉讼过程中，违法采取对妨害诉讼的强制措施、保全措施或者对判决、裁定及其他生效法律文书执行错误，造成损害的，赔偿请求人要求赔偿的程序，适用本法刑事赔偿程序的规定。"

(五)监察赔偿

监察赔偿，是指监察机关及其工作人员行使职权，侵犯公民、法人和其他组织的合法权益造成损害的，依法给予的国家赔偿。

《监察法》第 67 条规定："监察机关及其工作人员行使职权，侵犯公民、法人和其他组织的合法权益造成损害的，依法给予国家赔偿。"为此，《国家赔偿法》将作相应修改，对监察机关的国家赔偿责任相关内容作出规定，公民、法人和其他组织请求检察机关给予国家赔偿的具体程序，按照《国家赔偿法》的有关规定执行。

(六)行政补偿

行政补偿，是指行政主体在行使行政职权过程中，因其合法行政行为给行政相对人的合法权益造成损害，或者行政相对人因国家利益和社会公共利益受到损害时，依法由行政主体对行政相对人所受的损失予以弥补的行政救济行为。

我国2004年《宪法修正案》第20条规定：宪法第10条第3款“国家为了公共利益的需要，可以依照法律规定对土地实行征用。”修改为：“国家为了公共利益的需要，可以依照法律规定对土地实行征收或者征用并给予补偿。”第22条规定：宪法第13条“国家保护公民的合法的收入、储蓄、房屋和其他合法财产的所有权。”“国家依照法律规定保护公民的私有财产的继承权。”修改为：“公民的合法的私有财产不受侵犯。”“国家依照法律规定保护公民的私有财产权和继承权。”“国家为了公共利益的需要，可以依照法律规定对公民的私有财产实行征收或者征用并给予补偿。”从此，行政补偿有了宪法依据。

行政补偿不适用《国家赔偿法》，但我国许多单行法律、法规和规章都有行政补偿的规定，如《行政许可法》《野生动物保护法》《草原法》《水法》《消防法》《人民警察法》《突发事件应对法》《戒严法》《国防法》等。由于我国目前尚无统一的行政补偿法，因而对于行政补偿的原则、范围、主体、程序、方式、标准、费用等，缺乏统一、具体的规定。目前比较详细的规定有《土地管理法》《国有土地上房屋征收与补偿条例》《大中型水利水电工程建设征地补偿和移民安置条例》等。

依法获得行政补偿是行政相对人的宪法权利，且有单行法律、法规和规章的规定为据，因此，对于应当行政补偿的情形，行政机关应当依法合理、公平公正地予以补偿，以保护公民、法人或者其他组织的合法权益。

第三节　违法行政典型案例透视

一、违法的规范性文件

【典型案例】①2015年2月，江苏省丹阳市珥陵镇FR超市向该市市场监督管理局提交个体工商户变更登记申请书，申请在原营业执照核准的经营

① 参见2015年10月22日最高人民法院发布人民法院2015年度十大经济行政典型案例。

范围内增加蔬菜零售项目。该局向FR超市出具个体工商户变更登记受理通知书,随后审查材料,赴实地调查核实,认定FR超市经营场所距丹阳市珥陵农贸市场不足200米,其申请不符合丹阳市人民政府丹政办发(2012)29号《关于转发市商务局〈丹阳市菜市场建设规范〉的通知》(以下简称29号文)中"菜市场周边200米范围内不得设置与菜市场经营类同的农副产品经销网点"的规定,遂作出了驳回通知书,决定对其变更申请不予登记。FR超市不服诉至法院,请求撤销该驳回通知书,判令对其申请事项进行变更登记。

丹阳市人民法院一审认为,《个体工商户条例》第4条规定国家对个体工商户实行市场平等准入、公平待遇的原则。申请办理个体工商户登记,申请登记的经营范围不属于法律、行政法规禁止进入的行业的,登记机关应当依法予以登记。本案中,原告FR超市申请变更登记增加的经营项目为蔬菜零售,并非法律、行政法规禁止进入的行业。被告丹阳市市场监管局适用29号文中"菜市场周边200米范围内不得设置与菜市场经营类同的农副产品经销网点"的规定,对原告的申请不予登记,但该规定与商务部《标准化菜市场设置与管理规范》不一致,与《商务部等13部门关于进一步加强农产品市场体系建设的指导意见》第7项"积极发展菜市场、便民菜店、平价商店、社区电商直通车等多种零售业态"不相符,也违反上述市场平等准入、公平待遇的原则,依法不能作为认定被诉登记行为合法的依据。遂判决撤销涉案驳回通知书、被告于判决生效后15个工作日内对原告的申请重新作出登记。一审宣判后,双方当事人均未上诉,被告已为原告重新办理了变更核准登记。

【法律透视】现代经济运行很大程度上靠市场这一"无形之手"发挥资源配置的决定性作用。政府在实施行政行为过程中,要找准定位,正确引导、指导和调节市场,避免各种不当干预与限制,依法制定、适用规范性文件。本案中,丹阳市市场监督管理局根据不合法的文作出了不合法的行政行为,法院判决撤销被诉行政行为。法院适用了新修改的行政诉讼法第64条规定,明确指出市政府29号文与上位法和上位文件相抵触,不能作为行政行为合法性依据,具有一并审查"红头文件"(规范性文件)的时代意义。

二、违法履行行政协议

【典型案例】[①]2004年2月，江西省萍乡市亚鹏房地产开发有限公司通过投标竞拍竞得涉案地块(原为该市肉类联合加工厂用地)土地使用权，其后与萍乡市国土资源局签订了国有土地使用权出让合同，约定“开发用地为商住综合用地，冷藏车间维持现状”。市国土局给该公司颁发了两本国有土地使用证，其中一证地类登记为“工业”。亚鹏公司认为约定的“冷藏车间维持现状”是维持冷藏库的使用功能，并非维持地类性质，要求将该证地类由“工业”更正为“商住综合”；但市国土局认为维持现状是指冷藏车间保留工业用地性质出让，且该公司也是按照冷藏车间为工业出让地缴纳的土地使用权出让金，故不同意更正土地用途。后市规划局向市土地收购储备中心复函明确涉案地块用地性质为商住综合用地(含冷藏车间约7300平方米)，并指出“冷藏车间维持现状”指暂时维持其使用功能。市国土局于2013年2月向亚鹏公司作出书面答复：1. 同意涉案地块中冷藏车间用地的土地用途由工业用地变更为商住用地；2. 冷藏车间用地的土地用途由工业用地变更为商住用地，应补交土地出让金208.36万元；3. 冷藏车间用地的土地用途调整后，其使用功能未经市政府批准不得改变。亚鹏公司不服诉至法院，请求判令市国土局履行出让合同约定，更正相关土地证上地类用途，撤销答复第二项内容。

萍乡市安源区人民法院一审认为，涉案宗地最初市肉类联合加工厂的权属来源是划拨，市土地收购储备中心依法收购经报市人民政府批准后，公开挂牌出让，土地用地性质是商住综合用地，冷藏车间维持现状，并无冷藏车间用地是工业用地性质。市规划局的复函中均佐证含冷藏车间的用地性质是商住综合用地。亚鹏公司要求更正土地登记用途，不存在还要补缴的情形，遂判决市国土局在生效之日起90内对相关证载土地用途予以更正；撤销上述答复第二项，即应补交土地出让金208.36万元的决定。市国土局上诉后，萍乡市中级人民法院二审认为，由于双方当事人对土地出让合同中土地用途之表述存在不同理解，市规划局就此作出专门答复，亚鹏公司要求市国土局更正具有正当理由。该公司作为土地受让方按约支付了全部价款，市国土局认为若变更

---

① 参见2015年10月22日最高人民法院发布人民法院2015年度十大经济行政典型案例。

土地用途则应补交土地出让金缺乏事实和法律依据，且有违诚实信用原则，遂判决驳回上诉、维持原判。

【法律透视】行政协议是行政机关为实现公共利益或者行政管理目标，在法定职责范围内与公民、法人或者其他组织协商订立的具有行政法上权利义务内容的协议。在现代市场经济条件下，政府无论扮演经济活动的管理者、服务者，还是直接作为市场主体参与其中，都越来越多地采用签订行政协议方式，实现政府职能转型与管理手段的转变。行政协议强调诚实信用、平等自愿，一经签订，各方当事人必须严格遵守，行政机关无正当理由不得在约定之外附加另一方当事人义务或单方变更解除。当出现争议时，如本案中双方当事人对合同中有关“冷藏车间维持现状”条款产生不同理解时，行政机关不得随意作出不利于行政相对人的解释。法院不仅判决市国土局履行合同义务，还撤销该局作出的补交土地出让金的单方决定，直接回应了当事人的诉求，实质性地解决了双方争议。

三、违反正当行政程序

【典型案例】①1996 年 8 月，四川省简阳市人民政府对 240 辆人力客运老年车改型为人力客运三轮车的经营者每人收取了有偿使用费 3500 元。1996 年 11 月，对原有的 161 辆客运人力三轮车经营者每人收取了有偿使用费 2000 元。从 1996 年 11 月开始，市政府开始实行经营权有偿使用，有关部门对限额的 401 辆客运人力三轮车收取了相关的规费。1999 年 7 月 15 日、7 月 28 日，市政府针对有偿使用期限已届满两年的客运人力三轮车，发布《关于整顿城区小型车辆营运秩序的公告》（以下简称《公告》）和《关于整顿城区小型车辆营运秩序的补充公告》（以下简称《补充公告》）。其中，《公告》要求“原已具有合法证照的客运人力三轮车经营者必须在 1999 年 7 月 19 日至 7 月 20 日到市交警大队办公室重新登记”，《补充公告》要求“经审查，取得经营权的登记者，每辆车按 8000 元的标准（符合《公告》第 6 条规定的每辆车按 7200 元的标准）交纳经营权有偿使用费”。张某等 182 名经营者认为市政府作出的

---

① 参见 2017 年 6 月 13 日最高人民法院发布行政审判十大典型案例（第一批）。

《公告》和《补充公告》侵犯其经营自主权，向简阳市人民法院提起行政诉讼。

简阳市人民法院经审理认为，市政府在行政法规、地方性法规、规章对经营权有偿使用期限未作明确规定的情况下，执行上级行政主管部门四川省交通厅《四川省小型车辆营运管理规定》中“有偿使用期限一次不得超过两年”的规定，对已实行经营权有偿使用期限超过两年的原告，以公告形式决定其重新登记并支付有偿使用费的行为，并无不当。判决维持市政府作出的《公告》和《补充公告》。张某等不服，向四川省资阳地区（现为资阳市）中级人民法院提起上诉。四川省资阳地区中级人民法院以与一审基本相同的理由判决驳回上诉，维持原判。

最高人民法院提审认为，行政机关作出行政许可等授益性行政行为时，应当明确告知行政许可的期限。行政机关在作出行政许可时，行政相对人也有权知晓行政许可的期限。明确行政许可的期限，既是为了保障公共利益的需要，也是为了保障许可申请人的选择权利。市政府 1996 年的经营权许可在程序上存在明显不当，直接导致与其存在前后承继关系的本案被诉行政程序明显不当。本案中，四川省交通厅制定的规范性文件明确了许可期限。申请人关于本案行政许可没有期限限制的主张不能成立。虑及本案被诉行政行为作出之后，简阳市城区交通秩序得到好转，城市道路运行能力得到提高，城区市容市貌持续改善，以及通过两次“惠民”行动，绝大多数三轮车主已经分批次完成置换，如果判决撤销被诉行政行为，将会给行政管理秩序和社会公共利益带来不利影响。判决确认简阳市人民政府作出的《公告》和《补充公告》违法。

【法律透视】本案的典型意义在于进一步明确行政机关应当遵循正当行政程序。程序正义是看得见的正义，行政机关在作出行政行为时应当履行正当的行政程序，履行特定的告知义务。程序正当是法治政府建设的核心要义之一。行政机关履行告知行政许可期限的义务，既有利于行政机关对许可事项实行监督管理，也有利于保障行政相对人的选择权，从源头上避免和减少行政纠纷的发生。本案中，正是由于行政机关怠于履行告知义务，导致行政相对人误以为行政许可没有期限，进而在 20 年的时间内聚讼不息，引发多次群体性上访。本案通过对行政执法程序的司法监督，推动了严格规范公正文明执法，强化了对行政权力的制约和监督。

四、违法履行行政职责

【典型案例】[1]2016年至2017年9月，成都市双流区市场监管局工作人员冯某某在双流区老渔民食品商行等283户个体工商户未提交登记资料及未取得任何审批的情况下，为其办理了工商注册登记，颁发了《营业执照》。该局根据该283户个体工商户提供的《营业执照》和《成都市双流区食品经营自查申请表》等资料，又为其颁发了《食品经营许可证》。案发后，双流区市场监管局对283户个体工商户登记的营业地址进行了核实，发现均没有实体门店。该局根据《个体工商户条例》《食品经营许可证管理办法》之规定，于2017年9月、11月分别作出了撤销双流区老渔民食品商行等283户个体工商户的注册登记及《食品经营许可证》的决定。

2017年11月，双流区人民检察院获得犯罪嫌疑人买卖国家机关证件案的线索。经调查核实发现，上述个体工商户没有线下实体经营场所但准备从事网络食品经营，系通过非法途径获得食品经营许可；同时，双流区市场监管局在撤销食品经营许可证后长时间未办理食品经营许可证的注销手续。为防范网络食品消费安全风险，该院遂向双流区市场监管局发出检察建议，建议其对于法定期限内未申请办理注销手续的个体工商户依职权注销其《食品经营许可证》；为切实防止上述个体工商户在食品经营许可证被撤销后继续从事网络食品经营，同时建议将283户个体工商户的工商注册登记、食品经营许可被撤销、注销的相关信息发送有关第三方交易平台并对上述食品经营者的后续经营行为进行跟踪监督。

收到检察建议后，双流区市场监管局注销了283户工商户的《食品经营许可证》，并将食品经营许可证撤销、注销情况发送至“美团”“饿了么”等第三方平台总部，并对上述食品经营者的后续经营行为进行跟踪监督，有效防范了网络食品消费安全风险。

【法律透视】依托移动互联网络的飞速发展，我国“网络点餐”食品外卖消费呈爆炸性增长趋势，在方便老百姓生活的同时，其中的食品卫生安全问题亦层出不穷，相关行政机关违法履行职务、监督管理不到位的问题应当引

---

[1] 参见2018年3月2日最高人民法院、最高人民检察院发布10起检察公益诉讼典型案例。

起高度重视。检察机关依托行政公益诉讼诉前检察建议，对于督促行政机关加强对“网络点餐”及第三方平台的监督管理，严格行政执法，有效防范网络食品消费中的安全风险，保障人民群众“舌尖上的安全”具有重要现实意义。

五、滥用行政职权

【典型案例】[1]2001 年 7 月，刘某购买东风运输汽车一辆。2006 年 12 月 12 日，刘某雇佣的司机驾驶该车行驶至太原市和平路西峪乡路口时，山西省太原市公安局交通警察支队晋源一大队执勤民警以该车未经年审为由将该车扣留。2006 年 12 月 14 日，刘某携带审验手续前往处理。晋源交警一大队执勤民警在核实过程中又发现无法查验该车的发动机号码和车架号码，遂以涉嫌套牌为由继续扣留，并口头告知刘某提供其他合法有效手续。刘某虽多次托人交涉并提供更换发动机缸体、更换发动机缸体造成不显示发动机号码、车架用钢板铆钉加固致使车架号码被遮盖等证明材料，但晋源交警一大队一直以其不能提供车辆合法来历证明为由扣留。刘某不服，提起行政诉讼。法院审理期间，组织当事人对加固车架的钢板铆钉进行了切割查验，显示该车车架号码为 GAGJBDK0110××××2219，而该车行驶证载明的车架号码为 LGAGJBDK0110××××2219。

山西省太原市中级人民法院一审判决驳回刘某的诉讼请求。山西省高级人民法院二审判决撤销一审判决，责令晋源交警一大队在判决生效后 30 日内对扣留涉案车辆依法作出处理并答复刘某，驳回刘某的其他诉讼请求。

最高人民法院审理认为，在刘某提交合法年审手续后，晋源交警一大队又发现涉案车辆涉嫌套牌时，可依法继续扣留，但其违反法定程序，且始终未出具任何形式的书面扣留决定。涉案车辆确系我国生产的东风运输汽车，特定汽车生产厂家生产的特定汽车的车架号码最后 8 位字符组成的字符串具有唯一性，切割查验后显示的车架号码和行驶证所载车架号码的最后 8 位字符完全一致，可以认定被扣留车辆即为行驶证载明的车辆。晋源交警一大队认定

① 参见 2017 年 6 月 13 日最高人民法院发布行政审判十大典型案例（第一批）。

涉案车辆涉嫌套牌而持续扣留，构成主要证据不足。在刘某提交相关材料后，晋源交警一大队既不返还，又不积极调查核实，反复要求刘某提供客观上已无法提供的其他合法来历证明，长期扣留涉案车辆不予处理，构成滥用职权。据此判决撤销一、二审判决，确认晋源交警一大队扣留涉案车辆违法，判令晋源交警一大队在判决生效后30日内将涉案车辆返还刘某。

【法律透视】深入推进依法行政，加快建设法治政府，要求行政机关必须坚持严格规范公正文明执法。行政机关既要严格执法以维护社会管理秩序，也要公正把握执法尺度，兼顾相对人合法权益的保护。存在行政裁量余地时，应以实现行政目的为限，尽可能选择对相对人合法权益损害最小的方式。违反法定程序，无正当理由长期扣留车辆，过度推诿卸责，严重突破实现行政目的的限度，且对相对人合法权益造成重大损害，显已违背严格规范公正文明的执法的基本要求。由此给行政相对人合法权益造成损害的，还应当依法予以国家赔偿。

【拓展阅读】

1. 应松年主编:《行政法与行政诉讼法》，高等教育出版社2017年版。

2. 姜明安主编:《行政法与行政诉讼法》，北京大学出版社、高等教育出版社2017年版。

3. 宋大涵主编:《建设法治政府总蓝图:深度解读法治政府建设实施纲要(2015—2020年)》，中国法制出版社2016年版。

4.《〈中共中央关于全面深化改革若干重大问题的决定〉辅导读本》，人民出版社2013年版。

5.《〈中共中央关于全面推进依法治国若干重大问题的决定〉辅导读本》，人民出版社2014年版。

【思考题】

1. 依法行政的基本要求是什么?

2. 行政执法的基本要求是什么?

3. 法治政府建设的目标是什么?

4. 法治政府建设的举措是什么？

5. 如何适用行政规范性文件？

6. 如何完善行政组织法？

7. 如何依法国家赔偿？

8. 如何依法行政补偿？

第七章　维护民事权益

【内容导读】 本章主要介绍领导干部应当熟悉的民事权益基本理论、立法规定和司法案例。本章的重点是,正确理解民法为保护民事主体的合法权益而建立起以权利为中心的法律规范体系,认识民事法律关系是民法调整平等民事主体之间的财产关系和人身关系的法律结果,掌握民事权利的概念、分类、取得方式、行使原则以及救济方法,深刻理解民事权益的立法保护精神。

第一节　民事权益基本知识

一、民事权利的概念与分类

(一)民事权利的概念

"权利"作为法律术语,其本义有正当、正义、合法等义项。尽管我国古代典籍中有"权利"字眼,但多表达为"权势""财物"等的代名词,均作贬义评价,与现代法律意义上的权利含义相差甚远。① 目前关于权利本质的通说认为:权利是法律允许范围内的,权利人为满足自身利益而采取的,由他人法律义务所保障的法律手段。

民事权利是权利概念在民法领域中的具体适用。民事权利的概念可以表述为:民事主体为实现其某种利益依法为一定行为,或者请求民事义务主体为一定行为或者不为一定行为的可能性或者说意思自由。这一概念表述以"利益"为起始,代表着民事权利以利益为核心;以意思自由为归宿,体现了民法

① 参见朱庆育:《民法总论》,北京大学出版社 2013 年版,第 484 页。

通过权利概念对私法自由的彰显;以对自己、对他人的合法支配力为连接利益与自由的中介纽带,又揭示了民法欲以国家强制力为后盾,令权利人的自由行为取得他人、社会尊重的负责任的态度。[①] 由上可知,完整的民事权利概念一般包括民事利益、民事权限和民事权能三大内容。

第一,民事利益。民事利益是民事权利存在的目的,即其所保护的民事主体的私益,包括财产利益和人身利益两大类。根据利益类型的不同,决定了行使权利的方式、权限范围、权能组合的不同,最终也决定了民事权利的不同类型。实现自身的利益,是民事主体以权利为手段,参与市民社会生活、独立行使意思自由所追求的最终目的。

第二,民事权限。民事权限在此特指民事权利的行使范围和边界,表明了一项权利所赋予权利人的合法自由行动空间的最大范围。超越权限之外的权利行使行为给他人造成损害的,则构成滥用权利的违法行为。

第三,民事权能。民事权能是民事权利的具体运用方式,是以法律强制力为后盾的权利人实现自身利益的措施与手段。民事权能大体可以分为支配权能、请求权能和救济权能。其中,支配权能表现为民事主体在法律许可范围内直接支配权利客体,它是物权、知识产权、人身权等权利类型的基本权能。请求权能表现为民事主体根据法律规定或者合同约定,请求特定义务人为或者不为一定行为,它是债权的基本权能。救济权能是指当民事权利受到侵害,支配权能与请求权能无法自动运行时,权利人通过诉讼或者其他途径以救济民事权利。

(二)民事权利的分类

民事权利依据不同的标准可以作不同分类。依据民事权利所保护利益的类型不同,民事权利可分为人身权和财产权,这是对民事权利最基本的分类。

人身权是保护人身利益的民事权利。人身利益一般作为特定民事主体人格完整、身份完全的基本自然与社会条件存在,具有非财产属性,无法转让或放弃。当然,如果人身权遭受非财产性损害时并不妨碍以经济手段来补偿受害人的损失。人身权又可分为人格权与身份权,人格权包括生命权、健康权、

---

① 参见谭启平主编:《中国民法学》,法律出版社 2018 年版,第 73 页。

身体权、姓名权、名誉权、隐私权等，身份权包括亲权、配偶权等。

财产权是保护财产利益的民事权利。财产权具有经济属性，可以进行经济价值的衡量，并且可以与财产权利的主体发生分离，这使得财产权本身具有可转让性。财产权一般包括物权、债权等。

在标准的人身权与财产权的权利类型之间，还存在着兼有人身权与财产权两种性质的混合权利形态，因其所保护的利益形态在经济属性或者非经济属性上的侧重，或偏向于人身权，或偏向于财产权。例如继承权，尽管是以继承人与被继承人之间特定身份关系为前提，但是其最终指向却是为继承人取得遗产，故仍认为其基本上是一种财产权。再如著作权，包含著作人格权与著作财产权两个分支权利内容，兼顾保护作者人身利益与财产利益，可以说是人身权与财产权的混合形态。

二、民事权利的取得与行使

（一）民事权利的取得

民事权利的取得，是指民事主体依据合法的方式获得民事权利。民事权利可以依据民事法律行为、事实行为、法律规定的事件或者法律规定的其他方式取得。

1. 民事法律行为

民事法律行为是指民事主体通过意思表示设立、变更、终止民事法律关系的行为。民事法律行为以意思表示为核心要素，没有意思表示则没有民事法律行为。意思表示是指行为人为了产生一定民法上的效果而将其内心意思通过一定方式表达于外部的行为。有效的民事法律行为需要符合下列条件：行为人具有相应的民事行为能力；意思表示真实；不违反法律、行政法规的强制性规定，不违背公序良俗。

2. 事实行为

事实行为是指行为人主观上没有引起民事法律关系发生、变更或者消灭的意思，而依照法律的规定产生一定民事法律后果的行为。事实行为有合法的，也有不合法的。拾得遗失物等属于合法的事实行为，而侵害他人的人身、财产的侵权行为是不合法的事实行为。

3. 法律规定的事件

法律规定的事件是指与人的意志无关而根据法律规定能引起民事法律关系变动的客观情况,如自然人的出生、死亡,自然灾害,生产事故,果实自落以及时间经过等。民事权利可以依据法律规定的事件取得,如民事主体因出生取得继承权等。

4. 法律规定的其他方式

除了民事法律行为、事实行为、法律规定的事件,民事权利还可以依据法律规定的其他方式取得。如因人民法院、仲裁委员会的法律文书或者人民政府的征收决定等,将能导致物权设立、变更、转让或者消灭。

（二）民事权利的行使

民事主体行使民事权利应遵循自愿原则,任何组织或者个人不得非法干涉。民事主体有权按照自己的意愿选择是否行使民事权利以及选择依法行使民事权利的内容和方式。

民事主体行使民事权利应履行相应的义务。在民事法律关系中,民事权利和民事义务是相互对立、相互联系的。民事权利的内容要通过相应的民事义务表现,民事义务的内容由相应的民事权利限定。在很多情况下,民事主体享有权利的同时,负担法律规定的或者当事人约定的义务。如合同双方当事人一般相互约定各自的权利义务,一方当事人享有合同权利的同时,也负有约定的合同义务。

民事主体行使民事权利应贯彻禁止权利滥用原则。权利的行使,有一定界限,行使民事权利损害国家利益、社会公共利益或者他人合法权益的,属于滥用民事权利,可能构成侵权。通过禁止权利滥用原则,从而达到民事权利与国家利益、社会公共利益以及他人合法权益的平衡。

三、民事权利的保护

民事权利的保护,是指在民事权利受到侵害或者有受到侵害的重大危险时,排除侵害、救济权利的法律实施过程。民事权利的保护,可以通过私力救济与公力救济两种途径实现。

（一）民事权利的私力救济

民事权利的私力救济，是指民事权利受到侵害时，权利人不借助国家机关，而依靠一己之力排除侵害、保护权利的方法。在法治社会，由于权利的私力救济与权利救济机制国家垄断性相矛盾，因此私力救济原则上是禁止的。但考虑到在权利受害与国家公力救济介入以前，尚存在事实上的时间差，如果对权利不及时救济，那么将给权利人造成无可挽回的重大损失，所以法律允许在有限的情况与程度上，权利人得进行合法的私力救济。私力救济主要包括两种形式：自卫和自助。（1）自卫，是指权利人在自己或他人的民事权利受到不法侵害或紧急危险时，采取的防卫与避险行为，它又可以分为正当防卫与紧急避险。正当防卫，是指对于现实的不法侵害，为保护自己或他人的合法权益或公共利益，不得已而实施的加害侵害人以阻止其侵害行为的防卫行为。正当防卫不得超过必要的限度，否则对于造成不应有的损害应当承担适当的责任。紧急避险，是为了避免自己或他人人身以及财产上的紧迫危险，不得已采取加害行为。（2）自助，是指权利人为保护自身合法权益，不得已对侵害人的自由或者财产加以限制的行为。如暂时扣留拒不支付饭钱的用餐人的人身等。自助人一旦实施对侵害人人身、财产的限制，应及时请求国家机关依法处理。对于自助过程中采用不必要的手段，造成他人不应有的损失的，自助人应当承担相应责任。

（二）民事权利的公力救济

民事权利的公力救济，是权利人请求国家机关通过特定程序排除侵害、保护其民事权利的方法。公力救济是法治社会的主要权利救济方法，又可分为行政救济与司法救济两大类，其中司法救济是最为常见的民事权利公力救济途径。在现实生活中，当事人主要可以通过以下三种诉讼模式来救济自己的民事权利：（1）确认之诉，即请求确认特定民事法律关系存在或者不存在的诉讼。例如确认一项物权的归属。（2）变更之诉，即请求将现有法律关系变更到新的法律关系状态的诉讼。例如监护人因自认缺乏监护能力而要求变更监护人。（3）给付之诉，即请求强制义务人、责任人履行义务与责任内容，以实现权利人合法权益的诉讼。例如债权人请求债务人按照合同约定支付合同价款。

第二节 关于民事权益立法规定解读

一、《民法总则》开启权利法典时代

当前正在稳步推进的民法典编纂工作是党的十八届四中全会提出的重大立法任务。在党中央统筹推进“五位一体”总体布局和协调推进“四个全面”战略布局的时代背景下，编纂民法典具有重大而深远的意义。

编纂民法典是对现行民事法律规范进行系统整合，编纂一部适应中国特色社会主义发展要求，符合我国国情和实际，体例科学、结构严谨、规范合理、内容协调一致的法典。民法典将由总则编和各分编组成，分编包括物权编、合同编、侵权责任编、婚姻家庭编、继承编等。根据工作部署，编纂工作按照“两步走”的思路进行：第一步，编纂民法典总则编，即制定民法总则；第二步，编纂民法典各分编，拟于2018年整体提请全国人大常委会审议，经全国人大常委会分阶段审议后，争取于2020年将民法典各分编一并提请全国人民代表大会审议通过，从而形成统一的民法典。

《中华人民共和国民法总则》于2017年3月15日经第十二届全国人民代表大会第五次会议通过，并于同年10月1日起正式施行。《民法总则》是民法典的开篇之作，在民法典中起统领性作用。《民法总则》规定民事活动必须遵循的基本原则和一般性规则，统领民法典各分编；各分编将在总则的基础上对各项民事制度作出具体规定。《民法总则》以1986年制定的《民法通则》为基础，采取提取公因式的方法，将民事法律制度中具有普遍适用性和引领性的规定写入，就民法基本原则、民事主体、民事权利、民事法律行为、民事责任和诉讼时效等基本民事法律制度作出规定，既构建了我国民事法律制度的基本框架，也为各分编的规定提供依据。《民法总则》第五章以专章的形式列举规定了各类民事权利，彰显了法典化时代的权利保护宣言。

二、人格权法律制度

人格权，是指存在于权利人自身人格之上的权利，即以权利人自身的人格利益为客体的权利。人格权因出生而取得，因死亡而消灭，不得让与或抛弃。

《民法总则》明确规定了自然人与法人、非法人组织的人格权。

《民法总则》在继承《民法通则》的基础上对自然人的人格权进行了原则性规定。《最高人民法院关于审理精神损害赔偿案件适用法律若干问题的解释》《最高人民法院关于审理人身损害赔偿案件适用法律若干问题的解释》等司法解释也对人格权的保护进行了具体化规定。《民法总则》第109条规定，自然人的人身自由、人格尊严受法律保护。这是关于自然人的人格权保护一般条款，是对我国宪法规定人身自由、人格尊严保障条款的承接。人身自由是自然人自主参加社会各项活动、参与各种社会关系、行使其他人身权和财产权的基本保障，是自然人行使其他一切权利的前提和基础。人格尊严是人身权利的重要内容，涉及姓名权、名誉权、荣誉权、肖像权、隐私权等方面。人格尊严不受侵犯，是自然人作为人的基本条件之一，也是社会文明进步的一个基本标志。《民法总则》第110条第1款规定，自然人享有生命权、身体权、健康权、姓名权、肖像权、名誉权、荣誉权、隐私权、婚姻自主权等权利。这是对自然人具体人格权的规定。

《民法总则》第110条第2款规定，法人、非法人组织享有名称权、名誉权、荣誉权等权利。本款是对法人、非法人组织人格权的规定。

三、身份权法律制度

身份权，是指自然人基于特定的身份关系产生并由其专属享有，以其体现的身份利益为客体，为维护该种身份关系所必需的民事权利。《民法总则》第112条规定“自然人因婚姻、家庭关系等产生的人身权利受法律保护”，这是对身份权进行保护的一般条款。《婚姻法》对亲属之间的身份权作出了完整的规定，在民法典分则婚姻家庭编中身份权的保护将会更加完善。

（一）自然人因婚姻关系产生的身份权

男女双方通过结婚形成婚姻关系，夫妻之间因为婚姻关系产生一些身份权。如夫妻双方的扶养权利和义务。《婚姻法》第20条规定，夫妻有互相扶养的义务。一方不履行扶养义务时，需要扶养的一方有要求对方给付扶养费的权利。

(二)自然人因家庭关系产生的身份权

自然人因家庭关系产生一些身份权。如父母对子女的亲权和履行监护职责产生的权利。《民法总则》第27条第1款规定,父母是未成年子女的监护人。第34条第2款规定,监护人依法履行监护职责产生的权利,受法律保护。《婚姻法》第23条规定,父母有保护和教育未成年子女的权利和义务……《婚姻法》第21条第1、2、3款规定,父母对子女有抚养教育的义务;子女对父母有赡养扶助的义务。父母不履行抚养义务时,未成年的或不能独立生活的子女,有要求父母付给抚养费的权利。子女不履行赡养义务时,无劳动能力的或生活困难的父母,有要求子女付给赡养费的权利。

四、财产权法律制度

《民法总则》"民事权利"章通过多个条文对财产权的保护进行了列举性规定,《物权法》《合同法》等多部法律对财产权进行了详细规定,这些法律将作为民法典分则中关于财产权保护的主要内容。民法典和其他民商事单行法将为民事主体的财产权构建完整的保护体系。

(一)物权法律制度

《民法总则》对物权的概念、客体、物权法定原则以及征收、征用进行了原则性规定。现行《物权法》是规范财产关系的民事基本法律,调整因物的归属和利用而产生的民事关系,明确国家、集体、私人和其他权利人的物权以及对物权的保护。

1. 平等保护国家、集体和私人的物权

《物权法》第4条规定:"国家、集体、私人的物权和其他权利人的物权受法律保护,任何单位和个人不得侵犯。"这表明在财产归属依法确定的前提下,作为物权主体,不论是国家、集体还是私人,也都应当给予平等保护。平等保护不是说不同所有制经济在国民经济中的地位和作用是相同的。依据宪法规定,公有制经济是主体,国有经济是主导力量,非公有制经济是社会主义市场经济的重要组成部分,他们在国民经济中的地位和作用是不同的。

2. 国有财产的保护

《物权法》对加强国有财产的保护作了明确规定。国家所有的财产受法律保护,禁止任何单位和个人侵占、哄抢、私分、截留、破坏。针对国有企业财产流失的问题,该法规定“违反国有财产管理规定,在企业改制、合并分立、关联交易等过程中,低价转让、合谋私分、擅自担保或者以其他方式造成国有财产损失的,应当依法承担法律责任”。针对国有财产监管中存在的问题,该法规定“履行国有财产管理监督职责的机构及其工作人员,滥用职权,玩忽职守,造成国有财产损失的,应当依法承担法律责任”。

3. 征收补偿

征收集体所有的土地和城乡居民的房屋,关系广大人民群众的切身利益,社会普遍关注。《物权法》规定,为了公共利益的需要,依照法律规定的权限和程序可以征收集体所有的土地和单位、个人的房屋及其他不动产,并对征收补偿的原则和内容作了规定。征收集体所有的土地,应当支付土地补偿费、安置补助费、地上附着物和青苗的补偿费等费用,并足额安排被征地农民的社会保障费用,保障被征地农民的生活,维护被征地农民的合法权益。这一规定体现了党和国家关于征地补偿安置必须确保被征地农民原有生活水平不降低、长远生计有保障的原则。征收单位、个人的房屋及其他不动产,应当给予拆迁补偿,维护被征收人的合法权益;征收个人住宅的,还应当保障被征收人的居住条件。考虑到各地的发展很不平衡,具体的补偿标准和补偿办法,由土地管理法等有关法律依照物权法规定的补偿原则和补偿内容,根据不同情况作出规定。

(二)合同债权法律制度

合同债权是指合同权利人依据合同约定请求合同义务人为或者不为一定行为的权利。合同是平等主体的自然人、法人、非法人组织之间设立、变更、终止民事权利义务关系的协议。合同是最常见的债的发生原因,合同债权在社会经济生活中占有重要地位。《合同法》及其相关司法解释是规范合同之债的基本依据。

1. 合同的订立

关于合同订立的主要规定包括:第一,当事人订立合同,应当具有相应的民事权利能力和民事行为能力,也就是说应当具有相应的主体资格。第二,当事人订立合同,有书面形式、口头形式和其他形式。法律、行政法规规定采用书面形式的，应当采用书面形式。当事人约定采用书面形式的，应当采用书面形式。第三，合同一般包括什么内容，鉴于合同的示范文本对提示当事人更好地明确各自的权利义务有积极作用，当事人可以参照各类合同的示范文本订立合同。第四，要约、承诺是合同订立的基本规则。

2. 合同的履行

履行合同才能实现订立合同的目的，它关系到当事人的利益，对商品的流转、经济的发展有着重要意义。合同法强调全面履行的原则，当事人应当按照合同的约定全面履行自己的义务，不得擅自变更或者终止履行。当事人在履行合同时，应当遵循诚实信用原则，根据合同的性质、目的和交易习惯履行通知、协助、保密等义务。

3. 违约责任

为了促使当事人履行合同，维护市场交易秩序，合同法对违约责任作了以下规定：第一，当事人一方不履行合同义务或者履行合同义务不符合约定的，应当承担继续履行、采取补救措施或者赔偿损失等违约责任。第二，当事人可以约定违约金，一方当事人违约时，应当支付违约金。第三，为了切实保护受损害方的利益，损失赔偿额应当相当于因违约所造成的损失，包括合同履行后可以获得的利益。第四，当事人可以依照《担保法》约定一方向对方给付定金，作为债权的担保。第五，预期违约制度。当事人一方明确表示或者以自己的行为表明不履行合同义务的，对方可以在履行期限届满之前，要求其承担违约责任。

（三）知识产权法律制度

知识产权是民事主体对其智力劳动创造性的客体依法享有的专有权利。设立知识产权的目的在于调动人们从事智力创作和科学技术研究的积极性，从而创造出更多、更好的精神财富。

《民法总则》将知识产权作为民事主体的基本民事权利予以规定，我国还制定了多部保护知识产权的法律法规，主要有《商标法》《专利法》《著作权法》《著作权法实施条例》《专利法实施细则》《商标法实施条例》等。知识产权的客体主要包括：作品，发明，实用新型、外观设计，商标，地理标志，商业秘密，集成电路布图设计，植物新品种以及法律规定的其他客体。

(四)继承权法律制度

继承权是指自然人依照法律的规定或者被继承人生前立下的合法有效的遗嘱而取得被继承人遗产的权利。我国《继承法》专门调整继承法律关系。当自然人死亡时,将其生前个人所有的合法财产,依法转移给他的继承人,有利于提高自然人参加经济建设的积极性,为社会、家庭和个人积累财富。

在自然人生存时,通过对其所享有的物权、债权、知识产权等一系列民事权利的保护来实现对私有财产的保护。在自然人死亡后,其合法的私有财产可以作为遗产,由继承人依法继承。继承的形式有法定继承、遗嘱继承和遗赠抚养协议。

五、新型民事权益法律制度

为了适应互联网、信息化以及大数据时代发展的需要,《民法总则》对一些新型民事权益的保护予以原则性和指引性规定,凸显了立法与时俱进。

(一)个人信息

个人信息是指,以电子或者其他方式记录的能够单独或者与其他信息结合识别自然人个人身份的各种信息,包括但不限于自然人的姓名、出生日期、身份证件号码、个人生物识别信息、住址、电话号码等。

《民法总则》第111条规定:“自然人的个人信息受法律保护。任何组织和个人需要获取他人个人信息的,应当依法取得并确保信息安全,不得非法收集、使用、加工、传输他人个人信息,不得非法买卖、提供或者公开他人个人信息。”本条规定了其他民事主体对自然人个人信息保护的义务:(1)信息安全义务。民事主体取得个人信息后,有义务采取技术措施和其他必要措施,确保信息安全,防止个人信息泄露、丢失。(2)不得非法收集、使用、加工、传输他人个人信息,不得非法买卖、提供或者公开他人个人信息。违反个人信息保护义务的,应当依法承担民事责任、行政责任甚至刑事责任。

(二)数据

随着信息技术和网络的快速发展与应用,各类数据信息迅猛增长,数据交易日益增多,各地大数据交易所应运而生。关于数据的一系列法律问题如数据的法律属性、保护模式等引起广泛讨论。如何界定数据的内涵和外延,数据的权利属性和权利人对数据享有哪些权利都存在较大争议。目前我国法律未对数据的保护作出专门规定，也未专门规定对数据库的保护。根据现有法律，对数据可以分别情况依据著作权、商业秘密来保护。

（三）网络虚拟财产

网络虚拟财产是计算机信息技术发展的产物，随着网络的普及发展，网络与人们生活的联系越来越紧密，围绕网络虚拟财产权利义务的各种纠纷时有发生，网络虚拟财产的法律属性等问题也引起了广泛争论。

广义的网络虚拟财产是指一切存在于网络虚拟空间内的虚拟财产，包括电子邮箱、网络账户、虚拟货币、网络游戏中虚拟物品及装备、经注册的域名等。狭义的网络虚拟财产是指网络游戏中存在的虚拟财产，包括游戏账号的等级、游戏货币、游戏人物等。[①] 网络游戏中，玩家投入大量时间、精力和金钱参与网络游戏，通过练级等个人劳动、购买游戏卡等真实财物付出、买卖装备等市场交易获得网络虚拟财产，从各种网络虚拟财产的得失中获得感官和精神上的享受，达到娱乐身心的目的，价值不言而喻。在虚拟空间从事创造的所得可以转化为现实的财富，网上、网下进行的交易充分彰显网络虚拟财产的交换价值。网络用户通过账号密码设置防止他人修改、增删自己的网络虚拟财产，通过一定的程序买卖、使用、消费网络虚拟财产，实现对网络虚拟财产的占有和处分。

六、侵害民事权益的法律责任

《侵权责任法》是保护民事主体合法权益，明确侵权责任，预防并制裁侵权行为，促进社会和谐稳定的民事基本法律。当法律规定的民事主体的民事权益受到侵害后，就是要通过侵权责任法律制度来保护被侵权人。

（一）承担侵权责任的原则

承担侵权责任的原则是追究侵权责任的基本依据，一般称为归责原则。根据《侵权责任法》规定，我国侵权责任制度实行过错责任和无过错责任相结合的原则。过错责任原则是指行为人对损害的发生必须有过错才承担侵权责任。

---

① 参见李适时主编：《中华人民共和国民法总则释义》，法律出版社 2017 年版，第 398 页。

无过错责任原则是指行为人没有过错,法律规定也要承担侵权责任的,则依照其规定。环境污染、产品责任以及高度危险责任等均适用无过错责任原则。

(二)请求权的主体

侵权法律关系中,在民事主体的合法权益受到侵害时,被侵权人有权请求侵权人承担侵权责任。被侵权人指的是侵权行为损害后果的直接承受者,是因侵权行为而使民事权益受到侵害的人。有完全民事行为能力的被侵权人,可以自己行使请求权,请求侵权人承担侵权责任;无民事行为能力或限制民事行为能力的被侵权人,自己不能行使请求权,应当由其法定代理人代其行使请求权。在被侵权人死亡时,其近亲属有权请求侵权人承担侵权责任。被侵权人为单位,该单位分立、合并的,承继权利的单位有权请求侵权人承担侵权责任。

(三)承担侵权责任的主体

在侵权法律关系中,侵权人是承担侵权责任的主体。侵权人一般是直接加害人,直接加害人是直接实施侵权行为,造成被侵权人损害的人。直接加害人分为单独加害人和共同加害人,共同加害人的侵权责任根据共同侵权的相关规定承担。在替代责任形式的特殊侵权责任中,直接造成损害的行为人不直接承担侵权责任,承担侵权责任的主体是替代责任的责任人。如用人单位的工作人员因执行工作任务造成他人损害的,由用人单位承担侵权责任。

(四)承担侵权责任的方式

侵权人承担侵权责任有多种方式。承担民事责任的方式主要有:停止侵害;排除妨碍;消除危险;返还财产;恢复原状;修理、重作、更换;继续履行;赔偿损失;支付违约金;消除影响、恢复名誉;赔礼道歉。承担民事责任的方式,可以单独适用,也可以合并适用。

第三节　侵害民事权益典型案例透视

一、侵害人格权

【典型案例】①2017 年 1 月 9 日上午 11 时许,张甲(化名)由南向北驾

① 参见河北省滦南县人民法院(2017)冀 0224 民初 3480 号民事判决书。

驶×××号两轮摩托车行驶至古柳线青坨鹏盛水产门口，与张乙（化名）无证驾驶同方向行驶的无牌照两轮摩托车追尾相撞，张甲跌倒、张乙倒地受伤、摩托车受损，后张甲起身驾驶摩托车驶离现场。此事故经曹妃甸交警部门认定：张甲负主要责任，张乙负次要责任。

事发当时，被告朱丙（化名）驾车经过肇事现场，发现肇事逃逸行为即驾车追赶。追赶过程中，朱丙多次向柳赞边防派出所、曹妃甸公安局110指挥中心等公安部门电话报警。报警内容主要是：柳赞镇一道档北两辆摩托车相撞，有人受伤，另一方骑摩托车逃逸，报警人正在跟随逃逸人，请出警。朱丙驾车追赶张甲过程中不时喊"这个人把人怼了逃跑呢"等内容。张甲驾驶摩托车行至滦南县胡各庄镇西梁各庄村内时，弃车从南门进入该村村民郑某家，并从郑某家过道屋拿走菜刀一把，从北门走出。朱丙见张甲拿刀，即从郑某家中拿起一个木凳，继续追赶。后郑某赶上朱丙，将木凳讨回，朱丙则拿一木棍继续追赶。追赶过程中，朱丙喊"你怼死人了往哪跑！警察马上就来了"，张甲称"一会我就把自己砍了"，朱丙说"你把刀扔了我就不追你了"之类的对话。走出西梁各庄村后，张甲跑上滦海公路，有向过往车辆冲撞的行为。在被李某驾驶的面包车撞倒后，张甲随即又站起来，在路上行走一段后，转向铁路方向的开阔地跑去。在此过程中，曹妃甸区交通局路政执法大队副大队长郑作亮等人加入，与朱丙一起继续追赶，并警告路上车辆，小心慢行，这个人想往车上撞。

张甲走到迁曹铁路时，翻过护栏，沿路堑而行，朱丙亦翻过护栏继续跟随。此时，与朱丙一起追赶张甲的郑作亮等离开。朱丙边追赶边劝阻张甲说：被撞到的那个人没事儿，你也有家人，知道了会惦记你的，你自首就中了。2017年1月9日11时56分张甲自行走向两铁轨中间，51618次火车机车上的视频显示，朱丙挥动上衣，向驶来的列车示警。2017年1月9日12时02分，张甲被由北向南行驶的51618次火车撞倒，后经检查被确认死亡。在朱丙跟随张甲的整个过程中，两人始终保持一定的距离，未曾有过身体接触。朱丙有劝张甲投案的语言，也有责骂张甲的言辞。

【法律透视】2018年2月，备受关注的"唐山朱某追赶肇事逃逸者"引发的生命权侵权纠纷案一审审结。法院认为，被告朱丙的追赶行为不具有过错，且该行为与肇事者张甲的死亡结果之间不具备法律上的因果关系，因此不构成侵权，依法驳回死者张甲近亲属的全部诉讼请求。

原告张甲之父、之子作为死者张甲的近亲属，起诉要求被告朱丙对张甲的死亡承担侵权赔偿责任，根据一般侵权责任的构成要件及双方诉辩主张，本案审查的重点问题是被告朱丙行为是否具有违法性；被告朱丙对张甲的死亡是否具有过错；被告朱丙的行为与张甲的死亡结果之间是否具备法律上的因果关系。首先，案涉道路交通事故发生后张乙受伤倒地昏迷，张甲驾驶摩托车逃离。被告朱丙作为现场目击人，及时向公安机关电话报警，并驱车、徒步追赶张甲，敦促其投案，其行为本身不具有违法性。同时，根据《中华人民共和国道路交通安全法》第七十条规定，交通肇事发生后，车辆驾驶人应当立即停车、保护现场、抢救伤者，张甲肇事逃逸的行为构成违法。被告朱丙作为普通公民，挺身而出，制止正在发生的违法犯罪行为，属于见义勇为，应予以支持和鼓励。其次，从被告朱丙的行为过程看，其并没有侵害张甲生命权的故意和过失。根据被告朱丙的手机视频和机车行驶影像记录，双方始终未发生身体接触。在张甲持刀声称自杀意图阻止他人追赶的情况下，朱丙拿起木凳、木棍属于自我保护的行为。在张甲声称撞车自杀，意图阻止他人追赶的情况下，朱丙和路政人员进行了劝阻并提醒来往车辆。考虑到交通事故事发突然，当时张乙处于倒地昏迷状态，在此情况下被告朱丙未能准确判断张乙伤情，在追赶过程中有时喊话传递的信息不准确或语言不文明，但不构成民事侵权责任过错，也不影响追赶行为的性质。在张甲为逃避追赶，跨越铁路围栏、进入火车运行区间之后，被告朱丙及时予以高声劝阻提醒，同时挥衣向火车司机示警，仍未能阻止张甲死亡结果的发生。故该结果与朱丙的追赶行为之间不具有法律上的因果关系。

二、侵害身份权

【典型案例】[①]蒋甲与黄乙于 1963 年 5 月登记结婚，婚后夫妻关系较好。因双方未生育，收养一子。1990 年 7 月，被告蒋甲因继承父母遗产取得原泸

① 参见四川省泸州市纳溪区（2001）纳溪民初字第 561 号民事判决书。

州市市中区顺城街67号房屋,面积为51平方米。1995年,因城市建设该房被拆迁,由拆迁单位将位于泸州市江阳区新马路6—2—8—2号的77.2平方米的住房一套作还房安置给了被告蒋甲,并以蒋甲个人名义办理了房屋产权登记手续。1996年,遗赠人黄乙与原告张丙相识后,二人便一直在外租房非法同居生活。2000年9月,黄乙与蒋甲将蒋甲继承所得的位于泸州市江阳区新马路6—2—8—2号的房产以80000元的价格出售给陈某,但约定在房屋交易中产生的税费由蒋甲承担。2001年春节,黄乙、蒋甲夫妇将售房款中的30000元赠与其子在外购买商品房。其中,遗赠人黄乙在患肝癌病晚期住院期间,一直是由被告蒋甲及其亲属护理、照顾直至去世。

2001年初,黄乙因患肝癌病晚期住院治疗,于2001年4月18日立下书面遗嘱,将其所得的住房补贴金、公积金、抚恤金和卖泸州市江阳区新马路6—2—8—2号住房所获款的一半40000元及自己所用的手机一部,赠与原告张丙所有。2001年4月20日,泸州市纳溪区公证处对该遗嘱出具了(2000)泸纳证字第148号公证书。2001年4月22日,遗赠人黄乙去世,蒋甲与张丙双方即发生讼争。该案进入诉讼程序后,因蒋甲申请,泸州市纳溪区公证处于2001年5月17日作出(2001)泸纳撤证字第02号《关于部分撤销公证书的决定书》,撤销了(2000)泸纳证字第148号公证书中的抚恤金和住房补贴金、公积金中属于蒋甲的部分,维持其余部分内容。

【法律透视】总体来看,遗赠人黄乙的遗赠行为违反了法律规定和公序良俗,损害了社会公德,破坏了公共秩序,应属无效行为,原告张丙无权要求被告蒋甲给付受遗赠财产,被告蒋甲要求确认该遗嘱无效的理由成立。

遗赠人黄乙患肝癌病晚期临终前于2001年4月18日立下书面遗嘱将其财产赠与原告张丙,并经泸州市纳溪区公证处公证。该遗嘱虽是遗赠人黄乙的真实意思表示且形式上合法,但在实质赠与财产的内容上存在以下违法之处:1. 按照国家有关政策规定,抚恤金是死者单位对死者直系亲戚的抚慰。黄乙死后的抚恤金不是黄乙个人财产,不属遗赠财产的范围。2. 遗赠人黄乙的住房补助金、公积金属黄乙与蒋甲夫妻关系存续期间所得的夫妻共同财产,按照《中华人民共和国继承法》第16条和司法部《遗嘱公证细则》第2条之规定,遗嘱人生前在法律允许的范围内,只能按照法律规定的方式处分其个人财产。遗赠人黄乙在立遗嘱时未经共有人蒋甲同意,单独对夫妻共同财产进行处理,侵犯了蒋甲的合法权益,其无权处分部分应属无效。3. 泸州市江阳区新马路6—2—8—2号住房一套,系遗赠人黄乙与蒋甲婚姻关系存续期间蒋甲继承父母遗产所得,根据《中华人民共和国婚姻法》第十七条第四项之规定,为夫妻共同财产。但该房以80000元的价格卖给陈某,遗赠人黄乙生前是明知的,且该80000元售房款还缴纳了有关税费,并在2001年春节,黄乙与蒋甲共同又将该售房款中的30000元赠与其子黄勇用于购买商品房,对部分售房款已作处理,实际并没有80000元。遗赠人黄乙在立遗嘱时对该售房款的处理显然违背了客观事实。

公证是对法律事实的真实性和合法性给予认可。泸州市纳溪区公证处在未查明事实的情况下,仅凭遗赠人的陈述,便对其遗嘱进行了公证,违背了《四川省公证条例》第22条"公证机构对不真实、不合法的行为、事实和文书,应作出拒绝公证的决定"的规定,显属不当。2001年5月17日泸州市纳溪区公证处作出的(2001)泸纳撤证字第02号《关于部分撤销公证书的决定》,撤销了(2001)泸纳证字第148号公证书中的抚恤金、住房补贴金、公积金中属于蒋甲的部分,该决定实质上变更了遗赠人黄乙的真实意思,根据2000年3月1日司法部颁发的《遗嘱公证细则》第23条的规定,公证机关对公证遗嘱中的违法部分只能撤销其公证证明。作为公证机关直接变更遗赠人的真实意思没有法律依据。

遗赠属一种民事法律行为。民事法律行为是当事人实现自己权利,处分自己的权益的意思自治行为。当事人的意思表示一旦作出就成立,但遗赠人行使遗赠权不得违背法律的规定。且根据《民法通则》第7条的规定,民事行为不得违反公共秩序和社会公德,违反者其行为无效。本案中遗赠人黄乙与被告蒋甲系结婚多年的夫妻,无论从社会道德角度,还是从《婚姻法》的规定来讲,均应相互扶助、互相忠实、互相尊重。但在本案中遗赠人自1996年认识原告张丙以后,长期与其非法同居,其行为违反了《婚姻法》第2条规定的一夫一妻的婚姻制度和第3条禁止有配偶者与他人同居以及第4条夫妻应当互相忠实、互相尊重的法律规定,是一种违法行为。遗赠人黄乙基于与原告张丙有非法同居关系而立下遗嘱,将其遗产和属被告所有的财产赠与原告张丙,是一种违反公共秩序、社会公德和违反法律的行为。而本案被告蒋甲忠实于夫妻感情，且在遗赠人黄乙患肝癌病晚期住院直至去世期间，一直对其护理照顾，履行了夫妻扶助的义务，遗赠人黄乙却无视法律规定，违反社会公德，漠视其结发夫妻的忠实与扶助，侵犯了蒋甲的合法权益，对蒋甲造成精神上的损害，在分割处理夫妻共同财产时，本应对蒋甲进行损害赔偿，但将财产赠与其非法同居的原告张丙，实质上损害了被告蒋甲依法享有的合法的财产继承权，违反了公序良俗，破坏了社会风气。原告张丙明知黄乙有配偶而与其长期同居生活，其行为法律禁止，社会公德和伦理道德所不允许，侵犯了蒋甲的合法权益，于法于理不符。

三、侵害财产权

【典型案例】①2008 年 10 月 28 日，被保险人华东联合制罐有限公司（以下简称华东制罐公司）、华东联合制罐第二有限公司（以下简称华东制罐第二公司）与被告江苏镇江安装集团有限公司（以下简称镇江安装公司）签订《建设工程施工合同》，约定由镇江安装公司负责被保险人整厂机器设备迁建安装等工作。《建设工程施工合同》第二部分“通用条款”第 38 条约定：“承包人按专用条款的约定分包所承包的部分工程，并与分包单位签订分包合同，未经发包人同意，承包人不得将承包工程的任何部分分包”；“工程分包不能解除承包人任何责任与义务。承包人应在分包场地派驻相应管理人员，保证本合同的履行。分包单位的任何违约行为或疏忽导致工程损害或给发包人造成其他损失，承包人承担连带责任”。《建设工程施工合同》第三部分“专用条款”第 14 条第（1）项约定：“承包人不得将本工程进行分包施工”。“通用条款”第 40 条约定：“工程开工前，发包人为建设工程和施工场地内的自有人员及第三方人员生命财产办理保险，支付保险费用”；“运至施工场地内用于工程的材料和待安装设备，由发包人办理保险，并支付保险费用”；“发包人可以将有关保险事项委托承包人办理，费用由发包人承担”；“承包人必须为从事危险作

① 参见江苏省镇江市京口区人民法院（2010）京商初字第 1822 号民事判决书、江苏省镇江市中级人民法院（2011）镇商终字第 0133 号民事判决书。

业的职工办理意外伤害保险，并为施工场地内自有人员生命财产和施工机械设备办理保险，支付保险费用”。

2008年11月16日，镇江安装公司与镇江亚民大件起重有限公司（以下简称亚民运输公司）签订《工程分包合同》，将前述合同中的设备吊装、运输分包给亚民运输公司。2008年11月20日，就上述整厂迁建设备安装工程，华东制罐公司、华东制罐第二公司向中国平安财产保险股份有限公司江苏分公司（以下简称平安财险公司）投保了安装工程一切险。投保单中记载被保险人为华东制罐公司及华东制罐第二公司，并明确记载承包人镇江安装公司不是被保险人。投保单“物质损失投保项目和投保金额”栏载明“安装项目投保金额为177465335.56元”。附加险中，还投保有“内陆运输扩展条款A”，约定每次事故财产损失赔偿限额为200万元。投保期限从2008年11月20日起至2009年7月31日止。投保单附有被安装机器设备的清单，其中包括：SEQUA彩印机2台，合计原值为29894340.88元。投保单所附保险条款中，对“内陆运输扩展条款A”作如下说明：经双方同意，鉴于被保险人已按约定交付了附加的保险费，保险公司负责赔偿被保险人的保险财产在中华人民共和国境内供货地点到保险单中列明的工地，除水运和空运以外的内陆运输途中因自然灾害或意外事故引起的损失，但被保险财产在运输时必须有合格的包装及装载。

2008年12月19日10时30分许，亚民运输公司驾驶员姜某驾驶苏L06069、苏L003挂重型半挂车，从旧厂区承运彩印机至新厂区的途中，在转弯时车上钢丝绳断裂，造成彩印机侧翻滑落地面损坏。平安财险公司接险后，对受损标的确定了清单。经镇江市公安局交通巡逻警察支队现场查勘，认定姜某负事故全部责任。后华东制罐公司、华东制罐第二公司、平安财险公司、镇江安装公司及亚民运输公司共同委托泛华保险公估有限公司（以下简称泛华公估公司）对出险事故损失进行公估，并均同意认可泛华公估公司的最终理算结果。2010年3月9日，泛华公估公司出具了公估报告，结论：出险原因系设备运输途中翻落（意外事故）；保单责任成立；定损金额总损1518431.32元、净损1498431.32元；理算金额1498431.32元。泛华公估公司收取了平安财险公司支付的47900元公估费用。

2009年12月2日，华东制罐公司及华东制罐第二公司向镇江安装公司发出《索赔函》，称“该事故导致的全部损失应由贵司与亚民运输公司共同承担。我方已经向投保的中国平安财产保险股份有限公司镇江中心支公司报险。一旦损失金额确定，投保公司核实并先行赔付后，对赔付限额内的权益，将由我方让渡给投保公司行使。对赔付不足部分，我方将另行向贵司与亚民运输公司主张”。

2010年5月12日，华东制罐公司、华东制罐第二公司向平安财险公司出具赔款收据及权益转让书，载明：已收到平安财险公司赔付的1498431.32元。同意将上述赔款部分保险标的的一切权益转让给平安财险公司，同意平安财险公司以平安财险公司的名义向责任方追偿。后平安财险公司诉至法院，请求判令镇江安装公司支付赔偿款和公估费。

【法律透视】本案的焦点问题是：1. 保险代位求偿权的适用范围是否限于侵权损害赔偿请求权；2. 镇江安装公司能否以华东制罐公司、华东制罐第二公司已购买相关财产损失险为由，拒绝保险人对其行使保险代位求偿权。

关于第一个争议焦点。《中华人民共和国保险法》第60条第1款规定："因第三者对保险标的的损害而造成保险事故的，保险人自向被保险人赔偿保险金之日起，在赔偿金额范围内代位行使被保险人对第三者请求赔偿的权利。"该款使用的是“因第三者对保险标的的损害而造成保险事故”的表述，并未限制规定为“因第三者对保险标的的侵权损害而造成保险事故”。将保险代位求偿权的权利范围理解为限于侵权损害赔偿请求权，没有法律依据。从立法目的看，规定保险代位求偿权制度，在于避免财产保险的被保险人因保险事故的发生，分别从保险人及第三者获得赔偿，取得超出实际损失的不当利益，并因此增加道德风险。将《保险法》第60条第1款中的“损害”理解为仅指“侵权损害”，不符合保险代位求偿权制度设立的目的。故保险人行使代位求偿权，应以被保险人对第三者享有损害赔偿请求权为前提，这里的赔偿请求权既可因第三者对保险标的实施的侵权行为而产生，亦可基于第三者的违约行为等产生，不应仅限于侵权赔偿请求权。本案平安财险公司是基于镇江安装公司的违约行为而非侵权行为行使代位求偿权，镇江安装公司对保险事故的发生是否有过错，对案件的处理并无影响。并且，《建设工程施工合同》约定“承包人不得将本工程进行分包施工”。因此,镇江安装公司关于其对保险事故的发生没有过错因而不应承担责任的答辩意见,不能成立。平安财险公司向镇江安装公司主张权利,主体适格,并无不当。

关于第二个争议焦点。镇江安装公司提出,在发包人与其签订的建设工程施工合同通用条款第40条中约定,待安装设备由发包人办理保险,并支付保险费用。从该约定可以看出,就工厂搬迁及设备的拆解安装事项,发包人与镇江安装公司共同商定办理保险,虽然保险费用由发包人承担,但该约定在双方的合同条款中体现,即该费用系双方承担,或者说,镇江安装公司在总承包费用中已经就保险费用作出了让步。由发包人向平安财险公司投保的业务,承包人也应当是被保险人。关于镇江安装公司的上述抗辩意见,《保险法》第12条第2款、第6款分别规定:“财产保险的被保险人在保险事故发生时,对保险标的应当具有保险利益”;“保险利益是指投保人或者被保险人对保险标的具有的法律上承认的利益”。据此,不同主体对于同一保险标的可以具有不同的保险利益,可就同一保险标的投保与其保险利益相对应的保险险种,成立不同的保险合同,并在各自的保险利益范围内获得保险保障,从而实现利用保险制度分散各自风险的目的。因发包人和承包人对保险标的具有不同的保险利益,只有分别投保与其保险利益相对应的财产保险类别,才能获得相应的保险保障,二者不能相互替代。发包人华东制罐公司和华东制罐第二公司作为保险标的的所有权人,其投保的安装工程一切险是基于对保险标的享有的所有权保险利益而投保的险种,旨在分散保险标的的损坏或灭失风险,性质上属于财产损失保险;附加险中投保的“内陆运输扩展条款A”约定“保险公司负责赔偿被保险人的保险财产在中华人民共和国境内供货地点到保险单中列明的工地,除水运和空运以外的内陆运输途中因自然灾害或意外事故引起的损失”,该项附加险在性质上亦属财产损失保险。镇江安装公司并非案涉保险标的所有权人,不享有所有权保险利益,其作为承包人对案涉保险标的享有责任保险利益,欲将施工过程中可能产生的损害赔偿责任转由保险人承担,应当投保相关责任保险,而不能借由发包人投保的财产损失保险免除自己应负的赔偿责任。其次,发包人不认可承包人的被保险人地位,案涉《安装工程一切险投保单》中记载的被保险人为华东制罐公司及华东制罐第二公司,并明确记载承包人镇江安装公司不是被保险人。因此,镇江安装公司关于"由发包人向平安财险公司投保的业务,承包人也应当是被保险人"的答辩意见,不能成立。《建设工程施工合同》明确约定"运至施工场地内用于工程的材料和待安装设备,由发包人办理保险,并支付保险费用"及"工程分包不能解除承包人任何责任与义务,分包单位的任何违约行为或疏忽导致工程损害或给发包人造成其他损失,承包人承担连带责任"。由此可见,发包人从未作出在保险赔偿范围内免除承包人赔偿责任的意思表示,双方并未约定在保险赔偿范围内免除承包人的赔偿责任。再次,在保险事故发生后,被保险人积极向承包人索赔并向平安财险公司出具了权益转让书。根据以上情况,镇江安装公司以其对保险标的也具有保险利益,且保险标的所有权人华东制罐公司和华东制罐第二公司以已投保财产损失保险为由,主张免除其依建设工程施工合同应对两制罐公司承担的违约损害赔偿责任,并进而拒绝平安财险公司行使代位求偿权,没有法律依据。①

四、侵害新型民事权益

【典型案例】②2014 年 10 月 11 日,庞某委托鲁超通过去哪儿网(趣拿公司的下辖网站)订购了 2014 年 10 月 14 日 MU5492 泸州至北京的东方航空机票 1 张,所选机票代理商为长沙星旅票务代理公司(以下简称星旅公司)。去哪儿网订单详情页面显示该订单登记的乘机人信息包括原告姓名及身份证号,联系人信息、报销信息均为鲁超及其尾号 1858 的手机号,并载有如下提示:"为保障资金安全,请务必使用在线支付,切勿通过搜索引擎或拨打来路不明的 400 电话进行银行 ATM 机转账。"

2014 年 10 月 13 日,庞某尾号 9949 手机号收到号码为 0085255160529 的发件人发来短信:"……您预订 2014 年 10 月 14 日 16:10 分起飞 19:10 分抵达的 MU5492 次航班(泸州—北京首都)由于机械故障已取消,请收到短信后及时联系客服办理改签业务,以免耽误您的行程,服务热线 4008-129-218

① 参见江苏省高级人民法院(2012)苏商再提字第 0035 号民事判决书。

② 参见北京市海淀区人民法院(2015)海民初字第 10634 号民事判决书。

[注:改签乘客需要先支付20元改签手续费,改签成功后每位乘客额外得到补偿200元]……”上述号码来源不明,未向鲁超发送类似短信。鲁超知晓上述短信后拨打东方航空客服电话95530予以核实,客服人员确认该次航班正常,并提示庞某收到的短信应属诈骗短信。关于诈骗短信为何发至庞某本人,客服人员解释称通过该机票信息可查看到开头136、尾号949手机号码及开头189、尾号280手机号码,可能由订票点泄露了庞某手机号码。鲁超在通话中向客服人员确认了尾号949系庞某本人号码。庭审中,东方航空称庞某可能为东方航空常旅客,故东方航空掌握庞某此前留存的号码。

2014年10月14日,东方航空客服95530向庞某号码发送通知短信:“……由于飞机故障,您原定10月14日泸州蓝田机场飞往北京首都机场的MU5492,时刻调整至19∶50分泸州蓝田机场起飞,预计22∶30分到达北京首都机场……”鲁超遂拨打95530予以确认,得到答复为该次航班确因故障延误。此后庞某又两次收到95530发来的航班时刻调整短信通知。当日晚19∶43分,鲁超再次拨打95530确认航班时刻,被告知该航班已取消。

庞某主张趣拿公司和东方航空泄露其姓名、手机号、行程安排等隐私信息,诈骗短信对其行程安排造成困扰,进而影响其工作,要求趣拿公司和东方航空承担连带责任:趣拿公司和东方航空在各自的官方网站以公告的形式向庞某公开赔礼道歉,致歉内容应包含本案判决书案号、侵权情况说明及赔礼道歉声明,致歉版面面积不小于6cm×9cm;趣拿公司和东方航空赔偿庞某精神损害抚慰金1000元。

东方航空主张该公司通过中航信提供订票系统服务,订票信息不存储于东方航空系统中,星旅公司向东方航空购买涉案机票时仅留存尾号1280手机号,且庞某的涉案行程信息不属于隐私信息,只是普通的个人信息。同时,仅以其持有涉案行程信息即当然推定其为侵权人,显属主观臆断,不应推理认定其存在泄露信息的高度可能。另外,庞某并无实际经济损失,也未遭受其他损害,即便我方构成侵权也只需要向庞某本人赔礼道歉即可,公开道歉的方式既无法律依据,也不符合经济原则和必要原则在其官方网站首页以公告形式赔礼道歉。

趣拿公司主张涉案机票从星旅公司购买,去哪儿网仅为网络交易平台,趣拿公司在本次机票订单中未接触庞某手机号码，且趣拿公司已向鲁超发送谨防诈骗短信，尽到了提示义务。

案外人机票代理商星旅公司出具书面意见称，该公司通过去哪儿网平台接触到鲁超尾号 1858 手机号，未接触到庞某手机号，该公司从东方航空购买本案机票时留存的是该公司刘勇尾号 1280 手机号，涉案机票最终从东方航空官网出票。

【法律透视】本案机票的代理商星旅公司未获得庞某手机号，星旅公司向东方航空购买机票时亦未留存庞某号码，故法院无法确认趣拿公司及东方航空在本案机票购买过程中接触到庞某手机号。即便庞某此前收到过趣拿公司或东方航空发送的通知短信，但现无证据显示趣拿公司和东方航空将庞某过往信息与本案机票信息关联，且趣拿公司未向庞某号码发送过本案机票信息，东方航空在鲁超致电客服确认庞某手机号前亦未向庞某号码发送过本案机票信息，故法院无法确认趣拿公司和东方航空将庞某过往留存的手机号与本案机票信息匹配，更无法推论趣拿公司和东方航空存在泄露上述信息的行为。涉案航班最终因飞机故障多次延误直至取消，该情形虽与诈骗短信所称“由于机械故障取消”的内容雷同，但不排除“因故障取消”系此类诈骗短信的惯用说辞，故仅凭航班状态与诈骗理由的巧合无法认定东方航空与诈骗短信存在关联。据此，趣拿公司和东方航空在本案机票订购时未获取庞某号码，也无证据证明趣拿公司和东方航空将庞某过往留存的手机号与本案机票信息匹配予以泄露，且趣拿公司和东方航空并非掌握庞某个人信息的唯一介体，因此无法确认趣拿公司和东方航空存在泄露庞某隐私信息的侵权行为。

此外，现有证据无法证明庞某因此次隐私信息被泄露而引发明显的精神痛苦，因此其精神损害赔偿的诉讼请求于法无据。然而，趣拿公司和东方航空都掌握着庞某的姓名、身份证号、手机号、行程信息，且其他人整体上全部获取庞某的姓名、身份证号、手机号、行程信息的可能性非常低，且 2014 年间，趣拿公司和东方航空都被媒体多次质疑存在泄露乘客隐私的情况，因此认定东方航空和趣拿公司存在泄露庞某个人隐私信息的高度可能，且东方航空和趣拿公司并未举证证明本案中庞某的信息泄露的确是归因于他人。同时，本案泄露事件的发生，正是其疏于防范导致的结果，因而可以认定趣拿公司和东方航空具有过错，理应承担侵权责任。①

在现代信息社会，个人信息的泄露与滥用已经越来越成为危害人们人身和财产权益的社会性问题，由个人信息泄露引发的诈骗案件屡见不鲜，对个人信息的保护逐渐成为全球共识。由于如今信息的收集和匹配成本越来越低，原来单个的、孤立的、可以公示的个人信息一旦被收集、提取和综合，就完全可以与特定的个人相匹配，从而形成某一特定个人的详细而准确的整体信息。此时，这些全方位、系统性的整体信息，就不再是单个的可以任意公示的个人信息。这些整体信息一旦被泄露扩散，任何人都将没有自己的私人空间，人人将处于惶恐之中。因此，基于合理事由掌握上述整体信息的组织或个人应积极地、谨慎地采取有效措施防止信息泄露。由于个人信息泄露较强的技术性，该案的争议焦点在于对经营者过错、侵权行为、因果关系以及损害后果的判断，而这也反映了此类案件侵权构成要件认定的困境。

目前，个人信息的侵权案件属于一般侵权案件，适用过错原则作为归责原则。且不论本案当事人姓名、电话号码及行程安排等事项是否属于隐私权的对象，这些信息首先属于个人信息而受法律保护。根据《民法总则》第 111 条、《消费者权益保护法》第 29 条第 2 款、《网络安全法》第 42 条以及《全国人民代表大会常务委员会关于加强网络信息保护的决定》（以下简称《决定》）的规定，依法获取他人个人信息的任何组织和个人不得非法提供或者公开他人个人信息，网络经营者有义务防止消费者个人信息的泄露。在对过错的认定上，根据《消费者权益保护法》第 29 条第 2 款，经营者有义务“采取技术措施和其他必要措施，确保信息安全，防止消费者个人信息泄露、丢失”。经营者违反了该条规定，即视为其存在过错。因此，消费者往往需要证明经营者存在泄露的故意，或者信息安全管理方面存在漏洞。一般而言，消费者在信息和技术的掌握上处于弱势地位，而且涉案经营者往往并非能够掌握消费者相关个人信息的唯一介体，所以消费者在证据的掌握方面相对经营者处于极不对等的劣势地位。因此在具体的审判实践中，除了本案中结合相关新闻报道进行

① 参见北京市第一中级人民法院（2017）京 01 民终 509 号民事判决书、北京市高级人民法院（2017）京民申 3835 号民事裁定书。

认定之外，更适合通过第三方机构的鉴定，以对经营者过错予以认定进行更加客观的判断。同时，与前述过错的认定类似，在对侵权行为认定时，也更适宜通过第三方机构的鉴定，以得出更加客观的事实判断。

在对侵害后果的认定上，本案将消费者姓名、电话和行程信息作为隐私信息，虽然该信息泄露并未给消费者造成经济损失，即无财产性损害，但泄露隐私属于对消费者合法权益的侵害，因此法院认定泄露行为造成了侵害后果。由此可见，权益被侵害不等于损害，只有损害赔偿责任才以损害作为必备的要件。① 在此类案件中，相关个人信息是否属于隐私信息而纳入隐私权的保护范畴之内这一问题存有较大争议。笔者认为，隐私的边界具有模糊性，用隐私权的保护模式容易造成司法实践中的混乱。因此，除了典型的隐私信息之外，对普通的消费信息更适合依据个人信息保护的相关请求权基础予以保护，尤其是在《民法总则》实施以后，个人信息的民法保护有了较为直接的法律依据。但同时值得注意的是，目前个人信息保护的法理基础尚未厘清，“个人信息权”的概念也仅存在于学理层面，个人信息的泄露所侵犯的究竟是何种人身利益其实尚不明确。而如果类似案件都以个人信息侵权予以认定，往往会忽视对侵害后果的关注，而实际上非敏感消费信息的泄露和传统的隐私信息被公开给信息主体带来的痛苦显然是不同的，如果轻易认定个人信息泄露的侵害后果，也有可能给网络经营者带来过多的责任。因此，在类似案件中应该注意平衡个人信息的合理流动和信息主体的权益保护。② 另外，泄露行为与侵害后果的因果关系不是此案案件认定的难点，在本案中也未引发争议，此处不再赘述。网络交易的普及使得消费者的个人信息大量暴露于经营者的视野之中，这些个人信息的合理利用与安全保护之间亟待达到一个平衡。对消费者个人信息泄露侵权构成要件的把握，如对举证责任的分配、证明程度的要求以及侵害后果的认定，往往反映了法官对个人信息保护程度的立场。结合对类似判决的分析可以发现，目前法院一般对泄露行为和侵害后果的证明标准要求较低，大都倾向于对消费者个人信息的绝对保护。

---

① 参见程啸：《侵权责任法》，法律出版社 2011 年版，第 169 页。

② 参见金耀：《消费者个人信息保护规则之检讨与重塑——以隐私控制理论为基础》，《浙江社会科学》2017 年第 11 期，第 68 页。

【拓展阅读】

1. 李适时主编:《中华人民共和国民法总则释义》,法律出版社 2017 年版。

2. 王泽鉴:《民法思维:请求权基础理论体系》,北京大学出版社 2013 年版。

3. 梁慧星:《民法总论》,法律出版社 2017 年版。

4. 谭启平:《中国民法学》,法律出版社 2018 年版。

【思考题】

1. 民事权利、义务和责任的相互关系是怎样的?

2. 为什么说民法具有权利法的属性?

3. 民事权利的基本分类有哪些?

4. 民事权利的取得方式有哪些?

5. 禁止权利滥用与诚实信用原则、公序良俗原则之间有何关系?

6. 民事权利受到不法侵害后应当如何予以救济?

第八章　建设法治经济

【内容导读】 本章主要介绍领导干部应当熟悉的关于经济法、法治经济、建设法治经济的立法规定等方面的基本知识。本章的重点是，掌握经济法的基本概念，理解以法治经济促进现代化经济体系建设的基本内涵，准确把握关于市场准入与市场退出、维护竞争、消费者保护和产品质量、固定资产投资、土地和房地产管理、财政税收、金融调控和金融监管、会计和审计以及对外贸易等方面的立法规定，从而在日常工作中自觉运用建设法治经济的基本知识处理各种经济法治问题。

第一节　法治经济的基本知识

一、经济法、法治经济与经济治理

经济法是中国特色社会主义法律体系中七个法律部门之一，它是调整国家从社会整体利益出发，对经济活动实行干预、管理或者调控所产生的社会经济关系的法律规范。① 目前，我国的经济法体系由市场监管领域的法律规范和宏观调控领域的法律规范这两大部分构成。

经济法的形成源于市场经济的自发性和盲目性所导致的弊端内在地需要国家以某种法律形式来对市场经济进行监督管理和宏观调控。从世界范围来看，尽管在自然经济时期国家也要管理经济，并且当时也存在税法制度、专营

---

① 参见中华人民共和国国务院新闻办公室：《中国特色社会主义法律体系》，人民出版社 2011 年版。

制度、市场管理制度等制度形式，但当时的国家管理经济实质上是国家统制经济，其目的是贯彻重农抑商的政策和维护君主专制统治。相较而言，现代意义上的经济法是在资本主义从自由竞争阶段进入到垄断阶段以后才产生的，如美国 1890 年制定的《谢尔曼反托拉斯法》、德国 1896 年制定的《反不正当竞争法》等，这些法律均反映出经济法具有作为国家对市场经济活动进行管理或者调控的基本法律形式的本质特征。具体到不同的国家，由于自然条件、政治经济条件、历史文化条件等不同，各国相应形成各具特色的经济法制度。

在我国，经济法的作用随着社会主义市场经济体制的逐步建立完善和对外开放水平的不断提高而日益凸显；特别是在我国建设“法治经济”和推进“经济治理”过程中，经济法发挥着十分重要的制度保障作用。

具体来看，《中共中央关于全面推进依法治国若干重大问题的决定》指出：“社会主义市场经济本质上是法治经济。使市场在资源配置中起决定性作用和更好发挥政府作用，必须以保护产权、维护契约、统一市场、平等交换、公平竞争、有效监管为基本导向，完善社会主义市场经济法律制度。”这表明，经济法在遵循市场在资源配置中起决定性作用这一基本规律的基础上，通过若干具体的法律形式，确保政府更好地在统一市场、平等交换、公平竞争、有效监管等方面发挥积极的作用，从而促进社会主义市场经济的健康发展。

与此同时也应看到，政府借助经济法来建设“法治经济”实际上体现了国家在经济治理方面，需要通过经济法的运行来促进经济的创新、协调、绿色、开放、共享发展；在经济全球化的背景下，政府通过经济法的运行有助于推动实现以平等为基础、以开放为导向、以合作为动力、以共享为目标的全球经济治理格局。

二、以法治经济促进现代化经济体系建设

2017 年 10 月，党的十九大报告首次提出“建设现代化经济体系”的重大战略部署。该部署就深化供给侧结构性改革、加快建设创新型国家、实施乡村振兴战略、实施区域协调发展战略、加快完善社会主义市场经济体制、推动形成全面开放新格局等问题做出了具有全局性、前瞻性和可持续性的工作安排。经济法将积极回应这一重大战略部署，以法治经济促进现代化经济体系建设。

具体而言，经济法将会从立法、执法、司法、守法四个环节为促进现代化经济体系建设发挥作用。

在经济法的立法环节，立法者将遵循宪法的基本原则、依照法定的权限和程序开展立法工作，深入推进科学立法、民主立法、依法立法。以2018年立法工作计划为例，立法机关将通过初次审议《土地管理法（修改）》《资源税法》，预备审议房地产税法、乡村振兴等方面的立法项目，为建设现代化经济体系提供立法保障。

在经济法的执法环节，执法者将遵循严格执法的基本原则，依照法定的权限和程序开展执法工作。以2018年国务院机构改革方案为例，我国通过组建国家市场监督管理总局来统一市场监管、加强市场监管领域的执法；同时，通过组建中国银行保险监督管理委员会来建立符合现代金融特点、统筹协调监管、有力有效的现代金融监管框架，为建设现代化经济体系提供执法保障。

在经济法的司法环节，司法机关将遵循公正司法的基本原则，依照法定的权限和程序开展司法工作。以2018年最高人民法院、最高人民检察院工作计划为例，人民法院将通过依法审理经济领域各类案件来为经济高质量发展营造良好的法治环境，人民检察院将通过服务保障供给侧结构性改革、重点惩治非法集资、网络传销、内幕交易等犯罪来为经济社会持续健康发展提供法治保障。

在经济法的守法环节，全民普法和全民守法这一依法治国的基础性工作体现在大力普及经济法领域的基本知识，重点宣传市场监管、宏观调控领域与人民生产生活密切相关的法律法规，引导全体公民自觉守法、遇事找法、办事循法；同时，在推进全民守法的过程中，完善国家工作人员学法用法制度，提高党员干部依靠法治思维和法治方式解决涉及市场监管、宏观调控领域经济事务的能力。

第二节 关于建设法治经济的立法规定解读

一、市场准入与市场退出法律制度

（一）市场准入与市场退出法律制度概述

“市场准入”，是指准许尚未进入市场的个人、组织及业务依照法定的条件和程序进入市场。相应地,"市场退出",是指已经进入市场的主体及业务依照法定的条件和程序离开市场。①

市场准入法律制度,是指调整市场准入关系的法律规范的总称。市场退出法律制度,是指调整市场退出关系的法律规范的总称。

(二)市场准入法律制度

1.企业设立法律制度

企业设立,是指企业的创办人依照法律规定的条件和程序,取得合法的主体资格,使企业具备生产经营活动能力的法律行为。在我国,企业设立法律制度包括公司、合伙企业、个人独资企业、全民所有制工业企业、外商投资企业的设立等几个方面。

(1)公司的设立

根据我国《公司法》的规定,公司分为有限责任公司和股份有限公司。

设立有限责任公司、股份有限公司,必须符合《公司法》规定的条件。其中,设立有限责任公司应当具备以下条件:股东符合法定人数;有符合公司章程规定的全体股东认缴的出资额;股东共同制定公司章程;有公司名称,建立符合有限责任公司要求的组织机构;有公司住所。设立股份有限公司应当具备以下条件:发起人符合法定人数;有符合公司章程规定的全体发起人认购的股本总额或者募集的实收股本总额;股份发行、筹办事项符合法律规定;发起人制定公司章程,采用募集方式设立的经创立大会通过;有公司名称,建立符合公司要求的组织机构;有公司住所。

符合本法规定的条件的,登记为有限责任公司或者股份有限公司;不符合本法规定的条件的,不得登记为有限责任公司或者股份有限公司。法律、行政法规对设立公司规定必须报经审批的,在办理工商登记、取得营业执照后,须到相关审批部门办理许可手续。

(2)合伙企业的设立

根据我国《合伙企业法》的规定,合伙企业,是指自然人、法人和其他组织

① 参见杨紫烜、徐杰主编:《经济法学》(第七版),北京大学出版社 2015 年版,第 103—105 页。

依照本法在中国境内设立的普通合伙企业和有限合伙企业。

设立合伙企业应当具备下列条件：有两个以上合伙人，合伙人为自然人的，应当具有完全民事行为能力；有书面合伙协议；有合伙人认缴或者实际缴付的出资；有合伙企业的名称和生产经营场所；法律、行政法规规定的其他条件。

(3)个人独资企业的设立

根据我国《个人独资企业法》的规定，个人独资企业，是指依照本法在中国境内设立，由一个自然人投资，财产为投资人个人所有，投资人以其个人财产对企业债务承担无限责任的经营实体。

设立个人独资企业，应当具备下列条件：投资人为一个自然人；有合法的企业名称；有投资人申报的出资；有固定的生产经营场所和必要的生产经营条件；有必要的从业人员。

(4)全民所有制工业企业的设立

全民所有制工业企业，是指以生产资料的全民所有制为基础的、从事工业生产经营活动的、自负盈亏、独立核算的商品经济组织。

设立全民所有制工业企业必须具备以下条件：产品为社会所需要；有能源、原材料、交通运输的必要条件；有自己的名称和生产经营场所；有符合国家规定的资金；有自己的组织机构；有明确的经营范围；法律、法规规定的其他条件。

(5)外商投资企业的设立

外商投资企业包括中外合资经营企业、中外合作经营企业和外资企业。

根据我国《中外合资经营企业法》，中外合资经营企业的形式为有限责任公司。在合营企业的注册资本中，外国合营者的投资比例一般不低于25%；合营各方按注册资本比例分享利润和分担风险及亏损；合营者的注册资本如果转让必须经合营各方同意。

根据我国《中外合作经营企业法》，中外合作者举办合作企业，应当依法在合作企业合同中约定投资或者合作条件、收益或者产品的分配、风险和亏损的分担、经营管理的方式和合作企业终止时财产的归属等事项。

根据我国《外资企业法》，外资企业是指依照中国有关法律在中国境内设立的全部资本由外国投资者投资的企业。设立外资企业,必须有利于中国国民经济的发展;国家鼓励举办产品出口或者技术先进的外资企业;国家禁止或者限制设立外资企业的行业由国务院规定。

2. 个体工商户市场准入法律制度

根据我国《个体工商户条例》的规定,有经营能力的公民,依照本条例规定经登记机关登记,从事工商业经营的,为个体工商户。

申请设立个体工商户,应具备以下条件:申请人必须是具有经营能力的公民;必须具有申请人身份证明;必须具有经营者住所、经营场所、经营范围。

（三）市场退出法律制度

1. 企业终止法律制度

企业终止,是指已经设立的企业因法律或者企业章程规定的事由发生,致使企业停止生产经营活动,经注销登记后,企业在法律上主体资格消灭的一种法律行为。在我国,企业终止的法律规定包括公司、合伙企业、个人独资企业、全民所有制工业企业、外商投资企业的终止等几个方面。

(1)公司的终止

公司终止的原因主要包括公司解散和公司破产。

就公司解散而言,公司解散事由主要有五种情形:公司章程规定的营业期限届满或者公司章程规定的其他解散事由出现;股东会或者股东大会决议解散;因公司合并或者分立需要解散;依法被吊销营业执照、责令关闭或者被撤销;根据股东请求而进行司法解散。

就公司破产而言,是指公司因不能清偿到期债务,被依法宣告破产,并对其全部财产强制进行清算分配,最后终止公司。根据申请破产人的不同,破产分为由债权人申请破产和由公司自己申请破产两种情形。

(2)合伙企业的终止

合伙企业因出现法定情形而解散,应当由清算人进行清算。清算结束,清算人应当编制清算报告,经全体合伙人签名、盖章后,向企业登记机关报送清算报告,申请办理合伙企业注销登记。

合伙企业不能清偿到期债务的,债权人可以依法向人民法院提出破产清算申请,也可以要求普通合伙人清偿。合伙企业依法被宣告破产的,普通合伙人对合伙企业债务仍应承担无限连带责任。

(3)个人独资企业的终止

个人独资企业因出现法定情形而解散,由投资人自行清算或者由债权人申请人民法院指定清算人进行清算。个人独资企业清算结束后,投资人或者人民法院指定的清算人应当编制清算报告,到登记机关办理注销登记。

(4)全民所有制工业企业的终止

全民所有制工业企业由于下列原因之一终止:违反法律、法规被责令撤销;政府主管部门依照法律、法规的规定决定解散;依法被宣告破产;其他原因。全民所有制工业企业终止,应当向登记机关办理注销登记。

(5)外商投资企业的终止

中外合资经营企业、中外合作经营企业和外资企业,因法定情形而终止,应依照法定程序对资产和债权债务进行清算。清算工作结束后,应当向登记机关办理注销登记。

2. 个体工商户市场退出法律制度

个体工商户因发生特定情形而被依法撤销登记或者被吊销营业执照,或是自愿退出市场,不再从事经营活动。个体工商户不再从事经营活动的,应当到登记机关办理注销登记。

二、维护竞争法律制度

(一)竞争法律制度概述

在市场经济条件下,经营者在投资、生产、销售、管理、服务等诸多方面均存在着为实现自身利益最大化而相互争胜的竞争行为。为规范市场竞争关系和市场竞争管理关系,各国构建了各具特色的竞争法律制度体系。

一般而言,各国的竞争法律制度体系均包括反垄断和反不正当竞争两个方面的内容。我国的竞争法律制度体系即是由反垄断法律制度和反不正当竞争法律制度构成。

(二)反垄断法律制度

1. 反垄断法的立法目的和适用范围

我国《反垄断法》的立法目的是为了预防和制止垄断行为,保护市场公平竞争,提高经济运行效率,维护消费者利益和社会公共利益,促进社会主义市场经济健康发展。本法既适用于我国境内经济活动中的垄断行为,也适用于虽然发生在我国境外,但对我国境内市场竞争产生排除、限制影响的垄断行为。

2. 反垄断法所规制的垄断行为

我国《反垄断法》所规制的垄断行为包括三种:(1)经营者达成垄断协议;(2)经营者滥用市场支配地位;(3)具有或者可能具有排除、限制竞争效果的经营者集中。

其中,垄断协议分为具有竞争关系的经营者达成的垄断协议和经营者与交易相对人达成的垄断协议。前者包括:(1)固定或者变更商品价格;(2)限制商品的生产数量或者销售数量;(3)分割销售市场或者原材料采购市场;(4)限制购买新技术、新设备或者限制开发新技术、新产品;(5)联合抵制交易;(6)国务院反垄断执法机构认定的其他垄断协议。后者包括:(1)固定向第三人转售商品的价格;(2)限定向第三人转售商品的最低价格;(3)国务院反垄断执法机构认定的其他垄断协议。值得注意的是,行业协会不得组织本行业的经营者实施垄断协议行为。

《反垄断法》所禁止的经营者滥用市场支配地位行为包括:(1)以不公平交易价格购销商品;(2)没有正当理由,低于成本销售商品;(3)没有正当理由,拒绝交易;(4)没有正当理由,强制交易;(5)没有正当理由,搭售商品;(6)没有正当理由,实行差别待遇;(7)国务院反垄断执法机构认定的其他滥用市场支配地位的行为。

《反垄断法》所禁止的经营者集中情形包括:(1)经营者合并;(2)经营者通过取得股权或者资产的方式取得对其他经营者的控制权;(3)经营者通过合同等方式取得对其他经营者的控制权或者能够对其他经营者施加决定性影响。

与此同时,《反垄断法》还规制行政垄断行为,这使得限定交易、地区封锁、强制经营者从事垄断行为以及制定排除、限制竞争的行政法规等行政垄断行为受到法律的规范。在此基础上,党中央、国务院为深化经济体制改革,做出了建立公平竞争审查制度的重要决策部署:2016 年,《国务院关于在市场体系建设中建立公平竞争审查制度的意见》发布;2017年,《公平竞争审查制度实施细则(暂行)》发布,该细则从审查机制和程序、审查标准、例外规定、社会监督、责任追究等方面对公平竞争审查制度进行了规范,这有助于确保政府相关行为符合公平竞争制度要求,加快建设统一开放、竞争有序的市场体系。

3. 违反反垄断法的法律责任

经营者违反《反垄断法》实施了垄断行为的,将承担相应的民事责任、行政责任。行政垄断行为的主体实施了行政垄断行为的,由上级机关责令改正;对直接负责的主管人员和其他直接责任人员依法给予处分;反垄断执法机构可以向有关上级机关提出依法处理的建议。

值得注意的是,我国《反垄断法》还作出特别规定,对某些行业、企业或行为不适用反垄断法,以适应国民经济健康发展的需要。

(三)反不正当竞争法律制度

1. 反不正当竞争法的立法目的

我国《反不正当竞争法》的立法目的是为了促进社会主义市场经济健康发展,鼓励和保护公平竞争,制止不正当竞争行为,保护经营者和消费者的合法权益。由此可见,《反不正当竞争法》是具有多种功能的重要法律,其并非只注重保护竞争者的公平竞争权,而是具有规范市场竞争秩序、保护经营者和消费者的合法权益、维护社会整体利益等多种功能。

2. 反不正当竞争法所规制的不正当竞争行为

我国《反不正当竞争法》对不正当竞争行为的界定采取了概括式界定和列举式界定相结合的方法。

概括式界定体现在《反不正当竞争法》把"不正当竞争行为"概括为"经营者在生产经营活动中,违反本法规定,扰乱市场竞争秩序,损害其他经营者或者消费者的合法权益的行为"。

列举式界定体现在我国《反不正当竞争法》列举了七种需要加以规制的不正当竞争行为,包括:(1)混淆行为;(2)商业贿赂行为;(3)虚假或者引人误解的商业宣传行为;(4)侵犯商业秘密行为;(5)不正当有奖销售行为;(6)诋毁商誉行为;(7)互联网领域的不正当竞争行为。

3. 违反反不正当竞争法的法律责任

经营者违反《反不正当竞争法》实施了不正当竞争行为的，将承担相应的民事责任、行政责任或刑事责任。同时，本法还规定了对违法行为人的信用惩戒；通过建立社会举报机制，加大行政处罚力度。

三、消费者保护和产品质量法律制度

（一）消费者保护和产品质量领域法律制度概述

消费者保护法律制度是从消费者利益出发，在充分关注消费者弱势地位的基础上给予消费者特别保护的法律制度。狭义的消费者保护法仅指消费者保护基本法，在我国，即指《消费者权益保护法》；广义的消费者保护法是指具有保护消费者功能的各种法律规范，包括竞争法、产品质量法等法律制度中保护消费者利益的规范。

下文将介绍我国的《消费者权益保护法》和《产品质量法》这两部与消费者保护相关的法律制度。

（二）消费者保护法律制度

1. 消费者保护法的立法目的和基本原则

我国《消费者权益保护法》的立法目的是为了保护消费者的合法权益，维护社会经济秩序，促进社会主义市场经济健康发展。消费者保护法体现了"消费交易自愿、平等、公平、诚信原则""消费者权益国家保护原则""消费者权益社会保护原则"以及"倡导文明、健康、节约、环保消费方式原则"。

2. 消费者的权利

我国《消费者权益保护法》规定了九项消费者权利，包括：（1）安全权，即消费者在购买、使用商品和接受服务时，享有人身、财产安全不受损害的权利；（2）知情权，即消费者享有知悉其购买、使用的商品或者接受的服务的真实情况的权利；（3）选择权，即消费者享有自主选择商品或者服务的权利；（4）公平交易权，消费者享有公平交易的权利；（5）求偿权，即消费者因购买、使用商品或者接受服务受到人身、财产损害的，享有依法获得赔偿的权利；（6）结社权，即消费者享有依法成立维护自身合法权益的社会组织的权利；（7）受教育权，即消费者享有获得有关消费和消费者权益保护方面的知识的权利；（8）人格尊严和民族风俗习惯受尊重权，即消费者在购买、使用商品和接受服务时，享有人格尊严、民族风俗习惯得到尊重的权利，享有个人信息依法得到保护的权利；(9)监督权，即消费者享有对商品和服务以及保护消费者权益工作进行监督的权利。

3. 消费者权益争议解决的路径

消费者和经营者若发生消费者权益争议，可借助五种途径解决：(1)与经营者协商和解；(2)请求消费者协会或者其他调解组织调解；(3)向有关行政部门投诉；(4)根据与经营者达成的仲裁协议提请仲裁机构仲裁；(5)向人民法院提起诉讼。

(三)产品质量法律制度

1. 产品质量法的立法目的和特点

我国《产品质量法》的立法目的是为了加强对产品质量的监督管理，提高产品质量水平，明确产品质量责任，保护消费者的合法权益，维护社会经济秩序。

我国《产品质量法》的特点体现在其从生产、运输、保管、销售等各个环节对产品进行全面监管，同时，运用民事、行政、刑事等多种法律手段解决产品质量问题，体现了产品质量管理法和产品责任法的内在统一。

2. 产品质量的监督和管理

我国产品质量管理体制是：国务院产品质量监督部门主管全国产品质量监督工作；国务院有关部门在各自的职责范围内负责产品质量监督工作；县级以上地方产品质量监督部门主管本行政区域内的产品质量监督工作；县级以上地方人民政府有关部门在各自的职责范围内负责产品质量监督工作。

此外，由企业内部自检和互检构成的企业监督，以及由用户、消费者、社会组织、媒介构成的社会监督也很重要，由此形成全方位的管理和监督体系。

3. 生产者和销售者的产品质量责任和义务

生产者的产品质量责任和义务包括：(1)产品内在质量符合法定要求；(2)产品或包装标志必须真实并符合要求；(3)特殊产品包装符合要求；(4)不得违反相关禁止性规定。

销售者的产品质量责任和义务包括：(1)建立并执行进货检验制度，验明产品合格证明和其他标志;(2)采取措施保持产品质量;(3)销售的产品标识符合法定要求;(4)不得违反相关禁止性规定。

4. 产品质量责任制度

我国《产品质量法》分设“损害赔偿”和“罚则”来明确产品质量责任制度。其中,赔偿的范围包括人身损害和财产损害;消费者可以向生产者或销售者求偿,如果是生产者的责任,销售者赔偿后可以向生产者追偿。生产者和销售者的产品质量行政责任形式有:责令停止生产,责令停止销售,没收违法生产或销售的产品,没收违法所得,罚款,责令公开更正,吊销营业执照。此外,构成犯罪的,应依法承担刑事责任。

四、固定资产投资法律制度

(一)固定资产投资领域法律制度概述

固定资产投资,是指新增固定资产和更新改造现有固定资产的投资活动。固定资产投资领域法律制度涉及调整国家在调控固定资产投资过程中发生的经济关系的法律规范。

为调整固定资产投资关系,我国先后制定了《建筑法》《招标投标法》《关于投资体制改革的决定》《中央投资项目招标代理资格管理办法》《企业投资项目核准和备案管理办法》等一系列法律、法规、规章以及其他规范性文件。

(二)固定资产投资领域法律制度的主要内容

1. 关于投资主体的法律制度

投资主体包括四种类型:(1)作为投资主体的政府,包括中央政府和地方各级政府;(2)作为投资主体的企业和事业单位;(3)作为投资主体的公民个人,即凡是符合投资主体要求的自然人均可参与投资;(4)作为投资主体的外国企业、其他经济组织和个人。

在投资活动中,投资主体享有投资决策权、经营管理权、资产或权益的处理权。同时,投资主体还承担着遵守规划、节约资源、依法纳税、接受监督、遵守立项和竣工规则等义务。此外,我国还实行项目法人责任制,由项目法人对建设项目的筹资、建设、生产经营等全过程负责,从而有助于防范投资风险。

2. 关于投资资金管理的法律制度

在投资活动中，根据资金来源渠道的不同，相应地形成不同的投资资金管理方式：(1)财政拨款的管理，即用财政拨款投资安排的建设项目应按照拨款建设项目的范围进行；(2)银行贷款的管理，即基本建设贷款实行有偿使用，贷款利率根据建设项目的盈利情况实行差别利率；(3)自筹资金的管理，即自筹资金应来源正当，按照先存后批、先批后用的原则使用；(4)利用外资的管理，即将外商投资项目分为鼓励、允许、限制和禁止四种类型，并根据不同的审批权进行审批；(5)资本金制度，即通过实行资本金制度，保证投资项目须落实资本金才能进行建设。

3. 关于投资项目建筑施工的法律制度

关于投资项目建筑施工的法律制度包括以下几个方面：(1)建设项目投资包干责任制，即建设单位对建设项目按照建设规模、投资总额、建设工期、工程质量、材料消耗实行的一种包干责任制；(2)建设项目招标承包制，即无论投资主体是何种类型，只要具备投标资格，均可依照《招标投标法》参加投标竞争，承包工程项目；(3)建筑安装企业百元产值工资含量包干制，即国家根据建筑施工企业完成产值的一定比例，结合其他经济技术指标来确定整个企业的工资总额；(4)建筑安装企业的用工制度，即改革单一的固定工制，在施工企业实行固定工、合同工、临时工相结合的用工制度。

4. 关于投资程序和管理方式的法律制度

投资程序是固定资产投资必须执行的法律程序。其中，基本建设程序包括以下几个阶段：提出项目建议书；进行可行性研究，编制设计任务书；按照设计任务书设计建设项目；组织施工；竣工验收，交付使用。此外，政府根据不同的投资主体、资金来源和项目性质，对投资项目采取审批制、核准制和备案制等管理方式。

5. 关于违反固定资产投资法的法律责任

违反固定资产投资法须承担相应的法律责任，包括：(1)违反投资资金管理规定的法律责任；(2)违反物资供应规定的法律责任；(3)违反基本建设合同规定的法律责任;(4)违反建设程序规定的法律责任。①

五、土地和房地产管理法律制度

(一)土地和房地产管理领域法律制度概述

随着我国经济社会的快速发展,加强土地管理、确保各行业对这一基本生产资料的需要显得愈加重要。对此,我国在施行《土地管理法》的基础上,对该法进行了三次修改;《土地管理法实施条例》也先后两次修订。

与土地开发利用关系密切的一个问题就是房地产的开发和管理。由于房地产业对整体产业结构的优化发展以致对整体的社会稳定均具有重要的影响,因此,我国也通过相关法律的制定和实施来加强对房地产的管理,《城市房地产管理法》《城市房地产开发经营管理条例》《城镇国有土地使用权出让和转让暂行条例》《外商投资开发经营成片土地暂行管理办法》等法律法规以及其他规范性文件先后颁布实施。

(二)土地管理领域法律制度

1. 关于土地所有权、使用权的法律规定

关于土地所有权,我国实行土地的社会主义公有制,即全民所有制和劳动群众集体所有制。城市市区的土地属于全民所有即国家所有;农村和城市郊区的土地,除法律规定属于国家所有的以外,属于集体所有;宅基地和自留地、自留山,属于集体所有。

关于土地使用权,按照不同标准,可分为以下几种类型:

其一,根据土地使用权据以产生的所有权性质不同,分为国有土地使用权与集体土地使用权。前者是土地使用者依照法律规定或合同约定使用国有土地时,对土地所享有的占有、使用和收益的权利;后者是土地使用者经人民政府依法批准使用集体土地时,依照法律规定或合同约定对土地所享有的权利。

其二,根据土地用途的不同,分为建设用地使用权和农业用地使用权。其中,建设用地使用权又分为国有土地建设用地使用权和集体土地建设用地使

① 参见杨紫烜、徐杰主编:《经济法学》(第七版),北京大学出版社 2015 年版,第 309—311、313—314、319—320 页。

用权。农业用地使用权实质上是指农村土地的承包经营权。

其三,根据土地使用权的取得方式不同,可将国有土地建设用地使用权分为出让土地使用权和划拨土地使用权。其中,通过出让方式取得土地使用权,是指国家将国有土地使用权在一定年限内出让给土地使用者,由土地使用者向国家支付土地使用权出让金;通过划拨方式取得土地使用权,是指国家为了支持或照顾公益性事业或特殊行业的发展,而对其建设项目用地采用的特殊的供地方式。

2. 土地管理的监督检查

我国《土地管理法》规定,县级以上人民政府土地行政管理部门对违反土地管理法律法规的行为进行监督检查。该部门有权依法采取措施,履行监督检查职责,有关单位和个人应当支持配合监督检查。该部门在监督检查工作中发现国家工作人员的违法行为的,应当依法给予行政处分;对于自己无权处理的,应当依法建议行政监察机关予以处理。该部门在监督检查工作中发现土地违法行为构成犯罪的,应当将案件移送有关机关,依法追究刑事责任。

（三）房地产管理领域法律制度

1. 房地产开发用地管理法律制度

房地产开发用地管理法律制度包括土地使用权出让和土地使用权划拨。涉及土地使用权出让方面的法律制度有:禁止除集体经营性建设用地使用权以外的其他集体土地使用权的有偿出让;土地使用权出让,必须符合土地利用总体规划、城市规划和年度建设用地计划,必须拟订年度出让土地使用权总面积方案,必须依照法定程序报批。土地使用权出让原则上应当采取拍卖、招标或者挂牌出让的方式,只有在符合法定条件下才可以协议出让。

就土地使用权划拨方面的法律制度而言,下列建设用地的土地使用权,确属必需的,可以由县级以上人民政府依法批准划拨:国家机关用地和军事用地;城市基础设施用地和公益事业用地;国家重点扶持的能源、交通、水利等项目用地;法律、行政法规规定的其他用地。

2. 房地产开发经营管理法律制度

房地产开发经营,是指房地产开发企业在城市规划区内国有土地上进行基础设施建设、房屋建设,并转让房地产开发项目或者销售、出租商品房的行为。我国相关法律对房地产开发企业设立的程序作了明确规定,具体包括办理工商企业的登记程序、向主管部门备案的程序以及资质等级的核定程序。

3. 房地产交易管理法律制度

房地产交易管理法律制度涉及房地产的转让、抵押以及租赁等方面。

房地产转让必须具备以下条件:(1)转让方与受让方均需具有合法资格;(2)房地产转让的客体必须符合法定要求;(3)签订书面合同;(4)办理登记过户手续。同时,为了保障商品房预售秩序,我国相关法律对商品房预售应当符合的条件和核发商品房预售许可证等作了明确的规定。

关于房地产抵押,是指抵押人以其合法的房地产以不转移占有的方式向抵押权人提供债务履行担保的行为。债务人不履行债务时,抵押权人有权依法以抵押的房地产拍卖所得的价款优先受偿。

关于房屋租赁,出租人和承租人应当签订书面租赁合同,约定租赁期限、租赁用途、租赁价格、修缮责任等条款,以及双方的其他权利和义务,并向房地产管理部门登记备案。租赁期限六个月以上的,应当采用书面形式。当事人未采用书面形式的,视为不定期租赁。

4. 房地产权属登记管理法律制度

房地产权属登记管理,是指法律规定的管理机构对房地产的权属状况进行持续的记录。相关制度涉及国有土地使用权和房屋所有权在内的不动产首次登记、移转登记和抵押登记等内容。自 2015 年以后,国有土地的权属登记和房屋权属登记逐渐合并为不动产登记,实现了登记机构、登记簿册、登记依据和信息平台的统一。

六、财政税收法律制度

(一)财政税收领域法律制度概述

财政税收领域法律制度具有规范理财行为、促进社会公平、保障经济发展的重要作用。其中,财政是指国家为满足公共需要而筹集和供给经费和资金的收支活动;税收,是指国家为实现其职能而依法参与国民收入分配与再分配、取得财政收入的一种形式。

财政税收领域法律制度包括财政法律制度和税收法律制度两个方面的内

容。其中，财政法律制度涉及预算法、公债法、政府采购法和转移支付法等内容；税收法律制度涉及流转税法、所得税法、财产税法、进出口税法等税收实体法以及税收程序法等方面的内容。

（二）财政法律制度

1. 预算法律制度

预算，是按照法定程序编制、审批的政府年度财政收支计划，它反映了政府活动的范围、方向和政策。

在我国，预算管理职权分为两类：一类是中央预算权，即中央权力机关、行政机关和其他中央机关部门享有的预算权；一类是地方预算权，即地方各级权力机关、行政机关及其各部门预算单位享有的预算权。与预算管理职权密切相关的是预算收支范围，我国《预算法》规定了一般公共预算的收支范围，同时，政府性基金预算、国有资本经营预算和社会保险基金预算的收支范围则按照法律、行政法规和国务院的规定执行。

我国预算法律制度包括以下几个方面的内容：预算编制法律制度；预算审批法律制度；预算执行法律制度；预算调整法律制度；决算法律制度；预算监督法律制度。此外，《预算法》还规定了预算法律责任，预算法主体若违反预算法规定的义务，应承担相应的法律后果。

2. 公债法律制度

公债法律制度分为国债法律制度和地方债法律制度。

就国债法律制度而言，我国尚需制定《国债法》，以适应国债市场发展的需要。从国债法的原理和既有规定来看，国债法律制度包括国债发行制度、国债转让制度、国债偿还制度以及国债管理制度等内容。

就地方债法律制度而言，我国修改后的《预算法》保持了对地方债的谨慎性，着力从举债有度、监管到位、风险可控等几个方面建立地方发债权的规范机制，以此防范地方财政风险的累积以致影响政府或国家信用。

3. 政府采购法律制度

政府采购，是指各级国家机关、事业单位和团体组织使用财政性资金获得货物、工程和服务的行为。根据我国《政府采购法》，政府采购当事人包括采购人、供应商和采购代理机构等。政府采购采用公开招标、邀请招标、竞争性谈判、单一来源采购、询价以及国务院政府采购监督管理部门认定的其他采购方式。政府采购合同适用我国《合同法》的规定。对于政府采购争议的解决，我国《政府采购法》规定了询问、质疑、投诉、行政复议或者诉讼的解决途径。

4. 转移支付法律制度

我国转移支付法的主要内容包括：(1)一般性转移支付，其类型又分为具有实现政府间财力均衡与基本公共服务均等化作用的“均衡性转移支付”，以及“民族地区转移支付”；(2)专项转移支付，这是拨款者在某种程度上指定了资金用途、具有专款专用特征的一类转移支付；(3)中央对地方税收返还。值得注意的是，税收返还与转移支付本身不是一个类型，其是在特定改革项目中中央为争取地方支持、弥补地方财力损失而对地方所做的返还。①

(三)税收法律制度

1. 流转税法律制度

流转税，是指以纳税人的商品流转额(即购销商品的货币金额)和非商品流转额(即劳务收入或服务性业务收入金额)为征税对象的一类税收。我国于2016年5月1日完成“营改增”改革之后，流转税仅包括增值税和消费税两大税种。

增值税，是指以生产经营过程中产生的增值额为课税对象征收的一种税。我国的增值税制度体现为《增值税暂行条例》及其配套的法规、规章。我国增值税的纳税主体是在我国境内销售货物、提供应税劳务以及进口货物的单位和个人；增值税的征税范围包括销售货物、提供应税劳务和进口货物。

消费税，是指以特定消费品为课税对象所征收的一种税。我国的消费税制度体现为《消费税暂行条例》及其配套的法规、规章。我国消费税的纳税主体是在我国境内生产、委托加工和进口应税消费品的单位和个人；消费税的征税范围是指消费税法规定的征收消费税的消费品及消费行为的种类。

2. 所得税法律制度

所得税，是指以纳税人在一定期间内的纯所得额为征税对象的税收。我

---

① 参见刘剑文、熊伟：《财政税收法》(第七版)，法律出版社2017年版，第95—96、125—127、139页。

国的所得税由个人所得税和企业所得税构成。

个人所得税，是指以个人应税所得为征税对象的一种税。我国的个人所得税制度体现为我国《个人所得税法》及其配套的法规、规章。我国个人所得税的纳税主体是居民纳税人和非居民纳税人。其中，居民纳税人，是指在中国境内有住所，或者无住所而在境内居住满一年的个人；非居民纳税人，是指在中国境内无住所又不居住，或者无住所而在境内居住不满一年的个人。个人所得税的征税对象是：工资、薪金所得；个体工商户的生产、经营所得；对企事业单位的承包经营、承租经营所得；劳务报酬所得；稿酬所得；特许权使用费所得；利息、股息、红利所得；财产租赁所得；财产转让所得；偶然所得；经国务院财政部门确定征税的其他所得。在税率方面，前述征税对象的前三类所得适用超额累进税率，其他各类所得适用比例税率。

企业所得税，是指以企业或其他组织应税所得为征税对象的一种税。我国的企业所得税制度体现为我国《企业所得税法》及其配套的法规、规章。我国企业所得税的纳税主体是在我国境内的企业和其他取得收入的组织。企业所得税的征税对象是：销售货物收入；提供劳务收入；转让财产收入；股息、红利等权益性投资收益；利息收入；租金收入；特许权使用费收入；接受捐赠收入；其他收入。在税率方面，企业所得税的税率有普通税率和优惠税率之分。国家对重点扶持和鼓励发展的产业和项目，给予企业所得税优惠。

3. 财产税法律制度

财产税，是以纳税人所拥有或支配的某些财产为征税对象的一类税。此处所说的财产，既包括劳动产品、自然资源等有形财产，也包括版权、专利权等无形财产。在我国，财产税法律制度是由八种税法构成的一个税系，主要包括：房产税法，契税法，车船税法，印花税法，资源税法，城镇土地使用税法，土地增值税法以及耕地占用税法。

4. 进出口税法律制度

总体而言，一国税收分为进出口税和内地税。其中，进出口税针对进出口环节而征收，内地税针对国内的流转额、所得额或财产征收。我国在进出口环节征收增值税、消费税、关税、船舶吨税以及行李和邮递物品进口税。

5. 税收程序法律制度

在我国,税收程序法律制度包括以下几个方面的内容:其一,税务管理、税款征收、税务稽查、税务复议等行政程序;其二,规范纳税人和税务代理人关系的税务代理程序;其三,税务诉讼和涉税国家赔偿等专门的救济程序。其中,税收征纳方面程序法的表现形式主要有《税收征收管理法》和《海关进出口货物征税管理办法》等法律法规。

七、金融调控和金融监管法律制度

(一)金融调控和金融监管领域法律制度概述

金融,是"货币资金融通"的简称。金融调控,是指以中央银行制定和实施的货币政策为主导,通过调节货币供应量、利率和汇率水平,间接调控金融市场。① 金融监管,是政府通过特定的机构对金融交易行为主体所作的某种限制或规定。

金融调控法律制度是政府实施金融调控的主要法律手段,中央银行法律制度是其中的主要法律制度之一。金融监管法律制度是政府实施金融监管的主要法律手段,主要涉及银行业、证券业、保险业等方面的监管法律制度。

(二)金融调控法律制度

1. 中央银行调控法律制度

(1)中央银行的法律地位和调控职能

在我国,《中国人民银行法》确认了中国人民银行作为中央银行的法律地位。中国人民银行通过履行法定的职能和职责,体现其作为中央银行的法律地位。其职能包括:宏观调控职能、服务职能、监管职能;其职责包括:发布和履行与其职责有关的命令和规章、依法制定和执行货币政策等 13 项职责。

(2)中央银行制定和实施的货币政策

制定和实施货币政策是中央银行实现其金融调控职能的核心所在。货币政策包括信贷政策、利率政策和外汇政策。我国的货币政策目标是保持货币币值的稳定,并以此促进经济增长。我国中央银行可以运用的货币政策工具

① 参见《经济法学》编写组:《经济法学》,高等教育出版社 2016 年版,第 221 页。

包括六种，即存款准备金政策，基准利率政策，再贴现政策，再贷款政策，公开市场政策以及其他货币政策工具。

(3)货币发行的基本制度

我国授权中国人民银行具体负责全国货币发行工作。人民币是我国的法定货币；我国对人民币的发行实行集中统一发行原则，以确保正常的货币金融秩序。

2. 其他金融调控法律制度

除了中央银行调控法律制度之外，还存在逆周期金融宏观审慎管理制度和外汇管理法调控制度。

逆周期金融宏观审慎管理制度的作用在于，运用审慎工具对金融系统整体风险及其对宏观经济的影响进行识别、监测和处置，以防范系统性风险的累积和集中，维护金融体系整体稳定。

外汇管理法调控制度的作用在于，国家通过外汇管理法监管外汇市场，规范国家外汇经营，促进与保持汇率稳定。①

（三）金融监管法律制度

1. 银行业监管法律制度

2018 年 3 月，第十三届全国人民代表大会第一次会议表决通过了关于国务院机构改革方案的决定，设立中国银行保险监督管理委员会。其主要职责之一就是，依照法律法规统一监督管理银行业，维护银行业合法、稳健运行，防范和化解金融风险，保护金融消费者合法权益，维护金融稳定。

根据我国《银行业监督管理法》的规定，国务院银行业监督管理机构对商业银行、金融资产管理公司、信托投资公司、财务公司、金融租赁公司、境外设立的金融机构等金融机构及其金融活动进行监管。

银行业监督管理的措施包括：(1)要求银行业金融机构报送书面资料；(2)现场检查；(3)监管谈话；(4)责令依法披露信息；(5)对违法行为的处理、处罚措施；(6)对银行业金融机构实行监管、重组或撤销；(7)查询、申请冻结

---

① 参见刘文华主编：《经济法》(第五版)，中国人民大学出版社 2017 年版，第 422—427 页。

有关机构及人员的账户;(8)询问有关单位或者个人及查阅、复制、先行登记保存文件、资料。

违反银行业监督管理法的法律责任可分为行政责任和刑事责任;从处罚对象上看,可分为从事监督管理工作的人员违法的法律责任、银行业金融机构违法的法律责任以及涉嫌违法事项有关单位和个人的法律责任。

2. 证券业监管法律制度

根据我国《证券法》的规定,国务院证券监督管理机构依法对全国证券市场实行集中统一监督管理。国务院证券监督管理机构根据需要,可以设立派出机构,按照授权履行监督管理职责。

国务院证券监督管理机构涉及的监管对象包括:证券发行监管、证券上市监管、证券交易监管。其中,证券发行监管涉及:股票发行条件监管,股票发行审核,发行中的信息披露监管。证券上市监管涉及:上市公司资格监管,上市阶段的信息披露监管。证券交易监管涉及:证券交易的一般规定,内幕交易监管,证券交易中的持续信息披露监管。

随着我国金融业混业经营趋势的日益发展,证券业务监管还体现在对证券公司进入银行间同业市场的监管以及对证券公司发行短期融资券的监管。

3. 保险业监管法律制度

根据2018年第十三届全国人民代表大会第一次会议表决通过的关于国务院机构改革方案的决定,中国银行保险监督管理委员会依照法律法规统一监督管理保险业,维护保险业合法、稳健运行,防范和化解金融风险,保护金融消费者合法权益,维护金融稳定。

根据我国《保险法》的规定,国务院保险监督管理机构依法对保险业实施监督管理。国务院保险监督管理机构根据履行职责的需要,设立派出机构。派出机构按照国务院保险监督管理机构的授权履行监督管理职责。

国务院保险监督管理机构的监管对象包括:保险行业中的各类经营主体及其经营行为。其中,对保险公司的监管涉及:主体资格监管,保险公司资金运用监管,保险公司偿付能力与风险防范监管。对保险代理人的监管涉及:主体资格监管,代理业务监管。

随着我国金融业混业经营趋势的日益发展,保险业务监管还体现在对保险资金进入股票投资市场的监管以及对保险公司资金进入商业银行次级债市场的监管。

八、会计和审计法律制度

（一）会计和审计领域法律制度概述

会计，是指以货币计量为手段，采用专门的方法对社会组织的财务收支和经济业务进行记录、核算和监督的活动。审计，是指由专职机构和专业人员依法对规定的单位的财政收支或财务收支进行审核、评价的经济监督活动。①

会计法律制度是调整会计核算、会计监督等会计关系的法律规范的总称，主要包括会计机构和会计人员制度、会计核算制度和会计监督制度。

审计法律制度是调整国家审计机关在对财政收支或财务收支进行审计监督过程中发生的审计关系的法律规范的总称，主要包括审计机关和审计人员制度、国家审计机关审计管辖制度和审计程序制度。

（二）会计法律制度

1. 会计机构和会计人员制度

我国《会计法》规定，各单位应当根据会计业务的需要，设置会计机构、配备会计人员；不具备设置条件的，应当委托符合规定条件的社会中介机构代理记账；会计机构内部应当建立稽核制度，会计人员应当具备相应的专业能力和遵守职业道德。

国有的和国有资产占控股地位或者主导地位的大、中型企业必须设置总会计师。总会计师的任职资格、任免程序、职责权限由国务院规定。

2. 会计核算制度

会计核算主要是指会计工作中的记账、算账、报账。会计核算的方法包括：设置会计账户和会计账簿、复式记账、填制和审核会计凭证、登记会计账簿、成本计算、财产清查、编制财务会计报告、进行财务分析等。

3. 会计监督制度

会计监督制度包括以下三个方面内容：(1)单位内部会计监督制度，这主

① 参见李昌麒主编：《经济法学》(第三版)，法律出版社2016年版，第508、519页。

要是单位结合具体情况对会计工作、会计资料及其反映的经济活动进行监督；(2)社会监督，这主要是社会中介组织、社会公众和社会舆论等对会计核算所作的监督；(3)国家监督，这是指财政、审计、税务、中国人民银行、证券监管等部门代表国家对各单位会计工作进行的监督。

(三)审计法律制度

1. 审计机关和审计人员制度

我国《审计法》《审计法实施条例》及《国家审计准则》均有涉及审计机关和审计人员制度的规定。

我国审计机构由国家审计机关、内部审计机构和社会审计组织三部分组成。审计机关进行审计监督的职责包括：财政审计，国有资本占控股地位或者主导地位的企业、金融机构的审计，国家事业组织的审计，国家建设项目的审计，专项资金、捐赠、基金、援助、贷款的审计，由其他法律法规规定的审计事项的审计和专项审计。

审计人员应当具备与其从事的审计工作相适应的专业知识和业务能力。审计人员办理审计事项，与被审计单位或者审计事项有利害关系的，应当回避。审计人员对其在执行职务中知悉的国家秘密和被审计单位的商业秘密，负有保密的义务。审计人员依法执行职务，受法律保护。

2. 国家审计机关审计管辖制度

国家审计机关的管辖范围遵循四项原则：(1)根据被审计单位的财政、财务隶属关系来确定审计管辖范围；(2)根据国有资产监督管理关系来确定审计管辖范围；(3)审计机关对审计管辖范围有争议的，由其共同的上级审计机关确定；(4)上级审计机关可以将其审计管辖范围内的审计事项，授权下级审计机关进行审计，上级审计机关对下级审计机关审计管辖范围内的重大审计事项可以直接进行审计。

3. 审计程序制度

审计程序是审计机关、审计人员和被审计单位在审计监督过程中必须遵循的法定程序，具体包括：组成审计组，送达审计通知书；审计人员进行审计，取得证明材料；审计组提出审计报告；审计机关审议审计组的审计报告，提出自己的审计报告，依法作出审计决定或者提出处理、处罚的意见，送达审计报告和审计决定;审计决定的变更或者撤销。

九、对外贸易法律制度

(一)对外贸易领域法律制度概述

对外贸易,亦称进出口贸易,或者外贸,是指货物进出口、技术进出口和国际服务贸易。

我国对外贸易领域法律制度主要包括《对外贸易法》《反倾销条例》《反补贴条例》《保障措施条例》《海关法》等法律文本;同时,对外贸易领域的活动还应遵守我国缔结、参加的有关国际经济贸易方面的国际条约和通行的国际惯例。

(二)对外贸易法

我国的《对外贸易法》是对外贸易领域的法律基础和支柱,其立法宗旨是“扩大对外开放,发展对外贸易,维护对外贸易秩序,保护对外贸易经营者的合法权益,促进社会主义市场经济的健康发展”。

在我国,对外贸易经营者,是指依法办理工商登记或者其他执业手续,依照《对外贸易法》和其他有关法律、行政法规的规定从事对外贸易经营活动的法人、其他组织或者个人。从事货物进出口或者技术进出口的对外贸易经营者,应当向国务院对外贸易主管部门或者其委托的机构办理备案登记;但是,法律、行政法规和国务院对外贸易主管部门规定不需要备案登记的除外。从事国际服务贸易的对外贸易经营者,应当遵守《对外贸易法》和其他有关法律、行政法规的规定。

在货物与技术进出口制度方面,国家准许货物与技术的自由进出口,但是,法律、行政法规另有规定的除外。国家基于某些原因,可以限制或者禁止有关货物、技术的进出口;国家对限制进出口的货物实行配额、许可证等方式管理,对限制进出口的技术实行许可证管理;对部分进口货物可以实行关税配额管理。

在国际服务贸易制度方面,我国根据所缔结或者参加的国际条约、协定中所作的承诺,给予其他缔约方、参加方市场准入和国民待遇。国家基于某些原因,可以限制或者禁止有关的国际服务贸易。

在对外贸易秩序方面，国家反对对外贸易经营活动中的垄断行为、不正当竞争行为以及其他违法行为。为了维护对外贸易秩序，国务院对外贸易主管部门可以依照法律、行政法规的规定进行对外贸易调查。根据对外贸易调查结果，国家可以采取反倾销、反补贴、保障措施等对外贸易救济措施。

（三）与对外贸易制度相关的中国"一带一路"愿景与行动规划

与对外贸易制度相关的一项重要国家规划就是中国"一带一路"愿景与行动规划。2015 年 3 月，中国政府发布了《推动共建丝绸之路经济带和 21 世纪海上丝绸之路的愿景与行动》这一国家级长远规划。

该规划与对外贸易相关的内容①有：在"合作重点"方面，以政策沟通、设施联通、贸易畅通、资金融通、民心相通为主要内容；在"合作机制"方面，积极利用现有双多边合作机制，推动"一带一路"建设，促进区域合作蓬勃发展；在"中国各地方开放态势"方面，充分发挥国内各地区比较优势，实行更加积极主动的开放战略，加强东中西互动合作，全面提升开放型经济水平；在"中国积极行动"方面，实施一系列政策措施，包括：高层引领推动，签署合作框架，推动项目建设，完善政策措施，发挥平台作用。

第三节　法治经济建设领域的典型案例透视

一、市场准入与市场退出

【典型案例】②H 公司主要经营工程塑料、塑胶模具等生产、批发业务。2015 年 5 月，H 公司因经营不善、资金链断裂等问题被迫停业，继而引发 1384 宗案件经诉讼或仲裁后相继进入强制执行程序。在执行过程中，S 市 B 区人民法院查明，H 公司名下的财产除银行存款和机器设备拍卖款外，无其他可供执行的财产，员工债权因查封顺序在后，拍卖款受偿无望，执行程序陷入僵局。2017 年 2 月 23 日，B 区人民法院征得申请执行人同意后，将其所涉 H 公司执

① 《推动共建丝绸之路经济带和 21 世纪海上丝绸之路的愿景与行动》（经国务院授权，由国家发展和改革委员会、外交部、商务部联署发布），2015 年 3 月 28 日。

② 参见广东省深圳市中级人民法院（2017）粤 03 破 45 号之二民事裁定书、广东省深圳市中级人民法院（2017）粤 03 破 45 号之四民事裁定书。

行案移送破产审查。2017 年 4 月 5 日,S 市中级人民法院裁定受理 H 公司破产清算案,H 公司其他执行案件相应中止,所涉债权债务关系统一纳入破产清算程序中处理。2017 年 6 月 28 日,S 市中级人民法院依法宣告 H 公司破产;2017 年 12 月 29 日,依法裁定终结 H 公司破产清算程序。

【法律透视】本案涉及公司的市场退出问题。本案通过执行不能案件移送破产审查,从而有效化解了执行积案,保护了相关利益方的合法权益,解决了"执行难"问题。通过执行与破产的有序衔接,对生病企业精准救治、及时清理,使执行和破产两种制度的价值得到最有效的发挥,体现了司法程序在解决市场退出问题中的积极作用。

二、维护竞争

【典型案例】①2017 年初,国家发展改革委接到举报,反映部分聚氯乙烯树脂(其英文简称"PVC",PVC 被广泛应用在建筑建材、医疗器械、家用电器等领域)经营者实施价格垄断,联合推高 PVC 销售价格,加重了以其为原材料的下游企业成本负担,损害了消费者合法权益。接到举报后,国家发展改革委随即开展了反垄断调查。调查显示,2016 年 3 月至 12 月期间,涉案企业以"X 氯碱联合体"的名义先后召开 6 次会议,交流市场行情、讨论产量销量,并通过微信群达成了 13 次价格垄断协议,共同联手推高了 PVC 售价。其中 H 集团有限责任公司、Z 集团有限公司分别作为"秘书长单位"和"理事长单位",先后牵头组织了"X 氯碱联合体"的 6 次会议,并通过微信群多次主动提议涨价,在案件中起主导作用。其他 16 家涉案企业参加了"X 氯碱联合体"会议,并在微信群中响应、支持上述两家牵头单位发出的涨价提议。在实际销售过程中,所有涉案企业均实施了达成的垄断协议。涉案企业的上述行为违反了《反垄断法》,国家发展改革委于 2017 年 9 月依法对 18 家涉案企业处以 2016 年度相关市场销售额 1%—2%的罚款,共计 4.57 亿元。

【法律透视】本案涉及对违法垄断协议行为进行反垄断法律规制的问题。

① 参见 2017 年 9 月 27 日,国家发展和改革委员会网站发布的"18 家聚氯乙烯树脂经营者实施价格垄断被依法查处"案例。

本案中，涉案企业的违法行为对市场竞争秩序、下游经营者和消费者权益均造成了损害。一是排除限制了市场竞争。违法行为严重排除、限制了PVC市场的竞争秩序。二是加重了下游企业成本负担。违法行为推高了PVC售价，加重了以其为原材料的相关企业成本负担。三是损害了消费者合法权益。PVC售价快速上涨，导致下游家具建材、家用电器、建筑型材等产品的价格上涨，增加了消费者的负担，损害了消费者的合法权益。根据《反垄断法》规制垄断协议的规定，涉案企业应承担相应的法律责任。

三、消费者保护和产品质量

【典型案例】①2012年8月9日，李某在淘宝网购买了X公司销售的白酒6瓶，网上商品页面描述为[白酒中国名牌52度W酒(1618)500ml特价]，成交价为8349元。交易完成后李某查询上述网页发现，其购买的白酒在X公司的淘宝店铺中标注的商品“特价和原价”相等，于是向B市价格举报中心举报。之后，李某与X公司达成《谅解协议书》，约定双方于协议签订后5日内完成退货、退款手续，X公司赔偿李某8394元，如一方违约，承担总金额20%的违约金。因X公司未履行该协议，李某诉至J省B县人民法院，请求X公司赔偿8394元并承担违约金1678.8元。受诉法院认为，X公司以网上销售的是特价商品来误导消费者，其行为已构成欺诈，依法应当承担法律责任。

【法律透视】本案涉及网购中的消费者保护问题。实践中，电商作为销售者，在利用他人的网络平台销售货物过程中实施了欺诈行为，交易后与消费者达成赔偿协议而不履行，消费者有权请求销售者依照协议承担赔偿责任。

四、固定资产投资

【典型案例】②近年来，S省认真落实国家鼓励民间投资的政策措施。为促进制造业民间投资，S省在创造投资平台吸引社会投资、实施战略规划引领

① 参见2015年6月15日最高人民法院发布10起消费者维权典型案例：(2013)滨商初字第0676号。

② 参见2018年1月31日，国家发展和改革委员会网站发布的“S省促进制造业民间投资增长的经验做法”例。

实体投资、创新机制模式强化要素保障、完善政策体系提振投资信心、优化政务服务改善投资环境等方面采取了一系列措施。其中，在完善政策体系提振投资信心方面，S省及时全面贯彻落实“非公经济36条”“民间投资36条”“鼓励社会投资39条”“激发民间有效投资10条”等党中央、国务院促进民间投资的一系列政策措施，出台《促进民营企业建立现代企业制度实施方案》《进一步促进民间投资健康发展的意见》，即将印发《完善产权保护制度依法保护产权的实施方案》和《S省营造企业家健康成长环境弘扬优秀企业家精神更好发挥企业家作用的实施意见》，启动制定《民营企业合法权益保护办法》，持续不断加大政策扶持力度。同时，2017年S省政府建立民营经济工作例会制度，把民营经济增加值占GDP比重、民间投资占全社会投资比重纳入对市（州）年度目标考核，有力增强了社会投资者信心和市场预期。

【法律透视】本案涉及地方政府依靠法治思维和法治方式推进固定资产投资工作的经验做法问题。本案中，S省为落实国家在固定资产投资领域鼓励民间投资的部署，在遵守中央层级促进民间投资的政策措施基础上，通过制定一系列鼓励民间投资的地方性规范性文件，来明晰地方政府鼓励民间投资的具体领域、具体路径、具体做法，从而有助于规范该省各级地方政府鼓励民间投资的行为，确保各级地方政府鼓励民间投资行为的规范性、一致性和可操作性，进而实现相应的政策目标。

五、土地和房地产管理

【典型案例】①2006年1月，N居委会与H房地产开发公司签订《T市N村旧村改造合同书》，约定双方对N村村庄进行综合改造，部分用于回迁，部分用于平价购买，部分由H公司用于销售；H公司有权销售回迁安置剩余部分楼房，收益归H公司等。该综合改造项目已经过当地政府规划审批，用于开发的土地性质为集体所有。S省高级人民法院二审认定，双方构成合作开发房地产合同关系，因开发和销售楼房所涉土地性质为农民集体所有，未依法办理征收、出让等相关手续，故判决《T市N村旧村改造合同书》无效。H公

① 参见中华人民共和国最高人民法院（2013）民申字第252号民事裁定书。

司不服S省高院判决，向最高人民法院申请再审。最高人民法院裁定驳回H公司的再审申请。

【法律透视】本案涉及在房地产开发过程中对未依法办理土地征收、出让等相关手续情形进行处理的问题。本案中，双方在合同订立前及履行中，对N村村庄进行的综合改造经过了当地政府规划审批，但对开发和销售楼房所涉土地并未依法办理征收、出让等相关手续，性质仍为农民集体所有，违反了我国《土地管理法》第43条第1款的相关规定。据此，最高人民法院认为，二审判决《T市N村旧村改造合同书》无效，适用法律正确。

六、财政税收

【典型案例】①2014年5月，A地区地税局稽查局对T公司2010年1月1日至2013年12月31日的纳税情况进行了检查，查实该公司采取不进行纳税申报的手段，造成少申报缴纳房产税3.84万元，企业所得税385.48万元，以上合计少缴纳税款389.32万元。对该公司的税收违法行为，根据我国《税收征收管理法》的相关规定，A地区地税局稽查局追缴其少缴地方各税389.32万元，并对该公司少缴的地方各税从滞纳税款之日起按日加收滞纳金、处以罚款35.4万元。A地区地税局稽查局向该公司送达了《税务处理决定书》和《税务行政处罚决定书》，纳税人已缴纳税款63.43万元、罚款5.61万元。

【法律透视】本案涉及对企业税收违法行为进行依法处理的问题。本案中，该公司本应对其合法经营收入及其特定财产依照《企业所得税法》等税收法律制度缴纳税款，但其采取不进行纳税申报的违反税法行为造成少申报缴纳税款。当地地税局稽查局根据我国《税收征收管理法》第32条、第64条第2款和第69条的规定，对其进行税务行政处罚，使其承担相关的法律责任。

七、金融调控和金融监管

【典型案例】②2016年12月20日，Q集团下属的2家公司在C平台发行

① 《2016重大税收违法案件实例》，《新疆日报》2016年4月30日。

② 《银监会依法查处广发银行违规担保案件》，2017年12月8日，见http://www.cbrc.gov.cn/chinese/home/docView/B86286323D2B44F1B1134330927403BE.html。

的10亿元私募债到期无法兑付，该私募债由Z财险公司提供保证保险，但该公司称G银行H分行为其出具了兜底保函。之后10多家金融机构拿着兜底保函等协议，先后向G银行询问并主张债权。由此暴露出G银行H分行员工与Q集团人员内外勾结、私刻公章、违规担保案件，涉案金额约120亿元，其中银行业金融机构约100亿元，主要用于掩盖该行的巨额不良资产和经营损失。案发后，银监会高度重视，对G银行的违法违规行为进行查处，并作出处罚：机构方面，对G银行总行、H分行及其他分支机构的违法违规行为罚款和没收违法所得合计7.22亿元；人员方面，对G银行H分行相关高管、涉案员工、对G银行总行负有管理责任的高级管理人员给予依法处罚。

【法律透视】本案涉及对商业银行违法经营的监管问题。本案中，G银行存在着内控制度不健全，经营理念偏差，员工法纪意识、合规意识、风险意识薄弱，严重违反法律法规等多方面问题。对此，银监会经过立案、调查、审理、审议、告知、陈述申辩意见复核等一系列法定程序后，向该行发出行政处罚决定书，依法查处G银行H分行违规担保案件。

八、会计和审计

【典型案例】①2015年4月，审计署在审计中重点关注了S市保障性安居工程项目建设，深入S市部分区县审计保障性安居工程的政策落实和推进建设情况。审计发现，S市部分政府部门出台文件，对用于旧区改造征收的安置房等保障性住房仍收取城市基础设施配套费，未落实国家和S市政府关于保障性住房收费减免政策，抽查的2个项目已征收逾亿元。审计署在当月的审计报告里反映了该问题并提出了审计整改要求，并于2015年5月对此问题进行了公告。S市人民政府对此高度重视，要求市相关部门抓紧研究，制定整改方案，并积极落实整改。

【法律透视】本案涉及审计监督中以审计促进整改的问题。本案中，S市住房保障和房屋管理局会同S市发展改革、财政和建设等部门积极推进审计

① 《审计署跟踪稳增长等措施落实公布7个典型案例》，2015年10月8日，见http://www.chinanews.com/cj/2015/10-08/7558231.shtml。

整改工作，一是停止收取此项城市基础设施配套费，二是为确保配套设施与住宅同步建设、同步交付，免收“市政公建配套分摊费”。审计组则跟踪监督整改工作推进情况，切实推动整改到位。

九、对外贸易

【典型案例】[①]2016 年 3 月 7 日，D 海关对外通报一起涉嫌虚假贸易案。该海关依托风险分析，查获涉嫌虚假贸易出口假睫毛案。据介绍，涉案的假睫毛申报数量为 39000 件，货值约 70 万元人民币，而实际出口数量仅为 7800 件，货值 13 万元，为申报数量的五分之一左右，企业涉嫌以伪报数量方式从事虚假贸易。2016 年，海关总署开展“国门利剑 2016”联合专项行动，加强了对出口申报不实等虚假贸易案件的查办。

【法律透视】本案涉及就对外贸易领域的虚假贸易行为进行监管的问题。虚假贸易，主要是指以假出口等手段套取汇差、利差牟利，以及通过在数量上多报少出、高报出口价格等手段骗取出口补贴、奖励及出口退税牟利的贸易行为。这一行为严重影响国家对经济贸易形势的研判和决策，阻碍对外贸易持续健康发展。打击虚假贸易，是海关保证准确反映外贸运行状况、促进外贸健康持续发展的重要举措。

【拓展阅读】

1.《经济法学》编写组：《经济法学》，高等教育出版社 2016 年版。

2. 李昌麒主编：《经济法学》（第三版），法律出版社 2016 年版。

3. 杨紫烜、徐杰主编：《经济法学》（第七版），北京大学出版社 2015 年版。

4. 刘文华主编：《经济法》（第五版），中国人民大学出版社 2017 年版。

【思考题】

1. 简述公司的设立。

---

① 《大连海关查获涉嫌虚假贸易出口案》，2016 年 3 月 7 日，见 http://www.customs.gov.cn/ publish/portal0/tab65602/info788230.htm。

2. 简述我国《反垄断法》所规制的垄断行为种类。

3. 简述固定资产投资主体的主要类型。

4. 简述房地产开发用地管理法律制度的主要内容。

5. 简述政府采购法律制度的主要内容。

6. 简述银行业监督管理的措施。

7. 简述《对外贸易法》的立法宗旨。

第九章　建设生态文明

【内容导读】　本章主要介绍领导干部应当熟悉的建设生态文明的基本理论、重要法律和政策。本章的重点是：深刻把握习近平生态文明思想的主要内容，正确理解推进绿色发展、环境污染防治、自然资源及生态保护、生态环境责任追究的重要法律和政策，从而在日常工作中自觉运用生态文明的原理，将生态文明的理念和法律政策贯彻到工作的各个方面，严守生态红线，推进美丽中国建设。

第一节　新时代中国特色社会主义理论的生态文明观

一、生态文明的基本原理

（一）生态文明的含义

生态文明又称绿色文明，是指人类遵循自然生态规律和社会经济发展规律，为实现人与自然的和谐相处，以环境为中介的人与人和谐相处过程中取得的物质与精神成果的总和；是以人与自然及人与人和谐共生、良性循环、协调发展、持续繁荣为基本宗旨的文化伦理形态。① 作为人类文明的一种形态，生态文明首先是一种伦理观念，一种反映人与自然关系的生态伦理观念，它强调尊重自然规律、爱护自然环境、实现人与自然的和谐。生态文明包括人与自然和谐的文化价值观、生态系统可持续性前提下的生产观、既满足自身需要又不损害自然的消费观；同时，生态文明又是一种以资源环境承载力为基础、以自

① 参见汪劲：《环境法学》，北京大学出版社 2014 年版，第 159 页。

然规律为准则、以可持续发展为目标的发展方式和生活方式，它强调保护环境是发展的前提和基础，又通过发展来改善环境，实现经济、社会、环境的协调发展。

（二）生态文明的法律理念

以环境资源法律为主体的生态文明建设的基本理念是指合乎自然生态规律、社会经济规律和环境规律的基本观念。它既是环境与资源法学的灵魂，是构建环境资源法学理论体系和生态文明法律体系的出发点，也是各种环境资源法律所体现的基本理念的总和和概括，生态文明的法律理念主要体现在以下几个方面：

1. 尊重自然、顺应自然、保护自然的理念

十九大报告、十九大通过的新党章、《中共中央国务院关于加快推进生态文明建设的意见》（2015 年 4 月）、中共中央国务院印发的《生态文明体制改革总体方案》（2015 年 9 月）等政策法律文件均强调要树立"尊重自然、顺应自然、保护自然"的生态文明理念。所谓尊重自然，是指尊重大自然的本性、生命力和内在价值，是将大自然视为人类生态系统共同体的一员，甚至将大自然视为自己父母的一种谦恭态度和方式。人类只有根据自然本身的价值和对人类的极度重要性，才会有对大自然的真正尊重。大自然是人类赖以生存发展的物质基础和基本条件，尊重自然的原则体现了人们对自然生态系统的正确理解，体现了人们对大自然的终极关怀态度。所谓顺应自然，是指认识和遵循大自然的固有规律，包括其物质循环、能源流动和新陈代谢等内在规律，按照大自然的运行方式从事利用自然的活动。所谓保护自然，是指保护、维护大自然的完整性、多样性和生命力，防治污染环境、破坏生态、浪费资源和灭绝物种的人为活动。生态文明建设不仅影响经济持续健康发展，也关系到政治和社会建设，"尊重自然、顺应自然、保护自然"作为生态文明的基本理念，不仅要贯彻到生态文明建设的全过程，而且要融入经济建设、政治建设、文化建设、社会建设各个方面和全过程。

2. 发展和保护相统一的理念

中共中央国务院印发的《生态文明体制改革总体方案》（2015 年 9 月）强调，"树立发展和保护相统一的理念，坚持发展是硬道理的战略思想，发展必

须是绿色发展、循环发展、低碳发展，平衡好发展和保护的关系，按照主体功能定位控制开发强度，调整空间结构，给子孙后代留下天蓝、地绿、水净的美好家园，实现发展与保护的内在统一、相互促进。”按照生态文明观，发展是指建立在环境承载力基础上的发展，是指顺应自然规律的科学发展，是指可持续发展、协调发展、绿色发展、循环发展和低碳发展；保护是指顺应自然规律的科学保护、合理保护，是指按照主体功能定位对自然资源的合理利用、可持续利用，是给子孙后代留下可持续发展的物质基础和天蓝、地绿、水净的可持续发展空间。我国生态文明建设和生态文明法治建设的一项重要经验和成果，是提出了协调发展、和谐发展、绿色发展和可持续发展，从发展观上体现发展与保护的内在统一。绿色发展的理念说明，生态文明视野下的发展与保护存在着内在的统一关系，发展是硬道理，保护也是硬道理，生态文明追求发展与保护的统一和协调，主张发展与保护的相互促进。

（三）生态文明的法律原则

生态文明法律原则，是指以环境资源法律为主体的生态文明建设法律明确规定或者体现的，反映生态文明建设基本特点和基本政策，适用于生态文明建设领域的基本指导方针或基本准则。生态文明法律原则体现生态文明法律的理念和指导思想，反映生态文明法律的精神并成为生态文明法律的灵魂，指导着生态文明法律的规则和制度，是保障生态文明法律体系内部和谐统一的基础。

1. 协调发展原则

协调发展原则是指环境保护与经济建设和社会发展统筹规划、同步实施、协调发展，实现经济利益、社会利益和环境利益的统一。该原则体现了社会经济规律和自然生态规律，其基本要求是使发展立足于环境之上而又不超出环境的承载能力，环境保护立足于社会经济发展实际水平而又不超出社会经济实际状况。协调发展原则是解决各种利益冲突的准则，其基本要求是提倡统筹兼顾、全面规划。协调发展实际上是对经济利益、社会利益和环境利益的协调，尽可能持续地保持和维护最佳的综合利益和效益，是对代内人类利益和代际人类利益的兼顾，是代内公平和代际公平的最佳结合。该原则强调兼顾国家、集体和个人利益，是正确处理眼前、局部与长远、整体利益的指导准则。协调发展原则是我国环境资源法一贯强调的基本原则，2014 年《环境保护法》再次重申了“经济社会发展与环境保护相协调”原则（第 4 条）。环境保护与经济社会发展相协调是生态文明时代的基本特征，协调发展原则是指导人们进行经济建设、政治建设、文化建设、社会建设和生态文明建设的基础思维及核心思维。

2. 环境资源的开发、利用与保护、改善相结合的原则

该原则又称综合开发、利用、保护、治理环境资源的原则，是正确处理环境资源的开发、利用活动与保护、改善活动之间关系的指导原则，是人与自然和谐共处思想的体现。该原则明确了环境资源工作的主要任务及其关系，强调环境资源的开发、利用与保护、治理是相互影响、相互促进、相互制约的两个方面。以不适当的、不可持续的方式开发、利用环境资源，是造成环境污染破坏和资源危机的主要原因，合理开发、利用环境资源是保护和改善环境资源的基本要求。保护环境就是要对环境资源进行合理开发和利用，环境资源的开发、利用与保护、改善要相互结合和协调，要同步规划、同步实施、同步发展。该原则的核心是在环境资源领域实行可持续的生产、消费和管理方式；该原则的实质是要求在人与自然的交往中，正确处理人与自然的关系，实现人与自然的和谐共处。在环境资源领域实行可持续的生产消费和管理方式，是将环境资源的开发、利用与保护、改善结合起来的最为基本、有效的途径和手段。可持续的生产、消费和管理方式的关键是树立“合理、综合、可持续开发利用环境资源”的观念，同时要树立对环境资源事务实行“综合、协调管理”的观念，建立健全综合、协调的管理机制。

3. 预防为主、防治结合、综合治理的原则

该原则也可表述为“预防为主、防治结合、综合防治的原则”。该原则是对环境问题特点的深刻认识，是对防治环境问题的基本方法、措施的高度概括，它明确了防治环境问题的基本措施，明确了预防与治理的辩证关系，目前已经从损害预防原则发展到风险预防原则，并且实施了损害预防原则和风险预防原则的结合。该原则体现了环境保护战略和环境管理思想的精华，是建立健全环境管理法律制度体系的指导原则。该原则是对传统环境保护方法和环境管理思想的突破，重视发挥环境科学技术、清洁生产和污染源监管单位的力量和作用,是一种跨部门的多种环境介质的环境保护和管理战略。

(四)可持续发展与生态文明的关系

生态文明是可持续发展观的思想基础和精神支持,二者在本质上是统一的。可持续发展,就是要促进人与自然的和谐,实现经济发展和人口、资源、环境相协调,走生产发展、生活富裕、生态良好的文明发展道路,保证一代接一代地永续发展。其核心与本质是在实现经济发展的同时,维护和确保人类与自然的和谐共处,它超越了传统的农业文明、工业文明,追求的是一种全新的文明生态。生态文明要求打破人类中心主义观念,在开发利用自然资源的同时规范人类的行为,维护人与自然的平衡和协调发展。中国可持续发展必须以生态文明观为思想基础和精神支持,在生产和生活中、在技术创新和制度创新中都坚持生态文明取向,积极保护资源,合理而有效地开发利用资源,有效地建设生态文明,为我国的可持续发展提供良好的资源环境条件。生态文明观的确立是可持续发展的先导,合乎社会发展的规律,在生态文明观的指导下,协调人与人、人与自然的关系是实现可持续发展的保证。我国现代经济健康发展和可持续发展的基本实践,实际上是以生态文明建设为基础、以物质文明建设为中心、以精神文明建设为保证的三大文明建设互为条件、相互促进的全面协调发展的过程,是一条有中国特色的可持续发展道路。

二、习近平生态文明思想的主要内容

推进生态文明建设必须以科学的理论为指导,习近平总书记在关于生态文明建设的重要论述中,对生态文明建设的系列基础理论作了新的阐述和科学的构建,为生态文明建设提供了坚实的理论基础。

(一)绿水青山就是金山银山

习近平总书记阐述的"绿水青山就是金山银山"的重要思想,生动形象地阐明了生态环境与生态农业、生态旅游等之间的密切联系,展现了生态环境的协同发展观。习近平提出了"生态兴则文明兴,生态衰则文明衰"的科学判断,从而深刻地揭示了自然生态与人类文明相互作用的一般规律。一方面,良好的自然生态环境是人类生存发展的基础;另一方面,人类活动又对自然生态环境产生深刻的影响,甚至在一定程度上决定自然生态环境的样态和演变趋向。习近平总书记生态法治思想谋划的生态文明建设,突出了“绿色发展”在“四个全面”战略布局中的重要地位以及在统筹推进“五位一体”总体布局中的关键作用,深入回答了我国生态文明建设与其他国家战略目标间的关系。①

(二)保护生态环境就是保护生产力

习近平指出:“破坏生态环境就是破坏生产力,保护生态环境就是保护生产力,改善生态环境就是发展生产力。”这一论断深刻地阐明了自然生态环境与社会生产力之间的相互关系,体现了保护生态环境就是保护生产力的科学政绩观。良好的生态环境是社会生产力持续发展的基础,更能够促进社会生产力的发展。也就是说,它为社会生产力的发展提供良好的自然资源,为人提供了良好的生存发展的生态空间。劣质的环境污染和破坏生态环境的做法,必然会导致社会生产力衰竭,更难以促进人的全面发展。因此,我们必须要清醒地认识到,习近平关于保护和改善生态环境的科学论断,就是保护和改善生产力的科学论断,进一步丰富和发展了马克思主义的社会生产力理论,我们不仅要认清社会生产力系统的构成要素,还要充分认清社会生产力系统各要素的良性状态,充分认清各要素之间的良性互动、一体共生,对社会生产力的可持续发展具有极其重要的作用。

(三)山水林田湖草是一个生命共同体

习近平总书记提出的山水林田湖草是一个生命共同体的观点,形象生动地阐明了生态系统各要素之间相互依存、相互影响作用,是生态伦理观的重要体现。习近平指出,“人与自然的关系不和谐,也往往会影响人与人的关系,人与社会的关系”,要通过切实的具体措施,“让生产者自觉追求环保的生产方式”。如果要构建基于人与自然和谐的社会关系,那么良好的自然生态环境是生产关系良性运作和演进的基础。可以说,没有良好的生态环境,社会再生产无以实现;没有生产的可持续,社会的分配、交换、消费的可续性就无从谈起,人类的生存就会陷入困境。因此,人类的生产必须遵从合理的尺度,必须构建生态型的生产关系。生态型生产关系,既满足和体现人的发展需求,又将

① 参见吕忠梅:《习近平新时代中国特色社会主义生态法治思想研究》,《江汉论坛》2018年第1期,第21页。

促进自然生态系统的可持续进化作为基本的功能。在生态型生产关系中，既可呈现出人与人之间的利益关系的特质，又可看出人对自然生态系统的态度和情感。保护生态环境、尊重自然规律，维护山水林田湖草的生态系统多样性，是生态文明建设的重要环境，也是绿色发展的必经之路，体现了维护生命共同体的生态伦理观。

（四）良好生态环境是最普惠的民生福祉

2013 年 4 月，习近平在海南考察时指出："良好生态环境是最公平的公共产品，是最普惠的民生福祉。"显然，这一科学论述对民生福祉的内涵作了新的阐释。习近平指出："推进生态建设，也是人民群众的切身利益和根本利益所在，有利于建设优美舒适的人居环境，生产安全可靠的绿色产品，实现自然资源的永续利用，从而有效改善人民群众的生活质量，不断提高人民群众的生活水平。"这一论述拓展和丰富了人民群众根本利益的内涵，是对马克思主义人民群众观的丰富和发展，也是对中国特色社会主义理论体系关于人民群众根本利益观的创新发展。毫无疑问，将生态利益和生态福祉纳入人民群众根本利益的范畴，对全面推进中国特色社会主义建设事业，具有极其重要的指导意义。

为人民群众谋取生态利益，不断增进人民群众的生态福祉，最根本的途径是要大力推进生态文明建设。为此，必须充分认识到推进生态文明建设的重要性和必要性，必须构建科学的生态文明体制机制，在生态文明建设过程中，努力实现人民群众的生态利益。第一，政府要大力提供生态公共产品，满足人民群众的需求。习近平指出："人民群众对清新空气、清澈水质、清洁环境等生态产品的需求越来越迫切，生态环境越来越珍贵。"第二，在生态环境依然严峻的情况下，政府在抓经济发展的同时，应把生态治理和生态产品的供给放在重要位置。要采取切实的措施，彻底扭转生态环境恶化的趋势，重点加强对空气、水体、土壤、林地、食品污染等的综合治理，确立保护生态环境就是保障民生的理念。生态产品需求是人民群众的基本需求，大力推进生态产品的生产，需要采取切实的措施，改变生态产品生产中存在的不公平现象。要注重构建合理的生态产品消费机制，通过合理的政策，促进生态产品消费的公正性。习近平指出："通过建立完善的环境付费和环境税收政策，让高收入阶层拿出更多的钱改善环境，让低收入者享受到更多的环境权益”，使生态产品成为最普惠的民生福祉。

（五）用最严格制度最严密法治保护生态环境

制度建设是习近平生态文明思想重点强调的一个方面。习近平指出：“只有实行最严格的制度、最严密的法治，才能为生态文明建设提供可靠保障”“让制度成为刚性的约束和不可触碰的高压线”。制度建设是生态文明建设的“牛鼻子”，是生态文明建设能够得以实施的保障和推动力量。党的十八大以来，以习近平同志为核心的党中央高度重视生态文明顶层设计和制度体系建设。污染治理力度之大、制度出台频度之密、监管执法尺度之严、环境质量改善速度之快前所未有。

（六）共谋全球生态文明建设，深度参与全球环境治理

党的十八大以来，在习近平的引领推动下，中国相继参与一系列国际环境治理行动，以负责任的态度和坚定行动，为全球绿色发展作出世所瞩目的中国贡献。中国深度参与全球环境治理，倡导形成世界环境保护和可持续发展的解决方案，引导应对气候变化国际合作，为全球生态文明建设贡献中国的智慧和力量。

第二节　生态文明建设重要法律制度解读

一、推进绿色发展法律制度

（一）生态补偿制度

1. 生态补偿制度的概念和内容

生态补偿制度是指通过经济调节手段，以防止生态破坏、促进生态环境良性发展为目的，以可能会对生态环境产生影响的生产经营及开发利用者为对象，以生态环境的整治与恢复为内容的新型环境管理制度。[①] 生态补偿制度可以具体分为以下两种：第一，广义的生态补偿制度。该种制度包括对污染环

① 参见信春鹰主编：《〈中华人民共和国环境保护法〉学习读本》，中国民主法制出版社2014年版。

境的补偿以及对生态功能的补偿。第二，狭义的生态补偿制度。该种制度专指对生态功能以及生态价值的补偿，具体体现为对因土地、矿产、森林以及草原等自然资源的开发利用而损害生态功能、导致生态价值丧失的单位及个人收取经济补偿，对为保护和恢复生态环境而付出代价的单位及个人进行经济补偿。

2. 生态补偿制度的法律规定

我国的生态补偿采用了居于财政转移支付的补偿和市场化补偿两种模式。我国对于生态补偿制度的法律规定主要体现在《环境保护法》及其配套法律法规之中，根据《环境保护法》第 31 条规定，一方面，国家通过加大对生态保护地区的财政转移支付力度来进行生态补偿；另一方面，国家指导受益地区和生态保护地区人民政府通过协商或者按照市场规则进行生态保护补偿。前者被称为通过财政转移支付的生态补偿，后者被称为市场化的生态补偿。在地方层面，有关地方人民政府应当落实生态保护补偿资金，确保其用于生态保护补偿，在财政转移支付补偿和市场化的生态补偿方面进行探索。

（二）主体功能区规划制度

1. 主体功能区规划制度的概念和内容

主体功能区规划是指根据不同区域的自然环境承载力、开发密度以及发展潜力，对不同区域的人口分布、经济布局、国土利用以及城镇化格局等进行统筹谋划，明确区域开发方向，控制开发的强度，不断完善区域开发政策，逐步形成区域人口、经济以及资源环境协调发展的空间格局。主体功能区可以分为优化开发、重点开发、限制开发以及禁止开发四大类，优化开发区是指国土开发密度较高，自然环境承载力不断减弱的区域；重点开发区是指自然环境承载力较强，经济与人口条件优越的区域；限制开发区是指自然环境承载力较弱，其经济及人口条件不够理想，区域开发可能对全国或较大范围生态安全产生影响的区域；禁止开发区是指根据法律规定，包括各类自然保护区等在内的法定区域。

2. 主体功能区规划制度的法律规定

主体功能区规划的科学编制和实施对生态文明建设和绿色发展具有重要意义。县级以上人民政府应当将环境保护工作纳入国民经济和社会发展规划。国务院环境保护主管部门会同有关部门,根据国民经济和社会发展规划编制国家环境保护规划,报国务院批准并公布实施。县级以上地方人民政府环境保护主管部门会同有关部门,根据国家环境保护规划的要求,编制本行政区域的环境保护规划,报同级人民政府批准并公布实施。环境保护规划的内容应当包括生态保护和污染防治的目标、任务、保障措施等,并与主体功能区规划、土地利用总体规划和城乡规划等相衔接。

(三)可再生能源促进制度

1. 可再生能源促进制度的概念及内容

可再生能源是指能够在自然界中不断再生、永续发展的能源,主要包括太阳能、风能、潮汐能、水能、地热能等。可再生能源对环境产生的影响极小,而且可再生能源分布较为广泛,适宜就地进行开发利用。相对于不可再生的化石能源来说,可再生能源可以在自然界中循环再生,人们可以循环利用,因此可再生能源不包含化石燃料等能源。中国的可再生能源促进制度取得了很大进展,但是与发达国家相比还存在很大差距。我国《可再生能源法》对可再生能源以及可再生能源促进制度作了较为详细的规定,并提出了多种相关制度促进该制度的发展,为我国的可再生能源促进制度奠定了法律基础。

2. 可再生能源促进制度的法律规定

根据我国《可再生能源法》的规定,国家采取了一系列激励措施来促进可再生能源的发展。国家实行可再生能源发电全额保障性收购制度,可再生能源发电项目的上网电价,由国务院价格主管部门根据不同类型可再生能源发电的特点和不同地区的情况,按照有利于促进可再生能源开发利用和经济合理的原则确定,并根据可再生能源开发利用技术的发展适时调整。电网企业按照国家确定的保障性价格收购可再生能源发电所产生的额外费用,在全国范围对销售电量征收可再生能源电价附加补偿。另外,国家还通过补贴、基金支持、税收优惠等措施来鼓励可再生能源的发展。

(四)清洁生产与循环经济制度

1. 清洁生产和循环经济的概念和内容

《中国21世纪议程》将清洁生产定义为:既可满足人们的需要又可合理使用自然资源和能源,并保护环境的实用生产方法和措施。清洁生产不仅要求生产过程无污染、少污染,最大可能地节约原材料和能源,而且要求产品本身的绿化,即减少产品在整个生产周期中对人类和环境的影响,当然包括产品报废后回收与处理过程的无污染。

清洁生产主要包括以下三方面的内容:第一,自然资源的合理利用。要求以最小的投入获得最大的产出。包括最大限度地节约能源和原材料,利用可再生能源或者清洁能源,利用无毒害原材料,减少使用稀有原材料,循环利用物料等措施。第二,经济效益最大化。通过节约资源、降低损耗、提高效能和产品质量,达到降低生产成本,提升企业竞争力的目的。第三,环境危害最小化。通过最大限度地避免和减少使用有毒害物料,采用无废、少废技术,减少生产过程中的危险因素,注重废物回收和循环利用,采用可循环可降解材料完成产品生产和包装,改善产品功能等一系列环保措施,实现对人类健康和环境的危害最小化和“工业绿化”的目的。

循环经济是一种将经济体系与环境资源紧密结合的生态经济模式。它是建立在物质不断循环利用基础上,要求经济运行遵循“资源—产品—再生资源”的物质反复循环流动的环境友好型的经济发展模式。循环经济有效促进了社会经济的可持续发展,表现为低开发、高利用、低排放的特征。循环经济有三大经济活动的行为准则,又称 3R 原则,分别是减量化原则、再利用原则、再循环原则。

减量化原则意在减少生产源头的资源投入,要求用尽可能少的原料与能源达到既定的生产目的或消费目的。再利用原则旨在延长产品或服务的使用时间。再循环原则要求生产出来的产品在完成其使用功能后能重新变成可以利用的资源而不是无用的垃圾,也就是说废弃物可以再次变成资源为人所用。

循环经济与清洁生产是紧密联系、互为支撑的。清洁生产要求在产品生产的整个周期中贯彻污染预防原则,从生产源头减少资源的耗费,开发资源的可循环利用,遏制污染产生,从而达到经济效益与环境效益的双赢。循环经济崇尚环境友好,主张在产品和消费过程中,以最小的自然资源投入得到最充分的产品产出,同时排放的环境废物尽可能最少,以减少和避免对环境的危害。循环经济提供了一种理想的经济发展模式,在环境与发展的矛盾与冲突之间找到了合理的平衡点。

2. 清洁生产和循环经济的法律规定

从《清洁生产促进法》的名称上,可以看出其立法宗旨是促进实施清洁生产,注重政府对清洁生产行为的引导、鼓励和支持。体现在立法内容上,以促进实施清洁生产的鼓励性、促进性、倡导性法律规范为主,而不以直接行政控制和制裁性法律规范为主,主要目的是强化政府在清洁生产中的推动作用,淡化其行政强制色彩。

《清洁生产促进法》第2条和第3条规定了我国清洁生产立法的调整范围,即包含了全部生产和服务领域。《清洁生产促进法》对清洁生产促进的基本措施作出了规定。国务院和县级以上地方人民政府应将清洁生产促进工作纳入国民经济和社会发展规划、年度计划以及环境保护、资源利用、产业发展、区域开发等规划。另外,国家鼓励开展这方面的科研、技术开发与国际合作,组织宣传、普及清洁生产知识,推广清洁生产技术,并鼓励社会团体和公众参与清洁生产的宣传、教育、推广、实施与监督。《清洁生产促进法》第二章规定了各级政府及其有关部门对推行清洁生产的责任。

二、环境污染防治法律制度

(一)总量控制制度

1. 总量控制的概念和内容

总量控制是指对在一定区域和时间范围内的排污量的总和与一定时间范围内某个企业的排放量之和予以控制,包括三个主要内容:污染物的排放总量、排放污染物的地域的环境容量、排放污染物的时间。[①] 总量控制制度是总量控制方法在法律上的表现,是国际上广泛采用的污染控制的方式,具有较强的科学性和实用性,体现了预防为主的原则。它不仅包括通常所说的从技术上着眼的总量控制规划,而且更加注重从政策着眼进行整体和全局的考虑,为实现环境保护从末端治理向源头削减和全过程控制转变,提供了有力的法律保障。

总量控制可分为目标总量控制、容量总量控制、行业总量控制三种类型。

---

① 参见金瑞林:《环境法学》,北京大学出版社2013年版,第125页。

目标总量控制以排放限制为控制基点，从污染源可控性研究入手，进行总量控制负荷分配；容量总量控制以环境质量标准为控制基点，从污染源可控性、环境目标可达性两个方面进行总量分配；行业总量控制以能源、资源合理利用为控制基点，从最佳生产工艺和实用处理技术两方面进行总量分配。我国目前的总量控制计划主要采用目标总量控制，同时辅以部分的容量总量控制，但目标总量控制只能被视为当容量总量控制条件不成熟时的过渡阶段，总量控制的最终目标是实现容量总量控制。

我国的总量控制可分为三个层次。宏观层次即宏观目标的总量控制，是指国家或地区、城市为了在宏观上控制污染发展的趋势，对污染物排放总量规定具体指标要求的控制方式；中观层次即流域或区域容量总量控制，具体指污染治理的重点流域区域以环境质量为目标，考虑污染物排放与环境容量的关系，确定排放总量并将污染负荷分解到源的控制方式，通过中观层次的总量控制能达到环境容量优化使用，这正是目前应着重努力的方向；微观层次是针对上体污染源，从生产全过程控制污染物的产生、治理和排放以满足允许排放量的要求或达标排放要求的控制方式。

2. 总量控制的法律规定

《环境保护法》等相关法律法规对总量控制指标的层层分解和落实进行了规范。根据 2014 年修订的《环境保护法》第 44 条的规定，重点污染物排放总量控制指标由国务院下达，省、自治区、直辖市人民政府分解落实。企业事业单位在执行国家和地方污染物排放标准的同时，应当遵守分解落实到本单位的重点污染物排放总量控制指标。对超过国家重点污染物排放总量控制指标或者未完成国家确定的环境质量目标的地区，省级以上人民政府环境保护主管部门应当暂停审批其新增重点污染物排放总量的建设项目环境影响评价文件。

（二）排污权交易制度

排污权交易制度，由政府向企业发放排污许可证，企业则根据排污许可证向特定地点排放特定数量的污染物；排污许可证及其所代表的污染权是可以买卖的，企业等经济主体和政府可以根据自己的需要，在市场上买进或卖出污染权。主要包括：

1. 目标符合总量控制标准。即由环保部门在总结多年环境管理经验的基础上，参考通过模拟实验所得的数据并考虑当地经济发展状况，提出总量控制目标，从而确定排污权发放量，并遵行两个原则：(1)该目标应小于当地目前的排放总量，不能因实施排污权交易而引起环境恶化。(2)该目标不能背离区域经济发展状况，对环境质量提出过高要求，从而构成对当地经济发展的不合理限制。

2. 选择排污权的初始分配方式。目前通行的分配方式有定价出售、拍卖和无偿分配三种。定价出售中管理机构不需要确定初始的分配比例，并且初始售价可以成为以后的排污权交易的价格信号，但是通常来说，环境管理机构很难确定一个合理的实施价格。拍卖是与排污权交易目的最相一致的分配方式，但实际上却增加了企业的负担。无偿分配是一种比较方便的管理方式，环境管理机构可以根据各企业的产量或历史排放量来确定相应的排污权发放比例，但是这种方式又存在变相补贴、不公平竞争、不能反映环境资源价值的缺点。

3. 排污权交易。用以交易的必须是企业富余的排污权，有资格进行排污权交易的主体为一般主体，即任何根据自身需要的自然人、法人等排污者，与政府、环保组织等非污染者都有资格购买。除此之外，由于同样的排污数量在不同区域对环境会造成不同程度的损害，因此应该在同一区域内进行排污权交易，否则可能会出现某一区域内的企业从其他区域的企业购买排污权，而导致某一区域范围的排污超标问题。但完全禁止跨区域的排污权交易又不现实，因此，应在适当扩大各个排污权交易区域范围的同时，有条件地允许跨区域的排污权交易，即事先预留一定数量的排污权，并且在企业跨区域进行排污权交易时，应当取得购入排污权所在区域的环保部门审批，以确保不会使当地环境恶化。

4. 确保政府的职责。在排污权交易过程中，政府的职责尤为重要。由于排污权交易是无形的，因此，政府应建立排污权交易系统，以方便企业交易，并且有利于政府监管。

(三)环境影响评价制度

1. 环境影响评价的概念和内容

环境影响评价的概念最早是于 1964 年在加拿大召开的一次国际环境质

量评价的学术会议上提出来的。根据《环境影响评价法》的规定,环境影响评价是指对规划和建设项目实施后可能造成的环境影响进行分析、预测和评估,提出预防或者减轻不良环境影响的对策和措施,进行跟踪监测的方法与制度。主要包括以下五个方面:评价的对象是拟订中的与政府有关的经济发展规划和建设单位兴建的建设项目;评价单位要分析、预测和评估所评价对象在其实施后可能造成的环境影响;评价单位通过分析、预测和评估,提出具体而明确的预防或者减轻不良环境影响的对策和措施;环保部门对规划和建设项目实施后的实际环境影响,要进行跟踪监测和评价;环境影响评价是指指导环境影响评价工作的方法和制度。

环境影响评价分为两类,即规划环评和建设项目环评两种。规划环评,即关于规划的环境影响评价,《环境影响评价法》第 11 条规定,专项规划的编制机关对可能造成不良环境影响并直接涉及公众环境权益的规划,应当在该规划草案报送审批前,举行论证会、听证会,或者采取其他形式,征求有关单位、专家和公众对环境影响报告书草案的意见。但是,国家规定需要保密的情形除外。编制机关应当认真考虑有关单位、专家和公众对环境影响报告书草案的意见,并应当在报送审查的环境影响报告书中附具对意见采纳或者不采纳的说明。

建设项目环评,指一切对环境有影响的工业、交通、水利、农林、商业、卫生、文教、科研、旅游、市政等基本建设项目、技术改造项目、区域开发建设项目及引进的建设项目(包括“三资企业”的建设项目),都必须编制环境影响报告书或填报环境影响报告表。《环境影响评价法》根据建设项目对环境影响的程度,对建设项目环评分类进行管理。

2. 环境影响评价的法律规定

(1)规划环评的法律规定

规划应当进行环境影响评价。根据《环境影响评价法》第 10 条等相关规范的规定,不仅综合性规划,专门性规划也要进行环境影响评价。规划环评应当对规划实施可能对相关区域、流域、海域生态系统产生的整体影响、对环境和人群健康产生的长远影响以及规划实施的经济效益、社会效益与环境效益之间以及当前利益与长远利益之间的关系做出评估。

规划环境影响评价应当遵循法定的程序。关于规划环评的程序,《环境影响评价法》规定,设区的市级以上人民政府在审批专项规划草案,作出决策前,应当先由人民政府指定的环境保护行政主管部门或者其他部门召集有关部门代表和专家组成审查小组,对环境影响报告书进行审查。审查小组应当提出书面审查意见。参加前款规定的审查小组的专家,应当从按照国务院环境保护行政主管部门的规定设立的专家库内的相关专业的专家名单中,以随机抽取的方式确定。

(2)建设项目环评的法律规定

建设项目环评实行分类实施的原则,即根据不同的建设项目类别实施不同类型的环境影响评价。建设项目的环境影响评价分为三类:第一,可能造成重大环境影响的,应当编制环境影响报告书,对产生的环境影响进行全面评价;第二,可能造成轻度环境影响的,应当编制环境影响报告表,对产生的环境影响进行分析或者专项评价;第三,对环境影响很小、不需要进行环境影响评价的,应当填报环境影响登记表。建设项目的环境影响评价分类管理名录,由国务院环境保护行政主管部门制定并公布。

(四)环境标准制度

1. 环境标准的概念和内容

环境标准是国家为了保护公众健康,防治环境污染,保证生态安全,合理利用能源和自然资源,依据环境法律和政策制定的,用以规范有关环境的活动和结果的准则。广义上也包括专业和行业组织制定的自治性环境管理标准。环境标准具有法律效力,同时也是进行环境规划、环境管理、环境评价和城市建设的依据。环境标准可依据职权、内容和强制性等进行分类。

2. 环境标准的法律规定

环境质量标准和污染物排放标准是最为重要的两种环境标准。根据国家2014年《环境保护法》第15条规定:“国务院环境保护主管部门制定国家环境质量标准。省、自治区、直辖市人民政府对国家环境质量标准中未作规定的项目,可以制定地方环境质量标准;对国家环境质量标准中已作规定的项目,可以制定严于国家环境质量标准的地方环境质量标准。地方环境质量标准应当报国务院环境保护主管部门备案。”污染物排放标准的实施和环境质量标准是类似的，在国家没有相关的排放标准时，省级地方人民政府可以制定地方标准，在国家已经制定相关排放标准的情况下，省级地方政府只能制定严于国家相关排放标准的标准。地方标准只能严于国家标准的规定，保证了环境目标的实现。

三、自然资源和生态保护法律制度

（一）环境资源规划制度

环境资源规划是根据一个国家或地区环境状况、自然资源本身的特点以及国民经济发展的要求，在一定规划期内对管辖区域内的生态环境保护、生态环境恢复建设以及各种自然资源的开发、利用、保护、恢复与管理所作的总体安排。环境资源规划制度是关于环境资源规划的制定、规划的基本内容、规划的实施等问题的基本规定。

环境资源规划按照不同的分类标准，可划分为不同的类型：按规划内容可以划分为环境保护规划、自然资源规划、城市规划、村庄和集镇规划、生态环境建设规划等。按规划范围可以划分为国家规划、地方规划、部门规划、流域规划和区域规划等。按规划期可以划分为长期规划、中期规划和短期规划。环境资源规划应当与主体功能区规划、土地利用总体规划和城乡规划等各种规划相衔接，避免各种规划之间的冲突，实现一个统一的规划管到底，方能获得好的生态效果和社会效果。

（二）自然资源许可制度

自然资源许可制度，是指资源行政主管部门根据当事人的申请，准许其从事某种资源开发或利用活动的一种法律制度。在法律上，许可表现为认可、登记、承认等，并通常以证书的形式表现。许可证，既是国家对行政管理相对人从事某种活动的一种法律上的认可，又是行政管理相对人得到法律保护的凭证。

自然资源的许可制度主要包括自然资源利用许可和土地建设许可两个类别。自然资源利用许可主要有取水许可、采矿许可、林木采伐许可、渔业捕捞许可、野生动物资源许可（包括特许猎捕证、狩猎证、运输携带批准文件、进出口证明书）等。土地建设许可主要包括建设用地规划许可和建设工程规划许可。

（三）生态红线制度

1. 生态红线的含义及内容

生态红线是指为了维护国家与区域的生态安全及可持续发展，据据生态系统的完整性与连通性的保护需求，专门划定的需要实施特殊保护的特定区域。生态红线划定制度对建立严格的生态保护制度，对生态功能的保障作用，对环境质量的改善作用以及对自然资源的合理利用都将起到至关重要的影响作用，有利于促进人口与资源环境的均衡发展。生态红线主要包括以下三种：第一，禁止开发区的生态红线；第二，重要生态功能区的生态红线；第三，生态环境敏感区及脆弱区的生态红线。2014年《国家生态保护红线——生态功能基线划定技术指南（试行）》对生态保护红线划定作了具体规定，是我国首个关于生态保护红线划定的指导性文件。2015年环保部出台的《生态保护红线划定技术指南》对上述指南的相关规定作了进一步完善细化。2017年环境保护部办公厅以及国家发展改革委办公厅共同出台了《生态保护红线划定指南》，使得我国的生态红线划定制度得到进一步发展完善。

2. 生态红线划定制度的法律规定

生态红线是所有企业、个人和政府从事相关开发建设、生产经营等活动所必须坚守的红线，对红线范围内的区域要进行严格保护。2014年《国家生态保护红线——生态功能基线划定技术指南（试行）》奠定了我国生态红线划定制度的基础，2015年《生态保护红线划定技术指南》，2015年《关于开展生态保护红线管控试点工作的通知》以及2017年《生态保护红线划定指南》对生态红线划定制度作了进一步发展完善，对我国的生态环境保护起到了重要影响作用。新《环境保护法》对生态红线划定制度也作了具体规定，根据该法第29条明确规定，国家在重点生态功能区、生态环境敏感区和脆弱区等区域划定生态保护红线，实行严格保护。上述一系列与生态红线划定相关的法律规定为我国的生态红线划定制度提供了法律保障，有利于不断改善我国的环境质量，也有助于不断提高我国的经济社会可持续发展能力。

四、生态文明建设法律责任追究制度

（一）领导干部生态环境损害追责制度

领导干部在生态文明建设中担当着举足轻重的作用，如果不履行其生态文明建设职责，破坏生态环境，将被追究相应的责任。在领导干部生态环境损害追责方面，有《领导干部自然资源资产离任审计规定（试行）》《党政领导干部生态环境损害责任追究办法（试行）》等多个文件作为依据。根据《领导干部自然资源资产离任审计规定（试行）》的相关规定，领导干部自然资源资产离任审计主要审计领导干部贯彻执行中央生态文明建设方针政策和决策部署情况，遵守自然资源资产管理和生态环境保护法律法规情况，自然资源资产管理和生态环境保护重大决策情况，完成自然资源资产管理和生态环境保护目标情况，履行自然资源资产管理和生态环境保护监督责任情况，组织自然资源资产和生态环境保护相关资金征管用和项目建设运行情况，以及履行其他相关责任情况。《党政领导干部生态环境损害责任追究办法（试行）》对党政领导干部生态环境损害责任追究的被追责主体、追究原则、追究情形、追究程序等主要问题进行了规范。被追责主体包括党政主要领导、党政分管领导、政府工作部门领导和具有职务影响力的领导。追责原则包括有权必责、党政同责和终身追责的原则。被追责的情形不仅仅包括重大环境突发应急事件，也包括常年累计的生态环境问题，包括生态破坏、环境质量恶化等。

（二）环境保护目标责任制度

1. 环保目标责任制度的概念和内容

环保目标责任制度是为减少资源浪费，控制污染物排放，促进经济与环境协调发展的一项企业环境管理制度。① 环保目标责任制度具体包括指标责任制、污染治理承包制、环境保护责任制以及绿化目标责任制等四方面内容。

指标责任制是指企业主管部门或者当地政府对企业的环境目标及管理指标加以确定，分配给企业负责人，之后由企业将该指标不断分解，以保证环境目标的顺利完成；污染治理承包制是指国家或者地方政府直接向企业下达污染治理项目限期以及环境标准，不断控制企业对环境造成的不利影响；环境保

① 参见曹明德：《环境与资源保护法学》，中国人民大学出版社 2016 年版，第 76 页。

护责任制则一般在企业管理以及全面质量管理目标中得以实行;绿化目标责任制是指企业负责人需要在任期内完成的绿化指标,并以此作为政绩考核的重要内容。

2. 环保目标责任制度的法律规定

2014年《环境保护法》对环保目标责任制度作了明确具体规定。根据该法第26条规定,县级以上人民政府应当将环境保护目标完成情况纳入对本级人民政府负有环境保护监督管理职责的部门及其负责人和下级人民政府及其负责人的考核内容,作为对其考核评价的重要依据。考核结果应当向社会公开。此外,县级以上人民政府应当每年向本级人民代表大会或者人民代表大会常务委员会报告环境状况和环境保护目标完成情况,对发生的重大环境事件应当及时向本级人民代表大会常务委员会报告,依法接受监督。以《环境保护法》对环保目标责任制度的规定为依据,把环境保护工作纳入工作计划,以责任制为核心,通过签订合同的形式,规定企业的环境保护权利和义务,该制度可以使环境状况得到不断改善,有利于促使环境保护目标的早日实现。

(三)环境公益诉讼制度

环境公益诉讼制度是指相关主体依据法律规定,在环境受到污染破坏或者在环境有可能受到污染破坏的前提下,为了维护环境公共利益,针对相关民事主体或行政机关提起的诉讼制度。环境公益诉讼的诉讼主体具有广泛性,环境公益的原告并不局限于直接利害关系的主体,根据《最高人民法院关于审理环境民事公益诉讼案件司法解释》及我国《环境保护法》的相关规定,有权提起环境公益诉讼的主体主要包括以下三种:(1)社会组织。我国新《环境保护法》规定,符合一定条件的社会组织可以提起环境公益诉讼,并对该类社会组织的资格作了详细要求。(2)检察机关。《最高人民法院关于审理环境民事公益诉讼案件司法解释》第11条明确规定了检察机关的环境公益诉讼原告资格,并对其提起环境公益诉讼的方式作了具体规定。(3)负有环境保护监督管理职责的部门及其他机关。除社会组织和检察机关外,《最高人民法院关于审理环境民事公益诉讼案件司法解释》还规定,负有环境保护监督管理职责的部门及其他机关也具有环境公益诉讼的起诉资格。

第三节　生态环境问题典型案例透视

一、领导干部生态环境损害责任追究

【典型案例】①2017 年 2 月 12 日，中共中央、国务院等有关部门组成了中央督查组对甘肃祁连山国家级自然保护区进行专项督查活动。通过调查核实，甘肃祁连山自然保护区生态环境问题突出，违法违规在自然保护区内进行矿产资源开发问题严重，部分水电等设施存在违法建设、违规运行等问题，其中 42 座位于保护区内的水电站存在违规审批、未批先建以及手续不全等问题。此外，周边企业废物偷排偷放问题严重。在此种情况下，甘肃省没有引起足够重视，生态环境整改措施不够及时有效，其在约谈整治方案中瞒报、漏报探采矿项目 31 个，截至 2016 年底仍然有 72 处生产设施不能按照要求清理到位。在祁连山的生态环境保护问题上，甘肃省的主管部门、保护区管理部门、综合管理部门甚至到具体的审批单位，这些单位责任不够落实、履职不到位等问题较为突出，致使一些违法违规项目得不到管理与控制，导致自然保护区的管理规定名存实亡。更为严重的是，甘肃的地方立法为破坏生态行为“放水”。《甘肃祁连山国家级自然保护区管理条例》历经三次修正，部分规定始终与《中华人民共和国自然保护区条例》不一致，将国家规定“禁止在自然保护区内进行砍伐、放牧、狩猎、捕捞、采药、开垦、烧荒、开矿、采石、挖沙”10 类活动，缩减为“禁止进行狩猎、垦荒、烧荒”3 类活动，而这 3 类都是近年来发生频次少、基本已得到控制的事项，其他 7 类恰恰是近年来频繁发生且对生态环境破坏明显的事项。2013 年 5 月修订的《甘肃省矿产资源勘查开采审批管理办法》，违法允许在国家级自然保护区实验区进行矿产开采。

本案的处理结果为：根据《中国共产党问责条例》等有关规定，经党中央批准，决定对相关责任单位及责任人进行严肃问责。给予甘肃省政府副省长杨某党内严重警告处分；给予甘肃省林业厅原厅长，现任省政协常委、人口资

① 参见《中共中央办公厅国务院办公厅就甘肃祁连山国家级自然保护区生态环境问题发出通报》，《甘肃日报》2017 年 7 月 21 日。

源环境委员会副主任石某党内严重警告及行政撤职处分；给予甘肃省祁连山自然保护区管理局党委委员、局长李某撤销党内职务及行政撤职处分；给予甘肃省国土资源厅厅长蒲某行政撤职处分；给予甘肃省国土资源厅原党组书记、副厅长，现任甘肃省人大常委会环境资源保护工作委员会主任郭某党内严重警告及行政撤职处分；给予张掖市委原书记毛某党内严重警告处分；给予张掖市市长黄某党内严重警告处分；给予张掖市肃南县委书记李某伟党内严重警告处分；给予武威市天祝县委书记张某基党内严重警告处分。

【法律透视】该案是一个地方政府无视国家生态保护的相关法律规范，公然违反国家生态保护的法律规范而导致追责的典型案例。国家级自然保护区是国家重点保护的生态区域，属于生态红线的范围，禁止进行开发建设活动。而甘肃省相关部门生态保护法律意识淡薄，在自然保护区内批准了大量的采矿、水电站等项目，对自然保护区的生态造成了严重损害。相关责任人因此种无视国家生态保护的法律规范的行为被追究责任。

本案也是一个地方立法严重违反国家生态保护的相关规范的典型案例。甘肃省的地方立法与《中华人民共和国自然保护区条例》不一致，将国家规定“禁止在自然保护区内进行砍伐、放牧、狩猎、捕捞、采药、开垦、烧荒、开矿、采石、挖沙”10 类活动缩减为“禁止进行狩猎、垦荒、烧荒”3 类活动，违反了不能缩减国家的禁止性规范的立法原则，将国家在自然保护区内的一些禁止性规定合法化。因此，祁连山事件的责任追究，不仅涉及了党委政府的相关责任人，也涉及了立法部门的相关责任人员。

二、生态环境公益诉讼

【典型案例】①2012 年起，江苏泰州常隆等六家化工企业为降低废物处理成本，通过各种方式将其生产过程中产生的废酸、盐酸等危险废物交给没有危险废物处理资格的江中等四家公司处置，致使两万多吨危险废物被偷偷排入了泰运河及古马干河，最终流入长江。经调查，上述相关企业的犯罪嫌疑人被抓获并被判处有期徒刑。之后泰州市环保联合会作为公益诉讼原告，泰州市

① 参见《泰州 1.6 亿元天价环境公益诉讼案》，《人民法院报》2015 年 1 月 7 日。

检察院作为支持起诉机关对常隆公司等六家公司提起了环境公益诉讼。泰州中院一审判决六家污染企业赔偿环境修复费总计 1.6 亿元,一审宣判后,常隆公司提起了上诉,最终江苏省高院在二审中维持了一审判决中的 1.6 亿元环境修复费的判决。

【法律透视】本案是企业污染环境,损害环境公共利益后被追究生态环境损害责任的典型案例。以往的环境侵权诉讼主要是对私益的侵害进行救济,而环境污染和生态破坏对生态环境公益的损害,一直缺乏相应的司法手段来进行有效救济和赔偿,这导致了污染者污染环境、政府买单治理的恶性循环局面。我国的《民事诉讼法》第 55 条引入了公益诉讼,而 2015 年修订的《环境保护法》第 58 条对社会组织提起环境公益诉讼进行了规定。本案的社会组织提起公益诉讼,要求污染者承担生态环境修复的费用,这对改变污染者污染环境、政府买单治理的局面具有重要的意义,也能提高企业的环境违法成本。本案的终审判决体现了司法不断适应了生态文明的建设需要,也体现了环境法治对环境正义的维护,对生态平衡的保障。

三、生态环境保护与犯罪

【典型案例】①重庆 F 化学工业有限公司(以下简称 F 公司)委托被告重庆 G 化工有限公司(以下简称 G 公司)处置生产过程中产生的危险废物。之后,蒋某(被告,G 公司法定代表人)指派员工夏某勇(被告)负责该项工作。夏某勇在未审查张某是否具备危险废物处置能力情况下,将处置事项直接交由张某。张某与胡某和周某等人(被告)决定将危险废物运至四川省境内的黄水沱倾倒。2011 年 6 月 12 日,由于道路狭窄,车辆无法驶入黄水沱,张某与胡某和周某等人临时决定将 28 余吨的工业废水倾倒于大坳口公路边的荒坡处,致使当地环境遭受严重污染。2011 年 6 月 14 日,张某将约 75 余吨的固体状危险废物倾倒于黄水沱振兴硫铁矿荒坡,对当地环境和居民身体健康都产生了危害。被告周某、胡某与被告张某构成污染环境罪的共犯。以环境污

---

① 参见陈勇儒主编:《环境保护案件实例解析与办案实用大全》,法律出版社 2016 年版,第 5 页。

染罪判处重庆G化工有限公司罚金50万元;被告夏某勇有期徒刑二年,并处罚金2万元;张某有期徒刑一年六个月,并处罚金2万元。对蒋某、周某、胡某宣告缓刑。

【法律透视】本案是污染环境被追究刑事责任的典型案例。在传统的观念里,污染环境和破坏生态很难与刑事责任挂钩。但伴随着《刑法》将"重大环境污染事故罪"改为"污染环境罪",环境犯罪入罪的门槛大大降低,不造成重大环境污染事件也能入罪。在本案中,重庆G化工有限公司是专业的化工危险废物处置企业,其违反国家关于化工危险废物的处置规定,将工业污泥和工业废水交给不具备化工危险废物处置资质的张某处置,导致环境严重污染,构成污染环境罪。根据《最高人民法院、最高人民检察院关于办理环境污染刑事案件适用法律若干问题的解释》,"非法排放、倾倒、处置危险废物三吨以上的",即构成犯罪;"行为人明知他人无经营许可证或者超过经营许可范围,向其提供或者委托其收集、贮存、利用、处置危险废物,严重污染环境的",即以污染环境罪的共同犯罪论处。

四、绿色发展

【典型案例】2005年8月,时任浙江省委书记习近平在对浙江湖州进行考察时,提出"绿水青山就是金山银山"的重要科学论断。此后,浙江省湖州市始终坚持"绿水青山就是金山银山"的发展理念,大力发展"渔光互补""农光互补"以及"屋顶光伏"等多种形式在内的光伏发电能源,积极努力构建清洁低碳、全能高效的现代绿色发展体系。此外,浙江湖州还特别注重区域规划问题,始终强化主体功能定位,不断优化国土开发格局,把这些工作作为"绿水青山就是金山银山"发展战略的前提条件。经过十几年的发展实践,浙江湖州实现了生态治理、生态保护以及资源开发的渐进发展过程,是我国范围内将"绿水青山"变为"金山银山"的鲜活样本。

突出成果:浙江省湖州市经过多年的生态转型,不断将生态优势转变成了发展优势。2014年至2017年,浙江湖州关停了"散乱污"企业共9256家,并提出以"亩均论英雄"的发展理念,将企业的亩产效益与用地、用能以及排放等资源要素挂钩,进一步推动了产业集聚以及技术提升。此外,浙江湖州的动力电池及绿色家居等生态产业集群产值已经超过了千亿元，百亿级的产业集群多达14个，打造了新的生态经济体。

【政策透视】浙江湖州的绿色生态发展战略是对习近平总书记"绿水青山就是金山银山"重要思想的鲜活实践，不断发展绿色工业、生态农业以及生态旅游项目，增强了它们之间的密切联系，将绿色青山真正变成了金山银山，展现了生态环境的协同发展观。

【拓展阅读】

1. 十九大报告有关生态文明的论述。

2. 竺效：《环境法入门笔记》，法律出版社2017年版。

3. 理查德·拉撒路斯等：《环境法故事》，曹明德等译，中国人民大学出版社2013年版。

4. 王灿发：《新〈环境保护法〉实施情况评估报告》，中国政法大学出版社2016年版。

5. 汪劲：《中国环境法》，法律出版社2011年版。

【思考题】

1. 简述可持续发展的内涵及其内容。

2. 简述习近平生态文明思想的主要内容。

3. 简述环境影响评价的适用对象。

4. 简述领导干部生态环境损害责任追究制度的主要内容。

5. 论生态红线制度的意义及其实施。

6. 论绿色发展的法律制度保障。

第十章　促进公平共享

【内容导读】　本章主要介绍领导干部应当掌握的市场经济下劳动关系、劳动法的一般原理和主要调整方法以及社会保障法的概念和主要制度。本章的重点是，系统地认识劳动关系原理和劳动关系主要调整机制；深入理解劳动法和社会保障法对人权保障和分配正义、共享发展价值的意义和功能；正确把握劳动法的强制性国家劳动标准、劳资集体谈判与集体合同、个别谈判与合同“三层塔系统”；全面理解社会保险关系中权利义务的实现方式和难点以及政府对社会成员基本生存权所承担的兜底性职责，从而对劳动法治、社会保障法治、分配正义和公平共享的方法论获得正确理念和有效方法。

第一节　劳动法和社会保障法基本知识

一、劳动关系、社会保障的概念和社会功能

（一）劳动关系

1. 劳动关系的法律和政治经济学意义

劳动关系（labor relations）是劳动者（劳动力所有者，被雇佣者或雇员）和用人单位（资本所有者，雇主）之间，以劳动力的租用、雇佣劳动的买卖为主要内容，所形成的权利义务关系，也可称为劳资关系。

在微观层面，劳动关系涉及具体劳资当事人的权利义务，具有明显的私权关系特征。在宏观层面，劳动关系涉及人权保障、社会生产、社会分配、社会总福利、可持续发展等复杂问题以及国家、社会公共利益，扩展、转化成为复杂的经济、政治、社会关系——市场经济中的产业关系（industrial relations），具有了

公共性、社会性。

从劳动关系到产业关系，从劳资私人事务、私权关系到社会公共事务、社会权关系，从经济问题到经济、政治复杂问题，劳动问题在市场经济产生、发展的几百年来的转型、变迁历史中，具有较清晰的演变路径和逻辑。因而劳动关系、产业关系既是法律关系，也是复杂的政治经济学问题。

2. 劳动关系的基本特征

“劳动者对用人单位具有人格从属性”“资强劳弱”是劳动关系的基本特征。原因和依据如下：

(1)劳动者与用人单位建立劳动关系后，被纳入用人单位的组织体系和生产过程之中，受用人单位的组织、安排、指挥和支配，有“组织从属性”。

(2)因劳动行为与劳动者的人身、人格意志难以分割，故用人单位购买劳动行为，会程度不同地控制劳动者的人身和意志。

(3)劳动者缔结、履行劳动关系的主要目的是满足生存的需要，而用人单位主要是满足发展的需要。根据“生存、安全、归属、尊严、自我实现”的需要层次原理，劳动者对就业机会、劳动关系的依赖度更高。

(4)劳动力市场供求关系的影响。大多数情况下，资本总是更稀缺，具有更强的谈判能力。劳动力相对较多，且可替代性较强。

3. 劳动关系的社会功能

(1)社会生产。劳动关系以企业为组织依托，以生产过程为实践方式，把劳动者和资方当事人、劳动与资本要素组合起来，实现了社会生产、再生产。

(2)社会分配。在产权制度存续的相当长历史阶段，通过经济活动创造的财富如何分配，是主要社会问题。劳动关系的当事人，通过个别谈判、集体协商、工资立法，对相关财富进行分配。公平共享、分配正义是其价值目标之一。①

(3)人权保障。劳动关系的缔结和履行，可对劳动者的生存权利提供保

① 中共十八届五中全会提出、十九大进一步阐发的“共享”发展理念，是新发展观的核心。参见中共十九大报告第八部分。相对公平的共享，是社会公平、公正、和谐、稳定的最重要条件。劳动关系和劳动法，应以公平共享为基本原则和政策目标。劳资(基于经济目的的)结社、组织和集体谈判、平等协商等制度安排，是基于此目标而形成的。

障,也对资方的产权提供支持。

4. 劳动关系的复杂性和调整难度

劳动关系涉及劳动者的生存、人格尊严、公平待遇和财产等权利,直接涉及社会安全、社会公平、可持续发展等价值目标,故劳动法也是较复杂、困难的法律部门。

劳动关系调整难度较大的技术原因是:对劳动、资本的贡献率难以测量、定价。在资方主导下,给劳方分配多少利益是公平的,以体现“应得之物给应得之人”的分配正义,是难以解决的问题,当事人和国家对此都具有难以克服的信息困境。而在民商事关系中,商品和服务的价格机制是相对成熟的,均衡价格、公平价格不难形成;同股同权、平等交易的契约算法、契约规则和伦理,对理性的社会成员给予了清晰指引和有效约束。

因此,现代劳动法为了克服“信息困境、计量(劳动力对价)困难”,而普遍采用了“鼓励、指引、显著劳资双方各自组织化,进行平等协商、谈判、对话,妥协让步、达成一致”的方法,解决劳资分配的难题。我国的集体协商,也基于此事理、逻辑和法理。

(二)社会保障和社会保障关系

1. 社会保障的概念

社会保障是指由国家立法强制规定,对社会成员在年老、疾病、伤残、生育、遭遇灾害、面临生活困难等情形时给予物质或服务帮助,旨在保障公民基本生活需要并提高生活水平、实现社会公平和社会正义的制度。我国的社会保障制度包括社会保险、社会救助、社会福利和社会优抚。

在传统社会中,生、老、病、残、死都是社会成员的“私事”,个人须承担相应的风险和后果。在现代社会,当社会成员失能时,国家和社会承担了基础性、兜底性保障义务,“私事”具有了社会性。因此,社会保障是人类社会的重大进步成就。

2. 社会保障法律关系

社会保障法律关系是指社会保障关系的主体依据社会保障法,履行缴纳社会保险费、纳税等义务,依法享有社会保障待遇或权益所形成的权利义务关系。

3. 社会保障的功能

(1)生存保障。现代社会充斥着各种风险,每个人都不可避免地面临疾病、年老、伤残、失业等风险,使生存陷入困境。社会保障通过建立社会保障基金,化解社会风险,为面临生存危机的人们提供基本的生存保障。

(2)底线公平。社会保障制度是基于保护劳动者、其他社会成员的生存需要,结合国家生产力发展水平和社会成员履行义务的情况,由国家直接规定社会给付的基本标准,对社会成员实施相对公平的底限保障。

(3)社会稳定。社会保障通过满足社会成员的基本生活需要,免除人们的后顾之忧,使每个社会成员都能从制度中获得利益,并对未来有良好的心理预期。社会保障又称为"社会安全""社会稳定器"。

二、劳动法的基本原则、政策目标和制度体系

劳动法调整劳动关系、产业关系及其他与就业、劳动密切相关的社会关系,社会保障法解决社会成员因失去劳动能力、陷入物质困境而需要给予物质帮助、生存保障的问题,二者均涉及基本人权,以分配正义、公平共享为核心价值目标,是重要的社会(立)法。历史上,劳动法、社会保障法有效地化解了市场经济导致的社会危机,形成了"市场化推之,社会法挽之"的历史逻辑。

(一)基本原则、政策目标

1. 人权确认和保障:劳动者权利保护

劳动法确认了劳动者的就业、劳动和分配正义、公平共享等基本人权,体现了生存权优先等原则。

2. 劳资平等合作、分配正义、公平共享

确认、保障、指引劳资当事人,通过集体谈判、协商和对话等方式订立集体合同,建立健全平等博弈、公平合作的机制和关系。通过集体谈判等程序正义,实现结果的相对公平正义。

3. 公平与效率兼顾

市场经济以主体法律地位平等、自由交易(交换正义)、市场发挥决定性功能为原则,着重于资格、权利、形式的平等。因各个市场主体在能力、禀赋、社会分层等方面的差异,事实上的不平等越来越严重,以劳动与社会保障法为

代表的社会法应运而生，强调实质性公平正义，实现自由、效率和平等、公平两方面价值的兼顾。

（二）制度体系

1. 我国劳动法的形式渊源

（1）制定法。包括《宪法》相关条款和劳动法部门法。劳动法部门中，有《劳动法》《劳动合同法》《工会法》《就业促进法》《劳动争议调解仲裁法》等单项法律；有《失业保险条例》《中华人民共和国劳动合同法实施条例》《劳动保障监察条例》等行政法规。《工资支付暂行规定》《劳务派遣暂行规定》《集体合同规定》《工资集体协商试行办法》等重要规章，也有法律效力。

（2）最高人民法院关于审理劳动争议案件的司法解释。

（3）我国参加的国际公约和国际劳工组织公约。

2. 劳动法的功能性分支

（1）劳动关系法：包括劳动合同法、集体合同法、用人单位内部劳动规章制度制定法、职工民主管理法、工会法、劳动争议处理法等。

（2）劳动标准法：包括工作时间法、工资法、劳动保护法、职工安全卫生标准法。

（3）劳动保障法：包括促进就业法、职业培训法、社会保险法（基本养老、基本医疗、工伤、失业等与劳动者保护有关内容）、劳动福利法。

（4）劳动行政法：包括劳动监察法、调解调停法、政劳资三方机制法。

三、劳动关系及其调整方法

（一）劳动关系的三要素

1. 劳动关系主体制度

（1）劳动者

劳动者是在劳动法律关系中享有权利和承担义务的当事人，市场经济国家通称之雇员（employee）。

“具有主体资格的劳动者”是指具备法律承认的劳动权利能力和劳动行为能力，可与用人单位订立劳动关系的劳动者。按照国家劳动标准，达到就业年龄（年满16周岁）、具有劳动能力，才具有劳动法意义的劳动者主体资格。

“劳动法律关系中的劳动者”是指与用人单位建立了劳动关系，在具体劳动关系中享有权利、承担义务的劳动者。

(2)劳动者组织

一般认为，劳动者基于经济自由、社会权利、分配正义、公平分享的经济目的，行使结社自由和组织权利所建立的组织，是劳动者的集体性主体，其基本形式是工会(labor/trade union)。国际社会关于劳动者组织的主要法律依据是《世界人权宣言》《联合国经济、社会及文化权利国际公约》和国际劳工组织第87、98号公约。《世界人权宣言》第23条第4项规定：“人人有为维护其利益而组织和参加工会的权利。”

联合国经社文公约第8条第1款规定：“一、本公约缔约各国承担保证：(甲)人人有权组织工会和参加他所选择的工会，以促进和保护他的经济和社会利益；这个权利只受有关工会的规章的限制。对这一权利的行使，不得加以除法律所规定及在民主社会中为了国家安全或公共秩序的利益或为保护他人的权利和自由所需要的限制以外的任何限制；(乙)工会有权建立全国性的协会或联合会，有权组织或参加国际工会组织；(丙)工会有权自由地进行工作，不受除法律所规定及在民主社会中为了国家安全或公共秩序的利益或为保护他人的权利和自由所需要的限制以外的任何限制；(丁)有权罢工，但应按照各个国家的法律行使此项权利。”①

国际劳工组织第87号公约《结社自由和组织权利保护公约》(1948年)第3条规定：“工人应有权建立和仅根据有关组织的规则加入其选择的组织，且不须事先批准。”

我国1992年制定了现行《工会法》(2001年修正)，是劳动法部门中的核心法律。《工会法》第11条第1款规定：“基层工会、地方各级总工会、全国或者地方产业工会组织的建立，必须报上一级工会批准。”与国际劳工组织第87

① 全国人大常委会2001年2月批准加入了该公约，中国成为公约缔约国，享有有关权利，承担国际法义务，受公约约束。我国对第八条第一款(甲)项作了条约法意义的“保留”，规定对“组织和参加工会的权利”要依据中国《劳动法》《工会法》行使。对于(丁)项中的罢工权利，未否定、排除或改变该款对本国的效力。我国《工会法》第27条规定了“停工、怠工”问题，未规定停工、怠工违法。《刑法》中有非法集会罪，没有“非法罢工罪”。

号公约有明显差异。

(3)用人单位

用人单位是指能够以自己的名义签订劳动合同,并在劳动合同法律关系中享受用工权利并承担用工义务的主体。市场经济国家统称之为雇主(employer)。在我国,用人单位主要有国家机关、企事业单位、个体经济组织、民办非企业单位、社会团体、事务所等合伙组织、基金会等。

2. 客体

劳动关系的客体是指劳动权利和劳动义务共同指向的对象。劳动法律关系的客体是劳动力、劳动行为和劳动报酬等劳动条件。劳动力与劳动者人身、人格不可分割,不是商品,但系有偿使用的对象。

3. 内容

劳动者的权利是用人单位的义务,其义务是用人单位的权利。

劳动者将劳动力出租、把劳动行为提供给用人单位,获得劳动报酬。对劳动力系有偿使用,用人单位要支付双方约定的、不低于当地最低工资的劳动报酬,并提供福利、职业培训等;劳动者要接受单位的安排和管理,完成约定的劳动,并遵守其规章制度。

劳动者的工作权,一方面包括平等就业和选择职业、休息休假、获得劳动报酬、获得职业安全卫生保护、接受职业技能培训、享受社会保险和福利等实体性权利,另一方面有提请劳动和争议处理的程序性权利。① 此外,还有依法参加和组织工会的权利、集体协商(谈判)权、为公平共享而实施集体行动的权利。

劳动者有完成劳动任务、提高职业技能、遵守劳动安全制度和劳动规章制度、对用人单位负责和忠诚等义务。

用人单位有充分尊重、保障劳动者权利的义务以及照顾劳动者等附随义务。

---

① 我国《劳动法》列举、概括规定了劳动者的权利义务。依据我国加入的联合国《经济、社会及文化权利国际公约》和我国认可的国际劳工组织相关文件,我国劳动者还有参加和组织工会、集体协商谈判、民主参与、体面劳动和公平待遇等权利和“(应依法行使的)罢工自由”。

（二）决定劳动关系内容的三层塔系统

确定劳动关系的权利义务，在方法论意义上有“三层塔”系统：

1. 劳动标准

对劳动关系主体、权利义务进行强制性、标准化、底限性的约束和指引。包括最低就业年龄、工作时间、最低工资、职业安全卫生等。此为基础层。

2. 集体合同

通过集体协商、谈判订立集体合同，约定的劳动者待遇、劳动条件，不能低于劳动标准。此为中间层。

3. 个别合同

劳动者个人与用人单位谈判所订立的个别合同，约定的劳动者待遇、劳动条件通常高于集体合同。此为第三层。

（三）劳动关系调整方法

1. 国际法和国内法的指引和约束

我国作为缔约国之一的有关国际公约，也是我国的重要法律渊源。《联合国经济、社会及文化权利国际公约》等国际公约和我国作为缔约国的国际劳工公约，对我国劳动关系的调整都具有国际法意义的指引和约束力。[①] 我国国内法与劳动、就业、社会保障有关的法律法规，对我国劳动关系的调整则有更直接、具体的问题指向和指引、约束力。

2. 劳动政策的指引和约束

国家通过劳动政策对劳资主体、劳动力市场进行指引和约束，以达到宏观调控的目的。一个国家失业率应控制在合理的范围内，这是国家整体经济发展之必需。政策的变动对劳动关系的影响相对是原则、间接的，影响法律制度的制定和实施，进而影响劳动关系。

3. 劳动执法等刚性劳动行政

劳动标准是直接决定权利义务、强制调整劳动关系的国家意志，劳动报

---

① 我国已经批准国际劳工公约有 26 项，包括认可旧中国政府批准的有 14 个、后来陆续批准的 12 个。其中含核心公约 4 项：第 100 号《男女同工同酬公约》、第 111 号《消除就业和职业歧视公约》、第 138 号《准予就业最低年龄公约》、第 182 号《禁止和立即行动消除最恶劣形式的童工劳动公约》。我国参照公约的规定，制定了适合国情的劳动标准法、安全生产法、职业病防治法等法律。

酬、社会保险涉及劳动者生存权，对于劳动标准的实施和劳动者人权的保障，主要通过劳动行政监察执法的机制进行。

劳动监察，是指具有法定监察权的机构依法对用人单位及劳动服务主体贯彻执行劳动法律规范的情况进行监督和检察，并对发现的违法行为进行处理和处罚的活动；具有法定性、行政性、专门性、综合性的特点。

4. 官方调解调停、政劳资三方机制、劳动服务等柔性劳动行政

劳动关系中的权利义务、利益分配等问题，远比民商事复杂。很多问题是需要双方互谅互让，才能公平共享、合理解决的。因劳资双方利益有对立性，其自行妥协让步的意识、能力通常是不足的，因而需要中立、权威的第三方介入。政府和某些非政府组织是这种第三方，其中政府的角色、地位和权威是最重要的，形成了相对柔性的劳动行政。

官方的调解调停是指政府为主的官方机构，在劳动关系、产业关系运行中，为了预防、缓和、解决劳资矛盾和冲突，依职权职责而主动进行调解调停，促使劳资双方和解的活动。

三方协商机制是指政府、用人单位和劳动者通过一定的组织机构和运作机制共同协商处理涉及劳动关系的重大问题、强化理性沟通、寻求共识的基本制度。

三方协商机制一般分为以下几个层次：(1)国家级三方协商。这是各国实施三方协商实践中最主要的一级协商层次。三方代表分别是政府的劳动部门和其他相关部门，全国一级的最有代表性的用人单位团体以及全国一级最有代表性的工会组织。(2)产业一级协商。三方代表分别是政府的产业部门、产业的用人单位协会和产业工会。(3)地方一级协商。三方代表为地方政府劳动部门和其他相关部门，地方的用人单位协会和地方工会。

三方协商机制也是劳动争议处理的重要方式之一。我国《劳动法》《劳动合同法》《劳动争议调解仲裁法》等法律都有通过三方协商机制共同研究决定劳动争议重大问题的相关规定。

5. 民间调解调停、劳动关系服务

仅靠政府等官方机构对劳动关系的调解调停是刚性的，非政府组织、专业机构和人士，基于公益性、营利性目的，以国家的劳动法律、法规为准绳，以协商的方式，提供形式多样的民间调解调停的社会服务，是柔性的，二者虽有明显区别，但刚柔并济，发挥着功能互补的作用。

6. 劳动争议的仲裁和诉讼

如果劳动争议不能和解，则可能进入劳动争议仲裁程序。与民商事仲裁明显不同，劳动争议仲裁是诉讼所必经的前置性程序，具有公正性、及时性、强制性的特点。我国的劳动争议仲裁机构，设在劳动行政部门。仲裁员来自劳动行政部门、工会、企业联合会，体现了政、劳、资三方性。

（四）集体劳动关系的概念和功能

1. 概念

集体劳动关系，是指劳动者团体与雇主或雇主团体之间所形成的以劳动条件为基本内容的法律关系。集体劳动关系的双方，主要通过集体谈判、集体协议（集体合同）的形式来达成各方利益。集体谈判，是集体劳动关系运行的核心。

2. 主体、客体、内容三要素

劳动者、用人单位通过结社自由、组织权利所各自形成的组织，是主体。劳动者组织，在市场经济国家通常是工会，具有团体性。

客体，权利义务指向的对象，是劳动者群体、集体所共同提供的雇佣劳动，但不是个别劳动关系的简单叠加。

集体劳动关系在经济学、社会学、政治学、历史学等学科领域有着各自不同角度的表述，涉及工会、集体谈判、集体合同、职工民主参与、劳动法律等核心要素。其内容主要包括集体谈判主体的权利和资格认定，集体谈判的运行机制、规则及程序，集体合同的效力，职工参与制度的范围和程序，以及三方协商机制等方面。

3. 功能

实现了劳资力量对等和平等博弈，是劳动者提高劳动条件和福利待遇的重要手段。有效地缓解了劳资冲突，促进劳资合作。保障劳资主体、能力实质性平等，劳动关系内容实质性公平，劳资分配与社会初次分配的分配正义和公平共享。社会公正与和谐稳定，维护国家的经济安全和社会秩序。

（五）国际劳工组织和国际劳工标准

1. 国际劳工组织

1919 年，第一次世界大战结束后，各参战国在法国巴黎召开了巴黎和会。巴黎和会建立了国际劳工组织（International Labor Organization）。1946 年 12 月，成为联合国的一个专门机构。其宗旨是：促进充分就业和提高生活水平；促进劳资双方合作；扩大社会保障措施；保护工人生活与健康。主要活动是：从事国际劳工立法、制订公约和建议书；提供援助和技术合作。该组织总部在瑞士日内瓦；最高权力机构是国际劳工大会，每年开会一次；常设机构是国际劳工局。

1971 年，新中国基于政府继承的国际法，恢复了在国际劳工组织的席位。在我国加入世界贸易组织后，国际劳工局在北京设立了重要的工作机构。

2. 国际劳工标准

国际劳工标准（International Labor Standard），是指国际劳工组织通过的处理全球范围劳工事务的各种原则、规范和标准，是以国际劳工公约和建议书为主要形式的国际劳工制度。国际劳工标准的出现和发展，对人类社会进步事业产生了重要影响。

国际劳工公约可分为三类：（1）核心公约。是集中反映相关人权保障理念的最重要公约。分为四组、八项。（2）优先公约。对就业、劳动、社保事业发挥重要职能的公约。（3）一般公约。指向某些具体问题的公约。

截至目前，我国已经批准的国际劳工公约有 26 项，其中含 4 项核心公约。

四、我国劳动关系调整的重点难点

（一）重点

以下几方面是我国劳动、就业、劳动关系、劳动力市场领域全面深化改革、全面依法治国的重点内容。

1. 如何确认劳资双方的市场主体性、经济自由和权利

在国内法层面，应否、如何确认劳资当事人特别是劳动者的市场主体性（主体地位），如何把国际法、国际劳工标准所确认的经济自由和社会权利转化为我国法律中的“法权”，健全现代市场经济体制。

2. 如何健全劳动力价格机制、劳资博弈合作机制

劳资矛盾是市场经济中的基本矛盾，劳资博弈是市场经济条件下劳资关系的常态。不同层次的集体谈判、协商是协调劳动关系的长效机制，也是国际社会调整劳动关系的基本手段和主要方法。健全劳动力价格机制、劳资平等博弈合作机制，是实现劳资分配的基本公平或公平共享的必由之路。

3. 如何健全劳动法治体系

劳动法治是法治中国、法治政府、法治经济、法治社会的重点领域之一。它涉及劳动和就业相关的人权、法律权利、公权力约束和保障、市场主体确认和保障、市场秩序、权利救济等各个方面，具有法治问题的普遍性，也有诸多特殊性。我国尚未形成成熟的劳动法治理念、健全的制度机制。

4. 法治化的劳动行政体系

现代市场经济体制，需要法治化的现代劳动行政体系。基于法治原则，劳动行政须确认、尊重和保障劳资当事人的经济和社会权利，尊重劳动力市场规律，维护市场秩序。它包括劳动监察执法等刚性劳动行政，也包括调解调停、三方机制等柔性劳动行政。劳动行政法治或法治化的劳动行政是市场经济健康生存、发展所不可或缺的、至关重要的运行和治理系统。

（二）难点、风险点

因我国劳动、就业、劳动关系、劳动力市场领域的改革远未完成，形成了诸多的改革难点和社会运行、治理中的风险，亟待攻坚克难、深化改革。

1. 经济体制改革未完成，多轨制用工盛行，劳动力市场严重分割

我国劳动力市场分割主要是制度性因素引起的，表现为城乡劳动力市场二元分割和城市内部劳动力市场二元分割。户籍制度和形形色色的就业歧视，国有企业的编制和身份制度；公共部门（包括国家机关、事业单位、社会团体、国有企业等）大量使用劳务派遣、“编制外”用工等方式，多轨制用工普遍，损害同工同酬权。总体上，还未形成自由、平等、开放、统一的劳动力市场。

2. 工会体制改革滞后于社会主义市场经济的需要

工会体制是市场经济体制改革的主要问题之一。工会改革相对滞后，不能充分适应市场经济发展、社会变迁、社会治理的需要。部分工会的行政化、机关化、贵族化、娱乐化和脱离职工群众的问题较严重，不能发挥代表、维护劳动者正当权益的职能,这是国家劳动政策和法律缺乏应有的实施效果、制度绩效的主要原因之一。[①] 此外,工会从用人单位获得巨额的"工会经费"、拥有很多优质资产和收入,也使得部分工会干部满足于部门利益、怠于职能发挥,甚至妨碍体制改革。[②] 如何使工会服膺劳动者组织的本义和天职,获得职工信任和社会公信力,履行好党和国家赋予的职责,是全面深化改革的难点和亟待解决的问题。

3. 劳动力价格机制扭曲残缺

劳动力价格机制包括国家劳动标准、集体协商谈判、个别谈判三个环节,其中集体协商谈判是枢轴性机制。我国现行的工资集体协商是工会主导和推行的。因难以得到职工的理解、支持和制约,很多集体协商徒有其名、流于形式,成为完成上级布置的任务、指标的游戏,[③]集体合同也多是抄袭法律法规、缺乏实质性内容。因劳动基本权利不能落实,劳资难以理性互动、平等博弈,个别谈判也难免使劳方屈从。因此,劳动力价格机制是扭曲的、残缺的。

4. 人力资源管理缺乏劳动法治的制约,加剧了劳动关系失衡

在缺乏劳动法制和法治的社会背景下,我国从20世纪80年代至今,借鉴了域外经济管理经验、模式,形成了资方绝对主导的人力资源管理模式,在改进企业管理水平的同时,也逐步加剧了劳动关系的扭曲和失衡。资本主权主义、资为劳纲的支配模式为主流模式。

---

① 这些问题是中共中央总书记习近平2015年11月对于群众团体组织所存在问题的概括。中华全国总工会在自身改革方案中,也表示:"全总改革必须紧紧围绕保持和增强工会工作和工会组织的政治性、先进性、群众性这条主线,强化问题意识、改革意识,克服'机关化、行政化、贵族化、娱乐化'现象,改革全总机关的组织体制、管理模式、运行机制和活动方式,解决脱离职工群众的突出问题……"参见中华工会新闻网:http://acftu.people.com.cn/n/2015/1204/c67560-27891681.html. 2018年5月12日。

② 《工会法》第42条规定了"工会经费的来源",其第2项规定"建立工会组织的企业、事业单位、机关按每月全部职工工资总额的百分之二向工会拨缴经费"。不仅有工会的用人单位须如此拨缴工会经费,应建而未建工会的企业也应当按照工资总额的2%向工会缴纳"工会筹备金"。2005年底,国家税务总局和中华全国总工会联合发文,由税务机关向用人单位代收工会经费。深圳市几级工会2013年据此收到约14亿元;成都市工会2013年收取了2亿多元。下级总工会按照百分比向上级总工会缴费。县级以上总工会,大多在城市中心拥有工人文化宫、个人俱乐部之类的资产;北京市总工会拥有工人体育场、工人体育馆和经营收入。

③ 参见吴清军:《"集体协商"与"国家主导"下的劳动关系治理》,载《社会学研究》2012年第3期。

5. 劳动者权利和集体劳动法缺失，导致劳资矛盾非法治化处理

劳资当事人的市场经济主体性不够明晰、完整，特别是对劳动者基本权利，国内法规定得较为原则、笼统，缺乏合理的指引和约束。集体劳动关系难以“规范地”形成和运行，不少集体协商、集体合同流于形式。

劳动者群体、集体的基本权利、法定权利、约定权利经常被资方损害，形成了不稳定隐患。群体、集体劳动争议和集体行动，缺乏法治化的规范指引和约束，在制度、体制外发生。部分地方公权力误以为“罢工非法”“中国禁止罢工”，对联合国经社文公约第 8 条第 1 款（丁）项和我国《工会法》第 27 条无知，往往视其为影响社会稳定的群体性事件，以片面维稳的理念、方法处理问题。

五、社会保障关系及其调整方法

（一）社会保障的概念和功能

1. 社会保障及其相关概念

社会保障是指由国家立法强制规定，并以国家作为给付义务主体，对公民在年老、疾病、伤残、失业、生育、死亡、遭遇灾害、面临生活困难时给予物质帮助，旨在保障公民基本生活需要并提高生活水平、实现社会正义的制度。

2. 社会保障的特点

（1）保障性。对社会成员的基本生存权益提供基础性保障。

（2）强制性。相关主体应依法参加社会保险并缴费，社保经办主体应依法履职。相关义务系公法性义务。

（3）社会性。由国家、社会与社会成员一起，对其生存权益承担共济性、兜底性责任。

（4）互助性。社会成员通过缴纳社会保险费、税款，形成社会保障基金，体现了互助性。

3. 社会保障法简史

（1）萌芽

最早的社会保障立法可以追溯到 1601 年英国颁布的《济贫法》，规定全国普遍设立收容贫民的济贫院，对贫民实施救济。该法的主要内容是强迫乞丐劳动，对其实行救济，兼有社会控制和社会救济的功能，开始具有社会保障政策的属性。

(2)产生和发展

一是19世纪德国的“社会保险三法”，这是真正具有现代意义上的社会保障法。1883年的《疾病保险法》、1884年的《工伤事故保险法》、1889年的《老年残疾保险法》，这三部法律确立了社会保障法的基本思想和原则，开创了保障立法之先河。此后，德国不断通过立法扩大社会保险的适用范围，逐步建立起适应市场经济条件的社会保障制度。1890年至1911年间，欧洲国家效仿德国，相继颁布了包括医疗、养老、失业、工伤等内容的社会保障法律，开始建立国家统一的社会保障制度。

二是1935年美国的《社会保障法》。该法第一次使用了社会保障的概念，第一次在一部法中规定了社会保险、社会福利和社会救济等社会保障的内容，确立了社会保障普遍性和社会性原则。①

(3)20世纪中期福利国家的建立

1942年，时任英国社会保险和相关服务部协调委员会主席的贝弗里奇提出了《社会保险及有关服务》的报告，即著名的“贝弗里奇报告”，提出以消灭贫困、疾病、肮脏、无知和懒惰五大疾病为目标，制定了一个以社会保险为核心的社会保障计划。1945年，英国工党上台后，开始实施该计划，并随即进行了一系列社会保障立法：1945年的《家庭补助法》，1946年的《国民保险法》《工业伤害保险法》和《国民健康服务法》，1948年颁布了《国民救济法》，五部法律同时于1948年7月5日生效。英国从此形成了包括失业、伤残、疾病、养老、死亡、家庭津贴等内容的福利国家型的社会保障体系。

英国的社会福利制度，对欧美市场经济国家产生了直接的示范效应。

(4)社会保障法的调整与变革

20世纪50年代到70年代末，世界经济迎来了高速发展的黄金时期，伴随而来的是各国保障制度的高速发展，社会保障水平不断提高。但是，也随之

① 参见劳动与社会保障法学编写组：《劳动与社会保障法学》，高等教育出版社2017年版，第276—270页。

形成了"福利依赖"问题。20世纪末,很多国家对社会保障制度进行了重大改革,实施"积极的社会政策"。

我国的社会保障法大体可以分为改革开放前和改革开放后两个阶段。改革开放前,我国的社会保障主要是由企业作为支付主体的"企业保险",职工退休后由企业负担退休金。向社会主义市场经济体制转轨后,建立起以社会统筹为特征的现代社会保险制度和社会救助制度。2010年《社会保险法》的出台,标志着我国社会保障的法治化取得了重大进展。

4. 社会保障法的内容

我国的社会保障制度包括社会保险、社会救助、社会福利和社会优抚。

(1)社会保险是指国家通过立法建立社会保险基金,对被保险人因年老、疾病、失业、工伤、生育等原因丧失劳动能力或失去收入来源时给予必要物质帮助的制度,包括养老保险、医疗保险、工伤保险、失业保险和生育保险等。

(2)社会救助是指国家和社会对于遭受灾害、失去劳动能力以及低收入公民等给予物质救助或服务帮助,以维持其最低生活水平的各种措施,包括城乡居民最低生活保障、特困人员供养、灾害救助、专项救助、临时救助等。

(3)社会福利是指国家和社会举办的、为社会全体成员所享有的各种公共服务以及为特殊群体所享有的各种福利事业。包括:公共福利,如住房福利、教育福利、卫生福利等;特殊群体福利,如残疾人福利、老人福利、儿童福利等;职业福利,如对职工提供福利补贴、福利设施、福利服务等。

(4)社会优抚是指国家和社会对军人及其家属给予抚恤和优待的一种社会保障制度。社会优抚措施主要包括社会优待、社会抚恤和安置保障等。

5. 功能

(1)生存保障。社会成员处于失能、弱势而有生存困难时,给予基础性的物质保障,以保障其生存权利。

(2)发展经济。调节社会再分配,扩大内需和拉动经济增长。

(3)社会公正。利于实现社会公平公正,实现社会稳定。

(二)社会保障法的价值和原则

我国社会保障法律的基本原则包括:

1. 生存保障原则

生存权是为了维护人的生存而必不可少、最为基础的权利，生存权保障是社会保障法的最基本原则。社会保障法以人的基本生存需要为基础，通过国家责任和社会化原则，保障不能劳动的人的生存需要。劳动法对社会成员生存权的保护发挥主导、能动作用，社会保障法发挥补救、兜底作用。

2. 普遍性原则

公民在法律面前一律平等，意味着每一个公民都平等地享有在其生活困难时从国家和社会获得物质帮助的权利，而不应该是一部分人享有，另一部分人排除在外。

3. 可持续原则

目前我国正处在社会转型时期，仍是发展中国家，面临着人口老龄化加速、人口流动加速、城市化进程加快、就业形式多样、经济全球化的特点。社会保障制度必须具有可持续性。社会保障法通过提供必要的社会保障，维持了劳动力再生产，在劳动者面临年老、疾病、失业、生育、工伤等社会风险时，为劳动者提供安全保障，使得其得以可持续发展。

4. 与经济社会发展水平相适应原则

社会保障制度通过建立社会保障基金，化解社会风险，为面临生存危机的人们提供基本的生存保障。保障水平须与经济社会发展水平一致。过高或过低，都会妨害社会保障功能、引发各种社会矛盾。

5. 强制性原则

指社会保障由国家通过立法强制实施，就社会保险而言，凡依照法律规定应当参保的劳动者和用人单位都必须参加社会保险，当事人没有任意选择的权利，也不能任意退出保险，社会保险的险种和社会保险费的缴纳也必须按照法律规定执行，不能由当事人自由协商。

（三）社会保障关系

社会保障关系是依法享有社会保障权利、承担社会保障义务的主体之间的权利义务关系。它是公法性法律关系，兼有部分私权救济的特征、方法。

主体包括企业、劳动者、其他社会成员以及社会保障经办机构等公法人主体。可以分为社会保障的受益主体、社会保障的缴费主体、社会保障的责任主体、社会保障的经办主体和社会保障的给付辅助机构。国家是特殊主体,对社会保障承担特别义务。

客体主要是社会成员在处于弱势、失能等状态下的保障性利益。

内容主要是社会医疗、失业、生育、工伤等社会保险,还有社会优抚、社会救助和社会福利相关的权利义务。

（四）制度体系

1. 我国社会保障法部门的主要法律法规、司法解释

法律法规包括《劳动法》《劳动合同法》《社会保险法》《工伤保险条例》《社会救助暂行办法》《全国社会保障基金条例》等。

2. 社会保障主要内容

我国的社会保障包括社会保险、社会福利、社会救助、社会优抚、社会安置等方面。

社会保险具有“双务合同”的特征:参保人、缴费义务人必须履行义务,参保人才享有领取社会保险金待遇的权利。我国社会保险包括基本养老保险、基本医疗保险、工伤保险、失业保险、生育保险五种。

社会福利是国家和社会给予公民的普惠性的物质帮助。

社会救助是国家和社会给予部分生存困难的社会成员特定的物质帮助。

社会优抚是国家和社会给予做出特别贡献或者做出特别牺牲的社会成员的物质帮助、褒奖。

社会安置指国家和社会对复员退伍军人、残疾人员、待业人员以及刑满释放人员在生活、工作、就学等方面的妥善安排和帮助。

六、社会保障事业的重难点

1. 国家职责

社会保障是社会事业、现代国家主要职能之一,需要国家积极作为。国家是社会保障的责任主体(义务主体),具有建立社会保障制度、承担社会保障义务、提供社会保障财政支持的责任。国家既承担着制度供给的职责,又直接承担财政给付、物质帮助的职责。国家通过税收等方式形成公共财政,应使社会保障支出逐渐提高。

2. 社会保障水平与可持续性

任何国家和社会都必须实施可持续的社会保障。一方面，我国处于社会转型时期，人口数量巨大、老龄化加速，在世界产业链尚处于中下游，“未富先老”的挑战很严峻。另一方面，房地产价格过高、资产泡沫化严重、通货膨胀压力大。我国社会保障应以可持续性为主要目标之一。

3. 社会保障权利的实现仍有诸多障碍

社会保险领域，仍有很多社会成员不能依法参加社会保险，缴费义务人不愿足额缴费，社会保险行政执法力度不足，社会保险权利被损害后难以得到充分救济。

社会救助、社会福利、社会优抚、社会安置等方面，因各地发展不平衡、地方政府债务、财政法治欠缺等原因，相关保障事业发展缓慢，保障水平过低。这些权利对应的政府义务，较为弹性、模糊，缺乏强制性。

第二节　劳动法和社会保障法立法解读

一、劳动标准法律制度

依据《劳动法》等法律法规，我国的劳动标准主要是以下内容：

1. 最低就业年龄

年满 16 周岁，可进入劳动力市场，与用人单位建立劳动关系。艺术、体育等少数职业，经批准可招用低于 16 岁的人员。①

2. 工作时间

标准工时制是：每周工作 5 日，每日工作 8 小时。用人单位由于生产经营需要，经与工会和劳动者协商后可以延长工作时间，一般每日不得超过 1 小时；因特殊原因需要延长工作时间的，在保障劳动者身体健康的条件下延长工作时间每日不得超过 3 小时，但是每月不得超过 36 小时。

---

①　在我国劳动法、民法、刑法中，16 周岁是重要的年龄界限：16 岁是劳动法中的最低就业年龄；年满 16 岁以其劳动收入为主要生活来源的，视为完全民事行为能力人；年满 16 岁犯罪，应负刑事责任。

3. 休息休假

每周2天休息日。每年元旦、春节、清明、五一、端午、中秋节、国庆节为休假日。

4. 最低工资制度

我国直辖市、设区的市有职权职责发布本地区最低工资标准。最低工资是指劳动者在标准工时制内完成了正常劳动,所应获得的最低工资。

5. 职业安全卫生保障

用人单位应当为劳动者办理工伤保险参保手续,缴纳保险费;应为劳动者提供安全的工作条件。

二、就业促进与人力资源发展法律制度

促进就业是现代国家的重要职责,主要包括扩大就业、发展职业教育和培训、完善就业援助制度、保障平等就业权和提供就业服务。我国《就业促进法》(2007年)对国家促进就业的职责作了系统规定,一方面,各级政府要把扩大就业作为经济和社会发展的重要目标,纳入国民经济和社会发展规划,制定促进就业的中长期规划和年度工作计划,通过发展经济和调整产业结构、规范人力资源市场、完善就业服务、加强职业教育和培训、提供就业援助等措施,创造就业条件,扩大就业;另一方面,国家倡导劳动者树立正确的择业观念,提高就业能力和创业能力,通过积极的财政政策、税收政策和金融政策为劳动者自主创业、自谋职业提供便利。

在全面深化改革等战略布局下,国家促进就业职责被深化和扩展。其一,从传统的以解决问题为导向的被动促进就业理念,向通过促进充分就业,实现我国从人口大国向人力资源大国转型。其二,就业权的实现不仅要有法律支撑,还要有相应的经济社会环境支撑。既要健全国家促进就业的责任制度,同时也不能忽视公民自身的责任,通过强化公民的责任意识、主动意识等多种形式实现促进就业的目标。其三,应借鉴发达国家"积极的社会政策",加大对职业教育的投入和资助。其四,积极探索反就业歧视、落实同工同酬权的制度和机制。

三、劳动合同法律制度

（一）劳动合同的概念

劳动合同是劳动者与用人单位确立劳动关系、明确双方权利和义务的协议。但是，劳动关系始于"用工"事实，而非劳动合同的生效。

我国劳动合同与其他市场经济国家的雇佣合同（employment contract）是近似的。

（二）合同订立制度

劳动合同由用人单位与劳动者遵循合法、公平、平等自愿、协商一致、诚实信用的原则订立，依法订立的劳动合同对合同双方当事人具有约束力。此制度体现了个别劳动关系具有民事合同关系（私权关系）部分特征。

《劳动合同法》规定，建立劳动关系，应当订立书面劳动合同。

（三）劳动合同的种类

劳动合同可以分为固定期限的劳动合同、无固定期限的劳动合同和以完成一定工作任务为期限的劳动合同。其中，无固定期限劳动合同是指用人单位与劳动者约定无确定终止时间的劳动合同。该制度曾被误解为"铁饭碗"，不少用人单位为了规避该制度，转而使用劳务派遣等方式用工，引发了新的问题。

（四）试用期

劳动合同期限3个月以上不满1年的，试用期不得超过1个月；劳动合同期限1年以上不满3年的，试用期不得超过2个月；3年以上固定期限和无固定期限的劳动合同，试用期不得超过6个月。同一用人单位与同一劳动者只能约定1次试用期。以完成一定工作任务为期限的劳动合同或者劳动合同期限不满3个月的，不得约定试用期。试用期包含在劳动合同期限内。劳动合同仅约定试用期的，试用期不成立，该期限为劳动合同期限。

劳动者在试用期的工资不得低于本单位相同岗位最低档工资或者劳动合同约定工资的80%，并不得低于用人单位所在地的最低工资标准。

上述规定针对的是用人单位利用强势，约定服务期过长、服务期内待遇过低的问题。

（五）服务期和竞业限制

1. 服务期

用人单位为劳动者提供专项培训费用，对其进行专业技术培训的，可以与该劳动者订立协议，约定服务期。劳动者违反服务期约定的，应当按照约定向用人单位支付违约金。

对于劳动者来说，劳动合同期限是软约束，他可以提前30日通知用人单位，单方解除劳动合同，而非违约性质。但是，如果用人单位为劳动者提供了专项培训费用（一般不低于该企业平均月薪或当地社会平均月工资的数倍）这种重大利益，则可能产生服务期，服务期对劳动者是硬约束。

2. 竞业限制

对负有保密义务的劳动者，用人单位可以在劳动合同或者保密协议中与劳动者约定竞业限制条款，并约定在解除或者终止劳动合同后，在竞业限制期限（不得超过2年）内按月给予劳动者经济补偿。竞业限制的人员限于用人单位的高级管理人员、高级技术人员和其他负有保密义务的人员。

上述特定人员因知悉用人单位的商业秘密，如果离职后从事与原用人单位有竞争关系的事务，则损害原用人单位权益。因此，法律规定相关人员的竞业限制义务和获得补偿的权利。

（六）违约金

负有保密义务、竞业限制义务和服务期义务的劳动者，如果违反义务，则应承担违约金。除此之外，用人单位不能与劳动者约定由劳动者承担违约金。

（七）合同解除制度

可以分为协议解除和单方解除两种类型。协议解除指劳动者与用人单位双方协商一致解除劳动合同。

单方解除问题复杂。因劳动合同涉及劳动者的生存权，且劳动者通常处于弱势，故劳动法对资方设定了“解雇限制”即对劳动者的“解雇保护”制度。对劳动者和用人单位的劳动合同解除权进行了差别化规定，严格限制用人单位的单方解除权，同时赋予劳动者单方解除权，以保护劳动者的劳动权、生存权。

1. 劳动者单方解约权(辞职权)

劳动者享有单方解除劳动合同的权利。一般情况下,劳动者提前 30 日(还在试用期内的,提前 3 日即可)以书面形式通知用人单位,即可解除劳动合同。此非违约。

如果用人单位未按照劳动合同约定提供劳动保护或者劳动条件、未及时足额支付劳动报酬、未依法为劳动者缴纳社会保险费以及用人单位的规章制度违反法律法规的规定、损害劳动者权益等违法侵权情形,劳动者可以即时解除合同。如果用人单位以暴力、威胁或者非法限制人身自由的手段强迫劳动者劳动,或者用人单位违章指挥、强令冒险作业危及劳动者人身安全,劳动者可以立即解除劳动合同,不需事先告知用人单位。

上述问题在实践中并不少见,拖欠工资、不足额缴纳社保费很常见。

2. 用人单位的单方解约权

其一,《劳动合同法》第 39 条规定,劳动者有"严重违反用人单位的规章制度的;严重失职,营私舞弊,给用人单位造成重大损害的"等过错情形时,用人单位可单方解约,且无须支付经济补偿金。用人单位的劳动规章制度本应由劳资双方平等协商确定,但实践中大多数只反映用人单位的利益和意志,对劳动者施加了过度的、不当的约束。

其二,该法第 40 条规定,在"劳动者患病或者非因工负伤,在规定的医疗期满后不能从事原工作,也不能从事由用人单位另行安排的工作的;劳动者不能胜任工作,经过培训或者调整工作岗位,仍不能胜任工作的"等情况下,用人单位提前 30 日以书面形式通知劳动者本人或者额外支付劳动者 1 个月工资后,可以解除劳动合同。

其三,该法第 41 条规定,用人单位若发生"依照企业破产法规定进行重整的;生产经营发生严重困难的;企业转产、重大技术革新或者经营方式调整,经变更劳动合同后,仍需裁减人员的;其他因劳动合同订立时所依据的客观经济情况发生重大变化,致使劳动合同无法履行的"的情形,可进行经济性裁员。

其四,该法第 42 条规定,劳动者若有"从事接触职业病危害作业的劳动者未进行离岗前职业健康检查,或者疑似职业病病人在诊断或者医学观察期间的;在本单位患职业病或者因工负伤并被确认丧失或者部分丧失劳动能力的;患病或者非因工负伤,在规定的医疗期内的;女职工在孕期、产期、哺乳期的;在本单位连续工作满15年,且距法定退休年龄不足5年的”等情形之一,用人单位不得解除劳动合同。

(八)经济补偿金制度

经济补偿金,是指在劳动合同解除或终止后,用人单位依法应当支付给劳动者的经济补偿。其功能是社会保障:假定被解雇者离职后,有失业期间,需经济补助。经济补偿金是用人单位依法应当履行的义务,其数额和标准由法律明确规定。

在用人单位向劳动者提出解除劳动合同并协商一致解约、进行经济性裁员等法定情形下,用人单位应当支付经济补偿金。①

经济补偿金具体数额根据劳动者在用人单位的工作年限,按照每满1年支付1个月工资(劳动者在劳动合同解除或终止之前12个月的平均工资)的标准计算,计算公式是:经济补偿金=工作年限×月工资

其中,工作年限最长不得超过12年;6个月以上未满一年的,按照1年计算;未满六个月的,按照半年计算。

四、集体劳动关系法律制度

(一)工会制度

《工会法》《最高人民法院关于在民事审判工作中适用〈中华人民共和国工会法〉若干问题的解释》(2003年施行)等法律法规共同构成了我国的工会法律制度。《工会法》第6条规定:“工会通过平等协商和集体合同制度,协调劳动关系,维护企业职工劳动权益。”

(二)集体合同制度

《劳动合同法》第51条到第56条对集体合同作了基本规定,《集体合同规定》(2004年施行)就集体协商的内容、代表、程序,集体合同的订立、变更、解除、终止、审查,集体协商争议的协调处理进行了更加详细的规定。

① 见《劳动合同法》第46、47条。

集体合同通过集体协商的方式订立,包括一般集体合同和专项集体合同。用人单位和劳动者可以就劳动报酬、工作时间、休息休假、劳动安全与卫生、补充保险和福利、女职工和未成年工特殊保护、职业技能培训、劳动合同管理、奖惩、裁员、集体合同期限、变更、解除集体合同的程序、履行集体合同发生争议时的协商处理办法、违反集体合同的责任、双方认为应当协商的其他内容进行协商,签订集体合同。

集体协商中,职工一方的协商代表由本单位工会选派,未建立工会的,由本单位职工民主推荐,并经本单位半数以上职工同意。用人单位一方的协商代表,则由用人单位法定代表人指派。经双方协商代表协商一致的集体合同草案或专项集体合同草案应当提交职工代表大会或者全体职工讨论。

五、劳动争议处理法律制度

劳动争议的处理途径主要包括协商、调解、仲裁和诉讼。

(一)个别劳动争议的处理

劳动者当事人在 10 人以下(不包括 10 人)的劳动争议,可称之为个别劳动争议。

劳动争议调解,是指劳动争议调解组织对用人单位与劳动者发生的劳动争议,以双方自愿为前提,依据国家劳动法律、法规的规定,以民主协商的方式,使双方当事人达成协议,消除纷争。劳动争议调解是劳动争议处理的法定程序,在专门的调解委员会的主导下进行。根据《劳动争议调解仲裁法》第 14 条和第 15 条的规定,经调解达成的调解协议对双方当事人具有法律约束力,当事人应当履行。另外,为了强化劳动争议调解协议的效力,各地还尝试通过司法确认、申请劳动争议仲裁委员会置换成仲裁调解书的方式,加固劳动争议调解协议的效力。

劳动争议仲裁,指由劳动争议仲裁机构对劳动争议进行居中调解,做出有法律约束力的仲裁裁决,从而解决劳动争议。我国劳动争议仲裁机构主要包括仲裁委员会、仲裁委员会办事机构、仲裁庭以及仲裁员。劳动争议仲裁的时效期间为 1 年,但当发生法定的中断事由时,时效可以中断。关于裁审(仲裁和诉讼)的方式,《劳动争议调解仲裁法》采取了先裁后审模式,对部分案件实行有限制的一裁终局。

劳动争议诉讼,指法院依法对劳动争议案件进行审理和裁判的活动,是解决劳动争议的最终程序。凡劳动争议涉及用人单位拖欠或未足额支付工资的,劳动者可以直接向法院起诉。《劳动争议调解仲裁法》《最高人民法院关于审理劳动争议案件适用法律若干问题的解释(二)、(三)、(四)》还对劳动争议仲裁和诉讼的衔接进行了详细规定。

(二)集体争议处理制度

劳动者一方人数在10人以上的劳动争议,为集体劳动争议。

我国对集体劳动争议,建立了协商、调解制度。协商、调解不成的,当事人可以提起劳动争议仲裁。对劳动仲裁裁决不服的,可以提起诉讼。

在集体劳动争议中,有时候会出现劳动者拒绝工作的"集体停工、怠工"行为或事件。我国参加的《联合国经济、社会及文化权利公约》第8条第1款(丁)项规定:"有权罢工,但应按照各个国家的法律行使此项权利"。我国未对该项作出条约法意义的"保留",即未排除、改变该规范对我国的法律约束力。与公约该内容相对应,我国《工会法》第27条规定:"企业、事业单位发生停工、怠工事件,工会应当代表职工同企业、事业单位或者有关方面协商,反映职工的意见和要求并提出解决意见。对于职工的合理要求,企业、事业单位应当予以解决。工会协助企业、事业单位做好工作,尽快恢复生产、工作秩序。"

据此,如果发生停工、怠工事件,职工有权经工会代表,与用人单位、地方政府等有关方面协商,表达职工的意见和诉求。对职工的合理诉求,用人单位应当解决。地方公权力应居中、公正处理,促进和解,而非以治安、刑事手段进行片面维稳地处理。

六、现代劳动行政法律制度

国务院劳动行政部门主管全国劳动工作。县级以上地方人民政府劳动行政部门主管本行政区域内的劳动工作。除《劳动法》《劳动合同法》等基本法规定了劳动行政部门的监督检查职责之外,《劳动保障监察条例》还规范了劳动监察的职责、监察的事项以及监察的实施等。

劳动监察、执法为刚性的劳动行政,而劳动行政部门推荐、参与或指导的民间调解组织、行业协会、社区街道等对劳动争议的调解调停，是柔性的劳动行政；二者刚柔并济，共同为维护劳动关系公平和谐发挥作用。

七、社会保险法律制度

社会保险是社会保障体系的核心。我国的社会保险主要包括五大法定险种：基本养老保险、失业保险、医疗保险、工伤保险、生育保险。任何与用人单位建立劳动关系的人员，都应当办理社会保险。

我国征缴社会保险费的法定机构有税务机构和劳动保障行政部门。社会保险费的缴费基数与比例分为用人单位的缴费基数与比例和职工本人的缴费基数与比例。其中，用人单位的缴费基数以本单位职工工资总额为准；职工个人缴费基数则以职工本人工资为基数。五大险种中每个险种的缴费比例不同。

八、社会福利法律制度

社会福利是社会保障体系中保障水平最高的组成部分，其目的是在国民既有生活水平之上进一步提升其物质和精神生活水平，进而促进人的全面发展和社会的文明进步。广义的社会福利，是指国家为改善和提高全体社会成员的物质生活和精神生活所提供的福利津贴、福利设施和社会服务的总称。狭义的社会福利，是指国家向老人、儿童、残疾人等社会中需要给予特殊关心的人群提供的必要的生活保障。现代国家的社会福利以公共福利为基础，以职业福利为补充。公共福利面向全体国民，具有普惠性，职业福利则因职工所在单位不同而有差异。

目前我国社会福利制度实施的依据是《宪法》第45条关于公民享有物质保障权和国家对公民具有提供社会救助的义务的规定，尚需制定《社会救助法》，以与《社会保险法》相配套，构建起我国的社会保障法体系。

九、社会救助法律制度

社会救助，是指国家对通过自身努力难以满足其基本生活需求的公民给予的物质或服务帮助。社会救助权具有保底性和单向义务性，具有社会权的属性,对于保障公民的生存权和人格尊严权具有重要功能。《社会救助暂行办法》(2014 年施行)规定了最低生活保障、特困人员供养、受灾人员救助、专项救助(医疗救助、教育救助、住房救助、就业救助)和临时救助的社会救助基本内容。

精准扶贫理念的提出为社会救助制度的发展提出了新的挑战,健全社会救助内容、完善社会救助体系、强化救助专业化建设、提升社会救助的现代化水平,是下一阶段我国社会救助制度需要着重发展的方向。

十、社会优抚法律制度

社会优抚,是指国家对从事特殊工作者及其家属,如军人及其亲属予以优待、抚恤、安置的一项社会保障制度。社会优抚既是一种政府行为,同时也需要社会各方面的全面参与,国家保障社会优抚水平与国民经济、社会发展相适应,社会优抚对象的生活不低于当地的平均生活水平。在我国,优抚安置的对象主要是烈军属、复员退伍军人、残疾军人及其家属;优抚安置的内容主要包括提供抚恤金、优待金、补助金,举办军人疗养院、光荣院,安置复员退伍军人等。

构成我国社会优抚制度的现行法律法规主要包括:《烈士褒扬条例》(2011 年施行)、《退役士兵安置条例》(2011 年施行)、《军人优抚待遇条例》(2004 年施行)、《人民警察优抚管理办法》(2014 年施行)、《伤残抚恤管理办法》(2007 年施行)。

第三节　劳动与社会保障问题典型案例透视

一、劳动标准问题

【典型案例 1】B 市民政局原有在编工勤人员十余人,在 2012 年前后,大部分退休。为了满足用工需要,该局招聘了张三等 5 人为合同制驾驶员。两年后,张三等人发现,自己与民政局在编驾驶员李四,在年龄、学历、资历、劳动技能、工作内容上没有明显差别,而自己的工资不到李四工资的一半。张三咨询律师后提起劳动仲裁,仲裁机构不受理后提起诉讼,要求按照同工同酬的原则,工资增加到每月4000元。区法院调解结案。劳动合同期满后,张三不再被续聘。

【法律透视】同工同酬是人权原则,也是劳动标准之一。《劳动法》第46条的规定,工资分配应当遵循按劳分配原则,实行同工同酬。如果劳动者举证证明自己与他人同工,而用人单位不能以证据否定同工,则应承担同酬义务。实践中,应要求用人单位举证证明是否同工、为何不同酬。

【典型案例2】李某等青年农民工在温州市某鞋厂打工。为了多挣工资,与鞋厂老板商定:李某除了每天标准工作时间8小时外,还自愿加班到晚9点,每天实际工作11小时,每周工作6天;鞋厂支付其全部待遇约5000元。因当地私企的超限度加班很常见,劳动行政部门对此不予过问。北京某高校师生调研发现此问题。

【法律透视】工作时间与劳动者身心健康高度相关,是重要的劳动标准。我国《劳动法》规定了标准工时制。现标准工时制是每日不超过8小时,每周5个工作日。对延长劳动时间(加班),《劳动法》有明确限制,每月不得超过36小时。上述案例,严重违反了国家工时制度,应承担公法性责任。

二、就业促进和反歧视问题

【典型案例】张某,1978年6月出生,2001年大学毕业。2003年6月参加了A省公务员考试,报考W县委办公室公务员,笔试和面试成绩在近百名竞争者中排名第一,但在随后体检时被查出携带乙肝病毒。9月25日,W市人事局宣布:张某因体检不合格不被录取。此案被媒体称为"国内乙肝歧视第一案"。张某提起行政诉讼。法院认为,被告W市人事局取消张某进入考核程序资格的具体行政行为,主要证据不足,应予撤销。

【法律透视】反就业歧视或平等就业,是基本原则。企业尚不可搞就业歧视,国家机关、事业单位等公共部门更不可以。法治国家对就业歧视往往科以重责。我国《就业促进法》第3条、第26条对"反就业歧视"有规定。

三、劳动合同与劳务派遣问题

【典型案例1】程某是北京某银行员工。2014年11月27日2时许,程某因赌博被公安机关行政拘留10日并罚款500元。根据公司违规处理规定和入职培训的记录，公司认为程某构成了解除合同的条件，根据总行请示做出了解除劳动合同的决定，程某要求继续履行劳动合同，被劳动仲裁委驳回，又诉至法院。一审、二审、再审法院对程某诉讼请求均不予支持。

【法律透视】如果劳动者"严重违反用人单位的规章制度"，用人单位可单方解除劳动合同，且不付经济补偿金。劳资平等协商的"劳动规章制度"有法律效力。

【典型案例2】2007年下半年，《劳动合同法》即将生效，北京的某些著名高校发现自己食堂里的很多职工已工作多年，按照《劳动合同法》将与本校形成无固定期限劳动合同。为了避免本校和这些"工人"形成无固定期限的合同关系，Q大学咨询律师后决定：(1)解除与这些职工的劳动合同，根据各职工在Q大学食堂既有工作年限，每一年补偿其一个月工资的经济补偿金。不再与类似职工直接订立劳动合同，以免他们占用学校编制。(2)指引或安排这些食堂职工另与A公司订立劳动合同，由A公司派遣他们到Q食堂工作，Q食堂或后勤处协调A公司，保持这些职工的先前待遇水平。Q大学为此须多支出用工成本：在食堂工人成为派遣工之后保持原有工资待遇，该待遇和A公司的税款、收益合并成为Q大学的用工成本。此举被公众所关注和批评，认为Q大学规避《劳动合同法》相关规范，给社会形成不良示范。北京地区很多高校、机关、事业单位纷纷按此模式，处理"老职工"问题。

【法律透视】A公司与张三、李四等职工订立劳动合同，将其派遣到Q大学工作，即劳务派遣。A是用人单位，Q是用工单位，张三是被派遣工。劳务派遣有降低招聘、应聘时间成本等功能，但人为制造了法律关系的复杂性、更高用工成本。我国法律对劳务派遣试图限制，但法律实效亟待增强。

四、集体劳动关系问题

【典型案例1】①2010年上半年，佛山市南海本田车厂的职工，底薪只有1000多元，而"同在一起上班的日方员工工资却是中方员工的数十倍，一个

① 参见李刚：《本田南海零部件厂工人因劳资纠纷停工》，载《人民日报》2010年5月28日。

日方中层主管月薪达5万元人民币，与中方员工工资相比，差距太悬殊”。5月17日，中方工人要求增加800元底薪并定期上调，被资方回绝，部分工人集体停工。6月4日，工人自发产生的协商代表与资方5名代表进行了第一次工资协商，但因工人代表缺乏共识，协商被迫中止。此后，劳动法教授常某应邀参与、广汽集团总经理曾某参与，协助劳资双方谈判，劳资双方签订了《工资集体协商协议》，达成2011年工资调整方案（工资总额上调611元）。

【法律透视】劳资之间就如何公平分配形成的争议，是利益争议。职工集体委托工会或职工代表，与资方集体协商谈判，订立集体合同，是市场经济国家调整劳动关系、劳动力合理定价、劳资公平共享的基本手段、核心机制。我国《劳动法》有相关规定。

【典型案例2】①1998年，W从中国科学院半导体所硕士毕业，留在该所工程中心工作。1999年，W随工程中心转制进入新成立的海特公司工作。2000年底，公司为建立内部激励机制进行股份制改造，W没有得到任何奖励股份，遂多次书面向公司反映。2001年12月31日，W被告知他与公司签订的2001年度劳动合同已到期，公司不再与他签订2002年的合同。他要求半导体所工会维护其权益，该工会表示无能为力。2003年8月，W诉至北京市海淀区法院，要求半导体所工会退还他4年交纳的会费15.84元，理由是工会违约，没有履行维护他权益的职责。此案使得工会首次因维权成为被告。

【法律透视】工会收取会费，理应尽力代表和维护会员的正当利益。如果工会渎职、违约，自然应承担法律责任。W依据民法诉工会，在法理上无问题。

【典型案例3】2014年12月6日，台资企业广州市番禺区利得鞋业有限公司的2500名工人“集体停工”，抗议利得公司强迫工人签订不合理的劳动（变更）合同、拖欠社会保险费和住房公积金等行为。因向几级总工会求助无果，工人们依据民法委托了法律顾问，选举了13名工人代表。工人代表在律师的帮助下，整理了诉求，向资方发出了集体谈判要约。资方被迫与工人代表举行

① 参见孙亚菲：《状告工会第一案》，《南方周末》2003年9月5日。

谈判。因资方后试图拒绝谈判，工人们在厂区内部进路集体停工，资方不得不让步，与工人们订立了和解协议，解决了纠纷。

【法律透视】集体协商、谈判的权利属于职工。若工会不能受职工委托、信任而与资方开展真正的集体协商、谈判，则职工另选代表与资方博弈，是正当合理的。依据民法推举代表、委托代理人，是自然权利、生活法则、事理逻辑、基本法理。

五、劳动行政制度问题

【典型案例】某市劳动保障监察大队在常规检查中，发现某饭店不签订劳动合同、拖欠劳动报酬等劳动违法行为，向其下达了限期改正指令书。该店以业务太忙为由推托搪塞，在限期内未采取整改措施。为维护法律的严肃性，该市劳动行政机关对其作出罚款决定。该店在规定期限内既不缴纳罚款，也不申请行政复议或提起行政诉讼。劳动行政机关向法院申请强制执行，收缴了罚款及因到期不缴纳罚款的加处罚款。

【法律透视】欠薪行为不仅违约，而且违反了劳动法中的行政规范、损害了社会公共利益，故市场经济国家多用劳动执法手段解决。我国《劳动法》《劳动合同法》《劳动保障监察条例》也规定了劳动监察执法权。

六、社会保险问题

【典型案例】李某在一建筑公司连续工作已 20 年，该公司未为其办理基本养老保险参保手续。李某学习了《社会保险法》，发现自己 61 岁，已不能再参保。李某诉至法院，请求判决该公司一次性赔偿其经济损失。赔偿额计算方法是：按照李某参保、缴费 20 年所应得的基本养老保险待遇 m 为基数，按我国男性平均寿命 75 岁减去退休年龄 60 岁，赔偿 15 年（180 个月）的养老保险金，共 180m。法院调解结案，该公司一次性赔偿李某 36 万元（按照 120 个月的基本养老保险金）。

【法律透视】除非全日制用工，在劳动关系形成后，用人单位应当及时为劳动者办理社会保险参保手续，并足额缴纳用人单位应缴纳的社会保险费，劳动者个人也应足额缴纳社会保险费。用人单位违反上述义务，应由社会保险行政部门依法责令其履行义务。但实践中,社会保险执法不力、劳动者权益难以得到公法保障的问题较普遍。李某的诉讼请求合法,计偿方法也符合法理。

七、社会救助、社会优抚问题

【典型案例 1】张某是某市居民,其妻李某是农村居民。2010 年,张某失业,后被发现患了癌症,花光了家里积蓄。李某打零工,收入低且不稳定。他们的儿子还在上初中。他们能够得到哪些社会救助?

【法律透视】依照现有的社会救助法律制度,张某作为城市居民,可全家申请城市最低生活保障;张某是重症患者,可申请医疗救助;张某的儿子可申请教育救助。李某还可以申请参加免费的职业技能培训,获得劳动行政部门的就业帮助。

【典型案例 2】马某原系江苏某县公安局非行政编制人民警察,1995 年,其在交通执勤时被车撞伤。马某曾多次向当地民政部门申请进行伤残评定,均未果。2012 年 5 月,马某向省长信箱写信反映自己的情况,2012 年 11 月,省公安厅商请省民政厅对马某作伤残等级评定。2013 年 4 月,医疗卫生专家小组出具了评定伤残等级七级的意见。2013 年 7 月,省民政厅向马某制发了伤残证件,载明马某"伤残性质"为"公",伤残等级为"七"。马某收到伤残证件后不服,将省民政厅诉至法院,要求变更伤残评定等级,补发伤残抚恤金等费用及赔偿。法院认为省民政厅对马某进行伤残等级评定和发证,符合相关法规及规范性文件的规定,驳回了马某诉讼请求。

【法律透视】《民政部关于对未列入行政编制人民警察伤亡抚恤待遇有关问题的通知》第(三)项规定:"未列入行政编制的人民警察因战、因公负伤致残,治疗终结后的评残工作,由所在县级单位参照民政部规定的有关手续具体承办,并报本系统省级主管部门审核后,送省级民政部门审批。"《伤残抚恤管理办法》第 28 条规定:"未列入行政编制的人民警察,参照本办法评定伤残等级,其伤残抚恤金由所在单位按规定发放。"《人民警察抚恤优待办法》第 37 条规定:"未列入行政编制的人民警察的抚恤优待,参照本办法执行,其抚恤费由所在单位按规定发放。"

【拓展阅读】

1. 中共十九大报告。

2. 中共中央、国务院《关于构建和谐劳动关系的意见》(中发[2015]10号)。

3. 常凯:《劳动关系的集体化转型与政府劳工政策的完善》,《中国社会科学》2013年第6期。

4. 陈步雷:《工人代表制:“制度边缘”的革新——以我国珠三角地区的案例为考察对象》,《探索与争鸣》2016年第11期。

【思考题】

1. 为什么说劳动法、社会保障法的核心价值目标是分配正义、公平共享?

2. 劳动法的主要调整方法是什么?

3. 全面深化改革、全面依法治国等战略布局与“(公平)共享”等新发展观,在劳动法、社会保障法中的契合点是什么?

4. 为什么说工会改革是实现公平共享新发展观的重点难点?

5. 我国社会保障事业的重点难点是什么?

第十一章 尊重程序法治

【内容导读】 本章主要介绍领导干部应当熟悉的关于程序法治的目的、价值、基本原则、程序法治与实体正义,以及程序法治与司法改革等基本知识。本章的重点是,掌握程序法治的价值、程序法治与实体正义、程序法治与司法改革之间的关系。理解在现代社会下,实体法的复杂化为程序法治提出了更高要求,权力行使主体只有严格遵循程序法治与实体正义并重的理念,切实做到程序法治,才能促进和保障实体正义。深刻把握程序法治的原则,并落实到三大诉讼程序之中,不断提升程序法治的实效,实现"让人民群众在每一个司法案件中都能感受到公平正义"的改革目标。

第一节 程序法治的基本知识

一、程序法治的目的与价值

(一)程序法治的目的

程序法治是指权力行使主体严格遵循国家法律及其相关规定,以一定方式有序推进,使实体正义得以伸张的同时,当事人及其利害关系人在实施活动中所受的对待、所得到的主张权利机会是正当、平等和合理的。其目的是以观念形态表达的,国家进行法治建设期望达到的目的或结果。程序法治的主体是国家,它所反映的是国家在法治建设中的一种内在评价与选择,从而成为国家设立的进行法治建设的出发点和最终归宿,对代表国家行使权力的机关、当事人及其利害关系人均具有约束力。程序法治是国家对法治建设结果所表达的一种理想模式,它是国家基于自身和现实需要而设计的关于其行为取向目标或对法治建设结果的一种预选性观念，是立法机关就程序对社会及其成员的作用、意义的认识与评价的集中体现。程序法治的实现是以国家强制力为后盾，但不得依职权主动干预法律所赋予的当事人权利。

由于历史、文化传统、伦理道德观念、地理环境、自然条件等差异，世界各国设计程序法治目的以及借以表现方式，在不同历史时期、不同国家千差万别。在民主社会中，程序法治具有较为清晰的层次性：通过程序立法和程序法的贯彻实现解纷止争，维护社会秩序之目标。而程序法治实现的程度取决于其维护的政治与历史规律的一致性、目的对程序的适应性，实现程序法所构造的模式、法治队伍的整体素质等。

（二）程序法治的价值

程序法治的价值是对程序价值一种理性认识。从程序价值理论来看，可以归纳为程序工具主义和程序本位主义两种。前者只承认程序的工具价值，认为“程序法唯一正当的目的是最大限度实现实体法，程序法的最终有用性取决于实体法的有用性”①；后者则认为程序具有独立于实体的内在作用。我国传统上奉行程序工具主义观点，大多把诉讼法与实体法的关系理解为形式与内容、目标与手段的关系。我们认为，程序法治的价值体现在程序公正、程序效益、保障人权和规制权力四个方面。

1. 程序公正

程序公正顾名思义，“以人们看得见的方式来实现正义”。它“正确选择和适用法律，从而也是体现法律正义的根本保障。其一，公正的程序可以排除选择和适用法律过程中的不当偏向。其二，公正的程序本身就意味着它具有一套能够保障法律准确适用的措施和手段，并且由此能够形成保障法律准确行之有效的常规体制。……对社会一般成员而产生正当的效果，因为人们判断审判结果的正当性可以从制度上正当程序是否得以保障来认识”②。其中，程序参与性、公开性、中立性尤为重要。程序参与能够让不同的主体充分表达意见，促进沟通交流，便于决策者在综合考虑各方利益的基础上，作出更加合

① 陈瑞华：《刑事审判原理论》，北京大学出版社 1997 年版，第 28 页。

② 顾培东：《社会冲突与诉讼机制》，四川人民出版社 1991 年版，第 11、67 页。

理的决策结果；程序公开有利于当事人和民众获得有效的参与信息，且将权力运行置于阳光之下，是预防和消除腐败的有效方式；程序中立既要求程序本身设计的中立，让双方均有平等发言的机会，也要求决策者在程序运作中不得偏袒任何一方，同等情况同等对待。

2. 程序效益

从程序成本与收益的比例关系出发，以最少诉讼成本投入，获得最大收益。在立法目标得以实现的前提下，程序成本的投入量最小、最佳和最有效率，且能够有效地达致诉讼目标。从冲突主体角度来看，物质性效益包括由裁决者所确定能够实际执行的实体财产权益和由裁决所确定实体财产义务。从国家角度来看，程序物质性效益包括通过裁决而为国家挽回的经济损失和以没收财产、罚款等形式而获得的财产。从社会角度来看，由于冲突主体之间的财产转移不会使社会财富增加和减少，因此其效益总和为零。因此，切忌突破程序公正底线，只顾眼前个案效益而忽略长远的整体效益。在程序法治推进中，既要算“经济账”，也要计算程序的功效是否得以发挥，执法和司法资源是否充分利用，程序运作的民众印象如何，以动态的、与时俱进的视角来理解和认识程序的效益性。

3. 保障人权

尊重和保障人权是现代政治文明的基本标志。从人权保障的发展历史来看，人权保障包括确立规则和标准，以及为人权的保障提供救济渠道两个阶段。程序法治对人权的保障，已发展出了一整套系统的符合正当程序和法治精神的原则、程序、方式、方法，在规制公权力并确保该权力有序运作的同时，为人权的救济和保护提供了保障。

4. 规制权力

权力是一柄双刃剑，“既可以作恶也可以行善，而法律规则是保证权力行善的主要依据”①。为此，权力主体的职权行使既要有明确的实体法根据，也必须严格遵守法定的程序规则。程序在设置权力主体行为时的障碍，表现为程序的有序推进和不可逆转性的同时，体现管理过程的民主化方面，对权力运

① 喻中：《权力制约的中国语境》，法律出版社2013年版，第6页。

行具有重要的限制功效。也就是,仅强调实体法上的控制是难以达到实际效果的。

二、程序法治的基本原则

(一)合法性原则

合法性原则是对权力行使主体实施执法或司法活动的第一要求。意味着权力行使主体的设立及其职权的存在符合法律的规定,所谓"无法律无行政""法未许可皆禁止"等,权力行使主体的实施行为应当符合实体法和程序法的规定。一切违反法律的实施行为均为无效或者可撤销。倘若因此对相对人造成了损害,还应当承担相应的法律责任。

(二)平等性原则

平等性原则要求法律统一适用于全体公民,非因民族、种族、性别等方面的差异而有所区别,公民依法享有同等的权利和承担同等的义务,公民享有平等的诉讼权利,这是"公民在法律面前人人平等"宪法原则的准确表达。平等性原则是法律实施上的平等,而非指制定法律上的平等,任何人均未有超越法律之上的特权,切忌把"平等"错误理解为法律实施中的"整齐划一"。

(三)中立与独立性原则

中立意味着保持意志自由、不偏不倚、独立决定。一方面,它要求权力行使主体完全依据程序规则行事,不为其他因素所左右;另一方面,行使权力时极力避免随意性和好恶倾向性,以客观事实为基础,不偏不倚地适用法律,必要时还要自行"回避"。从哲学角度来看,独立性包括行使权力的主体依据法律规定,以其内心意愿和理性进行判断决定,以及在其职权活动的内容、方法及空间的范围内不受他人阻碍和指令两个方面内容。作为现代程序法治的一项基本原则,我国学者通常认为,审判独立包括外部独立与内部独立两个方面。按照马克思的观点,法官除法律外,无别的上司。由此可见,我国所界定的审判独立与西方国家相比,具有独立主体的二元性、独立方式的集体性、独立相对方的广泛性、独立保障的地方性等显著特点,与国际标准亦不完全一致。

（四）正当性原则

为了从程序上控制权力运行的“任性”与滥用，正当程序原则要求权力实施应当符合正当性标准：权力行使主体严格按照法定程序行使权力、履行职责，保障相对人在实施活动中程序性权利的行使，及时公开当事人、利害关系人提供的相关事实和法律依据等信息，但涉及国家秘密、商业秘密或者个人隐私的事项除外。在某些情况下，即使程序立法未明定，也可根据该原则作为判定权力实施行为程序和结果是否正当的标准。

三、程序法治与实体正义

公正是法治的永恒追求和终极目标。通常认为，公正包括程序法治和实体正义。前者认为，只有依循法定程序标准，才能向当事人、社会民众昭示权力行使主体裁决行为的合法性和权威性，它由程序中立性、程序公开性、程序平等性、程序合理性和程序及时性构成；后者主张按照实体法规范确认和分配的具体权利义务，使裁决结果达到公平、正义之要求，它包括事实认定正确、法律关系明辨、实体法适用准确。由于受传统法律文化和苏联法律观念的束缚，我国一直关注程序对实体公正的工具价值，而对程序内在价值重视不够，导致侵犯当事人诉权的现象时有发生。

在现代社会下，实体法的复杂化为程序法治提出了更高的要求，权力主体只有切实遵循程序法治，才能促进和保障实体正义。因为程序法治是实体正义的保障，从实践来看，启动程序的目的是解决纷争，权力主体依循法定的程序标准既向社会民众昭示其裁决行为的合法性和权威性，也有利于实体公正的实现；当实体法存在缺漏时，程序法治可以弥补，因为程序法治由实体正义中独立出来，并以其可操作性来最大限度地实现实体正义。坚持程序法治与实体正义并重的理念，在确保权力实施过程的公开性，权力主体不单独接触当事人，居中裁决，保持对双方当事人平等性的同时，能够正确认定事实，避免主观偏见，恪守在适用法律上一律平等的法治原则，准确适用法律，以达至实体正义、案结事了和服判息诉的功效，实现法律对社会秩序构成有效张力和解决纷争之目的。

四、程序法治与司法改革

党的十八大以来，以习近平同志为核心的党中央从全面推进依法治国、加快建设社会主义法治国家的高度，就深化司法体制改革作出了一系列重要部署。司法机关围绕改革目标，针对人案矛盾日益突出、司法公正与效率之间难以平衡，以及放权与监督之间的抉择，积极推进程序法治，把顶层设计与地方探索有机结合，稳步落实司法责任制，“让审理者裁判，由裁判者负责”；纠正冤假错案，不断深化司法公正；创新司法工作机制，便民服务更加高效；审判流程透明化，司法公开全面推进……司法改革取得成效备受社会各界关注，堪称为一场影响深远的司法革命。

中共十九大报告指出：“深化司法体制综合配套改革，全面落实司法责任制，努力让人民群众在每一个司法案件中感受到公平正义。”为此，在司法改革中，严格贯彻程序法治原则的同时，还需要关注三个方面的问题。

第一，程序自治。程序的决定排除外部干扰，在决定结果的产生方面只承认程序内的所有信息。程序自治对司法的规制主要通过功能自治、隔音空间和角色自治方式来实现。其中，功能自治是为了达成一定目的而进行的活动，经过不断反复而自我目的化的现象，其基本制度原理在于限制权力主体的恣意；隔音空间是法律规范所创设的一个相对独立于外部环境的决策空间，各种宏观影响和微观因素经过一定的过滤装置、通过适当的途径进入或者反映到决策之中；角色自治是程序参加者在角色就位后，各司其职，互相配合与制约，以确保分工执行顺利实现。

第二，程序理性。在法律程序中证据分析与法律推理过程均应当符合理性的要求，切勿凭直觉、任性而为。合乎理性的推演是可理解的，且具有可接受性。其中，程序的公开化使权力主体能够做到“兼听则明”，实现优化选择，及时修正审理中出现的错误现象，达至发现案件事实，准确适用法律。同时，程序能够加强理性思考，限制恣意，拓宽权力主体的视野，打开思路，避免单一思维的局限性。随着社会经济的迅猛发展，实体法规则的控权功能有所缩减，而程序控权的功能日益凸显。程序法治以其特有的功能弥补实体法控权的不足，达至权力与权利平衡、效率与自由协调、形式合理性与实质合理性结合的效果。

第三,程序自缚。随着程序的展开,诉讼主体的具体言行一旦成为程序上的过去,均不得被推翻或者撤销。经过程序认定的事实关系和法律关系,由起初的不确定性逐步被消化、吸收,成为不可动摇的过去。一切程序参加者均受自己陈述与判断之约束,经过程序而作出的决策被赋予既定力,只有通过高阶审级的程序才能被修改。先例机制迫使决策机构在今后活动中做到"同案(类问题)必须同判(样处理)",最为典型的是法院裁判所体现的程序运作所产生的既判力和自缚性。

第二节　关于程序法治立法规定解读

一、刑事诉讼程序法律制度

《刑事诉讼法》是规范刑事诉讼活动的基本法律。我国《刑事诉讼法》于1979年制定,经1996年、2012年两次修改后,由4章290条构成。除了《刑事诉讼法》外,其他法律、法规、规章中有关刑事诉讼的制度、程序的规定,以及最高人民法院、最高人民检察院就审判、检察业务中具体应用法律所作的司法解释,均对刑事诉讼活动有约束作用。

(一)第一审程序

人民法院对人民检察院提起公诉、自诉人提起自诉案件进行初次审理所适用的程序。它是刑事诉讼审判的基本程序,有公诉案件的第一审程序和自诉案件的第一审程序之分。无论公诉案件还是自诉案件,均可采取普通程序或者简易程序审理。

1. 公诉案件第一审普通程序

人民法院对人民检察院提起公诉的案件进行初次审判时所遵循的步骤、方式和方法。它包括庭前程序、庭审程序和评议宣判等诉讼环节。

(1)庭前程序。庭前程序包括庭前审查和庭前准备两个阶段,前者是人民法院对人民检察院所提交的案件进行审查,以确定其是否达到开庭审理条件的专门司法活动。后者是对符合庭审条件的案件决定开庭审理而依法进行的必要准备工作。对于案件具有当事人及其辩护人、诉讼代理人申请排除非法证据,证据材料较多、案情重大复杂、社会影响重大,以及需要召开庭前会议的其他情形等条件之一的，审判人员可以召开庭前会议。开庭审理前，审判组织拟定庭审提纲，该提纲主要包括诸如合议庭成员在庭审中的分工，起诉书指控犯罪事实的重点和认定案件性质的要点，讯问被告人时需要了解的案情要点，出庭的证人、鉴定人、有专门知识的人、侦查人员的名单，控辩双方申请当庭出示的证据目录和庭审中可能出现问题及应对措施等内容。

（2）庭审程序。庭审程序由宣布开庭、法庭调查、法庭辩论、被告人最后陈述、评议和宣判五个阶段组成。宣布开庭是法庭审理的开始，其任务是为案件实体审理做好程序上的准备。法庭调查是庭审的核心环节。案件事实的发现、证据采信、被告人刑事责任确定等关键性问题均在此阶段展开，奠定裁判之基础。法庭调查按照公诉人宣读起诉书，被告人、被害人就指控犯罪事实发表意见，询问被告人、被害人和附带民事诉讼原告人、被告人，询问证人和鉴定人，出示物证、宣读鉴定意见和有关笔录，调取新的证据等逐一展开。法庭辩论是在审判长的主持下，控辩双方就被告人的行为是否构成犯罪、构成何罪、是否应当受到刑罚、受何种刑罚，依据证据是否具有证据能力、证明力，是否确实充分等，提出意见和理由，进行相互争论与辩驳，发现案件事实。被告人在庭审即将结束之际，就其被指控的罪行进行最后辩护和最后陈述，它是被告人一项重要的诉讼权利。评议环节是根据法庭已查明的事实、在充分考量控辩双方意见的基础上，确定被告人是否有罪、构成何罪，有无从重、从轻、减轻或者免除处罚情节，应否处以刑罚、判处何种刑罚，附带民事诉讼如何解决，查封、扣押、冻结的财物及其孳息处理等，依法作出裁判。宣告判决有当庭宣判和定期宣判两种形式，无论是否公开审理的案件均一律公开宣判。

2. 自诉案件的第一审普通程序

自诉案件的第一审普通程序是由被害人对实施了犯罪的人直接起诉，一般是事实清楚、危害轻微的刑事案件，主要包括告诉才处理的案件、被害人有证据证明的轻微刑事案件和公诉转自诉的案件三种类型。

人民法院收到自诉状或起诉笔录后，指定一名审判人员从诉讼程序和实体上进行审查，要求案件事实清楚，并有证据予以证明。符合法律规定，属于本院管辖，被害人告诉的，有明确的被告人，有明确、具体的诉讼请求和证明被告人犯罪事实的证据，法院应当受理。人民法院对受理的自诉案件应当开庭审理,除适用简易程序审理外,均参照公诉第一审普通程序进行。由于自诉案件本身的特殊性,故在审理中,人民法院对告诉才处理的案件和被害人有证据证明的轻微刑事案件,可以在查明事实、分清是非的基础上,本着自愿、合法的原则进行调解。自诉人在宣判前可以与被告人自行和解或者撤回起诉。对被告人下落不明的案件,可以中止审理,待被告人归案后,应当恢复,必要时,应对被告人依法采取强制措施。对告诉才处理和被害人有证据证明的轻微刑事案件的被告人或者其法定代理人在诉讼中可以向自诉人提起反诉。

3. 简易程序

与普通程序相比,基层人民法院在审理某些事实清楚、情节简单、犯罪轻微的刑事案件时所依法适用的相对简化的一种程序。

在适用范围上,简易程序应当符合属于基层人民法院管辖,案件事实清楚、证据充分,被告人认罪且对指控的犯罪事实无异议,以及被告人对适用简易程序无异议四个要件。简易程序由基层人民法院独任法官或者组成合议庭,对事实清楚、证据充分、被告人认罪的,可能判处3年有期徒刑以下刑罚的案件进行审理。人民检察院提起公诉的案件,由人民检察院应派员出庭。审理期间比公诉案件第一审普通程序短,送达方式简便,庭审方式简化,原则上采用当庭宣判方式。但在审理中,发现不应当或者不宜适用简易程序的其他情形,应当按照第一审普通程序重新审理。简易程序转为普通程序审理的案件,审理期限应当从决定转为普通程序之日起计算。

(二)第二审程序

第二审人民法院根据被告人上诉或者人民检察院抗诉,就第一审人民法院尚未生效裁判所认定的事实和适用法律进行审理所适用的程序。它对于纠正第一审人民法院的错误裁判、监督和指导下级人民法院审判工作,准确惩处犯罪,维护被告人法益具有重要意义。

第二审人民法院审查第一审人民法院移送上诉、抗诉的案卷、证据的基础上,依法由审判员组成合议庭,本着事实和法律两个基本点,对案件进行全面审查:既对上诉或者抗诉所提出的内容进行审查,也对上诉或者抗诉没有提出而为第一审判决所认定事实、适用法律,以及审判活动是否遵循了诉讼程序进行审理,不受上诉或者抗诉范围的限制。在审判方式上,对部分上诉案件、全部抗诉案件以及其他应当开庭的案件予以开庭审理，对不开庭审理的案件，在阅卷、询问被告人，听取其他当事人、辩护人、诉讼代理人的意见后作出裁判。在审理中，坚持上诉不加刑原则，这是当代世界各国普遍实行的一项原则。但对抗诉机关提出了抗诉，或者自诉人提出上诉或者抗诉与上诉一并提出的除外。经审理，对于原判决认定事实和适用法律正确、量刑适当的，应当裁定驳回上诉或者抗诉，维持原判；对于原判决认定事实无误，但适用法律有误，或者量刑不当的，应当改判；对于原判决事实不清楚或者证据不足的，可以在查清事实后改判；也可以裁定撤销原判，发回原审人民法院重新审判，但发回重审仅限于一次；发回重审的案件，应当另行组成合议庭，按照第一审程序审理，对其裁判仍可以上诉或者抗诉。对于查封、扣押、冻结的犯罪嫌疑人、被告人的财物及其孳息，应妥善保管，随案移送。对被害人的合法财产，应当及时返还。对违禁品或者不宜长期保存的物品，应当依照国家有关规定处理。

（三）死刑复核程序

人民法院对判处死刑的案件进行复审核准所适用的特别审判程序。它是一种特殊的审判程序，对于贯彻宽严相济政策，统一裁判尺度，保证正确适用死刑意义重大。

中级人民法院、高级人民法院和最高人民法院在对死刑案件的报请复核、复核内容和对案件复核后的处理上，应当一案一报。最高人民法院和高级人民法院或者核准死刑（死缓）案件应当全面审查案卷、讯问被告人，听取辩护律师的意见，制作复核审理报告。对于原判认定事实和适用法律正确、量刑适当、诉讼程序合法的，应当裁定核准；对于原判认定的某一具体事实或者引用的法律条款等存在瑕疵，但判处被告人死刑并无不当的，可以在纠正后作出核准的裁判；对于原判事实不清、证据不足的，应当裁定不予核准，并撤销原判，发回重新审判；对于复核期间出现新的影响定罪量刑的事实、证据的，应当裁定不予核准，并撤销原判，发回重新审判；对于原判认定事实正确，但依法不应当判处死刑的，应当裁定不予核准，并撤销原判，发回重新审判；对于原审违反法定诉讼程序，可能影响公正审判的，应当裁定不予核准，并撤销原判，发回重新审判。为了确保死刑案件复核程序的客观、公正，最高人民检察院在复核期间，可以向最高人民法院提出意见。最高人民法院应当将死刑复核结果通报最高人民检察院。

（四）审判监督程序

人民法院、人民检察院对已生效的裁判，发现在认定事实或者法律适用上确有错误，依法提起并对案件进行重新审判所适用的程序。它是一种补救性程序，有助于实现上级司法机关监督下级人民法院审判工作，确保刑罚权正确行使和当事人法益之维护。

当事人及其法定代理人、近亲属认为已生效的裁判确有错误，可以向人民法院提出申诉，也可以向人民检察院提出申诉，请求启动审判监督程序予以纠正。有权启动审判监督程序的主体有各级人民法院院长和审判委员会、最高人民法院和上级人民法院、最高人民检察院和上级人民检察院。审判监督程序的启动有决定再审、指令再审、决定提审和提出抗诉四种。原来是第一审程序的，按照第一审程序另行组成合议庭重新审理，所作的裁判可以上诉、抗诉；原来是第二审案件或者是上级人民法院提审的案件，依照第二审程序进行审判，所作的裁判是终审裁判。最高人民法院、上级人民法院按照审判监督程序提审的案件，依照第二审程序进行审判，所作的裁判是终审裁判。人民法院开庭审理的再审案件，同级人民检察院应当派员出庭。经重新审理，对于原裁判认定事实和适用法律正确、量刑适当的，应当裁定驳回申诉或者抗诉，维持原裁判；对于原裁判定罪准确、量刑适当，但在认定事实、适用法律等方面有瑕疵的，应当裁定纠正并维持原裁判；对于原裁判认定事实无误，但适用法律错误，或者量刑不当的，应当撤销原裁判，依法改判；依照第二审程序审理的案件，原裁判认定事实不清或者证据不足的，可以在查清事实后改判，也可以裁定撤销原判，发回原审法院重新审判。对于原裁判事实不清或者证据不足，经审理事实已查清的，应根据查清的事实依法裁判；事实仍无法查清，证据不足，不能认定被告人有罪的，应当撤销原裁判，判决宣告被告人无罪。

二、民事诉讼程序法律制度

《民事诉讼法》是规范民事诉讼活动的基本法律。我国现行《民事诉讼法》于 1991 年公布实施，经 2007 年、2012 年两次修改后，由 4 编 284 条构成。除了《民事诉讼法》外，民事诉讼的特别程序法，以及其他法律、法规和规范性文件中关于民事诉讼程序制度的内容,均对民事诉讼活动有约束作用。

(一)第一审程序

1. 第一审普通程序

人民法院审理第一审民事案件通常适用的程序。它是人民法院审理民事案件的核心,对人民法院准确审理案件,保证当事人充分行使诉讼权利和维护其法益具有显著功效。

起诉是人民法院行使审判权的必要前提。原告起诉必须同时符合与本案有直接利害关系的公民、法人或者其他组织,有明确的被告,有具体的诉讼请求和事实、理由,属于人民法院受理民事诉讼的范围和受诉人民法院管辖四个要件。经审查,受诉人民法院认为原告起诉符合法定条件的,应当决定立案受理。对于当事人没有争议,符合督促程序规定条件的,可以转入督促程序;对于开庭前可以调解的,采取调解方式解决;根据案件情况,确定适用简易程序或者普通程序。对于需要开庭审理的案件,通过要求当事人交换证据等方式,明确争议焦点。在庭前会议阶段,主要明确原告的诉讼请求和被告的答辩意见,审查处理当事人增加、变更诉讼请求的申请和提出的反诉,以及第三人提出的与本案有关的诉讼请求,根据当事人的申请决定调查收集证据,委托鉴定,要求当事人提供证据,进行勘验,进行证据保全,组织交换证据,归纳争议焦点,以及进行调解等内容。

庭审是针对诉讼请求及其相关争议展开调查和辩论,通过双方当事人之间的对抗和对质,查明事实,判定责任,在此基础上作出裁判;同时,将法庭的审判过程公开化和规范化,强化人民法院裁判的正当性和权威性。公开审理的案件,庭审还有法制宣传的功能。通常来说,开庭审理包括开庭准备、法庭调查、法庭辩论、案件评议、宣告判决等环节。其中,法庭调查是庭审的重心和核心环节。当事人就争议事实进行陈述,证人作证,当事人出示书证、物证、视听资料和电子数据,宣读鉴定意见和勘验笔录,合议庭在当事人举证、质证之后,审查判断证据,查明案件事实真相。法庭辩论是在合议庭主持下,当事人就法庭调查阶段已查明事实,阐述观点,反驳对方的主张,相互进行辩驳的诉讼活动。法庭辩论终结后,审判长按照原告、被告、第三人的顺序征询各方最后意见,当事人明确表达调解意愿的,法庭可进行调解。调解不成的,应及时判决。案件评议是合议庭对庭审所查明的事实,以及各方当事人的观点和主张进行综合评价,确认案件事实,选择适用法律,得出裁判结果的诉讼活动。合议庭形成评议结果后,由审判长宣读合议庭作出的裁判内容,包括法庭认定事实、适用法律、裁判结果和理由、诉讼费用负担,以及当事人上诉权利、上诉期限和上诉法院。宣告离婚的判决,应当告知当事人在判决生效之前不得另行结婚。

2. 简易程序

简易程序是基层人民法院及其派出人民法庭审理简单的民事案件所适用的一种简便易行的程序。它是对第一审普通程序的简化,体现"两便"原则,能够彻底、及时地化解纷争,节省时间和费用,有利于生产和生活。

简易程序主要适用于基层人民法院及其派出人民法庭审理的事实清楚、权利义务关系明确、争议不大的简单民事案件,以及当事人双方约定适用简易程序的案件。在起诉方式和受理程序上简便,可以口头方式起诉,当即立案。具有在传唤方式上较为灵活、实行独任制审判、审理前的准备简短、庭审程序简化、审理期限较短、重视调解、由法官释明、裁判文书简化等特点。当事人就案件适用简易程序提出异议,经审查,异议成立的,裁定转为普通程序;异议不成立的,口头告知当事人,并记入笔录。转为普通程序的,人民法院应当将合议庭组成人员和相关事项以书面形式通知双方当事人,在转为普通程序之前,双方当事人已确认的事实,可以不再进行举证、质证。

3. 小额诉讼程序

基层人民法院及其派出人民法庭审理标的额较小的简单民事案件所适用的诉讼程序。它是 2012 年《民事诉讼法》修改中新增设的程序,有利于民众接近司法、合理配置司法资源,迅捷、有效地化解小额民事纠纷。

小额诉讼程序适用基层人民法院和其派出的人民法庭所审理的,标的额为所在的省、自治区、直辖市上年度就业人员年平均工资 30%为限,无标的额的确认之诉不能适用。当事人既不得以合意方式排除适用,也不能以合意方式选择适用。人民法院应当向当事人告知该类案件的审判组织、一审终审、审理期限、诉讼费用交纳标准等相关事项。举证期限由人民法院确定,也可以由当事人协商一致并经人民法院准许,但一般不超过 7 日。当事人对小额诉讼案件提出管辖异议的,人民法院应当作出裁定,裁定一经作出即生效。因当事人申请增加或者变更诉讼请求、提出反诉、追加当事人等,致使案件不符合小额诉讼案件条件的,应当适用简易程序的其他规定审理。当事人对适用小额诉讼程序审理有异议的,应当在开庭前提出。

(二)第二审程序

因当事人对尚未生效的地方各级人民法院第一审裁判而依法向上一级人民法院提起上诉,上一级人民法院据此对案件进行审判所适用的程序为第二审程序。

第二审人民法院受理后,依法由审判员组成合议庭,以公开开庭审理为原则,以不公开开庭为例外,对上诉请求的有关事实和适用法律进行审查,体现了对当事人处分权的尊重与保护。经审理,对于原裁判认定事实清楚,适用法律正确的,以裁判方式驳回上诉,维持原裁判;对于原裁判认定事实错误或者适用法律错误的,以裁判方式依法改判、撤销或者变更;对于原判决认定基本事实不清的,裁定撤销原判决,发回原审人民法院重审,或者查清事实后改判;对于原判决遗漏当事人或者违法缺席判决等严重违反法定程序的,裁定撤销原判决,发回原审人民法院重审。原审人民法院对发回重审的案件作出判决后,当事人提起上诉的,第二审人民法院不得再次发回重审。对于必须参加诉讼的当事人或者有独立请求权的第三人,在第一审程序中未参加诉讼,第二审人民法院可以根据当事人自愿的原则予以调解;调解不成的,发回重审。原审原告增加独立的诉讼请求或者原审被告提出反诉的,第二审人民法院可以根据当事人自愿的原则就新增加的诉讼请求或者反诉进行调解,调解不成的,告知当事人另行起诉。双方当事人同意由第二审人民法院一并审理的,第二审人民法院可以一并裁判。第一审人民法院判决不准离婚的案件,上诉后,第二审人民法院认为应当判决离婚的,可以根据当事人自愿的原则,与子女抚养、财产问题一并调解,调解不成的,发回重审。双方当事人同意由第二审人民法院一并审理的,第二审人民法院可以一并裁判。第二审人民法院认为依法不应由人民法院受理的,可以由第二审人民法院直接裁定撤销原裁判,驳回起诉。对于第一审人民法院受理案件违反专属管辖规定的,第二审人民法院应当裁定撤销原裁判并移送有管辖权的人民法院。第二审人民法院查明第一审人民法院作出的不予受理裁定有错误的，应当在撤销原裁定的同时，指令第一审人民法院立案受理；查明第一审人民法院作出的驳回起诉裁定有错误的，应当在撤销原裁定的同时，指令第一审人民法院审理。第二审人民法院对上诉案件可以进行调解，调解书送达后，原审人民法院的判决即视为撤销。

（三）审判监督程序

审判监督程序是人民法院已作出生效的裁判和调解书，在符合法定事由的情形下，因人民法院依法决定、检察机关抗诉或检察建议，或因当事人申请，人民法院对案件进行再审所适用的程序。该程序是一种补救性救济程序，既为当事人提供充分的司法救济，也有利于维护司法权威。无论以哪一种方式启动审判监督程序，均须以发现原生效裁判、调解书确有错误为前提。

案件进入再审，人民法院应当裁定中止原裁判、调解书的执行，但追索赡养费、扶养费、抚育费、抚恤金、医疗费用、劳动报酬等案件除外，围绕再审请求范围或者在抗诉支持当事人请求的范围进行审理。再审案件的当事人应为原审案件的当事人，原审案件当事人死亡或者终止的，其权利义务承受人可以申请再审并参加再审诉讼。原来是第一审的，按照第一审程序另行组成合议庭进行审理，所作的裁判当事人可以上诉；原来是第二审或者是上级人民法院提审的，按照第二审程序另行组成合议庭，所作的裁判是终审裁判。人民法院审理再审案件应当开庭审理。但按照第二审程序审理的，双方当事人已通过其他方式充分表达意见，且书面同意不开庭审理的除外。经审理，对于原裁判认定事实清楚、适用法律正确的，应予维持；对于原裁判在认定事实、适用法律、阐述理由方面虽有瑕疵，但裁判结果正确的，在再审裁判中纠正上述瑕疵后予以维持；对于原审调解经裁定再审后，人民法院经审理认为再审事由不成立，且原调解协议的内容不违反法律强制性规定的，裁定驳回再审请求，恢复原调解书的执行。当事人在再审审理中经调解达成协议的，人民法院应当制作调解书。调解书经各方当事人签收后，即具有法律效力，原裁判视为被撤销。按照第二审程序审理再审案件，发现原判决认定事实错误或者认定事实不清的，应当在查清事实后改判。新的证据证明原裁判确有错误的，人民法院应予改判；发现原判决认定事实错误或者认定事实不清的，原审人民法院便于查清案件事实，化解纠纷的，可以裁定撤销原判决，发回重审；原审程序遗漏必须参加诉讼的当事人且无法达成调解协议,以及其他违反法定程序不宜在再审程序中直接作出实体处理的,应当裁定撤销原判决,发回重审。

三、行政诉讼程序法律制度

《行政诉讼法》是进行行政诉讼的行为准则。我国现行《行政诉讼法》于1990年实施,经2014年、2017年修订后,由10章103条构成。除了《行政诉讼法》外,宪法中有关行政诉讼的法律规范、国家司法机关组织法中有关行政诉讼的法律规定、《民事诉讼法》中能适用于行政诉讼活动的部分法律规范,各种行政法律、法规、自治条例和单行条例中有关行政诉讼的法律规范,正式有效的法律解释,以及有关行政诉讼的国际条约,均对行政诉讼活动有规范作用。

(一)第一审程序

1. 第一审普通程序

人民法院从受理到作出第一审行政裁判所适用的程序,它是行政诉讼程序中最丰富、最完整的审理程序,主要由起诉、立案登记、审理和裁决四个部分构成。

(1)起诉。公民、法人或其他组织认为行政机关和行政机关工作人员的行政行为侵犯其合法权益,依法请求人民法院行使行政审判权,审查该行政行为的合法性并予以救济的诉讼行为。起诉应当具备原告适格、被告明确、诉讼请求明确具体并有事实根据、属于人民法院受案范围和受诉人民法院管辖条件等四个条件。由于行政行为的复杂性,行政诉讼起诉期限规定不尽相同。

(2)立案登记。人民法院接到起诉状时,对符合起诉条件的案件应当登记立案,并出具书面凭证。对于起诉状存在“内容欠缺”或者“有其他错误”的,人民法院有义务进行指导与释明,并一次性告知补正。对于不接收起诉状、接收起诉状后不出具书面凭证,以及不一次性告知当事人需要补正起诉状内容的,当事人可以向上级人民法院投诉,上级人民法院应当责令改正,并对直接负责的主管人员和其他直接责任人员依法给予处分。立案登记意味着人民法院正式启动对行政案件的裁判权,当事人之间的行政争议已置于法院的裁判之下,排除了其他国家机关和其他人民法院对此案的管辖权,原告不得重复起诉。人民法院受理案件后,被诉的具体行政行为原则上不停止执行。但出于维护公共秩序和公共利益的需要出发，对于被告认为需要停止执行，原告申请停止执行，人民法院认为该具体行政行为的执行会造成难以弥补的损失，并且停止执行不损害社会公共利益，裁定停止执行，以及法律、法规规定停止执行三种情形作出例外规定。

（3）审理。人民法院审理行政案件，解决的是被诉行政机关和行政机关工作人员行使的具体行政行为是否合法，并不解决原始的行政争议。在审前准备阶段，人民法院送达起诉状和答辩状之后，可应当事人申请或者人民法院在必要时，依法采取财产保全措施。为了权利人生活或者生产经营之需要，人民法院在终审判决作出前裁定义务人预先履行义务。除涉及国家秘密、个人隐私和法律另有规定的案件外，人民法院应当公开开庭审理，庭审程序与刑事、民事案件的庭审程序较为相似，此处不再赘述。在审理过程中，出现经人民法院传票传唤，原告无正当理由拒不到庭，或者未经法庭许可中途退庭的情形，按照撤诉处理；被告无正当理由拒不到庭，或者未经法庭许可中途退庭的情形，缺席判决；行政案件宣告判决或者裁定前，原告有权申请撤诉；涉及行政许可、登记、征收、征用和行政机关对民事争议所作的裁决的行政诉讼中，当事人申请一并解决相关民事争议的，人民法院可以一并审理。

（4）裁决。经审理，对于行政行为证据确凿，适用法律、法规正确，符合法定程序的，或者原告申请被告履行法定职责或者给付义务理由不成立的，法院判决驳回原告的诉讼请求；对于具有主要证据不足，适用法律、法规错误，违反法定程序，超越职权，滥用职权，明显不当等情形之一的，法院判决撤销或者部分撤销该行政行为，并可以判决被告重新作出行政行为，在这种情况下，被告不得以同一事实和理由作出与原行政行为基本相同的行政行为；对于人民法院经过审理查明被告不履行法定职责的，判决被告在一定期限内履行；对于人民法院经审理查明被告负有给付义务的，判决被告履行给付义务；对于人民法院确认行政行为违法，但不撤销该行政行为。这类判决主要适用于行政行为依法应当撤销，但撤销会给国家利益、社会公共利益造成重大损害，以及行政行为程序轻微违法，但对原告权利不产生实际影响的情形；对于行政行为有主体不具有行政主体资格或者没有依据等重大且明显违法的情形，原告申请确认行政行为无效，人民法院确认无效的判决；对于行政处罚明显不当，或者其他行政行为涉及对数额的确定，人民法院认定确有错误的，人民法院作出予以变更的判决；对于被告不依法履行、未按照约定履行或者违法变更、解除政府特许经营协议、土地房屋征收补偿协议的，人民法院判决被告承担继续履行、采取补救措施或者赔偿损失等责任。

2. 简易程序

第一审人民法院审理简单行政案件所适用的简便易行的诉讼程序。它是我国行政诉讼立法中新设立的审判程序，有利于减轻当事人诉讼负担，节省司法资源，提升诉讼效率。

第一审人民法院受理的事实清楚、权利义务关系明确、争议不大的，须为被诉行政行为是依法当场作出、案件涉及款额2000元以下和属于政府信息公开案件三种情形之一，以及当事人各方同意适用简易程序的案件，但发回重审、按照审判监督程序再审的案件除外。在审理方式上，简易程序实行独任制审判；在审理期限上，应当在立案之日起45日内审结。在审理中，发现案件不宜适用简易程序的，应当裁定转为普通程序。

（二）第二审程序

上级人民法院对下级人民法院就第一审案件所作出的裁判，在生效之前，基于当事人上诉，依据事实和法律对案件进行审理所遵循的程序。

第二审人民法院受理后，依法由审判员组成合议庭，对第一审人民法院认定事实、适用法律，程序适当，以及被诉行政行为的合法性，原裁判和行政机关做出的行政行为进行全面审查，不受当事人上诉请求范围的限制。在审理方式上，应当开庭审理，对于事实清楚的，也可以实行书面审理。当事人对原审人民法院认定的事实有争议的，或者第二审人民法院认为原审人民法院认定事实不清楚的，第二审人民法院应当开庭审理。被告在二审人民法院受理后，作出二审裁判前，可以撤回其已提出的上诉请求。第二审人民法院审理后，对于原裁判认定事实清楚，适用法律、法规正确的，判决或者裁定驳回上诉，维持原裁判；对于原裁判认定事实错误或者适用法律、法规错误的，依法改判、撤销或者变更；对于原判决认定基本事实不清、证据不足的，发回原审人民法院重审，或者查清事实后改判；对于原判决遗漏当事人或者违法缺席审判等严重违反法定程序的，裁定撤销原判，发回原审人民法院重新审判。原审人民法院对发回重审的案件作出判决后,当事人提出上诉的,第二审人民法院不得再次发回重审。第二审人民法院审理上诉案件,需要改变原审判决的,应当同时对被诉具体行政行为作出判决。

(三)审判监督程序

人民法院依据法定程序对已生效的行政案件裁判确有错误,依法进行再次审理所适用的程序。它是人民法院对其审判行为进行监督的有效手段,目的是确保人民法院作出的裁判客观、公正。

当事人、各级人民法院院长、上级人民法院、最高人民法院以及人民检察院有权启动再审。人民法院对决定再审的案件,应当裁定中止原判决的执行,另行组成合议庭,生效裁判是由第一审人民法院作出的,按照第一审程序审理,所作出的裁判当事人可以上诉;生效裁判是由第二审人民法院作出的,按照第二审程序审理,所作的裁判是终审裁判;上级人民法院按照审判监督程序提审的,按照第二审程序审理,所作的裁判是终审裁判。人民法院审理再审案件认为原裁判确有错误,在撤销原生效裁判的同时,对生效裁判的内容作出相应裁判;也可以裁定撤销生效裁判,发回作出生效裁判的人民法院重新审判;第二审人民法院维持第一审人民法院不予受理裁定错误的,再审法院应当撤销第一、二审人民法院裁定,指令第一审人民法院受理;第二审人民法院维持原第一审人民法院驳回起诉裁定错误的,再审法院应当撤销第一、二审裁定,指令第一审人民法院审理。认为原生效裁判确有错误,应当撤销原生效裁判的同时,裁定发回作出生效裁判的人民法院重新审判。

第三节　程序违法典型案例透视

一、刑事诉讼程序违法

【典型案例】①1994 年 8 月 5 日 17 时许,被告人聂某骑自行车尾随下班的石家庄市液压件厂女工康某(被害人,殁年 36 岁),至石家庄市郊区孔寨村的石粉路中段,聂某故意用自行车将骑车前行的康某别倒,拖至路东玉米地内,

---

① 参见最高人民法院(2016)最高法刑再 3 号刑事判决书。

用拳头猛击康某的头部、面部,致康某昏迷后将其强奸,尔后用随身携带的花上衣猛勒康某的颈部,致其窒息死亡。一审法院以故意杀人罪和强奸妇女罪,依法判决对被告人聂某执行死刑,剥夺政治权利终身。宣判后,聂某提起上诉。二审法院依法核准聂某死刑。经再审查明:1994 年 8 月 5 日 17 时许,河北省石家庄市液压件厂女工康某下班骑车离厂。8 月 10 日上午,康某父亲向公安机关报案称其女儿失踪。同日下午,康某父亲和康某的同事余某某等人在石家庄市郊区孔寨村西玉米地边发现了被杂草掩埋的康某连衣裙和内裤。8 月 11 日上午,康某尸体在孔寨村西玉米地里被发现。同日下午,侦查机关对康某尸体进行了检验。再审人民法院依法宣告原审被告人聂某无罪。

【法律透视】本案主要涉及三个方面的问题:

1. 侦查机关获取犯罪嫌疑人不实供述

尽管犯罪嫌疑人、被告人的供述与辩解作为我国证据的法定形式之一,但是我国《刑事诉讼法》规定,对一切案件的判处都要重证据,重调查研究,不轻信口供。只有被告人供述,没有其他证据的,不能认定被告人有罪和处以刑罚;没有被告人供述,证据确实、充分的,可以认定被告人有罪和处以刑罚。本案中,最高人民检察院提交的书面意见载明,"原审判决采信的证据中,直接证据只有聂某的有罪供述,……而聂某有罪供述的真实性、合法性存疑,不能排除他人作案可能"。

2. 检察机关监督审查、起诉不力

从职权配置来看,检察机关对公安机关侦查的案件可以不批捕、不起诉,但公安机关则构成很强的反向制约。因不参与公安机关的侦查过程,检察机关不能对侦查活动发挥防止、发现、纠正违法的功能,反映出检察机关监督侦查模式的无效性。检察机关所谓的侦查监督因实施不力而导致侦查权近乎完全失控。聂某案即是如此。

凡需要提起公诉的案件,一律由人民检察院审查决定,以体现法制的统一性和严肃性。审查起诉主要对案件的实体问题和程序问题进行全面审查,监督侦查活动,纠正违法情形,作出起诉或不起诉决定等。本案中,从最高人民检察院提交的书面意见来看,聂某有罪供述的证明力较弱,可信度不高,且与物证、鉴定意见和辨认笔录之间不能形成相互印证关系,原案的定罪证据之间没有形成完整封闭的证据锁链，不能排除他人作案的可能。

3. 庭审未发挥应有的审级监督功效

在本案中，一审成为控方的独角戏，仅凭公诉方提供的侦查机关制作的被害人同事证词来认定案发时间，以至于一审法院判决书认定"康某系聂某强奸后杀死无疑"。二审法院采取不开庭审理的方式，并作出维持死刑立即执行的判决，程序法设定纠正一审法院裁判错误，准确惩罚犯罪分子，保障被告人法益的审级救济功能未能得到充分发挥。

本案是疑罪从无的典范，由于案发时间长、证据灭失较多，发现案件事实和证据的难度极大，在案件复查中存在多种不同观点。从裁判文书载明的现有证据来看，认定聂某犯罪的证据没有达到证据确实、充分，排除合理怀疑之证明标准。在此种情况下，最高人民法院坚持"疑罪从无"改判聂某无罪，无疑为未来的刑事审判活动指明了方向。

二、民事诉讼程序违法

【典型案例】①被告福建省漳浦县农朋食品有限公司（以下简称农朋公司）和被告联桥食品冷冻（漳浦）有限公司（以下简称联桥公司）因生产需要向原告厦门海洲石油有限公司（以下简称海洲公司）购买油品。自2006年6月7日至2010年1月11日止，原告供给被告农朋公司油品482.21吨，总价款人民币1830586.95元。被告农朋公司向原告支付货款人民币1749000元。2009年6月30日，原告向被告农朋公司传真一份对账单，要求被告农朋公司确认尚欠其货款人民币217353.4元，被告农朋公司确认欠原告货款134687.75元，被告联桥公司确认欠原告货款82665.65元。因双方未达成一致意见，原告诉至法院，请求判决两被告共同支付原告货款209252.6元及逾期利息。被告农朋公司认为，其与侨联公司不存在隶属关系，应各自独立承担民事责任。诉讼中，被告农朋公司向原告支付4500元。被告侨联公司于2009年5月7日被吊销营业执照。一审法院以原告请求两被告共同偿还货款缺乏事实和法律依据，经法院释明后，仍坚持要求两被告共同偿还货款为

① 参见福建省漳州市中级人民法院（2011）漳民终字第704号判决书。

由，判决驳回原告海洲公司的诉讼请求。宣判后，原告提出上诉。二审法院依法改判：农朋公司应于本判决生效之日起10日内偿付海洲公司货款人民币81586.95元及按中国人民银行同期同类贷款基准利率计算的利息；联桥公司应于本判决生效之日起10日内偿付给海洲公司货款人民币82665.65元及自2009年6月30日起至本判决确定的还款之日止按中国人民银行同期同类贷款基准利率计算的利息，驳回海洲公司其他诉讼请求。

【法律透视】释明权在克服辩论主义弊端的同时，使当事人在特定情况下，让诉讼双方力量在实体上趋于平衡，实现诉讼效益的最优化。从法官释明权的法律性质来看，我国多数学者倾向于"权利义务说"，认为释明既是法官的一项诉讼权利，又是法官的一项诉讼义务。我国《民事诉讼法》及其司法解释确定了释明权的内容，法官行使释明权应当符合公平正义、合法、公开、有限和尊重当事人处分权原则。当然，释明权的不当行使，既增加当事人诉累，浪费有限的司法资源，也有碍于司法公正。

本案中，双方当事人争议焦点在于两被告农朋公司、联桥公司是共同偿还货款还是分别偿还问题。对此，原告海洲公司主张被告农朋公司、联桥公司共同偿还，应对此负有举证责任。从原告海洲公司举证情况来看，主张两被告共同偿还货款依据不足。在一审法院审理中，法官对举证责任分担和责任承担主体释明的情况下，原告坚持其诉讼请求，法院应根据被告农朋公司和联桥公司具体欠款数额判决两被告承担责任，而不应直接判决驳回原告的全部诉讼请求。一审法院作出的判决显然悖离公平正义原则和尊重当事人处分权的原则，二审法院作出的裁判结果是合适和公正的。

三、行政诉讼程序违法

【典型案例】①于某系××大学历史学系2008级博士研究生，于2013年7月5日取得历史学博士学位。2013年1月，于某将其撰写的论文《1775年法国大众新闻业的"投石党运动"》（以下简称《运动》）向《国际新闻界》杂志社投稿。同年4月8日，于某按照该杂志社要求通过电子邮件提交了修改稿。

① 参见北京市第一中级人民法院(2017)京01行终277号行政判决书。

同年5月31日，于某向××大学提交博士学位论文答辩申请书及科研统计表，注明“《国际新闻界》于2013年3月18日接收”。同年7月23日，《国际新闻界》（2013年第7期）刊登《运动》一文。2014年8月17日，《国际新闻界》发布《关于于某论文抄袭的公告》。后××大学成立专家调查小组调查此事，并于2015年1月9日作出《关于撤销于某博士学位的决定》（以下简称《撤销决定》），将该决定于同年1月14日送达于某。于某于同月20日向××大学学生申诉处理委员会提出申诉。同年3月16日，××大学学生申诉处理委员会决定维持《撤销决定》。同月18日，于某向北京市教育委员会（以下简称市教委）提出申诉，市教委对于某的申诉请求不予支持。同年7月17日，于某提起行政诉讼，请求撤销××大学作出的《撤销决定》，并判令恢复其博士学位证书的法律效力。一审法院依法判决撤销××大学作出的《撤销决定》，并驳回于某的其他诉讼请求。宣判后，××大学提出上诉。二审法院依法作出驳回上诉，维持一审的判决。

【法律透视】正当程序原则是裁决争端的基本原则及最低的公正标准，在我国《行政处罚法》《行政许可法》等基本行政法律规范中均有体现。作为最基本的公正程序原则，只要成文法没有排除或者另有特殊情形，行政机关均应一并遵守。应该说，对于正当程序原则的适用，行政机关没有自由裁量权。本案中，被告××大学作为法律、法规授权的组织，其在行使学位授予或者撤销权时，亦应当遵守正当程序原则。即便相关法律、法规未对撤销学位的具体程序作出规定，其也应当采取适当方式来践行上述原则，以保证其决定程序的公正性。

正当程序原则保障相对人的程序参与权，通过相对人的陈述与申辩，使行政机关更加全面把握案件事实、准确适用法律，确保裁决公正。相对人只有在充分了解案件事实、法律规定以及可能面临的不利后果的情形下，才能有针对性地进行陈述与申辩，发表意见，保证其真正地参与执法程序。本案中，被告××大学在作出《撤销决定》之前，仅由调查小组约谈过于某1次，约谈内容仅涉及《运动》一文是否涉嫌抄袭问题。至于该问题是否足以导致原告于某的学位被撤销，被告××大学并未明确提示，原告于某在未意识到其学位可能因此被撤销的情况下，难以进行充分的陈述与申辩。可见，被告××大学在作出《撤销决定》前的约谈，不足以认定其已履行正当程序。

作为一个对外发生法律效力的行政行为，其法律依据必须明确，且具体法律条款的适用无争议，相对人由此才能有针对性地寻求救济，公众也能据此了解行政机关适用法律的逻辑，增进对于相关法律的理解，自觉校正自己的行为，实现法律的指引、教育功能。本案中，被告××大学作出的《撤销决定》虽然载明了相关法律规定，但是相对人难以确定××大学援引的具体法律条款，一审法院据此认定被告××大学作出的《撤销决定》无明确法律依据并无不当。

【拓展阅读】

1. 陈光中：《刑事诉讼法》（第六版），北京大学出版社、高等教育出版社2016年版。

2. 应松年：《行政诉讼法》（第六版），中国政法大学出版社2015年版。

3. 田平安：《民事诉讼法》（第四版），法律出版社2015年版。

4. 孙笑侠：《程序的法理》，商务印书馆2005年版。

【思考题】

1. 程序法治的目的何在？

2. 程序法治与实体正义的相互关系如何？

3. 程序法治的价值体现在哪些方面？

4. 公诉刑事案件第一审普通程序包括哪些诉讼环节？

5. 人民法院受理民事案件应当需要具备哪些要件？

6. 人民法院对决定再审的行政案件程序上如何运作？

7. 如何评价我国程序法治的推进与司法改革？

8. 程序法治原则在刑事、民事和行政诉讼程序立法中如何体现？

第十二章　远离职务犯罪

【内容导读】 本章主要介绍领导干部应当熟悉的关于刑法和职务犯罪立法和司法等方面的基本知识。本章的重点是，掌握刑法在表现形式、参与社会治理等方面的基本知识，正确认识职务犯罪的含义、危害、成因和新时代远离职务犯罪的基本要求，深刻把握刑法关于职务犯罪主体、行为和处罚方面的立法特点和内在要求，结合典型案例进一步理解和把握何为职务犯罪，并在日常工作中培养和形成自觉遵守相关法律法规政策与远离职务犯罪的规则意识和法治文化。

第一节　刑法的相关基本知识

一、刑法的定义及其通常表现形式

刑法是有关犯罪和刑事责任的法律规范总称。有广义与狭义之分。广义的刑法指一切有关犯罪和刑事责任的法律规范，包括刑法典、单行刑法和附属刑法等；狭义的刑法仅指刑法典。通常所说所用的“刑法”，据相应语境，可能是狭义的，也可能是广义的。

在我国，刑法具有司法适用性、可作为司法裁量法律援引根据的表现形式，通常有：刑法典、单行刑法、附属刑法和变通刑法。刑法修正案不是刑法的表现形式，只是刑法典的修订方式。

（一）刑法典

刑法典是立法机关以“刑法”名称颁布的，系统性地规定犯罪及其刑罚等刑事责任实现方式的法律规范。一般分为总则和分则两部分。其内容主要为关于犯罪和刑罚等刑事责任实现方式的一般规定(总则),以及关于罪名及其刑罚配置的特别规定(分则)。在称谓上,有的直接称为刑法典,如《苏俄刑法典》;有的只称为刑法,如《瑞士刑法》《中华人民共和国刑法》。

刑法典属于普通刑法。普通刑法是"特别刑法"的对称,又称"原则刑法""一般刑法",是具有由总则和分则构成的完整罪刑体系的基本刑法规范。①

我国现行刑法典,是1979年7月1日第五届全国人民代表大会第二次会议通过、1997年3月14日第八届全国人民代表大会第五次会议全面修订,并经全国人大常委会以"刑法修正案"方式进行多次部分修订的《中华人民共和国刑法》。

所谓刑法修正案,是刑法的基本和常用修订方式,是对刑法典进行部分修订并将全部修订内容纳入刑法典体系中的刑法立法方式。它具有如下三个突出特点:(1)不是独立的刑法表现形式。它所修订内容须全部纳入刑法典中并成为刑法典体系的有机组成部分。(2)不为司法适用的法律依据。司法适用相应内容的法律依据援引,须是刑法典中的相应规定。(3)是相对科学的刑法部分修订方式。以这种方式所作的刑法修订,既可保全刑法典的体系完整,又利于刑法规定的体系化理解和适用,具有单行刑法、附属刑法等在修订效果上的无可比拟优越性。我国自1997年刑法施行以来的刑法部分修订,除1997年刑法生效初有1次以单行刑法方式修订外,其他全部采用刑法修正案方式。截至2018年6月,我国共出台了10个刑法修正案,分别是:1999年的刑法修正案、2001年的刑法修正案(二)(三)、2002年的刑法修正案(四)、2005年的刑法修正案(五)、2006年的刑法修正案(六)、2009年的刑法修正案(七)、2011年的刑法修正案(八)、2015年的刑法修正案(九)和2017年的刑法修正案(十)。

(二)单行刑法

单行刑法是指国家在刑法典之外单独针对某类(个)犯罪规定的刑法规

① 理论上通常以"效力及于一国领域内任何地区和任何人"与"效力及于特殊领域、特殊对象、特定时间地点"来界分普通刑法与特别刑法。这种界分有一定道理,但也会带来单行刑法和附属刑法也是普通刑法。为避免这种结果,并适应"特别法优于普通法""新法优于旧法"原则精神,这里的普通刑法指由总分则构成的具有完整罪刑体系的刑法规范,那些不具有这个体系、只是就具体的个别罪刑作出规制的刑法规范,都统称为特别刑法。

范。在内容上通常属于分则性刑法规范,在名称上通常称之为“条例”“决定”“补充规定”,如《惩治军人违反职责罪暂行条例》《关于严惩严重危害社会治安的犯罪分子的决定》《关于惩治走私罪的补充规定》。我国立法机关在1979—2018年刑法施行期间共制定了24个单行刑法。

单行刑法属于特别刑法。特别刑法是“普通刑法”的对称,在立法体系上独立于刑法典,所立、改、废的内容不能纳入刑法典体系中;在法律适用上,具有独立的司法适用性、是法律援引的直接根据,在与刑法典规定冲突时,按“特别法优于普通法”“新法优于旧法”原则,是优先适用单行刑法而不是刑法典的规定。

我国现行有效的单行刑法,仅为1998年12月29日全国人大常委会制定的《关于惩治骗购外汇、逃汇和非法买卖外汇犯罪的决定》。其他的23个单行刑法,因全部出台于1997年刑法前而其中有关刑事责任的规定,已全部纳入1997年修订的刑法典中;自1997年10月1日起,司法上需要适用这方面规定的,直接适用1997年刑法典中的相应规定。

（三）附属刑法

附属刑法是指附属规定在民法、经济法、行政法等非刑法中有关犯罪和刑事责任的刑法规范。在内容上通常是分则性刑法规范,具体是对民法、经济法、行政法等所涉相关犯罪的刑事附带规定。我国有诸多这样的刑法规范,如《产品质量法》中对掺杂掺假行为追究刑事责任的规定;《专利法》中对假冒专利行为追究刑事责任的规定;《药品管理法》中对生产、销售假药、劣药等行为追究刑事责任的规定;等等。不过,在我国也有个别总则性附属刑法规范,如《行政处罚法》的行政拘留折抵刑期规定。①

附属刑法属于特别刑法,是各国(地区)刑法的常见表现形式。它在立法体系上独立于刑法典,不能纳入刑法典体系中;在法律适用上,通常具有独立

① 我国现行刑法关于刑期折抵的规定是刑法总则的第41条、第44条和第47条。《行政处罚法》第28条规定的行政拘留的刑期折抵,即“违法行为构成犯罪,人民法院判处拘役或者有期徒刑时,行政机关已经给予当事人行政拘留的,应当依法折抵相应刑期”,“违法行为构成犯罪,人民法院判处罚金时,行政机关已经给予当事人罚款的,应当折抵相应罚金”,刑法中没有规定,需适用这个规定。

的司法适用性、是法律援引的直接根据，在与刑法典规定冲突时，按“特别法优于普通法”“新法优于旧法”原则，是优先适用附属刑法而不是刑法典的规定。

然而，在我国的附属刑法中，只有总则性附属刑法规范具有司法适用性，是判案法律援引的直接根据。分则性附属刑法规范，因只是笼统地规定“构成犯罪的，依法追究刑事责任”，而不具有司法适用性，不可作为判案法律援引的直接根据。需要适用这方面规定予以定罪量刑的，需援引刑法典或单行刑法中相应规定。如我国《产品质量法》第50条对掺杂掺假的犯罪行为，只规定了“构成犯罪的，依法追究刑事责任”，对如何“追究刑事责任”，没有配置处以何种或多重刑罚处罚的法定刑，这在实践中无法引此作为判案的法律依据，只能适用刑法典中生产、销售伪劣商品罪的相应规定。

（四）变通刑法

所谓变通刑法，根据我国《刑法》第90条的规定，是指自治区（省）人民代表大会基于某个民族自治地方民族的政治、经济、文化的特点和刑法基本原则，对刑法典、单行刑法、附属刑法中不能完全适用的某些规定所制定的变通性或补充性规范性文件。

变通刑法属于特别刑法。在立法意图上，是我国《宪法》第4条第4款关于“各民族都有保持或者改革自己风俗习惯的自由”规定的贯彻和体现。在立法实践中，尚没有省级地方权力机关制定这样的地方立法规定，只有符合以上立法精神的司法做法。①

与其他特别刑法相比，变通刑法具有如下三个特点：（1）立法主体只能是自治区或者省的人民代表大会，且必须报请全国人民代表大会常委会批准才能生效。（2）立法方式只是对刑法规定的变通而不是创制。根据《立法法》第8条的规定，省级地方权力机关不可创制有关犯罪和刑罚。这个宪法性规定决定了，变通刑法只能是对刑法中的那些不符合当地民族的政治、经济、文化的特点且不违背刑法规定的基本原则要求的部分规定，做变通或补充的规定。

① 如《最高人民法院关于同未满14周岁的人结婚不应以奸淫幼女罪论处的函》（法研字第17936号，1957年8月23日）。

如针对婚姻法等认可的一些民族婚俗,做变通强奸等犯罪认定条件的规定。(3)效力范围上只能在特定民族区域内适用。变通刑法的制定主体虽然必须是省级地方权力机关,但可有变通刑法的民族自治地方,并没有层级限制。这个变通刑法的适用范围,只能是这个特定的民族地方,既不能在其他自治区(省)的民族自治地方适用,也不能在本自治区(省)内的其他民族自治地方适用。

二、刑法参与社会治理的基本方式

(一)刑法以重要工具方式参与社会治理

这是由刑法的阶级性质决定的。刑法的性质有阶级性质与法律性质之分。在阶级性质上,刑法是统治阶级根据自己的意志和利益制定的,是统治阶级对被统治阶级实行专政即进行社会治理和国家治理的工具。具体是通过刑法规定的犯罪及其刑事责任实现方式等基本内容,来实现"惩罚犯罪,保护人民"的刑法目的(我国刑法第1条),以及"保卫国家安全,保卫人民民主专政的政权和社会主义制度,保护国有财产和劳动群众集体所有的财产,保护公民私人所有的财产,保护公民的人身权利、民主权利和其他权利,维护社会秩序、经济秩序,保障社会主义建设事业的顺利进行"的刑法任务(我国刑法第2条)。

刑法的以上阶级属性意味着,刑法不是世界各国(地区)社会治理通用的万能公式,它在社会治理视角上具有如下两个重要特征:一是刑法具有国家或民族的个别性。刑法作为建立在特定社会治理模式、民族文化和法治体系下的上层建筑,具有与以上上层建筑相适应的阶级属性,不可简单照搬照抄具有不同上层建筑属性的规定和做法。二是刑法具有社会治理的适应性。刑法的立法和司法须与其服务的社会治理模式、民族文化和法治体系等相适应,否则就不可能成为有效社会治理的工具。

(二)刑法以有机组成部分方式参与社会治理

这是由刑法的法律性质决定的。在法律性质上,刑法是部门法、实体法、保障法等。这意味着,刑法只是社会治理的法治体系和法律体系中的一个有机组成部分。具体表现在:(1)刑法是部门法。即刑法是一国或地区依宪法构建的法律体系中的基本法律部门之一,是一国或地区法律体系的有机组成部分。在我国,刑法是我国法律体系的七大法律部门之一。(2)刑法是实体法。即刑法是规定什么行为是犯罪,犯罪了要负什么责任以及以什么方式实现这些刑事责任等实体内容的法律。在这个意义上,刑法与作为程序法的刑事诉讼法,相辅相成、相得益彰,共同组成刑事法的核心有机体系,共同实现国家和社会的刑事治理。(3)刑法是保障法。即刑法是其他法赖以有效实施的保障,是用刑罚等刑事手段,来保障民事的、行政的、经济的等其他部门法所调整社会关系得以有效运行,是国家实现社会有效治理的重要工具。

刑法的以上法律性质意味着:(1)刑法在社会治理中的作用是有限的。我们不可夸大刑法在社会治理中的功能和地位,不可超越法治体系和刑法基本原则去使用刑法,不可将其作为其他社会治理工具的替代方式去使用。(2)刑法需与其他社会治理手段一起发挥作用。刑法作为社会治理的整个法治体系和法律体系中的有机组成部分,必须融入国家的整个法治体系和法律体系中,与其他社会治理手段组成社会治理的有机体系,共同发挥在社会治理中的作用。

由此,在理论上和实践中需反对两种极端的观点和做法:一是反对过分依赖刑法进行社会治理的"刑法万能论";二是反对让刑法脱离国家的整个社会治理体系、法治体系和法律体系的"刑法自我论"。同时,需坚持两种重要的理念和政策:一是坚持刑法适用效果的法律效果与社会效果、政治效果有机统一;①二是坚持现代法治精神下的刑事法治与刑事德治相辅相成、相得益彰。②

(三)刑法以规范评价方式参与社会治理

这是刑法适用的基本原理所在。刑法适用是用刑法规范评价和惩处危害社会的犯罪行为的过程,是通过刑法规范的评价实现对社会治理。从三段论

① 从法的本质来看,法应是维护统治秩序、社会秩序、促进社会发展、弘扬社会正能量的工具。这意味着,法在本质上就是法律效果与社会效果、政治效果有机统一;只不过这里的"三个效果统一",从刑法视角上看,刑法适用的政治效果和社会效果一定是在刑法框架内、坚持罪刑法定原则下的存在和体现。

② 基于历史思维,现代"法治"的内涵不能停留在近代资产阶级革命反对封建专制背景下的形式法治形态,需基于现代社会治理对法治的"促进社会发展、弘扬社会正能量"等时代需求,赋予其伦理道德的时代内涵,以使法治与德治相辅相成、相得益彰。

的逻辑结构上看，刑法适用就是以刑法规范（大前提）对个案（小前提）进行法律的符合性评价（结论）。

基于刑法适用的以上原理，在刑法适用中需反对以下两种错误认识与做法：

一是反对“以刑法理论为刑法适用的大前提”。即刑法适用的大前提不可能是刑法理论，而只能是刑法规范；刑法适用只能是进行对定罪和量刑分别做刑法规范的符合性评价。刑法理论可以提升刑法适应中的认识、增长刑法适用中的智慧、验证刑法适用的合理性，但不能是刑法适用的大前提。实践中大量的案件争议，并不是案件真的多么疑难，而是因为刑法理论的误导所致。如犯罪成立上的“三阶层”“四要件”“偶然因果关系的相当性”“期待可能性”等都只是刑法理论，都难以概括刑法规范的全部相应规定，以此作为刑法适用的根据（大前提），就会偏离定罪的刑法适用逻辑和违背刑法适用的基本原理，而往往会带来案件处理上的争议。

二是反对“以孤立刑法条文作为刑法适用的大前提”。即作为刑法适用大前提的刑法规定，不是脱离刑法体系的个别规定，而应是基于个案所涉的全部相关刑法规定所形成的有机体系。正如机器动力系统的零部件脱离所有零部件组成的系统而不可能独立地让机器运转一样，刑法中的任何一个规定脱离针对具体定罪量刑对象的刑法其他相关规定而不可能具有定罪量刑的独立评价功能。否则，案件的定罪量刑会因适用法律的不完整而既不合理也不合法。

三、职务犯罪的含义、危害与远离

（一）什么是职务犯罪

职务犯罪是在履行“职务”中所构成的犯罪。所谓职务，是指人们在某一职位上所应完成的工作任务和所应具备的任职资格；在法律意义上，职务表现为一定职务身份所具有的职权职责。有狭义和广义之分。狭义的职务犯罪即国家工作人员的职务犯罪，是指利用国家（机关）工作人员职务上的便利，实施的贪污贿赂、滥用职权、玩忽职守等依照刑法应受到刑罚处罚的犯罪行为总称。广义的职务犯罪还包括非国家工作人员的职务犯罪，即公司、企业或者其他单位的非国家工作人员在履行职务中构成的犯罪。在我国的理论和实践上通常所说的职务犯罪是狭义的。

(二)职务犯罪有哪些规范情形

我国刑法中国家工作人员的职务犯罪,规定在刑法第四章、第五章、第六章、第八章和第九章,包括贪污贿赂犯罪、渎职罪和其他相关犯罪的70多个罪名,具体可据其特点分为以下六个类别:

权力交易型职务犯罪。即国家工作人员或国家单位的直接责任人等实施的以钱(物)权交易为实质表现的贿赂方面的犯罪。规定在刑法第八章"贪污贿赂罪"中,共有受贿罪(第385条、第388条、第386条)、单位受贿罪(第387条)、利用影响力受贿罪(第388条之一)、行贿罪(第389条、第390条)、对有影响力的人行贿罪(第390条之一)、对单位行贿罪(第391条)、介绍贿赂罪(第392条)、单位行贿罪(第393条)等8个罪名。

非法占有型职务犯罪。即国家工作人员或国家机关、国有公司、企业、事业单位、人民团体实施的以非法占有为目的的贪污或私分方面的犯罪。规定在刑法第八章"贪污贿赂罪"中,共有贪污罪(第382条、第383条)、私分国有资产罪(第396条第1款)和私分罚没财物罪(第396条第2款)等3个罪名。

廉洁纪律型职务犯罪。即国家工作人员或国有公司、企业或者其他国有单位实施的以非法占有为目的的违反廉洁纪律的犯罪。规定在刑法第八章"贪污贿赂罪"中,共有挪用公款罪(第384条)、巨额财产来源不明罪(第395条第1款)和隐瞒境外存款罪(第395条第2款)等3个罪名。

玩忽职守型职务犯罪。即国家机关工作人员或国家工作人员实施的故意不履行或不正确履行应当履行的职责而过失地导致法定严重后果的犯罪。规定在刑法第九章"渎职罪"和第三章第三节"妨害对公司、企业的管理秩序罪"中,共有玩忽职守罪(第397条)、过失泄露国家秘密罪(第398条)、执行判决裁定失职罪(第399条第3款)、失职致使在押人员脱逃罪(第400条第2款)、国家机关工作人员签订、履行合同失职被骗罪(第406条)、环境监管失职罪(第408条)、食品监管渎职罪(第408条之一)、传染病防治失职罪(第409条)、商检失职罪(第412条第2款)、动植物检疫失职罪(第413条第2款)、失职造成珍贵文物损毁、流失罪(第419条)、签订、履行合同失职被骗罪

(第 167 条)、国有公司、企业、事业单位人员失职罪(第 168 条)等 13 个罪名。

滥用职权型职务犯罪。即国家机关工作人员或国家工作人员实施的故意不合法地超越职权或玩弄职权甚至出于徇私情徇私利动机不公正地履行职责而希望或放任严重后果发生的犯罪。规定在刑法第九章“渎职罪”、第三章第三节“妨害对公司、企业的管理秩序罪”和第七章“危害国防利益罪”中,共有滥用职权罪(第 397 条)、故意泄露国家秘密罪(第 398 条)、徇私枉法罪(第 399 条第 1 款)、民事、行政枉法裁判罪(第 399 条第 2 款)、执行判决裁定滥用职权罪(第 399 条第 3 款)、枉法仲裁罪(第 399 条之一)、私放在押人员罪(第 400 条第 1 款)、徇私舞弊减刑、假释、暂予监外执行罪(第 401 条)、徇私舞弊不移交刑事案件罪(第 402 条)、滥用管理公司、证券职权罪(第 403 条)、徇私舞弊不征、少征税款罪(第 404 条)、徇私舞弊发售发票、抵扣税款、出口退税罪(第 405 条第 1 款)、违法提供出口退税凭证罪(第 405 条第 2 款)、违法发放林木采伐许可证罪(第 407 条)、食品监管渎职罪(第 408 条之一)、非法批准征收、征用、占用土地罪(第 410 条)、非法低价出让国有土地使用权罪(第 410 条)、放纵走私罪(第 411 条)、商检徇私舞弊罪(第 412 条第 1 款)、动植物检疫徇私舞弊罪(第 413 条第 1 款)、放纵制售伪劣商品犯罪行为罪(第 414 条)、办理偷越国(边)境人员出入境证件罪(第 415 条)、放行偷越国(边)境人员罪(第 415 条)、不解救被拐卖、绑架妇女、儿童罪(第 416 条第 1 款)、阻碍解救被拐卖、绑架妇女、儿童罪(第 416 条第 2 款)、帮助犯罪分子逃避处罚罪(第 417 条)、招收公务员、学生徇私舞弊罪(第 418 条)、包庇、纵容黑社会性质组织罪(第 294 条)、帮助毁灭、伪造证据罪(第 307 条第 2 款)、国有公司、企业、事业单位人员滥用职权罪(第 168 条)、徇私舞弊低价折股、出售国有资产罪(第 169 条)、包庇毒品犯罪分子罪(第 349 条)、接送不合格兵员罪(第 374 条)等 33 个罪名。

侵犯权利型职务犯罪。即国家机关工作人员或国家工作人员实施的侵犯公民的人身权利、民主权利的犯罪。规定在刑法第四章“侵犯公民人身权利、民主权利罪”中,共有非法剥夺公民宗教信仰自由罪(第 251 条)、侵犯少数民族风俗习惯罪(第 251 条)、私自开拆、隐匿、毁弃邮件、电报罪(第 253 条)、侵犯公民个人信息罪(第 253 条之一)、报复陷害罪(第 254 条)、刑讯逼供罪(第

247条)、暴力取证罪(第247条)、虐待被监管人罪(第248条)、非法拘禁罪(第238条)、非法侵入住宅罪(第245条)、非法搜查罪(第245条)等11个罪名。

(三)职务犯罪会有哪些危害

职务犯罪因其是在履行职务中实施的犯罪,而与普通刑事犯罪相比,具有更大的社会危害性,是一种害国、害人、害己的犯罪。所谓害国,主要表现为职务犯罪会破坏政权的稳定,削弱党和政府的执政能力,危及法治建设,动摇国家政权的根基。所谓害人,主要表现为职务犯罪会侵犯公民的人身权利、民主权利和财产权利。所谓害己,主要表现为职务犯罪不仅因受到行政处罚或行政处分而使自己的职业成长付诸东流,而且还会因受到刑罚处罚而使自己被剥夺人身自由、民主权利、物质财产甚至生命。

(四)职务犯罪是如何形成的

综观我国职务犯罪的当前现状,其主要原因大体表现在如下三个方面:

1. 政治素质低下

职务犯罪的干部大多受西方拜金主义、享乐主义和极端个人主义等腐朽思想文化侵蚀,其世界观、人生观、价值观扭曲错位,思想腐朽堕落,不敬重自己手里的权力,没有全心全意为人民服务的政治信念,从而走上以权谋私、权钱交易等违法犯罪道路。

2. 法治观念淡薄

职务犯罪的干部大多缺乏基本的法治理念和规则意识,在工作生活中往往是说一套做又是另一套,往往抱着侥幸心理,似乎实施职务犯罪和被追究法律责任是他人的事,最终不仅自己腐化堕落而且还因不重视廉政建设而出现单位(部门)层出不穷的职务犯罪现象。

3. 权力过分集中

权力过分集中既是传统政治制度不完善的产物,也是这些领导干部扭曲权力观念的表现,是将党的领导变为个人领导的必然结果。权力过分集中不仅因权力在行使中缺乏有力制约和监督而容易被滥用,而且也会因权力的行使缺乏集体智慧而导致出现各种严重不良后果。

（五）领导干部如何远离职务犯罪

基于职务犯罪现象的特点及其原因，领导干部要在新的时代背景下远离职务犯罪，至少要重视如下三个方面的基本要求：

1. 学习和把握相关党政国策

深化反腐败斗争，严惩职务犯罪，是我国社会治理的基本政策所在。2014年10月23日通过的《中共中央关于全面推进依法治国若干重大问题的决定》要求："对任何腐败行为和腐败分子，必须依纪依法予以坚决惩处，决不手软""依法严格查办职务犯罪案件""加强反腐败国际合作，加大海外追赃追逃、遣返引渡力度"。2017年中共十九大报告指出："坚决纠正各种不正之风，以零容忍态度惩治腐败""要坚持无禁区、全覆盖、零容忍，坚持重遏制、强高压、长震慑，坚持受贿行贿一起查，坚决防止党内形成利益集团""不管腐败分子逃到哪里，都要缉拿归案、绳之以法""强化不敢腐的震慑，扎牢不能腐的笼子，增强不想腐的自觉"。

以上等等的政策要求表明，我国在新时代对职务犯罪的党政国策是，通过严惩职务犯罪等措施，取得"夺取反腐败斗争压倒性胜利"。这个政策要求意味着，我们领导干部在新时代要认真学习党和国家在新时代的反腐倡廉政策，自觉严格要求自己按法律按规则办事，远离职务犯罪。

2. 认清职务犯罪的红线

立法现状表明，我国刑法以专章规定（第八章贪污贿赂犯罪和第九章渎职罪）与相关规定（第四章、第五章、第六章中的相关规定）相结合的立法模式，设置了70多个职务犯罪罪名，涉及权力交易、非法占有、廉洁纪律、滥用职权、玩忽职守和侵犯权利等六类具体的职务类别，并配置了生命刑、自由刑、资格刑和财产刑方面的刑罚方法，形成了较为严密的职务犯罪刑法惩处体系，并在司法上坚决依法从严惩处各类职务犯罪，保持着惩治腐败的高压态势。

同时，为了更有效打击职务犯罪，推进廉政建设，还不断完善刑事法网。特别是2015年通过的《刑法修正案（九）》，其重要内容和修订特色就包括按党的十八届三中全会对"加强反腐败工作、完善惩治腐败法律规定"要求，加大惩处腐败犯罪力度，进一步完善了反腐败的制度规定。如：修改了贪污受贿犯罪的定罪量刑标准，基于宽严相济的刑事政策，既严惩那些敢于触碰反腐倡廉红线的职务犯罪者，也宽待那些在提起公诉前如实供述自己罪行、真诚悔罪、积极退赃，避免、减少损害结果发生的贪腐犯罪分子；增加对犯贪污、受贿罪的终身监禁规定，以在控制和限制适用死刑立即执行的同时，严惩情节极其严重的贪腐犯罪分子；加大对行贿犯罪的处罚力度，严密惩治行贿犯罪法网。

3. 培养自身的规则意识

全面推进和实现依法治国，其关键在于培养公民的法治意识。《中共中央关于全面推进依法治国若干重大问题的决定》特别强调"推动全社会树立法治意识"，将"深入开展法治宣传教育"作为树立法治意识的基础性工作，将"领导干部带头学法、模范守法"作为树立法治意识的关键，将"完善国家工作人员学法用法制度"作为树立法治意识的基本措施。

法治意识的培养，既要推动学法懂法，更要培养发自内心的以规则为自己行动准绳的规则意识。现实表明，那些走上职务违法犯罪道路的领导干部（甚至执法者），不是不明白实施职务违法犯罪道路的危害及其后果，而且因缺乏基本的规则意识而没能远离职务犯罪。因此，党的十九大报告特别强调规则意识的培养，具体通过"推进诚信建设和志愿服务制度化""加强思想道德建设"来强化领导干部的规则意识以及社会责任意识、奉献意识。基于规则意识的形成特点，领导干部的规则意识的培养和形成的关键在于，领导干部将学法用法及规则遵守作为处事的内在需要和日常习惯，并使这个愿望、需要和习惯成为一个部门（单位）、一个领域（地区）、一个行业等的法治文化。

第二节　职务犯罪立法规定解读

一、关于职务犯罪的主体

根据刑法立法规定，职务犯罪的主体原则上是国家工作人员或国家机关工作人员。对于什么是国家工作人员或国家机关工作人员（本部分中统称"国家工作人员"），《刑法》第 93 条及各具体职务犯罪规定和相关解释做了明确界定。然而，在现实中，职务犯罪主体的认定很是复杂。这不仅是有国家工作人员身份者不一定就是职务犯罪的犯罪主体和成立相应的职务犯罪，而且是无国家工作人员身份者也不一定不是职务犯罪的犯罪主体和不成立相应的职务犯罪。

（一）有国家工作人员编制身份者何时成立职务犯罪主体

具体区分如下三种情况：

1. 国家机关中的有国家工作人员编制身份者

这里的国家机关通常包括国家权力机关、行政机关、审判机关、检察机关、军事机关。这种人是《刑法》第93条第1款规定的“国家机关中从事公务的人员”，需是在依法依规履行国家机关中某个特定职务身份的职权职责时，才能成立刑法意义上的国家工作人员和职务犯罪主体。

2. 国有公司、企业、事业单位、人民团体中的有国家工作人员编制身份者

这种人是《刑法》第93条第2款规定的“国有公司、企业、事业单位、人民团体中从事公务的人员”，需是在依法依规履行国有公司、企业、事业单位、人民团体中某个特定职务身份的职权职责时，才能成立刑法意义上的国家工作人员和职务犯罪主体。如国有公司、企业或者其他国有单位的直接负责的主管人员和其他直接责任人员，违反国家规定，擅自将外汇存放境外，或者将境内的外汇非法转移到境外。①

3. 非国有公司、企业、事业单位、社会团体中的有国家工作人员编制身份者

这种人是《刑法》第93条第2款规定的“国家机关、国有公司、企业、事业单位委派到非国有公司、企业、事业单位、社会团体从事公务的人员”，需是在依法依规履行国家机关、国有公司、企业、事业单位在非国有公司、企业、事业单位、社会团体中的某个特定职务身份的职权职责时，才能成立刑法意义上的国家工作人员和职务犯罪主体。如：国有保险公司工作人员和国有保险公司委派到非国有保险公司从事公务的人员在履行国家保险公务时，利用职务上的便利，故意编造未曾发生的保险事故进行虚假理赔，骗取保险金归自己所有；国有金融机构工作人员和国有金融机构委派到非国有金融机构从事公务的人，在金融业务活动中索取他人财物或者非法收受他人财物，为他人谋取利益的，或者违反国家规定，收受各种名义的回扣、手续费，归个人所有；国有商

① 参见1997年《刑法》第190条等。

业银行、证券交易所、期货交易所、证券公司、期货经纪公司、保险公司或者其他国有金融机构的工作人员和国有商业银行、证券交易所、期货交易所、证券公司、期货经纪公司、保险公司或者其他国有金融机构委派到前款规定中的非国有机构从事公务的人员，利用职务上的便利，挪用本单位或者客户资金。①

（二）无国家工作人员编制身份者何时成立职务犯罪主体

具体区分如下五种情况：

1. 国家机关中的无国家工作人员编制身份者

这种人在依法依规履行国家机关中某个特定职务身份的职权职责时，可以成立刑法意义上的国家工作人员和职务犯罪主体。如：对于属行政执法事业单位的镇财政所中按国家机关在编干部管理的工作人员，在履行政府行政公务活动中；②合同制民警在依法执行公务期间；③经人事部门任命的工人编制的乡（镇）工商所所长，依法履行工商行政管理职责时；④企业事业单位的公安机构在机构改革过程中虽尚未列入公安机关建制，其工作人员在行使侦查职责时；⑤海事局及其分支机构工作人员在行使国家水上安全监督和防止船舶污染及海上设施检验、航海保障的管理职权中。⑥

2. 国有公司、企业、事业单位、人民团体中的无国家工作人员编制身份者

这种人在依法依规履行国有公司、企业、事业单位、人民团体中某个特定职务身份的职权职责时，可以成立刑法意义上的国家工作人员和职务犯罪主体。

3. 非国有公司、企业、事业单位、社会团体中的无国家工作人员编制身份者

这种人在依法依规履行国家机关、国有公司、企业、事业单位在非国有公

① 参见 1997 年《刑法》第 183 条、第 184 条、第 185 条等。

② 参见 2000 年最高人民检察院《关于镇财政所所长是否适用国家机关工作人员的批复》。

③ 参见 2000 年最高人民检察院《关于合同制民警能否成为玩忽职守罪主体问题的批复》。

④ 参见 2000 年最高人民检察院《关于属工人编制的乡（镇）工商所所长能否依照刑法第 397 条的规定追究刑事责任问题的批复》。

⑤ 参见 2002 年最高人民检察院《关于企业事业单位的公安机构在机构改革过程中其工作人员能否构成渎职侵权犯罪主体问题的批复》。

⑥ 参见 2003 年最高人民检察院《关于对海事局工作人员如何使用法律问题的答复》。

司、企业、事业单位、社会团体中的某个特定职务身份的职权职责时，可以成立刑法意义上的国家工作人员和职务犯罪主体。

4. 村民委员会等村基层组织中的无国家工作人员编制身份者

这种人在协助人民政府从事特定行政管理工作时，可以成立刑法意义上的国家工作人员和职务犯罪主体。根据2000年全国人大常委会《关于〈中华人民共和国刑法〉第93条第2款的解释》，这里的人民政府国家工作人员这个职务身份所履行的特定职权职责，具体包括“救灾、抢险、防汛、优抚、扶贫、移民、救济款物的管理”“社会捐助公益事业款物的管理”“国有土地的经营和管理”“土地征收、征用补偿费用的管理”“代征、代缴税款”“有关计划生育、户籍、征兵工作”等情形。①

5. 因共同犯罪而成立职务犯罪的其他人员

据《刑法》第25条关于共同犯罪即“共同犯罪是指二人以上共同故意犯罪”的规定，以及第382条关于贪污罪“与前两款所列人员勾结，伙同贪污的，以共犯论处”的规定，职务犯罪的主体除了以上有国家工作人员编制身份者和无国家工作人员编制身份者外，还包括因共同犯罪而成立职务犯罪的其他人员。他们因与前述各成立刑法意义上的国家工作人员和职务犯罪主体者共谋，并因共同利用国家工作人员职务身份所具有的职权职责，而是职务犯罪的犯罪主体和成立职务犯罪。

这种人成立职务犯罪的犯罪主体和构成职务犯罪，需以共同利用国家工作人员职务身份所具有的职权职责为条件。否则，纵使成立犯罪也不是职务犯罪，而是其他犯罪。据2000年最高人民法院《关于审理贪污、职务侵占案件如何认定共同犯罪几个问题的解释》（法释〔2000〕15号），这里的认定规则通常是：“行为人与国家工作人员勾结，利用国家工作人员的职务便利，共同侵吞、窃取、骗取或者以其他手段非法占有公共财物的，以贪污罪共犯论处”，“行为人与公司、企业或者其他单位的人员勾结，利用公司、企业或者其他单位人员的职务便利，共同将该单位财物非法占为己有，数额较大的，以职务侵

---

① 具体理解见《全国人民代表大会常务委员会关于〈中华人民共和国刑法〉第93条第2款的解释释义》，中国人大网，2004年10月20日。

占罪共犯论处”,“公司、企业或者其他单位中,不具有国家工作人员身份的人与国家工作人员勾结,分别利用各自的职务便利,共同将本单位财物非法占为己有的,按照主犯的犯罪性质定罪”。

二、关于职务犯罪的行为

(一)权力交易型的职务犯罪行为

1.“受贿”行为的立法规定与理解

受贿行为是所有受贿罪成立所需具备的客观方面要件。它与行贿行为是对合性犯罪行为但分立于不同罪名。从对合关系来看,没有受贿行为就没有行贿。但受贿罪的构成并非需以行贿罪的构成为前提条件。根据《刑法》第385条、第388条的规定,国家工作人员的“受贿”行为的成立,需综合如下四个方面的因素予以认定:

(1)行为手段为索取贿赂、收受贿赂、非法收受回扣手续费和斡旋受贿。其中,索取贿赂,即行为人主动向他人索要、勒索并收受财物,其基本特征是:索要财物行为的主动性和交付财物行为的被动性。收受贿赂,即行为人对他人给付财物的接受,其基本特征是:给付财物行为的主动性、自愿性和收受财物行为的被动性。非法收受回扣、手续费,即“在经济往来中,违反国家规定,收受各种名义的回扣、手续费,归个人所有的”,立法视为收受贿赂的特别方式。这里的“非法收受”是指在账外暗中收受。斡旋受贿,即国家工作人员利用本人职权或者地位形成的便利条件,通过其他国家工作人员职务上的行为,为请托人谋取不正当利益,索取请托人财物或者收受请托人财物的行为,是既利用本人职务上的便利又利用他人职务的行为。“利用本人职权或者地位形成的便利条件”,是指行为人与被利用的国家工作人员之间在职务上虽然没有隶属、制约关系,但是行为人利用了本人职权或地位产生的影响和一定的工作联系,如单位内不同部门的国家工作人员之间,上下级单位没有职务上隶属、制约关系的国家工作人员之间,有工作关系的不同单位的国家工作人员之间等。

(2)行为条件为利用职务上的便利。具体包括四个方面的内容:①利用本人职务上主管、负责、承办某项公共事务(而不是“公共财物”)的职权;②利用职务上有隶属关系的其他国家工作人员的职权；担任领导职务的国家工作人员，通过不隶属自己主管的下级部门的国家工作人员的职务，为他人谋取利益；③不是利用与其他国家工作人员间的单纯亲友关系；④是利用现有职务上的便利，而不是利用过去或将来职务上的便利。对于国家工作人员利用职务上的便利为请托人谋取利益，并与请托人事先约定，在其离退休后收受请托人财物的，为利用现有职务上的便利；已离退休的国家工作人员，利用原有职权或者地位形成的便利条件，通过在职国家工作人员的职务行为，为请托人谋取利益，而本人从中收取请托人财物的，不是利用现有职务上的便利，属于利用影响力受贿，构成利用影响力受贿罪。

(3)行为目的是为他人谋取利益。受贿罪的构成必须同时具备收受他人财物和为他人谋取利益两方面的内容，即“权钱交易”。“为他人谋取利益”，不等于已经为他人谋取到了利益。根据2016年最高人民法院和最高人民检察院《关于办理贪污贿赂刑事案件适用法律若干问题的解释》第13条规定，有以下三种情形之一的，就可认定为“为他人谋取利益”：①实际或者承诺为他人谋取利益的；②明知他人有具体请托事项的；③履职时未被请托，但事后基于该履职事由收受他人财物的。

(4)行为对象为贿赂。通常理解为“财产性利益”，包括金钱、可用金钱计算的财物、其他物质性利益（如让其出国旅游、为其装修房子、为子女上学出学费等），不包括非财产性利益（如性贿赂）。对于朋友、下属等在春节、生日、出国、乔迁之时所送没有请托事项的财物，若有证据证明是出于亲情或友谊，是单方面无条件地赠与的礼金，则不是受贿；若是基于私人关系而不是“钱权交易”为请托人办事，属于请托人为答谢而赠送礼金，则因这在主客观上不具有“钱权交易”而不构成受贿。对于因提供自己的知识、技术、劳务等而获取的劳务报酬，在没有证据证明与“为请托人办事”相关联，没有证据证明是变相“出卖”手中权力获得超过劳动报酬财物的，不能认定为受贿。对于国家工作人员向办事请托人的“借贷”，需综合借款事由、款项去向、双方平时关系、有无经济往来、出借目的、归还情况等因素综合判定是否是假借借贷名义的索贿、受贿。

2.“行贿”行为的立法规定与理解

行贿行为是所有行贿罪成立所需具备的客观方面要件。它与受贿行为是对合性犯罪行为但分立于不同罪名。从对合关系来看,没有行贿行为就没有受贿。但行贿罪的构成并非需以受贿罪的构成为前提条件。根据《刑法》第389条等的规定,对国家工作人员的"行贿"行为的成立,需综合如下三个方面的因素予以认定:

(1)行为手段为给予国家工作人员以财物,以及给予国家工作人员以各种名义的回扣、手续费。

(2)行为目的是为谋取不正当利益。这里的"谋取不正当利益",据1999年3月4日最高人民法院、最高人民检察院《关于在办理受贿犯罪大要案的同时要严肃查处严重行贿犯罪分子的通知》,是指谋取违反法律、法规、国家政策和国务院各部门规章规定的利益,以及要求国家工作人员或者有关单位提供违反法律、法规、国家政策和国务院各部门规章规定的帮助或方便条件。

(3)行为对象为财物以及回扣、手续费。

综合以上三个方面,为谋取正当利益而给予国家工作人员财物的不是行贿,但国家工作人员接受财物的行为成立受贿;为谋取不正当利益而给予国家工作人员以财物的构成行贿罪,但国家工作人员没有接受贿赂的故意,立即将财物送交有关部门处理的,不构成受贿;因被勒索给予财物,没有获得不正当利益的,不是行贿,但国家工作人员的行为仍然是索取贿赂。

(二)非法占有型的职务犯罪行为

1."贪污"行为的立法规定与理解

根据《刑法》第382条等的规定,"贪污"行为的成立,需综合考虑如下四个方面的要素予以认定:

(1)行为手段为侵吞、窃取、骗取及其他手段。所谓侵吞,与狭义的侵占是同义语,"监守自盗"自己占有、管理的公共财物;所谓窃取,即"监守自盗"与他人共同占有、管理的公共财物;所谓骗取,是利用职务的便利骗取他人占有、管理的公共财物;所谓其他手段,是侵吞、窃取、骗取以外的、利用职务之便取得公共财物的手段,如将公车登记为自己所有、将公物赠与他人等。

(2)行为条件为利用职务上的便利。指利用自己主管、管理、经手,或受托管理、经营公共财物的权力及方便条件。与侵占罪、盗窃罪、诈骗罪的界分，除了看其主体是否是履行国家工作人员职权职责者外，还要看其行为是否利用了职务之便利。

(3)行为对象为公共财产或国有财产。所称公共财产，据《刑法》第91条规定，是指国有财产、劳动群众集体所有的财产、用于扶贫和其他公益事业的社会捐助或者专项基金的财产；在国家机关、国有公司、企业、集体企业和人民团体管理、使用或者运输中的私人财产，以公共财产论。据以上和《刑法》第382条规定，国有财产是公共财产的一种情形，在立法上，它们分别是自己主管、管理、经手职务的对象和受托管理、经营职务的对象。

(4)行为目的为非法占有公共财物。

2."私分"行为的立法规定与理解

据《刑法》第396条关于私分国有资产罪和私分罚没财物罪的规定，这里的"私分"行为的成立，需综合考察如下三个方面要素予以认定：

(1)行为对象为国有资产或罚没财物。所谓"国有资产"，据1999年最高人民检察院《关于人民检察院直接受理立案侦查案件立案标准的规定（试行）》，是指国家依法取得和认定的，或者国家以各种形式对企业投资和投资收益、国家向行政单位拨款等形成的资产，既可以是国有的钱、股份、其他有价证券，也可以是国有的其他固定资产，如私分归单位管理、使用但属于国有的计算机、照相机等。所谓"罚没财物"，据1986年《财政部罚没财物和追回赃款赃物管理办法》([86]财预字第228号)，是指国家执法机关依法查处走私贩私、投机倒把、违反物价管理等违法犯罪案件的罚没款和没收物资。

(2)行为方式为违反国家规定以单位名义将国有资产或应当上缴国家的罚没财物集体私分给个人。所谓"违反国家规定"，据《刑法》第96条的规定，是指"违反全国人民代表大会及其常务委员会制定的法律和决定，国务院制定的行政法规、规定的行政措施、发布的决定和命令"。所谓"集体私分给个人"，通常理解为以单位名义将国有资产或罚没财物，违反国家规定以奖金、工资、福利、分红等名目分配给本单位全体职工或绝大多数职工，即是面对单位全体成员的私分；若是面对私分决定者在内的少部分人私分，即主要是私分给共谋者自己而不是别人，则应属于贪污行为。这意味着，国家允许国家机关、国有公司、企业、事业单位、人民团体发放奖金、福利、津贴等,但必须按照有关财经纪律的规定进行。

(3)行为目的为非法占有国有资产或罚没财物。具体是为了单位全体成员或绝大多数成员非法占有国有资产或罚没财物而私分。这是与贪污行为的重要区别所在。

(三)廉洁纪律型的职务犯罪行为

1.“挪用公款”行为的立法规定与理解

根据《刑法》第 384 条的规定,“挪用公款”行为的成立,需综合考虑如下几个要素予以认定:

(1)行为手段为“挪用公款归个人使用”。这是挪用公款罪与挪用特定款物罪(第 273 条)和挪用资金罪(第 272 条)的核心区别。由此,《刑法》第 384 条规定的“挪用公款”行为,实际上是如下三种情形:①挪用公款归个人使用,进行非法活动;②挪用公款归个人使用,数额较大、进行营利活动;③挪用公款归个人使用,数额较大、超过 3 个月未还。这里的“归个人使用”,据 2002 年全国人大常委会《关于刑法第 384 条第 1 款的解释》规定,具体包括:将公款供本人、亲友或者其他自然人使用的;以个人名义将公款供其他单位使用的;个人决定以单位名义将公款供其他单位使用,谋取个人利益的。若“挪用”是移做以上情形外的“单位他用”,则成立的是挪用特定款物罪或挪用资金罪;挪用用于救灾、抢险、防汛、优抚、扶贫、移民、救济款物这些特定款物,在归个人使用时成立挪用公款罪(第 384 条第 2 款),在归单位他用时成立挪用特定款物罪(第 273 条)。

(2)行为条件为利用职务上的便利。具体指国家工作人员主管、管理、经手的便利。

(3)行为对象为公款。不仅包括国有单位所有的资金,还包括国家工作人员主管、管理、经手的非国有单位所有的资金(包括人民币、人民币外汇券和外汇等货币,以及汇票、本票、支票、股票、债券等有价证券),以及他们主管、管理、经手的用于救灾、抢险、防汛、优抚、扶贫、移民、救济款物这些特定物资和在国家机关、国有公司、企业、集体企业和人民团体管理、使用、运输中的私人所有的款项。

(4)行为目的是为了暂时挪用(准备日后退还)而不是非法占有。对于"挪用公款数额巨大不退还"的行为,"因客观原因在一审宣判前不能退还"的,认定为挪用公款罪(刑法第384条);若是在主观上不想归还或采取具有非法占有目的行为表现的,认定为贪污罪。①

2."巨额财产来源不明"行为的立法规定与理解

所谓"巨额财产来源不明",据《刑法》第395条的规定,是指行为人拥有的财产或者支出明显超过合法收入而不能说明其拥有的财产或支出与合法收入之间巨大差额的来源及其合法性的情形。这里的"财产",既包括行为人实际拥有的住房、交通工具、存款等财产,也包括名义上属于别人而实质上属于行为人的财产。这里的"支出",指行为人已经对外支付的款物,包括赠与他人的款物。这里的"合法收入",指按法律规定应属于行为人合法占有的财产,如工资、奖金、继承的遗产、接受馈赠、捐助等。行为人"不能说明",包括行为人虽然"说明"了,但司法机关查证不能证明其说明的合法来源的情形。这个"不能说明"的差额部分,被推定为"非法所得",包括不能查明来自于贪污、受贿、走私、贩毒、盗窃、诈骗等所获取的财产。

3."隐瞒境外存款"行为的立法规定与理解

所谓隐瞒境外存款,据《刑法》第395条的规定,是指在境外有数额较大的存款,依照国家有关规定应当申报而隐瞒不报的情形。这里的"依照国家规定",指依照《中华人民共和国外汇管理条例》以及《对个人的外汇管理施行细则》等有关规定。这里的"存款",包括境外所得的非法收入和合法收入(如依法继承的财产等)。这里的"隐瞒不报",指有申报义务的国家工作人员,故意不按国家有关规定申报,包括不报在境外存入境外银行的合法收入和非法收入。

(四)滥用职权型的职务犯罪行为

1."滥用职权"行为的立法规定与理解

这里的"滥用职权",包括规定在《刑法》第397条以及《刑法》第九章"渎

① 参见《最高人民法院关于审理挪用公款案件具体应用法律若干问题的解释》(法释(1998)9号)第5条。

职罪”和第三章第三节“妨害对公司、企业的管理秩序罪”、第七章“危害国防利益罪”中，所涉33个罪名的职务犯罪行为。所谓滥用职权，据最高人民检察院《关于渎职侵权犯罪案件立案标准的规定》（高检发释字〔2006〕2号），是指国家机关工作人员超越职权，违法决定、处理其无权决定、处理的事项，或者违反规定处理公务，致使公共财产、国家和人民利益遭受重大损失的行为。刑法上的滥用职权行为是一种故意犯罪行为，这不仅是行为本身是故意的，而且行为人对行为后果即对“公共财产、国家和人民利益遭受重大损失”也是持希望或放任的心理状态（司法实践中通常是放任）。这是区分滥用职权与玩忽职守的核心方面。由此，具有徇私动机的“徇私舞弊”行为，不仅是故意犯罪行为，而且是一种主观恶性更大（具有徇私情徇私利动机）、应被处罚更重①的滥用职权行为（属于滥用职权罪的情节加重犯），包括《刑法》第397条第2款的普通“徇私舞弊”行为以及刑法其他规定中的具体“徇私舞弊”犯罪行为。

2.“滥用职权”行为关系的立法规定与理解

（1）“滥用职权”行为的普通法条与特别法条的关系。《刑法》第397条关于滥用职权罪的规定属于普通法条，《刑法》第九章“渎职罪”中和第三章第三节“妨害对公司、企业的管理秩序罪”、第七章“危害国防利益罪”中另外还规定了32个特殊的滥用职权或徇私舞弊的特别法条。国家机关工作人员滥用职权或徇私舞弊的行为触犯特别法条时，也可能同时触犯本条的普通法条。在这种情况下，应按照特别法条优于普通法条的原则认定犯罪，即认定为各特别法条规定的具体滥用职权或徇私舞弊罪，而不认定为普通法条的滥用职权罪。

（2）滥用职权与受贿的关系。行为人接受他人的贿赂后又滥用职权给他人谋取利益，并致使公共财产、国家和人民的利益遭受重大损失的，则同时触犯滥用职权罪与受贿罪，根据2016年最高人民法院和最高人民检察院《关于办理贪污贿赂刑事案件适用法律若干问题的解释》第17条规定，需数罪并罚，即“国家工作人员利用职务上的便利，收受他人财物，为他人谋取利益，同时构成受贿罪和刑法分则第三章第三节、第九章规定的渎职犯罪的，除刑法另

① 《刑法》第397条对徇私舞弊也设置了更重的刑罚处罚。

有规定外，以受贿罪和渎职犯罪数罪并罚”。

（五）玩忽职守型的职务犯罪行为

这里的“玩忽职守”，包括规定在作为普通法规定的《刑法》第397条，以及作为特别法规定的刑法第九章“渎职罪”其他条文和第三章第三节“妨害对公司、企业的管理秩序罪”中，所涉11个罪名的职务犯罪行为。所谓玩忽职守，据最高人民检察院《关于渎职侵权犯罪案件立案标准的规定》（高检发释字〔2006〕2号），是指国家机关工作人员严重不负责任，不履行或者不认真履行职责，致使公共财产、国家和人民利益遭受重大损失的行为。

刑法上的玩忽职守行为是一种过失犯罪行为。虽然行为人的职务行为本身是故意的，即“严重不负责任，不履行或者不认真履行职责”，但这个“故意”是亵渎职务的违规违法故意而非犯罪故意。也就是，刑法立法对玩忽职守行为的入刑，针对的不是这个职务亵渎行为本身（是违规违法的），而是其过失所导致的严重后果，即“致使公共财产、国家和人民利益遭受重大损失”。这样，虽然滥用职权和玩忽职守行为成立犯罪，都有“致使公共财产、国家和人民利益遭受重大损失”这个严重结果的要求，但立法分别是基于希望或放任的主观心理态度与过于自信或疏忽大意的主观心理态度做要求，而才有了滥用职权和玩忽职守两种犯罪行为与罪名。这意味着：一方面以上犯罪故意与犯罪过失的不同是区分滥用职权与玩忽职守的关键因素；另一方面虽然二罪在立法上设置了相同的法定刑（或共用一个法定刑设置），但因它们主观恶性大小上的差别而在量刑上应有轻重之分。

《刑法》的以上关于“玩忽职守”的普通法与特别法规定，成立了普通法与特别法的关系，在司法适用上，需按特别法优于普通法的规则，优先适用特别法的规定。

（六）侵犯权利型的职务犯罪行为

本类罪是国家机关工作人员或国家工作人员在履行特定国家机关工作人员或国家工作人员职务的职权职责中，借履行职务之便实施了侵犯公民人身权利或民主权利，而触犯刑法相应规定的行为。从《刑法》规定的具体情况来看，这些犯罪有的在立法上属于特殊主体犯罪，如非法剥夺公民宗教信仰自由罪（第251条）、侵犯少数民族风俗习惯罪（第251条）、报复陷害罪（第254

条)、刑讯逼供罪(第247条)、暴力取证罪(第247条)、虐待被监管人罪(第248条),它们的犯罪主体为国家机关工作人员,含司法工作人员、监狱、拘留所、看守所等监管机构的监管人员;有的属于一般犯罪主体,只是在国家机关工作人员(含司法人员)或国家工作人员(如从事国家公务的邮政工作人员)实施的时候,作为从重处罚的法定量刑情节影响量刑,如私自开拆、隐匿、毁弃邮件、电报罪(第253条)、非法拘禁罪(第238条)、非法侵入住宅罪(第245条)、非法搜查罪(第245条)。

三、关于职务犯罪的处罚

(一)职务犯罪的犯罪数额如何影响处罚

职务犯罪因是在履行职务中实施的犯罪,而立法往往都将一定的犯罪数额(含非数额性的严重危害后果)作为定罪量刑中需重点考量的因素。然而,这并不是说,犯罪数额就是影响定罪量刑的决定性因素。事实上,犯罪数额对定罪量刑的影响需纳入所有定罪情节和量刑情节中,并结合其他定罪情节或量刑情节去综合考量这个犯罪数额所承载的社会危害性大小或人身危险性大小。例如给国家和社会带来严重后果的受贿10万元,其社会危害会远远比被动且没有带来社会危害后果的受贿100万元大。

(二)"终身监禁"的理解和适用

所谓"终身监禁",据2015年修订后的《刑法》(刑法修正案九)第383条第4款等规定,是指犯贪污贿赂罪被判处死刑缓期执行的,人民法院根据犯罪情节等情况决定在其死刑缓期执行2年期满依法减为无期徒刑后,不得减刑、假释的一种死缓执行制度。事实上,从刑法设置的刑罚种类来看,无期徒刑本就意味着是"终身监禁",只是因司法上的减刑假释而改变了"终身监禁"的性质。如此死缓执行制度的立法设置,一方面是要严惩贪污贿赂犯罪的那些"贪污、受贿数额特别巨大,犯罪情节特别严重、社会影响特别恶劣、给国家和人民利益造成特别重大损失"犯罪者;另一方面也是我国贯彻执行"保留死刑,但严格控制和慎重适用死刑"的死刑刑事政策的具体要求和立法体现。

(三)职务犯罪的从严处罚

基于职务犯罪的社会危害性,其在刑法立法和司法上总体是严惩的对象。

这个“严惩”，在方法上，除了立法上的以上保留死刑和设置终身监禁外，还包括司法上的“严格掌握职务犯罪法定减轻处罚情节的认定标准与减轻处罚的幅度，严格控制依法减轻处罚后判处三年以下有期徒刑适用缓刑的范围，切实规范职务犯罪缓刑、免予刑事处罚的适用”。① 在司法上，以下三种情况还是被特别视作严惩的对象：

1. 重点领域的职务犯罪需严惩

对于国家工作人员贪污贿赂、滥用职权、失职渎职的严重犯罪，黑恶势力犯罪、重大安全责任事故、制售伪劣食品药品所涉及的国家工作人员职务犯罪，发生在社会保障、征地拆迁、灾后重建、企业改制、医疗、教育、就业等领域严重损害群众利益、社会影响恶劣、群众反映强烈的国家工作人员职务犯罪，发生在经济社会建设重点领域、重点行业的严重商业贿赂犯罪等，要依法从严惩处。

2. 性质恶劣的职务犯罪需严惩

对于国家工作人员职务犯罪和商业贿赂犯罪中性质恶劣、情节严重、涉案范围广、影响面大的，或者案发后隐瞒犯罪事实、毁灭证据、订立攻守同盟、负案潜逃等拒不认罪悔罪的，要坚决依法从严惩处。

3. 后果严重的职务犯罪需严惩

对于被告人犯罪所得数额不大，但对国家财产和人民群众利益造成重大损失、社会影响极其恶劣的职务犯罪和商业贿赂犯罪案件，也应依法从严惩处。

（四）职务犯罪的从宽处罚

为贯彻宽严相济刑事政策，刑法立法和司法对于职务犯罪也并非一味严惩，还有诸多鼓励职务犯罪人真正“悔过自新”“悬崖勒马”和“重新做人”的措施。

1. 立法上的从宽方面

根据《刑法》第 383 条规定，对犯贪污罪的，在提起公诉前如实供述自己

① 参见最高人民法院《关于贯彻宽严相济刑事政策的若干意见》（法发〔2010〕9 号）第 8 条。

罪行、真诚悔罪、积极退赃,避免、减少损害结果的发生,有贪污数额较大或者有其他较重情节情形的,可以从轻、减轻或者免除处罚;有贪污数额巨大或者有其他严重情节,或贪污数额特别巨大或者有其他特别严重情节情形的,可以从轻处罚。第 390 条第 2 款规定,行贿人在被追诉前主动交代行贿行为的,可以从轻或者减轻处罚。其中,犯罪较轻的,对侦破重大案件起关键作用的,或者有重大立功表现的,可以减轻或者免除处罚。第 395 条第 2 款规定,犯隐瞒境外存款罪,情节较轻的,由其所在单位或者上级主管机关酌情给予行政处分。这里的"情节较轻"是指在境外存款数额较小,案发后主动坦白交代、认罪,态度好等情节。

2. 司法上的从宽方面

2016 年最高人民法院和最高人民检察院《关于办理贪污贿赂刑事案件适用法律若干问题的解释》也规定:对于"贪污、受贿数额特别巨大,犯罪情节特别严重、社会影响特别恶劣、给国家和人民利益造成特别重大损失的"情形,"具有自首,立功,如实供述自己罪行、真诚悔罪、积极退赃,或者避免、减少损害结果的发生等情节,不是必须立即执行的,可以判处死刑缓期 2 年执行"(第 4 条)。

同时,根据《最高人民法院关于贯彻宽严相济刑事政策的若干意见》(法发〔2010〕9 号)的意见,职务犯罪的犯罪人可因以下表现而得到从宽处罚:

(1)对于被告人的行为已经构成犯罪,但犯罪情节轻微,或者被告人具有犯罪预备、犯罪中止、从犯、胁从犯等情节,依法不需要判处刑罚的,可以免予刑事处罚(第 15 条)。

(2)对于所犯罪行不重、主观恶性不深、人身危险性较小、有悔改表现、不致再危害社会的犯罪分子,要依法从宽处理。对于其中具备条件的,应当依法适用缓刑或者管制、单处罚金等非监禁刑(第 16 条)。

(3)对于自首的被告人,除了罪行极其严重、主观恶性极深、人身危险性极大,或者恶意地利用自首规避法律制裁者以外,一般均应当依法从宽处罚(第 17 条)。

(4)对于被告人检举揭发他人犯罪构成立功的,一般均应当依法从宽处罚。对于犯罪情节不是十分恶劣,犯罪后果不是十分严重的被告人立功的,从宽处罚的幅度应当更大(第18条)。

(5)对于较轻犯罪的初犯、偶犯,应当综合考虑其犯罪的动机、手段、情节、后果和犯罪时的主观状态,酌情予以从宽处罚。对于犯罪情节轻微的初犯、偶犯,可以免予刑事处罚;依法应当予以刑事处罚的,也应当尽量适用缓刑或者判处管制、单处罚金等非监禁刑(第19条)。

(6)对于过失犯罪,主要应当根据犯罪造成危害后果的严重程度、被告人主观罪过的大小以及被告人案发后的表现等,综合掌握处罚的宽严尺度。对于过失犯罪后积极抢救、挽回损失或者有效防止损失进一步扩大的,要依法从宽(第32条)。

第三节　职务犯罪典型案例透视

一、权力交易型职务犯罪

【典型案例】①1997年至2013年,张中生利用担任山西省中阳县县长、中共中阳县委书记、山西省吕梁地区行署副专员、中共吕梁市委常委、副市长等职务便利,为他人在煤炭资源整合、项目审批等事项上提供帮助,索取、非法收受他人财物,折合人民币共计10.4亿余元,受贿犯罪数额特别巨大,在十八起受贿犯罪事实中,有两起受贿犯罪数额均在人民币2亿元以上,还主动向他人索取贿赂人民币8868万余元,以及其家庭财产、支出明显超过合法收入,他对折合人民币共计1.3亿余元的财产不能说明来源。以上利用领导干部职权为他人谋取不当利益的行为,严重影响了当地经济健康发展,且案发后尚有赃款人民币3亿余元未退缴,犯罪情节特别严重;他目无法纪,极其贪婪,在党的十八大后仍不收敛、不收手,给国家和人民利益造成特别重大损失,罪行极其严重。法院一审以受贿罪判处死刑,剥夺政治权利终身,并处没收个人全部财产,以巨额财产来源不明罪,判处有期徒刑8年,决定执行死刑,剥夺政治权利终身,并处没收个人全部财产。

【法律透视】本案是权力交易型职务犯罪方面的典型案例,并涉及为何张

① 参见本案一审判决书及一审宣判后临汾中院负责人所答记者提问及其解释。

中生被判死刑立即执行的理解问题。

党的十八大以来，被查处的"'老虎'级亿元贪官"并不少见，可基本上都是被判死缓或无期徒刑。这一方面是深入执行新时代死刑政策的结果，另一方面是2015年通过的《刑法修正案（九）》增设了针对贪污罪受贿罪的终身监禁制度，对那些罪行极其严重的腐败犯罪分子不适用死刑立即执行也可达到严惩的法律效果。张中生之所以被判处死刑立即执行，并不是其受贿数额极其巨大，而是因为他的行为表现符合新时期适用死刑立即执行的条件和要求。据《刑法修正案（九）》及其相应司法解释，死刑立即执行的适用，既不是只考虑受贿数额，也不是只考虑其对国家和人民利益造成的损失，而是综合考虑受贿数额、犯罪情节、社会影响以及给国家和人民利益造成的损失。对于本案，与其说是因为受贿数额达到了前所未有的10亿余元，不如说是因为被告人长期疯狂索取、收受贿赂在党的十八大以后高压反腐的形势下仍不收敛、不收手，以及具有索贿、长期插手煤炭资源整合、煤矿收购兼并、煤矿复产验收、工程承揽等的恶劣行为。

二、非法占有型职务犯罪

【典型案例】①赵某系人才市场人才派遣聘用人员，从2005年7月至2009年底受聘于重庆市某征地办公室，从事征地拆迁工作；龙某系村民，于1994年开始担任某村社长，协助征地办公室开展征地拆迁工作，在征地实测中带路指引、喷涂标记、调解纠纷，在补偿安置中统计农转非人员名单报征地办公室人员审核。赵某、龙某伙同原重庆市南岸区征地办公室聘用人员何某（另案处理）、村民彭某甲、王某甲（均另案处理），通过编造火化证编号及死亡时间等方式，将已在征地公告之日前去世的，不符合农转非安置条件的龙某甲、陈某乙、蔡某甲、王某乙、黄某甲，纳入农转非安置对象中，骗取国家征地补偿款共计380500元，所获赃款被赵某、龙某等人私分。法院均以贪污罪判处两被告人有期徒刑10年，并处没收财产10万元。

【法律透视】本案是非法占有型职务犯罪方面的典型案例，并涉及非国家

① 参见重庆市南岸区人民法院（2014）南法刑初字第01184号刑事判决书。

工作人员能否成立贪污罪的理解问题。

赵某虽然是人才市场人才派遣聘用人员，不具有国家工作人员的自然身份，但他从2005年7月至2009年受聘于南岸区征地办公室，从事征地测量以及补偿安置工作。具体在补偿安置工作中，负责审核、确定农转非安置对象，代表征地办公室与被安置户签订相关补偿安置协议，办理领取补偿安置款的相关手续，村民经赵某确定为农转非对象后，凭赵某开具的领款单即可领取到征地补偿款。这表明赵某的工作是履行南岸区征地办公室工作人员所应当履行的管理国家征地补偿款发放的职权职责，符合刑法关于贪污罪主体对相应国家工作人员职务（职权职责）的要求，属于本案构成贪污罪的犯罪主体。

三、廉洁纪律型职务犯罪

【典型案例】[①]谭某系石柱县文化委员会文化广播电视产业发展中心（县非物质文化遗产保护中心）主任，石柱县文化委员会工会委员、出纳。2015年7月至2016年9月，谭某利用其作为工会出纳，管理工会经费的职务便利，擅自将石柱县文化委员会工会对公账户中的40余万元工会经费支取后存于其个人建设银行账户中，陆续用于归还信用卡欠款、归还借款、个人生意周转、炒期货和自己使用等。法院认定谭某利用职务便利，挪用公款数额较大，超过3个月未归还，以挪用公款罪判处其拘役6个月。

【法律透视】本案是廉洁纪律型职务犯罪方面的典型案例，并涉及非国家工作人员构成挪用公款罪的理解问题。

根据《刑法》第384条的规定，挪用公款罪是指国家工作人员利用职务上的便利，挪用公款归个人使用、进行非法活动的，或者挪用公款数额较大、进行营利活动的，或者挪用公款数额较大、超过3个月未还的行为。这里的国家工作人员，根据《刑法》第93条第2款的规定，包括人民团体（如各民主党派、工商联、共青团、工会、妇联）中从事公务的人员。本案被告人系石柱县文化委员会文化广播电视产业发展中心（县非物质文化遗产保护中心）主任，石柱县文化委员会工会委员、出纳，属于刑法规定的以上国家工作人员，符合挪用公

---

① 参见重庆市第四中级人民法院（2017）渝04刑终94号刑事判决书。

款罪犯罪主体的要求，且因挪用数额为 40 余万元，属于“利用职务便利，挪用公款数额较大①，超过 3 个月未归还”情形，其行为构成挪用公款罪。

四、滥用职权型职务犯罪

【典型案例】②黄某华系福建省宁德市蕉城区糖酒副食品公司经理，于 1994 年 3 月至 2016 年 10 月担任全民所有制企业宁德市蕉城区糖酒副食品公司（以下简称“糖酒公司”）经理。其间，黄某华在明知糖酒公司没有用工需求且已有大量“待岗职工”的情况下，违规以糖酒公司名义与其弟弟黄某弟、弟媳王某媳、儿子黄某子以及程某、杨某、吴某、蔡某、彭某三等八人签订劳动合同，并直接转为“待岗职工”，按糖酒公司原“待岗职工”的标准长期为上述八人发放工资和缴纳“五险一金”。至案发，糖酒公司为“待岗”的上述八人发放工资、缴纳“五险一金”共计人民币 743093.05 元。基于本案具有坦白等量刑情节，法院以国有企业人员滥用职权罪判处黄某华有期徒刑 7 个月。

【法律透视】本案是滥用职权型职务犯罪方面的典型案例，并涉及利用职权让自己的亲属“吃空饷”行为如何定性问题，具体为到底是认定为国有企业人员滥用职权罪还是贪污罪。

据《刑法》第 168 条规定，所谓国有公司、企业、事业单位人员滥用职权罪，是指“国有公司、企业的工作人员，由于严重不负责任或者滥用职权，造成国有公司、企业破产或者严重损失，致使国家利益遭受重大损失的”行为。又据最高人民法院最高人民检察院《关于办理国家出资企业中职务犯罪案件具体应用法律若干问题的意见》（法发〔2010〕49 号）第 4 条第 1 款的规定，“国家出资企业中的国家工作人员在公司、企业改制或者国有资产处置过程中严重不负责任或者滥用职权，致使国家利益遭受重大损失的，依照《刑法》第 168 条的规定，以国有公司、企业人员失职罪或者国有公司、企业人员滥用职权罪定罪处罚。”黄某华身为国有企业负责人，在明知没有用工需求的情况下，滥用职权，以虚构用工关系、签订虚假劳动合同的手段，违规招录人员并直接安

① 根据 2016 年最高人民法院和最高人民检察院《关于办理贪污贿赂刑事案件适用法律若干问题的解释》，挪用公款 5 万元以上 500 万元以下的，属于“数额较大”。

② 参见福建省宁德市中级人民法院（2017）闽 09 刑终 583 号刑事判决书。

排待岗，造成国有企业公共财产遭受重大损失共计人民币 70 多万元，其行为符合的是国有企业人员滥用职权罪的法律规定，应以国有企业人员滥用职权罪定性处罚。

本案黄某华违规招录其弟弟黄某弟、弟媳王某媳和儿子黄某子并“吃空饷”的行为，不能成立贪污罪。虽然贪污罪与国有企业人员滥用职权罪都具有“谋私利”的主观故意，但二者“谋私利”主观目的是不同的：前者是行为人“为本人或立足于本人的共同犯罪人非法占有”，后者是行为人“为他人非法占有”。本案中，虽然黄某华与黄某弟、王某媳、黄某子是兄弟及父子等亲属关系，并具有一定的经济利益关系，但这个亲属关系和利益关系与行为人“为本人非法占有”在法律性质上是根本不同的，不能模糊地将二者等同而认定为贪污罪。

五、玩忽职守型职务犯罪

【典型案例】①2014 年 1 月，刘某在任邵东县范家山镇动物防疫检疫站站长并主持该站工作期间，在对邵东县华兴肉类加工厂经营的动物产品进行检疫以及检疫和防疫的日常监管过程中，不按动植物产品检疫要求，认真查验接受检疫的动物产品而开检疫合格证明，认真查验每件猪肉是否都有检疫标志和证物相符，不去认真核对出入库登记记录，核实每次检验的具体数量等，在收取检疫费后按加工厂所报数量将检验合格标志交给加工厂自己张贴，如此等等的行为导致该厂将 101 吨病死猪肉流入张家界等地，并被大量游客购买扩散至全国各地。案发后，法制网、央视网、湖南日报、东南快报、三湘都市报、生活日报、新消息报、中国警察网、食品科技网等多家新闻媒体对此进行了报道，造成恶劣社会影响。法院认为，刘某身为国家机关中受委托从事公务的人员，在对邵东县华兴肉类加工厂经营的动物产品进行检疫以及日常监管过程中，玩忽职守，造成严重后果，基于本案具有坦白等量刑情节，法院以食品监管渎职罪判其有期徒刑 2 年。

① 参见湖南省邵东县人民法院（2015）邵东刑初字第 354 号判决书、湖南省邵阳市中级人民法院（2016）湘 05 刑终 15 号裁定书。

【法律透视】本案是玩忽职守型职务犯罪方面的典型案例,并涉及在履行生猪屠宰和猪肉检疫行为中滥用职权或玩忽职守应如何定性问题。

生猪屠宰和肉类加工属于食品生产加工。猪肉只有经过卫生检疫并获取检疫合格证明才能销售。按有关规定,乡镇的动物产品检疫等日常监管由乡镇的动物防疫检疫站(以前的畜牧站)负责。这意味着,乡镇的动物防疫检疫站工作人员作为履行动物产品检疫等日常监管这个国家机关职权职责的工作人员,属于《刑法》第408条之一规定的"负有食品安全监督管理职责的国家机关工作人员",在"滥用职权或者玩忽职守,导致发生重大食品安全事故或者造成其他严重后果"时,应被"处5年以下有期徒刑或者拘役",并在"造成特别严重后果"时,应"处5年以上10年以下有期徒刑"。本案虽然没有导致发生重大食品安全事故,但因刘某的玩忽职守行为导致101吨病死猪肉扩散至全国各地,不仅给当地食品加工业带来恶劣的负面影响,而且给众多购买者带来隐性身体健康危害,应认定为类似于"重大食品安全事故"程度的严重后果,应以食品监管渎职罪论处。本案之所以不构成动植物检疫失职罪(第413条第2款),是因为虽然刘某的行为属于《动物防疫法》等规定的"检疫",但因这里侵犯的犯罪客体是食品安全而不是疫情等方面的"国家利益",因而应认定为食品监管渎职罪。

六、侵犯权利型职务犯罪

【典型案例】①闫某系山阴县公安局刑警队队长(原马营派出所所长);梁某、刘某系原山阴县公安局矿山联防队队员。2013年6月12日晚上10时左右,山阴县马营乡南河村村民王某甲等6人租乘马营村村民夏某的面包车从南河村出发准备去上访,走到南改矿交叉路口时,被事先接到截访通知的马营乡乡长程某和被告人闫某乘坐的越野车拦住,闫某下车后,要求夏某出示驾驶证和行车本,夏某要求闫某先出示工作证,二人因为出示证件的问题发生争执,闫某将夏某强行拉下车,和接到闫某电话赶来的华夏煤业有限公司的保安丰某等人,将夏某进行控制。之后,闫某让接到闫某出警电话赶来的梁某、刘

① 参见山西省朔州市朔城区人民法院(2015)朔刑初字第257号刑事判决书。

某将夏某带回马营派出所办案区控制起来，大约晚上 10 点 30 分，梁某、刘某在没有任何合法手续的情况下，将夏某锁在讯问室的铁椅子上后，返回到拦截村民上访的现场。闫某在现场继续处置时，与村民发生冲突并被追打，跑回到马营乡政府将发生的情况报告了山阴县公安局领导，6 月 13 日凌晨 1 点多，山阴县公安局副局长郝某、巡警队长高某一行人得悉情况赶到马营派出所后，才将夏某释放出来，并送往山阴县中医院治疗，经山阴县中医院诊断：夏某头部软组织损伤，胸部软组织损伤，腰部软组织损伤。案发后，被害人夏某得到了相关部门的民事赔偿。法院认为，闫某、梁某、刘某身为马营派出所工作人员，在协助乡政府处理维稳事件中，处置不当，在没有任何合法手续的情况下，将被害人留置在派出所，非法剥夺他人人身自由，其行为均已构成非法拘禁罪，且为共同犯罪，于是判三被告人犯非法拘禁罪，并基于案情免予刑事处罚。

【法律透视】本案是侵犯权利型职务犯罪方面的典型案例，并涉及警察办案中非法羁押他人到底是非法拘禁还是滥用职权问题。

根据我国《刑法》第 238 条的规定，非法拘禁罪是指非法拘禁他人或以其他方法非法剥夺他人人身自由的行为。本罪的主观方面表现为故意，过失不构成本罪，犯罪主体为一般主体，既可以由具有刑事责任能力的普通身份者构成，也可以由履行特定国家机关职权职责的国家机关工作人员构成，但国家机关工作人员（履行公安机关部分职权职责的公安联防队员）利用职权实施非法拘禁行为的，需“从重处罚”。本罪与滥用职权罪的区别主要在于：滥用职权罪主要是在依法履行职权职责中超越职权或不正确行使职权，造成公共财产、国家和人民利益遭受重大损失的行为，通常是故意不当履行职责而放任危害结果发生的结果犯；而非法拘禁罪则是没有法律依据非法手段剥夺他人人身自由的行为，为非法手段剥夺他人人身自由的不法状态需持续一定时间①的继续犯。本案中，闫某等实施的将夏某锁在讯问室的铁椅子上的拘禁行为，虽然是在协助乡政府处理维稳事件，但因是在缺乏拘禁法律依据和任何合法

---

① 按最高人民检察院《关于人民检察院直接受理立案侦查案件立案标准的规定（试行）》（高检发释字 1999—2 号）规定，国家机关工作人员涉嫌利用职权非法拘禁持续时间超过 24 小时的应予立案。但这只是评价非法拘禁行为是否为非法拘禁罪的一个参考要素，在综合其他情节（如案件的手段和不良后果等）不被评价为情节显著轻微危害不大时，也应定罪处刑。

手续下实施的，应构成非法拘禁罪而不是滥用职权罪。

鉴于本案是在配合政府工作中因处置不当而实施的犯罪，并闫某、梁某、刘某的主观恶性小、拘禁时间短，民事部分也妥善处理，法院认定为犯罪情节轻微不需要判处刑罚，可以免予刑事处罚，是较为合适的。根据《刑法》第37条规定："对于犯罪情节轻微不需要判处刑罚的，可以免予刑事处罚，但是可以根据案件的不同情况，予以训诫或者责令具结悔过、赔礼道歉、赔偿损失，或者由主管部门予以行政处罚或者行政处分"。据此，所谓"免予刑事处罚"，以被告人构成犯罪为前提，只是其"犯罪情节轻微不需要判处刑罚"才"免予刑罚处罚"。这不仅要对被告人做"是犯罪"的否定评价，而且还可以根据案件的不同情况，给予"予以训诫或者责令具结悔过、赔礼道歉、赔偿损失，或者由主管部门予以行政处罚或者行政处分"等"非刑罚"方法的处罚。如此处罚，一方面是由人民法院对已构成犯罪的犯罪人作出，与由检察机关基于检察工作作出的"免于追究刑事责任"（不承担刑事责任或无罪）在性质上根本不同，另一方面根据《公务员法》《行政机关公务员处分条例》等的规定，公务员虽然被追究刑事责任但免于刑事处罚的，可以不开除公职。①

【拓展阅读】

1.《中华人民共和国刑法（1997年）》及各单行刑法、刑法修正案。

2.《最高人民法院关于贯彻宽严相济刑事政策的若干意见》（法发〔2010〕9号）。

3.《最高人民法院和最高人民检察院关于办理贪污贿赂刑事案件适用法律若干问题的解释》（2016年）。

【思考题】

1. 什么是刑法？刑法有哪些规范的表现形式？应如何适用？

2. 刑法在社会治理中的作用应如何定位？刑法适用中需避免哪些通常的

① 根据《公务员法》第24条规定，"曾因犯罪受过刑事处罚的"，不得录用为公务员；《行政机关公务员处分条例》第17条规定："行政机关公务员依法被判处刑罚的，给予开除处分"。

典型误区？

3. 什么是职务犯罪？我国立法上与自己工作相关的职务犯罪有哪些？各有何特点？

4. 职务犯罪有何危害？试结合自己工作方面的典型案例予以分析。

5. 试结合自己职务的职权职责特点谈谈如何远离职务犯罪？

6. 具有国家(机关)工作人员身份和不具有国家(机关)工作人员身份的人员何时是职务犯罪的犯罪主体和构成职务犯罪？请举例说明。

各章作者简介

付子堂，西南政法大学校长，教授，博士生导师，主要从事现代法理学、马克思主义法律思想研究，撰写第一章；

周尚君，西南政法大学行政法学院教授，博士生导师，主要从事现代法理学、法社会学研究，撰写第二章；

廖秀健，西南政法大学政治与公共管理学院教授，硕士生导师，主要从事政治学、党内法规研究，撰写第三章；

张　震，西南政法大学行政法学院教授，博士生导师，主要从事中国宪法学研究，撰写第四章；

郑善光，重庆市国家安全法学研究会副秘书长，硕士生导师，主要从事国家安全法学研究，撰写第五章；

唐　尧，西南政法大学行政法学院副教授，硕士生导师，主要从事行政法学研究，撰写第六章；

张建文，西南政法大学民商法学院教授，博士生导师，主要从事比较民商事法学研究，撰写第七章；

黄茂钦，西南政法大学经济法学院教授，博士生导师，主要从事经济法学研究，撰写第八章；

徐以祥，西南政法大学经济法学院教授，博士生导师，主要从事生态法学研究，撰写第九章；

陈步雷，西南政法大学经济法学院教授，博士生导师，主要从事劳动与社会保障法学研究，撰写第十章；

朱福勇，西南政法大学人工智能法学院教授，硕士生导师，主要从事诉讼法学研究，撰写第十一章；

石经海，西南政法大学法学院教授，博士生导师，主要从事刑法学研究，撰写第十二章。

责任编辑:陈光耀
封面设计:王欢欢

图书在版编目(CIP)数据

新时代领导干部法治概论/付子堂 主编. —北京:人民出版社,2018.9
ISBN 978-7-01-019708-1

Ⅰ.①新… Ⅱ.①付… Ⅲ.①法制教育-中国-干部-教育-学习参考资料
Ⅳ.①D920.5

中国版本图书馆 CIP 数据核字(2018)第 194051 号

新时代领导干部法治概论

XINSHIDAI LINGDAO GANBU FAZHI GAILUN

付子堂 主编

人民出版社 出版发行
(100706 北京市东城区隆福寺街 99 号)

北京汇林印务有限公司印刷 新华书店经销

2018 年 9 月第 1 版 2018 年 9 月北京第 1 次印刷
开本:710 毫米×1000 毫米 1/16 印张:22
字数:340 千字

ISBN 978-7-01-019708-1 定价:56.00 元

邮购地址 100706 北京市东城区隆福寺街 99 号
人民东方图书销售中心 电话 (010)65250042 65289539